GZC 2019 高校主题出版
GAOXIAO ZHUTI CHUBAN

走向自主创新

寻求中国力量的源泉

路风◎著

中国人民大学出版社
·北京·

图书在版编目（CIP）数据

走向自主创新：寻求中国力量的源泉/ 路风著. —北京：中国人民大学出版社，2019.7
ISBN 978-7-300-27080-7

Ⅰ.①走… Ⅱ.①路… Ⅲ.①工业企业管理-研究报告-中国 Ⅳ.①F425

中国版本图书馆 CIP 数据核字（2019）第 131788 号

走向自主创新
寻求中国力量的源泉
路风　著
Zouxiang Zizhu Chuangxin

出版发行	中国人民大学出版社		
社　　址	北京中关村大街 31 号	**邮政编码**	100080
电　　话	010－62511242（总编室）		010－62511770（质管部）
	010－82501766（邮购部）		010－62514148（门市部）
	010－62515195（发行公司）		010－62515275（盗版举报）
网　　址	http://www.crup.com.cn		
经　　销	新华书店		
印　　刷	北京宏伟双华印刷有限公司		
规　　格	185 mm×260 mm　16 开本	**版　　次**	2019 年 7 月第 1 版
印　　张	28 插页 2	**印　　次**	2023 年 5 月第 4 次印刷
字　　数	423 000	**定　　价**	89.00 元

自主创新对于中国的发展来说，不仅是一个实践中的政策主题，而且是一个理论主题，可能还将会是一个历史主题。

再版前言

承蒙中国人民大学出版社的诚意，本书得以在停印十几年后再版。十几年的时间不算短，书中涉及的工业领域也都发生了巨大变化，但本书书名所体现的主题却比以往任何时候都更能够反映中国的发展所必须坚持的方向——走向自主创新。也正是因为这个主题经受住了历史的考验，所以本书才有再版的需要。

十几年前本书初版时，中国经济已经开启一场史诗般的高增长。当时，以制订《国家中长期科学和技术发展规划纲要（2006—2020 年）》为契机，在政府内部和社会上发生了一场政策辩论，其焦点是中国的技术进步应不应该从依靠引进转向自主创新。本书收录的几个工业研究报告参与了那场辩论。虽然 2006 年年初中央正式提出自主创新方针可以被看作这场辩论的高潮，但后来的事实证明，即使这样的政治方针也没有解决所有的认识问题，所以不仅政府的政策始终没有脱离摇摆状态，而且在实践中也始终存在不少“假冒”的现象。今天，这场辩论终于迎来了结局——美国对中国发动的贸易战和技术战已经使中国社会对于自主创新的必要性形成压倒性的共识。具有讽刺意味的是，这个结局不是因为中国方面的“正面提倡”，而是因为美国方面的“负面教育”。直到 2018 年“中兴事件”发生之后，还有学界人士企图在概念上以“开放创新”代替“自主创新”，没想到 2019 年的“华为事件”会这么快地断了他们的“后路”。

毕竟时间已经过去十几年，在本书再版之际，有必要概括一下本书涉及的这些工业后来的发展状况，以帮助读者了解那个阶段与今天的联系。下面按照汽车、大飞机、电信标准、柴油机油泵油嘴和 VCD/DVD 的顺序略加介绍。

在汽车工业报告完成之后，自主开发企业在2004—2007年经历了一个高成长阶段，自主品牌乘用车的市场份额从11%迅速上升到41%。全球金融危机爆发后的2009年，中国汽车工业的产销量超过美国，从此保持着世界第一的地位。但是，从2008年起，自主品牌乘用车的市场份额停止了上升趋势，在此后超过10年的时间里一直在40%的水平上下波动。有若干因素使中国汽车工业陷入这种总量增长但格局不变的“均衡”状态，但最大的因素还是合资模式的持续。今天，中国汽车工业面临着两大变化：第一，中国政府已经承诺将全面开放汽车工业，包括取消对外资持股比例的限制。2014年，这项政策还在酝酿期就引起中国汽车工业协会的公开反对。但从另一个角度看，害怕这项政策的恰恰是那些依赖合资的大企业，而不是从一出生就必须与外国品牌竞争的自主开发企业。因此，全面开放也是使中国汽车工业最终摆脱合资模式的契机。第二，汽车工业正在出现新的技术革命，表现在新能源、网联、共享和自动驾驶等几个方面。凡是积极参与这场变革的企业——无论是“在位者”还是“造车新势力”——都是凭借自主开发企业积累的能力。因此，仅从简短概括中也可以看到一个鲜明的结论：近20年的自主创新运动造就了中国汽车工业进入新时代的能力，因为它决定了中国汽车工业参与新技术革命的可能性，也将决定中国汽车工业在市场全面开放后的命运。

在大飞机报告完成之后，作者本人参加了国务院批准的大型飞机方案论证委员会及其在2006年7月至2007年2月期间的论证工作。2007年2月26日，国务院常务会议原则批准大型飞机正式立项（这个项目同时包括大型军用运输机和大型民用客机的开发）；2008年5月，中国商用飞机有限责任公司（简称中国商飞）在上海成立。作为项目的成果，由中国航空工业集团下属的西安飞机工业（集团）有限责任公司主要研制的大型军用运输机运-20，于2013年1月26日实现首飞，现在已经列装部队；由中国商飞开发的大型民用客机C919，于2015年11月2日下线，并于2017年5月5日实现首飞，目前处于多架次试飞和适航取证阶段。虽然民用客机的开发还需要克服一系列的困难，但无非是个时间问题，只要坚持下去就会获得最后成功。

当研究电信标准时，围绕着中国推出的第一个移动通信标准TD-SCDMA

（简称 TD）还存在许多争论。不过，后来的事实证明，中国政府的立场是相当坚定的。为等待 TD 的发展，中国政府推迟了公布 3G 标准的时间。2008 年，中国开始建设 TD 试验网。2009 年 1 月，中国政府正式向中国移动颁发了 TD 业务的经营许可，使中国开发的第一个移动通信标准进入商业化运营。正如所有的新技术一样，TD 在商业化过程中的确表现出一些技术问题，并且随着 3G 向 4G（TD-LTE）演进也没有在市场上存在多长时间。自由市场派人士曾经为此攻击政府采用 TD 的决定，但中国就是凭借 TD 才开始参与通信标准的制定，才在手机芯片上获得突破，而且还发展起来一些被用于 5G 的核心技术。因此，TD-SCDMA 是中国在通信技术领域跻身世界前沿的必要一步——没有在 3G 标准上的突破，就没有今天在 5G 上的领先。

虽然柴油机油泵油嘴是一个很小的工业领域，但本书收录的案例研究以它来说明中国工业面临的两条道路选择。选择自主开发的无锡油泵油嘴研究所后来在产业化道路上困难重重，似乎没有能够在市场上产生多大的影响，但选择合资道路的无锡威孚却反映出当时正在来临的一场风波，即 2005 年外资收购中国骨干企业的高潮。当时许多骨干企业如徐工、厦工、沈阳鼓风机、陕西鼓风机、沈阳机床、杭州齿轮箱等，都在国企改制的过程中面临着被地方政府廉价卖给外资的境地，无锡威孚只是其中之一。作者卷入了那场辩论，并与许多人士一道为遏制那场收购潮出了力。于是，通过那个小案例所揭示的主题——中国工业必须走自主开发道路——被更大的历史事件所证明。

本书研究过的 VCD/DVD 工业实际上已经消失，但那个历史篇章对于中国电子产品工业的发展是重要的。一些中国企业经过那个产品阶段成长起来，并把它们的能力带到下一个产品阶段；台湾芯片企业联发科（MTK）也是经过 DVD 阶段才进入手机市场的，成了后来“山寨”手机的推手；历经 VCD/DVD、MP3/MP4、“山寨”手机、平板电脑等产品，以深圳为中心的珠三角地区形成了世界上最大的电子产品制造集群；也是在被 VCD 阶段成就的“步步高”（企业名称）的基础上，产生了 OPPO 和 VIVO 两个智能手机的知名品牌。如果将来有人能对这个过程进行深入研究，将大大加深我们对于工业演进的理解。

从上述简要的概括可以看出，无论工业怎样随时间变化，那些在市场竞争中制胜的行动原则都没有变。作者在本书绪言中概括出本书的5个主题：(1) 由于技术能力是组织内生的，所以技术引进永远不能代替自主创新；(2) 自主创新与学习外国技术知识是互补关系，不是对立关系；(3) 中国市场是一种宝贵的战略性资源，为自主创新提供了无限的机会；(4) 通过自主创新发展出来的技术能力是企业、工业和国家竞争力的主要源泉；(5) 由于"抱负水平"决定了技术学习的强度，所以走向自主创新需要远见、勇气和坚定的政治意志（这个主题曾经被有些人批评为好像只要有抱负和勇气就能创新。且不说这种批评对原意的歪曲，只要问一下今天中国面对美国发动的贸易战和技术战应该怎么做，即可辨明是非）。十几年过去了，这些主题没有过时，只有认识还不够的地方。因为这些主题为未来的理论发展提供了一个基础，所以本书及其即将出版的续集（《新火》）仍然可以被当作工业史来读。

也许以后的年轻人很难相信，中国曾经在长达30多年的时间里，有那么多的人相信技术进步可以通过"拿来主义"实现，而用不着自主开发。当然，这种思维的流行不仅与学界的"胆怯"有关，也与跨国公司的"大众教育"有关。大约在2005—2006年的某一天，作者应邀参加了一个论坛。在论坛的嘉宾讨论环节，主持人向当时微软（中国）的负责人提出一个问题："中国什么时候能有像微软那样的企业？"那位负责人煞有介事地纠正主持人说："中国已经有啦，因为微软就是中国企业。"为了攫取中国市场，当时几乎所有的跨国公司都自称中国企业。今天，在微软按照美国政府的行政命令对华为"断供"之际，再回想一下这些言论，不禁令人莞尔。这个插曲说明，一个民族要想进步，就要汲取自己从经历中获得的教训。对于包括工业史在内的学术研究来说，其社会功能之一就是使民族的记忆历久弥新，时时提醒我们什么是错误的、什么是正确的。如果本书的再版能够对保持民族记忆略有贡献的话，作者将倍感荣幸。

最后，向为本书再版付出辛勤劳动的责任编辑霍殿林、王海龙和中国人民大学出版社的领导表示感谢！

2019年6月23日

序言一

顾淑林*

收集在本书中的路风先生力作五篇，在我看来，代表了近年国内在创新管理与创新政策研究方面的最高水准。路风先生对自主创新做了深刻的、极具说服力的诠释，我相信他的工作已经对社会共识的形成和中国政府的自主创新的战略决策做出了贡献。

路风先生的五篇报告，涉及汽车、柴油发动机、飞机、通信和数字视频播放设备（VCD和DVD播放机）五个工业领域。全书围绕着一个中心议题，就是自主创新。路风先生的杰出贡献在于，他解释了在改革开放背景下和新的国际环境中，即在贸易与生产的全球化中，以及在WTO设置的全球贸易和技术转移的规则框架之下，中国为什么一定要自主创新和如何自主创新。

自主创新这件事，最近一两年逐渐得到认同。然而，路风先生和他的同事们是在“主流”观点十分强劲，社会上的认识相当混乱的情况下前行的。在经济生活的实际层面，中国虽然保持了20来年的高速增长，但是这个高速增长的后面，是中国大量被动地依赖外国技术，在全球价值链中处在劳动密集加工的底端。在这样的背景下，路风先生的研究工作提出和解析了有关自主创新的一系列根本性问题。通过路风先生从实践和理论两个方面做出的严肃的、有理有据的分析，任何一个认真的读者都会同意：自主创新是一件不应该也不可能回避的、关乎我国前途命运的大事。

有关自主创新，路风先生的第一个贡献，是在反复的对比论证中强调自主

---

* 中国科学院科技政策与管理科学研究所研究员，清华大学经济管理学院访问教授。

创新必须成为我国发展战略的基本出发点和核心内容。

路风先生从理论上解释自主创新的不可替代性，反复运用的是动态的、变化的发展观。经济史学家和创新问题研究者对工业革命以来的发展历史进行研究，得到的结论就是：发展是经济和社会生活各个层面的一个深刻的变化过程，变化涉及经济结构、生产组织、知识的生产与应用、管理水平和人的精神状态等方方面面。为了实现这种超越自身历史的现代化转型，代表社会的国家一定要有发展的强烈政治意志，全体人民一定要有奋发图强的精神追求，主动地、积极地推进变革，这就是自主创新的真意所在。

路风先生还反复强调技术和技术能力之间的区别，来解释自主创新的必要性。路风先生用大量事例告诉我们：技术可以买到，而技术能力是买不到的。技术能力是有目的的主动学习的结果，而自主创新为这种主动的学习设定目标，搭起积累知识与能力的平台。技术能力是在自主创新的实践中通过解决具体问题形成的，它的很大部分属于缄默的知识，它蕴藏在企业和企业网络的组织结构和运作常规中间。当然，如此品质的技术能力是没有地方能够买得到的。

路风先生严厉地批评“比较优势论”。这是从发展战略角度的批评，是完全必要的。在战略思维上锁定到（静态的）比较优势，就是把国家和民族的命运锁定到永远落后。读者要注意，战术问题与战略问题是两个不同层面的问题。从战略上批评“比较优势论”，不等于在战术上不要精心地用好现时的比较优势，获得生存的基础，并向较“高级”的比较优势——自主创新和能力提升——投资。因此，从战略的角度，发展中国家相对低成本的劳动力优势的本质含义，是以比较低的人力成本发展出接近发达国家技术能力的潜在可能性。更重要的是，这种潜在的优势一定要有目的地、主动地开发出来才能变成真实的优势，而且这种潜在优势的开发还具有时限性，我们必须不失时机地用好它。

路风先生的第二个贡献，是非常翔实地探讨了如何进行自主创新的问题。

路风先生论证的建构技术创新，在有些情况下称作集成创新（我们不在这里细究这两种定义的相同和不同之处），是后发国家自主创新的重要方式。

建构技术创新是管理学领域在发达国家背景下概括出来的新的创新方式，它是对20世纪末以来创新途径多样化的一个理论概括。1990年，两位美国教授跑出来对美国的企业家说：你们要小心了，你们原创的技术优势已经不能保证你们高枕无忧地赚大钱了；外来竞争者可能在你们不经意之间摧毁你们的竞争优势，他们的武器是建构技术创新。为什么建构技术创新有可能摧毁在位企业已经建立的市场优势？因为在一定的创意（产品建构）下，创新者不必样样事情从头做起，已有的技术组件可以使得具有新功能的产品迅速地从创意走向市场。建构技术创新或集成创新使得已有技术的生命周期缩短，竞争性新技术可能在已有技术的垄断者没有觉察或者无暇顾及的时候突然出现。

路风先生在中国的实践中挖掘出来土生土长的经验，极其有力地向国人指出：自主创新是有可能实现的，它的一条重要途径就是建构技术创新。记载在本书中的典型例子是VCD/DVD播放机的创新，这项创新引领了数字化播放技术的一场革命。但是，建构技术创新在后发国家有它非常不同的特点和成长路径。路风先生通过案例探讨了进行建构技术创新要求的能力结构和遇到的瓶颈，例如配套能力缺失和创新系统弥补缺失能力低下（这些是典型的欠发达创新系统的弱势方面），揭示出创新政策需要注意的方向。

本书还讨论了柴油发动机燃油系统的创新，创新研究者有时称之为转型技术创新。这是一项技术路径已经建立，而技术的某个关键部分发生不连续变化的创新，例如柴油发动机燃油系统用电子控制替代机械控制的创新。路风先生告诉我们，在技术面临转型的关头，虽然竞争的压力更大，但是后发企业也有机会开发出独特的技术路径。我们知道，柴油发动机燃油系统的创新，对于柴油发动机燃油系统本身是产品技术创新，就柴油发动机整体技术结构而言，它是其中的关键部件或者称作核心技术的创新。由于技术的复杂性和相互关联的性质，后发企业在技术转型时期，依托本国已经初步形成的技术系统，加上主动的创造性的努力，开辟出独特的技术路径是可能的。这也使我们更清楚：装备工业中从事这类关键技术研发的企业或研究所，是国家创新系统中的“制高点”。外国资本近年来很聪明地瞄准了这些制高点，但是我们卖掉这些企业无异于折断我国还处在幼稚阶段的创新系统的筋骨。

路风先生还探讨了另外两种自主创新的形式：一是在涉及国家经济、国防等重大利益且自然垄断效应极强的领域的创新，这些领域的创新常常从公共投入起步，本书为此呈现的是大飞机案例；二是在网络效应极强的通信领域，在国家主管部门与企业的互动当中发展系统标准的自主创新。这两种自主创新都是在中观层次上的技术系统的创新，和前两种创新不同：前两种创新应该留给企业去做决策，政策的作用主要在于创造规范的市场竞争环境，改善支持和协调功能；而这两种创新都与政府的决策和公共资金的投入有着直接的关系。我读大飞机和电信标准两篇，读到的是在战略层面一个有为政府对待这些自主创新的机会应该持有的理念与态度。如果要做决定，还需要更加详尽的决策分析工作，路风先生自己也强调了这一点。

以上几种自主创新——终端产品的建构技术创新、转型技术创新、通过国家重大项目的设置而起步的创新和系统标准的创新——已经大致勾画出如何进行自主创新的图谱，尽管它们肯定没有穷尽在新的发展形势下自主创新的各种可能性。所有这些自主创新的要害是产品创新。路风先生着力分析了产品创新的要件，如下：

其一，与过程创新不同，产品创新所开辟的是新的“技术路径”，而过程创新的功能是在已有技术路径的规定之下细化潜在的技术经济指标。产品创新带来对学习的强劲激励，学习机会较少受到已有技术路径的束缚。从创新导致经济利益的前景去看产品创新，产品创新打造的是新的价值链，具有较为广阔的收获“创新租”的空间。因此，自主产品创新是一个经济体的产品结构和工业结构升级的极为重要的通道。不仅如此，如果我们了解技术或技术路径是在技术因素和社会、经济因素的交互作用中选择的结果，就不难明白只有自主创新的技术路径才最符合本国的社会经济条件（经济学术语称之为“要素禀赋结构”），具有长久的生命力；而在没有自主能力的基础上引进的技术可能是技术指标上略先进，然而在经济和社会意义上低劣的技术！

其二，本土市场需求是从事自主产品创新不可或缺的条件。路风先生揭示，从事自主产品创新的关键是企业家敏锐洞察市场需求并把它转变成新产品的构想，而本土企业家具有了解本土需求的不可比拟的优势。本书中提到的数字视频播放机的创新应该不是特例，类似的可能性应该非常多。但是，为什么本土创新依然稀少？原因之一是，迄今高度泛理论化的“外向型”生产理念，使企业家看不见就在身边的多种多样的机会。与此同时，片面的“市场换技术”的思维定式将许多国内市场空间奉送给了外国资本和技术。

不难看出，路风先生集中讨论的上述几种自主创新模式是与广泛流传的“模仿创新”针锋相对的。迄今为止，有关发展问题的理论宝库中最有影响的是基于韩国经验的“模仿创新”，也就是说，引进国外技术，通过反向工程的强化学习，一步一步跻身到已有技术的前沿。从技术路径的概念来理解模仿创新，模仿创新进入的是已经建立的技术路径；从能力结构角度来看模仿创新，模仿创新是从获得生产能力逆向爬升到获得产品设计能力。而路风先生所争辩的自主产品创新，它开辟的是新的技术路径；在能力结构方面，它必须从产品设计开始。

我读路风先生这些新颖强劲的分析与争辩，感到它的合理性体现在两个方面。第一，中国面临的发展环境与上世纪包括韩国在内的“亚洲四小龙”的起步年代大不相同。一方面，WTO 规则大大提高了模仿创新的成本；另一方面，大体开放的国际技术市场的确提供了越来越多的满足自主产品创新之需的技术构件。简言之，新环境的特点是：供模仿创新的空间缩小了，而自主产品创新的机会增多。这不仅仅是因为技术供应的条件相较之前开放，还因为中国所积累的技术和经验更丰富、更多样化。第二，外向型发展战略是基于“亚洲四小龙”经验概括的，明显地不适合发展中大国。那样一个国际市场，它负担得起小型经济体的起飞，但是很难提供发展中大国起飞所需要的支持力。我国遭遇到越来越多的贸易摩擦就是明证。内需覆盖的领域如此广大，包括适应本国消费者口味的终端产品，有形资本形成的资本设备和生产手段，以及国防、教育、医疗、环境保护等公共领域的物品，“我国的发展更多依靠内需”是一个没有疑义的命题。但是，为什么我们从上世纪 90 年代就开始讲扩大内需，至今却没有明显进展？其中一个重要原因是我们缺乏自主创新的意愿和进行自主创新的能力。扩大内需仅仅从需求方面着手，是解决不了问题的。依靠内需的发展要有自主的技术供给能力保障它的可行性，而自主创新的最佳方向是以本土需求为出发点和归宿点。这不是回到闭关锁国。在开放的竞争市场上，自主创新肯定要借助所有可以借助的外部技术；同时，经过国内市场检验的技术也最有可能在国际市场上具有竞争力。

创新研究的一般结论是：产品创新与过程创新相辅相成，两者都重要。这是就聚焦于具体的创新，考察它创造的产品或服务的优化过程而言的。如果考察创新对提升经济结构的连带效应和创新对就业的影响，那么在不同的情况下结果有很大的差异。假如过程创新的本土技术供应能力不足，而且需要的设备和手段又主要从外国厂商手里购得，那么仅仅进行过程创新，即用越来越先进的设备扩大中国制造，必然的结果是："资本驱逐劳动"的效应落实在本国，增加的与机器设备相关的高端工作与学习的机会则提供给了技术的供应国。这幅图景就是我国过去一些年里经历的大致写照。所以，从中国的实际情况和发展战略的高度看，若非强调产品创新，就不能有效地摆脱对国际技术巨头的被动依附关系，自主创新的战略方向就落不到实处，从而自主创新就有流产的危险。

在实际操作中，我们不能把模仿创新排除出去。在许多传统技术领域，模仿创新是主要的创新途径。这是在外商提供的样品基础上的小改小革，沿海出口劳动密集型产品的小企业常常要从这样的模仿创新做起。有些这样的小改小革也涉及产品设计。再者，路风先生调查的是高端技术领域。在高端技术领域，我国的实际情况是：制造能力还可以，产品开发能力很弱。近年来，信息技术大量用于产品开发领域，加快了"试错"和工程经验的"编码"过程，从而使得"后来者"不得不面对越来越巨大的能力落差，路风先生称之为"昂贵的产品开发能力"。转向自主创新的战略，克服产品开发能力和其他工程能力方面的瓶颈，需要有切实可行的措施，单个企业难以仅仅靠着自己的力量跨越这些障碍。路风先生提到了"昂贵的产品开发能力"，但是没有再进一步探究如何解决这个问题，留下了一个空缺。以上两点，即模仿创新仍然是我国企业学习和创新模式中不可排除的组成部分，以及我们必须切实重视解决我国企业在产品开发能力和其他工程能力方面的弱势问题，是我对路风先生关于自主产品创新重要建言的补充。

路风先生的第三个贡献，是对时下普遍存在的消极被动地依赖外国技术这一病态现状的分析诊断。

政策思维跟不上形势的变化，政策手段陈旧不得力甚至造成误导，是我国在创新方面总体上消极被动的原因之一。部分僵化的官僚组织和不思进取的技术文化是另外一个原因。这后一个原因，可能比前一个原因有着更久远的渊源。

政策上，中国在计划经济年代形成了一套技术引进、零部件国产化的做法。在技术变化缓慢的领域和受到保护的国内市场上，这套做法在一定程度上曾经是可行的，但是效率不高。这套做法用在改革开放年代，先是在信息技术领域行不通了。例如，磁带录像机的全方位技术引进项目，还没有等到生效即已经过时。稍后在机械技术领域也遇到问题，例如柴油机的喷油控制技术。一旦技术轨道发生不连续变化，国内原有的技术积累和创新机制就显得力不从心，没有能力应对。时势快速更迭，政策、能力来不及跟进，合资风潮于是乘隙而起。在中国加入 WTO 以后这几年，各个地方更是进一步发展到竞相攀比贱卖骨干企业。这就是路风先生分析的：由于放弃了自主创新，在开放的环境下一步一步滑向躺到外国技术（通常是陈旧的外国技术）身上，最后丧失掉已经初步积累的技术能力和出卖自主创新实体的“路径”。

我们要感谢路风先生让我们直面严峻的现实。直面严峻的现实是我们真正实施中央自主创新战略的第一步。我们必须避免口头上表明了态度而在行动中“穿新鞋走老路”。我们必须认识到，习以为常的行为方式和制度结构已经存在了好多年，与自主创新的要求相去甚远。自主创新的组织和技术文化只有在“做”的过程中才能发展出来，绝不是中央的一纸命令就能解决问题的。这意味着，中国要走上自主创新的发展道路，千千万万的企业家、政府官员、科技工作者——包括你和我，首先必须振奋起自主创新的精神，准备好更新我们自己。“不自主，就灭亡!”面对普遍弥漫的不思进取、苟且浮华之风，让我们三思路风先生的针砭时弊之苦语。

中国正处在 1978 年以来最重要的历史转折关头。说得远一点，中国或许处在这样一个历史关头：它关系到中国能不能从过去一百多年的技术“洋务运动”的怪圈中走出来，真正走上现代化和民族自强之路。路风先生的工作，在这历史转折的关头为我们的反思和战略选择做出了极其宝贵的贡献。他贡献了活生生的源于生活又高于生活的智慧。他的工作具有几个特点：他有深厚的理论功底，因此有着锐利的眼光；他不辞辛苦走到现场，实地进行了极为系统深入的第一手观察调查；他对观察到的现象做了细致入微的透彻的分析。我在读路风先生的文稿时，每每感叹：中国实在需要更多的路风。

路风先生曾经师从创新研究界的领衔学者、美国哥伦比亚大学的理查德·纳尔逊（Richard Nelson）教授8年，打下了坚实的学问功底。在2005年的一次会上，纳尔逊教授和我谈起路风先生时说，路风在他所教过的学生中是最扎实的一个（the most substantial）。这是相当高的赞誉。纳尔逊教授的评价显然不仅仅指路风先生把握理论的能力——路风先生确实纯熟地掌握创新理论的精髓，用于分析独特的中国经验时显得得心应手——更是指他的全面学术素养，这在他奉献于本书的工作中已经可见一斑。

有意思的是，收集在本书中的路风先生的文章曾经被国内最权威的社会科学期刊拒绝刊登。拒绝的理由据说是持"主流"经济学观点的评审者否定了他的工作。幸好不是国内所有的学术刊物都奉行独尊"主流"而排斥哪怕是有理有据的"非主流"的用稿原则，路风先生的文章还是刊登出来了。其实，读者最有鉴赏力，就在路风先生为那篇被拒绝的文章另外寻找刊物发表的时候，文章已经在同行中传阅开来。

路风先生的研究工作属于详细比较案例研究。详细比较案例研究在创新研究中是相当重要的研究方法。它的一个特点是走到现实生活中取得素材，在此基础上进行技术的、组织的、管理的和政策的深入分析，从而取得对宏观现象的"微观基础"解释。这是一种多学科、跨学科研究，并且需要驾驭微观现象和宏观现象之间的关联。详细比较案例研究的另一个特点是在对比中寻找影响变化的因素、变化的模式以及限定条件，进行"有条件的理论概括"。这样的研究方法是由于创新研究的焦点是"变化"而不是"恒定"造成的。那种信奉普适的、放之四海而皆准的理论和数学模型为最高学术水准的研究方法论，正在被社会科学研究界批评。例如，纳尔逊教授1995年在美国《经济文献杂志》（*Journal of Economic Literature*）上撰文，专门讲的就是这件事。

在中国这样大的国家，自主创新遇到的理论问题和政策问题，当然远远超出个别学人的能力所及。在路风先生已经研究过的问题和领域，粗糙、疏漏之处也未可避免。但是无论如何，路风先生关于中国自主创新的研究和得出的结论，具有开拓性的意义。

这是企业主管、政府官员、经济学与管理学研究者，以及其他所有关心改革发展及祖国命运的人，为了解和从事自主创新所必须阅读的一部著作。

2006年2月8日

序言二

秦　海*

1999年10月，在一次产业分析的例行聚会上，我从一位学者的谈话中得知，路风博士已经回国了。我随即附问：路风赴美几近十载，师承何人？回到了什么岗位？对方告知：路风在美国哥伦比亚大学，是当代演化经济学、技术创新理论大师理查德·纳尔逊教授的高足，在加州大学伯克利分校从事过博士后研究，现到清华大学执教。可能因为原来在同一系统（国家计委）工作和共同的学术兴趣，得知路风回国，我自然十分高兴，以后就自然有了交往。2003年年初，路风调入北京大学政府管理学院。2004年2月，他又被聘任为国家信息化专家咨询委员会政策规划专业委员会委员，我们彼此之间的交流、讨论就更加频繁。2004年，路风教授的汽车工业报告引起了强烈的关注，这也标志着他的学术取向的一次巨大转变——由纯学术研究转向公共政策研究。这样，我们在每次见面时，总能够找到一些共同的话题，我也总是十分关心他最近关注的重点问题是什么，对他即将出版的新的研究成果一直翘首以待，期盼先睹为快，而对他的下一步选题也总是不免要插嘴建言。2004年9月，在路风教授研究中国电信设备工业期间，我和他曾经到河南郑州访谈中国第一套万门数字程控交换机的发明人邬江兴院士，双方兴致勃勃地长谈，差一点误了邬院士的工作任务。

本书汇集的是路风博士回国后关于中国工业技术进步、产业升级和自主创新的最新研究成果，讲述了在中国经济转轨过程中汽车、柴油发动机、飞机、

---

* 中央网信办信息化发展局巡视员兼副局长，曾任国务院信息化工作办公室政策规划组组长。

电信和数字视频播放设备等产业技术创新的故事。无论是作为路风教授过去的同事和朋友，还是作为他的读者，坦率地说，我都能够从阅读中感受到一种震撼、一种当头棒喝；同时，每个案例又是那样的引人入胜、引人深思，看起来让人爱不释手，属于那种一气读完又令人反复回味的作品。当然，这种阅读是与路风教授的历史情怀和未来信念紧密联系在一起的。作为路风教授一系列研究报告的“先锋”读者，我不仅热忱地支持将这一系列研究报告集辑出版，而且相信，以自主创新为主线组织起来的这部文集，可以引发读者对中国工业的技术升级、结构调整以及能力成长进行深刻的历史回顾，并对其未来发展路径进行严谨的预测与展望。

长期以来，中国经济理论界和公共政策界对产业的分析和处理是因循“结构—行为—绩效”范式。其理论来源主要出自两个方面：一是在传统计划经济条件下，经济理论界所高度强调的两大部类平衡生产的理论。这个理论依赖于对投入产出制定相应的产业发展计划，追求工业部门的综合平衡，其关键词是经济结构、经济效果以及工业结构调整，等等。二是自改革开放后，随着放权让利改革路径的确立以及理论眼界的逐步开阔，中国经济理论界和公共政策界开始接触日本、韩国等亚洲新兴工业化国家或地区的产业政策以及国际经济学界有关产业分析的范式，特别是美国哈佛大学经济学家贝恩（Joe S. Bain）所提出的“结构—行为—绩效”范式。一时间，经济理论界翻译和引进了很多关于日本产业政策以及基于贝恩范式的产业分析著作。“结构—行为—绩效”范式可以更好地把握产业发展的走向和结构变化的趋势：结构可以更好地识别经济增长的来源和贡献度；行为可以更好地描述市场竞争的状态、新企业的进入、产业集中程度和反垄断等方面，为公共政策的制定形成必要的基础；绩效可以更好地反映基于不同行业的财务数据测定的资本回报率以及不同产业的盈利状态，为判别资本市场的动态提供直接的、可信的信息依据。以上述的理论引入为契机，自上个世纪80年代初中期以来，国内学者开展了一系列关于中国工业结构的调查研究（当时的调查研究得到了中国宏观经济管理部门的高度重视，并显然带有“清理摸底”的性质），出版了一系列关于工业结构以及经济结构调整的著作，并为上个世纪80年代中期以后开始逐步完善的中国产业政策体系提供了重要的实证基础。这些研究对于了解中国门类齐全的工业体系以及发展走向具有重要的参考价值，特别是对当时的经济体制改革——主要体现在工业经济管理体制改革和工业发展战略的调整上——所产生的影响也是值得高度重视的。诚然，随着改革开放的不断深入，中国工业的技术进步和产业结构调整已经取得了长足的进展和举世瞩目的成就。但是，在中国工业进步和产业结构调整的过程中，“主流的”经济理论并没有为工业技术进步和创新留下相应的理论空间。一个重要的理论主张就是比较优势理论，其在技术进步方面的公共政策导向就是“以市场交换技术”。

“以市场换技术”应该是比较优势理论在产业技术政策中的直接应用，其宗旨是通过开放国内市场，引进外商直接投资，引导外资企业进行技术转移，然后学习、掌握和消化国外先进技术，最终增强自主研发能力、提升技术创新水平。事实上，这一战略自上世纪 80 年代中期以后就逐渐萌发，进入 90 年代后逐步成型。上世纪八九十年代，中国所引进的技术、设备和生产线几乎充斥了家电、纺织、日常洗涤工业和化妆品行业，而且扩展到钢铁、冶金、汽车制造、集成电路、计算机等重要的工业系统。这样的技术引进绝非没有必要，其对于中国的工业技术进步和产业升级产生了重要的助力，起到了一定的“防水冲沙”的效果，产生了良好的市场竞争效应，并一度因为国内市场扩张而激发的过度竞争，形成了强烈的优胜劣汰的市场选择机制。但是，这样的过程所付出的代价同样是非常沉重的，在一定程度上造成了中国工业技术升级的严重技术依赖。

路风教授的这部著作可谓独辟蹊径。他敏锐地观察到 20 多年来中国工业的技术升级过程中所存在的迷雾，对比较优势理论进行了严肃的批评。2004 年年初，当坊间不断议论路风教授的《发展我国自主知识产权汽车工业的政策选择》报告，并且随后有关部门邀请路风教授就中国自主知识产权汽车工业的发展战略进行讨论时，他曾经与我进行了交流，流露出了他的一些担心。我当时提醒他的是：作为一种言之成理的政策研究，无论在何种场合，都必须将融合自己价值判断的政策主张大声地告诉社会。汽车工业的技术水平在一定程度上可以代表一个国家的工业化水平，在开放条件下，一旦形成对外技术依赖的发展模式，就可能产生技术轨道的路径锁定；只有立足于自主知识产权的自主创新，才能实现“路径创造”的效果。这篇报告已经完成两年多了，我们已经看到了这份报告所产生的广泛的政策影响。

实际上，除了汽车工业的研究之外，在柴油发动机、飞机、电信和数字视频播放设备等其他几种工业类型的研究中，读者还可以体会到路风教授选择工业类型的独特性。汽车、飞机、柴油发动机等工业，乍看起来是制造业——实质上是装备工业能力的典型代表，其本身既是资本密集型的产业，又是技术密集型的产业，它们不仅要求规模经济的效果，而且一旦与整个经济社会的转型联系起来，实际上也是典型的追求范围经济的工业部门，其实质性的增长贡献是促进整个工业系统的分工深化、技术进步和市场扩张。套用西方一个关于技术创新和能力演进学派的说法，这些工业类型的技术创新，不仅是技术推进型的，而且也是需求拉动型的，它们可以更好地表现一种关于可行的技术解决方案和未来发展理念的知识组合，从而提升本土的创新能力。电信、数字视频设备这两类产业是典型的网络型产业，对于这方面的研究，理论界正处在如火如荼的阶段。路风教授在这方面的期待和疾呼是“给新技术以应用机会”。这种政策主张已经远远地超越了模仿创新的说法，因为在这一领域，标准和自主知识产权的锁定效应更加强烈。网络型产业所具有的网络外部性和递增收益等经济特性，使得局部学习和累积性的知识增长更加具有触发市场扩张的强大能力。可以说，网络型产业的技术创新是一个须臾不得疏忽的领域。实际上，国内外的实践已经证明，网络型产业的技术创新脱离了“应用机会”就只能留在“故纸堆”，就会使得创新之火熄灭；相反，给予“应用机会”，就会不断地创造新产品、新服务和新产业，从而为经济增长创造出新的空间。

当然，本书的中心议题是关于中国工业主导技术轨道的研究。其探讨的内容和重要的公共政策指向不仅包括自主知识产权、自主创新、标准和市场竞争优势以及自主创新的国家意志，每个工业案例的研究都体现了路风教授极具热忱的理论抱负以及他对当前和今后一段时期中国的技术进步、产业能力和竞争优势所具有的敏锐性，当然，也包含了他对目前理论界和公共政策界的研究偏向所作出的矫正。路风教授深谙西方技术创新——能力演进学派的学术理路，并把这方面的理论灵活地运用到中国工业技术进步和产业能力成长的分析之中，本书不仅显示了他对经济增长源泉的冷静观察，而且也反映了他对中国工业技术演进路线的严谨求索。更难能可贵的是，每一项研究都是在路风教授和他的团队所进行的不辞劳苦的基层调研的基础上完成的。本书热情讴歌了本土企业家的创新天赋和转轨时期中国企业的能力成长，为中国企业家点燃了自主创新的热望之火，也为中国公共政策界已经取得共识的自主创新之路提供了鲜活的理论蓝本和实证案例。

读完本书，我的体会是，我们已经踏上了自主创新的道路，一种客观的、务实的态度就是：既不要自卑，也不要自满；既不能妄自菲薄、自暴自弃，更不能逆来顺受、受制于人。在创新气氛日益浓烈、创新信息日益萦绕着人们的今天，能否学会创新、驾驭创新和把握自主创新可能就是成败攸关的事情，它关系到中国经济增长的可持续性。

本书是作者的耐心、热心和真心的体现。在那些独具特色的个案分析中，作者倾注了新鲜的理论血液，其学术价值和实践意义是中国企业家、公共政策制定者和经济学家以及那些洞悉中国自主创新能力的国际人士所渴求的，也必将为后世的经济史学者留下不可忽略的历史断面。

2006 年 5 月 25 日

目　录

第五篇 本土创新、能力发展和竞争优势：中国激光视盘播放机工业的发展及其对政府作用的政策含义

绪　言*

本书是笔者长期关注有关中国发展重大问题的产物，其主要内容包括四份政策性研究报告和一篇学术文章。这些报告和文章是在过去三四年里分别完成的，它们共同展示了一个叫作“自主创新”的主题。自主创新对于中国的发展来说，不仅是一个实践中的政策主题，而且是一个理论主题，可能还将会是一个历史主题。本书包括的研究完成于中国发展战略发生重大转折的阶段，虽然它们分别从特定工业的特定经验出发，但它们所探讨的理论问题、政策问题和实践问题在凸显自主创新重要意义的主题上却是始终一贯的。为了帮助读者理解本书的内容，我将在此绪言中对这些研究的背景、它们所涉及的理论及其所共同探讨的理论主题作一个简要的介绍。

I　理解“自主创新”

自主创新已经成为关乎中国未来发展的一项重要战略方针，但围绕着自主创新概念及其含义仍然存在着模糊的看法和分歧。虽然对这个概念的争论往往以其在语义上的自相矛盾为表现形式，但分歧的实质仍然是中国应该走技术依赖道路还是走自主开发道路。因此，澄清这个概念的含义是重要的。

从理论上澄清“自主创新”含义的第一步是明确创新的重要性。正如对发达国家经济增长源泉的研究所证明的，创新和技术进步是经济发展最重要的驱动力。从亚当·斯密的《国富论》（1776）、卡尔·马克思的《资本论》（1867—

---

* 本绪言完稿于 2006 年 9 月。

1894）到约瑟夫·熊彼特的《经济发展理论》（1911），技术和组织的创新都在经济理论中占据着中心位置。20 世纪 50 年代，美国经济学家 Moses Abramovitz（1956）和 Robert Solow（1957）几乎同时发现，20 世纪美国经济增长的来源至少有五分之四不能归结于资本和劳动的增加，而应归结于“技术进步”。从那以后的学术界，包括近年来产生影响的“新经济增长理论”，都把创新所导致的技术进步和知识增长看作经济增长的主要动力。即使是在主要关注微观组织行为的商学院，创新和技术战略也是一个主要的教学和研究领域，因为这个领域的活动被看作决定企业竞争力的主要因素。由于全球化的市场竞争使任何企业都逃脱不了“创造性毁灭”（熊彼特语）的过程，所以创新能力不仅决定着企业的兴衰，也决定着工业和国民经济的兴衰。

如果创新的重要性不容置疑，那么世界上是否存在“不自主”的创新？是否存在“不自主”的技术研发？回答当然是否定的。简单地讲，创新指的是把新技术成功地结合到产品或工艺上（Bell and Pavitt，1993）。理解创新概念的一个便捷方法是把创新与发明区分开来[①]：发明是第一次产生有关某种新产品或新工艺的想法，创新则是第一次把这种想法付诸实施（Fagerberg，2005：4－5），所以两者的区别在于后者一定包含商业化的内容（Freeman and Soete，1997：6）。从定义看，无论创新的主体是个人还是组织，创新的动机、决策、实施及承担后果（无论是失败还是成功）的责任都只能统一于同一个主体，所以世界上不可能存在“不自主”的创新。既然如此，“自主创新”概念的实质就无关乎创新活动“自主”或“不自主”的问题，而是强调中国的经济发展必须要以创新为动力。

那么，为什么中国还要产生一个并不是世界通行的“自主创新”概念[②]？从上面的分析看，放在“创新”之前的“自主”一定是反映出来一个特定的关

① 第一个把创新与发明区分开来的人是熊彼特。

② “自主创新”在英文中没有相应的概念。曾经有中国学者使用“autonomous innovation”和“endogenous innovation”的译法，但仍显牵强。最接近的概念应该是“indigenous innovation”（本土创新），因为在有关创新研究的英文文献中，这个概念特指发展中国家的创新。但是，它仍然没有充分反映出“自主创新”的含义。

联背景，而这个背景的内容一定是存在认为中国不可能或者不应该以创新作为经济发展动力的主张和政策思维。因此，提出“自主创新”概念本身就意味着存在政策辩论，而辩论的焦点集中在中国的发展是可以依靠技术引进还是必须依靠自主创新的分歧上。在特定的历史和理论背景下，产生这种分歧的原因有二。

第一，“自主创新”概念与技术落后状态有关，或者说与中国在发展过程中能不能创新的认识有关。自从英国工业革命（18世纪60年代到19世纪三四十年代）启动了现代经济增长的发动机之后，“先进国家”和“落后国家”的分野就成为世界政治经济体系中的一个主要现象，而掌握工业技术的状况成为划分这两类状态的一个主要因素。同时，由于全球所有的民族都逐渐被卷入统一的世界市场体系中，先进国家在技术上的先行者优势（通过商品形式）转化为一种市场锁定，使任何落后国家都不可能走出完全摆脱技术先进国影响的道路。因此，落后国家的经济发展只能从获取和吸收先进国家的现有技术开始。这种现实容易使人以为创新只有在处于技术前沿时才可能发生，所以产生了落后国家不可能创新而只能接受先进国家技术的看法和心态。

但是，在世界经济发展的实际过程中，总是会从落后国家中出现追赶国家，甚至出现落后者超越领先者的情况。事实证明，追赶国家在经济发展过程中不仅有可能进行创新，而且必须进行创新，才能够实现赶超[①]。例如，美国和德国在19世纪和20世纪之交对英国的超越，就是因为美、德在以科学为基础的技术（science-based technology）为主的第二次工业革命中，率先通过技术和组织的创新［集中体现在工业组织向设立R&D（研究与开发）机构的多部门大企业转变上］而取得了更高的生产率（Chandler，1990）。日本在第二次世界大战后的30来年里迅速跻身于发达国家行列，也是因为在引进外国技术的基础上进行的一系列创新，特别是在生产组织方式上的创新，使日本工业在生产率上接近甚至超过欧美。更后进的国家如韩国（其工业和技术基础曾经比

---

① 对赶超必然需要创新的认识可以追溯到Gerschenkron（1962）的经典研究。关于这个主题的一个文献综述见Fagerberg and Godinho（2005）。

中国还落后），也是在引进外国技术的基础上强化自主创新才实现了发展。因此，“自主创新”的第一层含义是一个判断：虽然在工业和技术发展上是一个后进国家，但中国不仅能够进行创新，而且只有通过创新才能赶上发达国家的经济发展水平。

第二，“自主创新”概念与技术学习的政策和战略有关，或者说与中国在发展过程中应不应该创新的认识有关。在落后国家获取和吸收外国技术的过程中，学习外国技术与依赖外国技术是两种截然不同的行为，反映出不同的政策和战略，而且必然导致不同的结果。但在中国，总是有人把两种行为混为一谈，甚至认为在全球化的条件下不必进行创新所必需的产品开发或技术研发。若干年来，有两种流行性理论为这种主张提供依据。一种是“比较优势论”，认为中国由于穷（要素禀赋结构的水平低），没有进行技术研发的比较优势，所以只应该依靠引进技术并集中发展劳动密集型工业。另一种是“技术借用论”，认为引进外资可以通过产生自然的技术外溢而带来先进的管理经验和技术，所以外资的重要性不是内资可以取代的。

虽然表达形式有所不同，但这两种理论都假设资本要素的增加可以自动导致技术进步和产业结构升级。但是，中国经济发展的经验证明，单纯依赖技术引进以及外资的大量涌入并没有自动导致中国工业技术能力的提高，高储蓄率和高积累率也没有自动导致技术和产业结构的升级。原因在于，技术水平和技术能力的提高必须依靠以自主研发为主要途径的技术学习。例如，虽然日本在第二次世界大战后的高速经济发展是以大规模引进外国（主要是美国）技术为基础的，但使进口技术能够被迅速转化为日本工业增长力量的关键仍然在于技术引进是与本土改进和创新相结合的（莫里斯-铃木，2002：207）。事实上，日本通过自主创新来消化吸收外国技术始终伴随着该国的现代化进程，而引进技术是日本本国研究和开发的补充而不是替代物（莫里斯-铃木，2002），所以在日本引进技术的高峰期，能力成长的源泉仍然是在技术引进基础上的自主创新[①]。韩国的追赶是比日本更加戏剧性的例子，因为韩国在经济起飞时的技术水平更加落后，却在更加短的时间内实现了追赶。因此，“自主创新”的第二层含义指明，中国经济发展需要更高强度的技术学习，并需要更加以自主发展的技术能力作为经济发展的动力。

从上述两层含义看，“自主创新”的概念都与落后国家的发展有关，所以进一步理解这个概念要从对发展的分析开始。什么是发展的实质？在第二次世界大战后兴盛起来的发展经济学曾经把富国和穷国之间的生产率差别主要归因于资本/劳动比率上的差异，并因而把提高资本积累率看成决定经济发展的主要变量[②]。事实证明，这些早期的理论低估了落后国家经济发展的复杂性，可以被称为“天真的”发展理论。到20世纪70年代，以新古典经济学的自由贸易理论为基础的“市场论”在经济发展领域产生很大影响，并受到世界银行和国际货币基金组织的大力支持。这种发展观主张构建反映自由市场供求力量的

① 1952—1958年间，日本私营企业雇用的研究人员数量增加了一倍多，而在1959—1975年间又增加了3.4倍（莫里斯-铃木，2002）。到60年代初，日本几乎所有的工业部门用于研究开发的费用都远远高于用于技术进口的费用；唯一在技术进口方面花费大于研究开发的工业是石油精炼，它恰恰是一个被外资控制最多的工业（莫里斯-铃木，2002：207）。在技术引进基础上进行自主创新几乎是二战后日本所有工业成长的途径。例如，索尼的第一个成功产品是于1955年推向市场的晶体管收音机。虽然当时索尼使用的半导体晶体管技术是购买了美国企业的技术许可证才获得的，但索尼是第一个把晶体管技术应用到收音机上的创新者。电视机、录像机也是美国发明的，但最后的赢家却是日本企业。日本企业首先在电视机上采用固体晶体管技术，索尼发明的三枪单束显像管更是独一无二的；最初获得商业成功的磁带录像机是由美国Ampex公司于1956年推出的，主要应用于电视发射台，而日本在引进技术的基础上，通过创新把录像机改进为家庭消费品，使之一度成为日本出口量最大的消费电子产品（Rosenbloom and Cusumano，1987）。数控机床技术起源于美国空军与麻省理工学院的项目（Noble，1986），而引进了这项技术的日本富士通公司则成为第一个销售商业数控机床的企业，而且是最成功的企业（Mazzoleni，1999）。日本汽车工业的丰田本来是以美国为学习榜样，但狭小的国内市场、有限的投资能力以及特定的劳资关系结构等制约因素使丰田无法照搬美国的大批量生产方式，而克服这些制约的努力反而使丰田创造出来震撼世界的丰田生产方式（Womack，Jones and Roos，1991）。总之，几乎在所有的工业领域，日本的技术源头都可以追溯到欧美国家，但日本企业总是在创造性地改进这些技术，使日本工业在钢铁、汽车、机床、造船、半导体、电子视听产品等领域都赶上甚至超过欧美先进国家。

② 例如，罗斯托的经济起飞阶段论和“大推进”（big push）理论。

价格体系，减少或消灭贸易保护，促进资本和技术的国际自由流动，削减政府对于经济活动的干预。实际上，这种“市场论”就是国内流传的“比较优势论”的思想根源。

无论是“天真的”发展理论还是自由市场的发展理论，它们一个共同的理论前提都是把技术看作可以自由获得的公共品。在这样的理论框架中，技术进步是伴随着设备投资而自然发生的事，而创新表现为生产函数的移动。由于各种要素（资本、劳动和土地等）的相对稀缺状况（禀赋结构）决定要素价格的比率，并因此而决定最优化生产的资本/劳动比率水平，所以劳动力较便宜而资本较贵的发展中国家应该集中发展劳动密集型的工业。从这个逻辑出发，创新只能是发达国家的事，而发展中国家可以随着自身资本积累水平的提高，去从发达国家的货架上购买资本密集度更高的技术。但这些理论并不能解释为什么各国贫富之间的差异会长期持续，而以这些理论为基础的政策也从来没有导致发展中国家的成功，因为它们既不能解释创新如何发生，也不能解释技术能力从何而来。

问题在于，虽然经济学家通常是以 GDP（国内生产总值）来衡量发展，但经济增长并不是一个简单的量变过程，而是一个结构变化的历史过程。或者用熊彼特的话说，经济增长发动机的驱动力来自一个经济体系中的企业所创造出来的新产品、新的生产或运输方法、新市场和新的生产组织方式（Schumpeter，1975/1942：83）。这个道理同样适用于发展中国家：只有在产品和产业结构发生明显变化后，一个国家的生产率和收入水平才能够明显提高，而实现这样的结构变化必须依靠该国技术能力的发展。例如，1960 年韩国的出口构成中，初级产品占 64.42%，将近 40 年之后的 1999 年，这个比例下降到微不足道的 2.68%，而制造产品已经达到 91.47%，特别是技术含量较高的复杂产品已经占到总出口的 62.74%，远远超过了简单产品的比重（见 Kim，2003：144 的表 6.1）。在这种导致国民收入大幅度提高的结构变化的背后，是韩国企业在国家主导下的顽强技术学习和自主创新。因此，如果一种发展理论不能解释技术能力是如何发展的，它就无法解释经济发展或增长的源泉。同样，如果一个国家不能解决技术能力的发展问题，这个国家也就无法实现经济发展。

同样是在第二次世界大战之后，经济学对于技术进步的研究也逐渐兴盛起来。这个领域中的研究长期以发达国家为对象，直到不久前还都与发展中国家的经验和问题没有什么关系，但这门日益壮大起来的创新经济学或技术进步经济学却从根本上否定了新古典经济理论对于技术的假设。这个领域中的学者在大量研究的基础上逐渐形成了一个基本理论框架：技术进步是一个充满不确定性的演进过程（Rosenberg，1976；Abernathy and Utterback，1978；Dosi，1982；Clark，1985；Utterback，1994；Rosenberg，1996；Mowery and Rosenberg，1998；Ziman，2000），所以创新和技术进步根本无法用最大化行为或最优选择来解释，而只能被理解为累积性的学习过程；技术知识具有强烈的缄默性，不可能像公共物品那样被自由使用，只能由工作组织经验性地获得（Nelson and Winter，1982）；即使是一个组织吸收外部技术知识的能力，也主要取决于现有的知识基础和技术学习的强度（Cohen and Levinthal，1990），所以创新和学习是技术研发的两个方面（Cohen and Levinthal，1989）。正是由于缄默性和累积性，所以产品、工艺，以及企业和工业特定的知识、技能、经验和诀窍在组织之间的转移是困难的。而技术转移的有效性并非取决于是否存在技术来源，而取决于技术接受方对于技术学习和能力发展的努力（Teece，1977；Levin et al.，1987；von Hippel，1998）。

对技术进步的研究进展极大地影响了对发展问题的理解，推动一批研究经济发展的学者开始从技术变迁的角度看待工业化。对发展中国家经济发展绩效差异的研究表明，资本积累并不是导致成功发展的唯一主要因素。虽然获取和吸收先进国家的技术要求对物质资本和人力资本的投资，但仅仅依靠资本投资并不足以导致发展中国家技术能力的成长，因为高投资率并不必然导致有效的技术学习，而技术能力的成长还要求敢于承担风险的企业家精神、高强度的技术学习、创新，以及政府对于本国企业技术学习的鞭策、支持和保护等因素（Amsden，1989，2001；Kim，1997；Kim and Nelson，2000）。换句话说，成功的经济发展要求高强度的技术学习，而有效的技术学习是独立于资本积累的一个关键变量。于是，这些学者逐步形成一个重要的共识：经济发展的实质不是一个简单的提高资本积累率的过程，而是一个获得技术能力并在技术不断变化的条件下把这些能力转化为产品和工艺创新的过程（Pack and Westphal，1986；Lall，1992；Bell and Pavitt，1993；Kim，1999；Kim and Nelson，2000；Lall and Urata，2003）。

技术能力成长对于经济发展的重要性清楚地说明为什么自主创新关系到中国发展的基本问题。中国在改革开放以来的四分之一个世纪的时间内取得了惊人的发展，但也面临着非常严重的问题，集中表现在经济增长的可持续性和国际竞争力上。就经济增长的可持续性来说，中国在 2004 年实现的 GDP 约占当年全世界 GDP 的 4.4%，但为此消耗的原油、原煤、铁矿石、钢材、氧化铝和水泥，却分别约占世界消费量的 7.4%、31%、30%、27%、25%和 40%。即使消耗这样大量的资源、能源和投资，2005 年中国的人均 GDP 也才 1 700 美元，仍然排在世界各国的第 100 位之后，还不到世界平均水平的四分之一。这就产生了一个悖论：一方面，由于人均国民收入仍然很低，所以中国的发展需要在相当长的时间里保持较高的经济增长速度；但另一方面，如果中国的经济增长继续依靠现有的粗放方式，那么就会在远远未及发达国家收入水平之时触碰到自然的极限。

国际竞争力则是中国经济发展在全球化条件下遇到的另一个挑战。加入 WTO 使中国工业处于开放市场条件之下，在这种条件下的经济发展要求具有国际竞争力，而这种竞争力是一个国家能够生产和提供经受得住国际竞争并提高国民收入水平的产品和服务的能力。大约从上世纪 90 年代中期开始，中国的经济增长越来越依靠出口导向的加工贸易，而出口的扩大主要是依靠外资企业（最近两三年，大约五分之三的中国出口额是由外资企业实现的）。目前中国的对外贸易顺差主要是对欧美的，而同时对日本、韩国和东南亚等都是逆差，表明中国主要是扮演了一个亚洲“加工中心”的角色。虽然中国的经济增长受益于这种国际分工，但这种模式的隐忧也日益严重。通过从事低附加值加工组装活动大量出口的方式不仅引发了反倾销浪潮，而且使得中国在付出资源消耗和环境污染代价之后所获得的收入并没有多少。如果外资攫取了财富增加值，就会使中国经济陷入“贫困”增长的危险。

很明显，如果不转变依靠粗放消耗资源和低端加工贸易的增长方式，中国经济发展的动力就会逐渐枯竭，并引发严重的社会问题。但转变经济增长方式需要实现以技术能力成长为动力的产品和产业结构升级，而这种需要恰恰暴露出中国经济发展中的一个严重问题，即中国工业的技术进步动力不足——大多数中国企业至今仍然没有技术研发活动，而是依靠引进技术、加工组装别人的产品或低水平复制原有产品进行生产①。这种状况使中国企业处于产业价值链的低端环节，只能靠价格竞争，并经常导致中国经济发展中的“产能过剩”问题；而更长远的问题是，在市场越来越开放的条件下，没有先进技术的中国企业可能根本就无法生存下去。因此，只有实施自主创新的战略，才有可能转变经济增长的方式。

迫切需要转向自主创新的理由尤其在于，中国工业技术进步动力不足并非必然，而至少部分地是政策导向的结果。在改革开放初期，中国与发达国家的技术差距产生了引进技术的强烈需求。学习外国技术没有错，但受战略判断、政策思维和体制束缚等因素的影响，对技术引进的偏重在实践中逐渐发展成为对自主开发的替代，并产生了可以依靠引进技术和外资来发展中国经济的幻觉，甚至出现了排斥自主创新的政策倾向（例如，外资企业比中国企业享受更优惠税收待遇等不平等的政策规定）。当这种惯性在一定范围内导致技术依赖②和自主开发信心缺失时，为这种政策进行辩解的需要还助长了“比较优势论”和“技术借用论”的流行。但事实已经证明，不仅引进技术并不能代替自己技术能力的发展，甚至这种引进本身也变得越来越困难和昂贵了。

使自主创新不得不以政策辩论的形式提出来的原因还在于中国所具有的创新潜力。且不说中国早在遭到全面封锁的计划经济时代就曾经取得过以“两弹一星”为标志的成就，就是最近十几年来，中国也不仅取得了诸如载人航天这样的重大技术突破，而且在市场经济中崛起了一批自主开发的竞争性企业，显示出中国经济体系本来就具有的创新动力。与许多发展中国家不同的是，中国

---

① 根据2006年1月2日新华网援引国家知识产权局数据的报道，目前中国拥有自主知识产权技术的企业仅为万分之三，99%的企业没有申请专利，60%的企业没有自己的商标（http://news.xinhuanet.com/fortune/2006-01/02/content_3999972.htm）。

② 我们把技术依赖定义为没有自主开发内容的技术引进。

已经具有一个相当规模的知识生产基础结构[①]以及丰富的科技人力资源[②]。只是由于中国工业在过去若干年里缺乏自主开发的努力，所以导致对上游科技知识的需求不足，并造成基础研究体系与经济发展的脱节和错位。如果能够从政策上鼓励中国企业更多、更普遍地进行产品或工艺开发，这个知识生产的基础结构就更能够发挥应有的作用。

综上所述，我们可以给出一个定义：自主创新是一个企业或一个国家坚持技术学习主导权，并把发展技术能力作为竞争力或经济增长动力主要源泉的行为倾向、战略原则和政策方针。因此，中国走向自主创新是一个重大的战略和政策转折，其实质就是要使科学技术进步成为中国经济增长和社会发展的主要动力源泉，同时把本土技术能力的发展看作提高中国经济国际竞争力的主要途径。实现这个转折意味着要在保持开放的条件下摈弃技术依赖以及以此为理由的外资依赖道路，把中国经济发展的动力源泉更明确地置于中国内生的技术能力基础之上，从政策上鼓励、支持和保护中国企业的自主开发和中国知识生产基础结构的健康发展。因此，走向自主创新要求重构国家发展的战略体系（strategic architecture），以转变经济增长方式为原则重新定位中国与国际经济体系的关系，其政策目标是使中国的经济体系（通过发展出技术能力）能够从事越来越高端的生产活动，在产业结构上实现爬升，从而在全球价值链的收入分配中获得不断增长的份额，并因此使中国获得保持经济增长、捍卫国家安全和保障政治独立的力量源泉；而放在“创新”之前的“自主”所包含的意义，就是表明了要实现这个目标的意志、勇气和信心[③]。

---

① 一个国家的创新系统还包括一个由大学和科研机构所组成的知识生产基础结构，它通过人才培养和基础研究来支持企业的技术研发。

② 2006年3月10日，在十届全国人大四次会议举行的中外记者招待会上，科技部部长徐冠华说，中国科技人力资源达到3 850万人，研发人员达109万人，分列世界第一位和第二位（http：//news. sina. com. cn/c/2006－03－10/18159319499. shtml）。

③ 在技术领先的欧美国家，只有创新的概念，没有“自主创新”的概念。但“自主创新”概念在日本出现过，在韩国也出现过。因此，“自主创新”是一个与技术落后状态有关的概念，同时也是一个与奋起自强有关的概念。这个概念不会产生于技术领先的国家，也不会产生于甘于落后的国家，只能产生于从落后状态中奋起赶超的国家，所以也反映了一种精神状态。

Ⅱ “走向自主创新”的历程

本书的内容集中于中国工业发展中有关自主创新的经验、教训及其政策意义。对中国企业改革和工业发展的长期关注始自我早年在政府工作的经历，特别是1986—1991年在国家经委和国家计委的工作经历。1991—1998年在美国哥伦比亚大学政治学系攻读博士学位期间，我仍然保持着这种关注，并以国有工业的转变为主题撰写了博士论文。

我的早期研究偏重于工业企业的组织和制度方面，对创新和技术进步研究领域的兴趣与理解则要归因于一个偶然，即在哥伦比亚大学遇到同时是政治学系、经济学系、法学院和商学院教授的理查德·纳尔逊先生（Richard Nelson，后来成为我的博士论文答辩委员会主席）。纳尔逊教授是现代经济学中研究技术进步领域的主要开创者之一，与他的密切交往很自然地使我逐渐熟悉这个领域。这种兴趣一发不可收，甚至促使我去听商学院的创新课程。于是，这项本来是主修政治学之外的“副业”，却从博士学习阶段一直持续到1999年上半年在加州大学伯克利分校商学院和公共政策学院做博士后研究期间。1999年6月回国后，我加入正在筹建的清华大学公共管理学院，并在40多岁的时候开始了教师的生涯。2000年秋季，我为学院的研究生开设了一门有关创新管理的课程，深受欢迎。从那以后，创新管理成为我年年都开的课，并逐渐成为我的一个重点研究领域。

关注创新和技术进步并没有改变我所关注的中心问题本身，而是在我原有的思维框架中增添了一个重要的方面或一个重要的视角。我思考中国企业改革和工业发展的理论框架是在有关“动态能力”的理论基础上逐渐发展出来的①。这个学派的基本立场是：在宏观上，把技术和组织的创新看作经济发展的基本动力；在微观上，把包括管理能力、技术能力和运作能力在内的组织能力看作

① “动态能力”泛指一个活跃于经济学、战略管理、技术创新和企业史等领域的理论流派，因为共同强调组织能力的作用而获得此名（Nelson，1991）。

企业经济绩效和竞争力的主要源泉。因此，这个同样源于西方学术界的“动态能力”理论与新古典经济理论存在着一个根本区别：市场经济的核心问题不是静态的资源配置效率，而是在组织和市场互动过程中的生产率提高。通过把管理、组织和能力变量引入分析框架，我曾经在对国有企业的较早研究中提出，无论产权形式发生什么样的变化，国有企业的转变都需要一个独立的组织转变过程，而在这个过程中发展出来的管理能力才是改变企业经济绩效的决定性因素（路风，2000）。由于技术能力是组织能力的重要组成部分，所以创新和技术进步是思考中国企业改革和工业发展问题所必须关注的一个重要方面①。

由于创新和技术进步有着演进性和不确定性，所以对创新的研究必须是经验性的。坚持经验研究（empirical research）本来就是我所践行的，而且与“动态能力”学派的历史主义精神相容——重视对技术、组织和工业的演进过程的研究，而不是正统经济学所热衷的形式化推导。我对技术创新的研究是从对中国创新实践的案例研究开始的，最初既包括自己做的，也包括以指导研究生论文的形式做的。实际上，只是在做经验研究之后，我才开始逐渐理解技术问题，甚至才开始逐渐真正理解我已经在教学中所使用的理论文献。这样一个尝试性开端对于我后来的研究工作的意义在于，一旦对中国技术进步进行经验研究，就会立刻遇到大量令人无法安心也无法从现成理论中找到答案的问题——只要关心中国的发展，就会产生站在中国的立场上来回答这些问题的强烈动力。

2001年，在中国加入WTO前夕，我以分析在开放市场条件下的中国工业竞争力为题申请到国家自然科学基金的资助。当时许多人所担忧的一个问题是，一旦市场开放，弱小的中国企业会不会被强大的跨国公司所压垮？剑桥大学教授彼得·诺兰（Peter Nolan）曾经对这个问题做出具有一定影响的研究。他在中国500家大型企业中选取部分企业，将它们与对应的西方大企业进行历

① 在讨论国有企业经济绩效不佳的时候，流行性的观点喜欢集中于产权问题，但被长期忽略的一个重要原因，其实就是长期依赖技术引进所导致的缺乏创新和技术能力。我自己较早的研究也忽略了这个因素。

史比较后指出，中国的市场开放恰逢西方全球化巨型企业出现之时，双方在竞争力方面的差距是拉大而不是缩小，所以中国大企业的前景是悲观的，而中国可能不得不忍受最后只能剩下中小企业的状况（Nolan and Wang，1999；Nolan，2002；Nolan and Zhang，2002）。但这个问题是无法先验地回答的，所以我对课题的设计是选取若干已经在开放市场条件下运行了若干年的工业部门，并以其发展经验为证据，对中国工业竞争力的源泉进行实证分析。

这项研究一开始，中国企业的创新实践就不可避免地成为其中最重要的主题。收入本书的 VCD/DVD 工业研究就是这个项目的一项成果。正如这个工业部门（以及其他几个工业部门）的发展经验所证明的，中国本土企业是能够在开放市场条件下成长起来的。而进入中国市场的跨国公司并不会仅仅因为它们规模更大、实力更强就能迅速压垮中国企业。我们在研究中对两个重要发现进行了理论概括：第一，中国市场的需求结构特性可以成为中国企业进行创新的“灵感”源泉，也因此可以成为一种对抗外来强大者的壁垒；只要中国企业在产品开发上付出足够的努力，它们就能够把对本土市场更好的理解转化为产品的性能特性，从而在还不能与跨国公司在技术上并驾齐驱的时候就可以获得竞争优势。第二，每个工业部门都经历过在市场需求高涨时大量企业进入，然后在市场需求趋于平稳后又有大量企业被淘汰的过程，但最后成长起来的企业一定是更注重技术研发的企业。这项研究证明，在自主开发上付出更多努力的企业会发展出更强的技术能力，而技术能力更强的企业具有更强的竞争力和更大的成长潜力。

这个结论是相当“反直觉”的，正如一些中国企业的成功案例对许多人总是表现为“意外”一样。多年来，在处于技术相对落后状态的中国，“市面上”流行的是中国企业不可能创新，只有引进技术才是中国技术进步主要途径的想法。同时，随着西方教科书经济学的普及，对政策思维影响越来越大的新古典经济理论（即“比较优势论”和“技术借用论”的理论根源），又为这些流行观念提供了理论依据。具有讽刺意味的是，声称中国可以走技术依赖道路的人所寻找根据的来源，恰恰是无视也无力解释技术和组织变化的理论。于是，随着我们研究的进展，在流行观念以及相应的政策和行为与我的理论框架和我从经验研究中不断积累起来的证据之间，产生出越来越多、越来越尖锐的思想冲突。作为科学认识的准则，理论的虚假或真实只能由经验证据来证明。在我所坚持的经验研究中，所有的证据都证明中国企业能够进行创新，而认为中国工业不应该或不需要进行创新的想法（例如认为只要能够购买外国产品就能获得外国技术的思维）都只不过是幻想。但同时，这些幻想和迷信又在时时刻刻影响着中国的政策和舆论。于是，澄清有关中国技术进步的大是大非问题已经不再是一个学者的个人智力活动，而成为任何关注中国发展及其政策和战略的人所必须负起的社会责任。

2003年初，我从清华调到北大政府管理学院。那年秋季，国家科技部调研室询问我能不能对中国汽车工业的技术进步状况做一个调研，为制定国家中长期科技发展规划提供参考。当时，我因工作调动而处于“青黄不接”的状态，只有从清华公共管理学院刚毕业的一位研究生封凯栋愿意和我一起进行这项研究。从10月份开始，我和凯栋踏上“征程”。

那是一次令人难忘的经历。我们在时间有限的条件下密集采访了一些企业和业内人士，而且重点采访了哈飞、吉利和奇瑞等几家自主开发企业。为了理解汽车产品开发中的问题，我们与开发工程师深入讨论，对一个接一个的技术环节进行分析。随着研究的深入，我们对合资模式的弊病和自主开发的可能性有了充分的理解，但同时也产生了一种“郁闷”的情绪：明明只是在组装现成的外国品牌，非要说是在“引进外国先进技术”，然后就是“愤怒”——原因正如我们在后来的报告中所言：“受到长期保护和支持的重点企业沉溺于合资模式，不思进取；而自主开发的企业不但得不到支持，反而备受压制。”对于这个典型的走技术依赖道路的工业部门，我们全部的研究结果可以用四句话概括：第一，合资模式并没有给中国企业带来产品开发能力，所以继续依赖这个模式是中国汽车工业的一条死路。第二，自主开发是振兴中国汽车工业的唯一出路。第三，中国自主开发企业已经出现，并且正在逆境中顽强成长。第四，只要改变过去的错误政策，转向支持自主开发，中国汽车工业就会迅速成长起来。在那个“愤怒”的冬天，我们以鲜明的理论逻辑、不可否认的事实根据和直截了当的尖锐语言写下了对错误政策及其实践的无情抨击，以及对自主开发道路的热情赞扬。

在完成了科技部调研室委托的原定任务后，我们于2004年2月提交了长达11万字的报告——《发展我国自主知识产权汽车工业的政策选择》（以下简称汽车工业报告），在内部印发。随后，报告迅速流传，并于3月下旬被财经媒体《商务周刊》长篇摘要刊登，然后这个报道又被闻风而动的新浪网刊登。无论是在政府内部还是在社会舆论上，这个报告都引起了出乎我们意料的强烈反响，甚至可以说在那年的春天掀起一场“风暴”。一时间，媒体纷纷转载，采访不断。坦率地说，我对这份报告在短期内能够引起如此强烈的反响仍然有点意外。唯一的合理解释是，对汽车工业中那种甘当外国品牌组装厂的发展道路，中国社会各界已经积聚起了普遍的不满情绪，而我们只不过是愣头愣脑地充当了一回那个说出真相的孩子：皇帝并没有穿衣服。令人高兴的是，报告出来后的一年多时间里，先是舆论风向大变，争说自主开发的重要性，继而政府的政策发生了根本性的转折——支持自主开发终于成为中国汽车工业的主旋律。

汽车工业报告标志着我的学术活动重点转向政策研究。在此之前，我的研究虽然包含了政策建议，但仍然是采取“置身局外”或“旁观”的学者立场。例如对VCD/DVD工业的研究，就是分析中国工业的创新是怎样发生的，并从理论上回答为什么中国工业在技术落后的状态下仍然能够创新，以及创新对于中国企业竞争力的意义。从汽车工业报告开始，我的研究风格变成直接在政策辩论中采取立场，以理论逻辑和经验证据强调中国工业应该进行自主开发或自主创新，并对技术依赖道路进行批评。与学术研究不同，政策研究所面对的往往是紧迫的现实问题，而需要与之辩论的往往是肤浅的流行性看法或思维习惯。但就是这些似是而非的观点，却能够在特定的历史条件下影响企业的行为、公众舆论和政府官员的政策思维，并在实践中阻碍中国的技术进步。说服政策制定人和行动者摆脱这些观点并指出正确方向不是一件容易的事，同样需要有坚实的理论基础，并更加需要来自经验研究的证据。由于政策研究的目的不是与其他学者讨论对于世界的认识，而是为实践者提供行动的建议，所以必须以实践者能够看懂的通俗语言来回答具有实际行动意义的问题[①]。

一旦卷入政策辩论，就欲罢不能。一方面，中国在技术发展方面存在大量的问题需要回答，来自各方的需求接连不断；另一方面，这种需求给了我们平常难以得到的研究机会，令人不忍舍弃。于是，一发不可收。关于大型飞机的报告（本书第三篇）是一次自作主张的研究，急就于一场政策辩论的过程之中。虽然事先未受委托，这个报告还是被科技部调研室印发，它的节选版本经《商务周刊》披露后，在互联网上也流传甚广。这个报告以运-10大型民用飞机的开发和下马为线索，分析了中国工业技术进步的历史教训，并以历史教训为根据，提出中国再次开发大型民用飞机所应该遵循的原则。同时，为了帮助读者理解有关“技术能力”的概念，报告中给出了一个从国际主流文献基础上概括出来的理论框架。

关于自主电信标准的报告（本书第四篇）起源于受科技部调研室的委托，对信威公司开发的SCDMA无线接入通信系统的案例研究。由于SCDMA是一个系统标准，而且在调研中获得的信息与我们此前对第三代移动通信标准TD-SCDMA的调研信息相容，于是最终的报告是以发展中国自主电信标准为主要内容，并同样完成于一个决策的关键时刻。有关中国技术进步的一个重大政策问题是给予自主开发的新技术以应用的机会，而这个问题特别严重地存在于那些需要通过运营商才能进入市场的工业部门（如电力、电信、铁路、民航等）。报告以信威公司开发SCDMA的经验为证据，说明任何新技术都只能通过在应用中的持续改进才能成熟起来，而且只要得到这种机会，中国自主开发的技术是能够发展起来的，所以必须解决阻碍中国自主开发的技术进入市场的政策和体制问题。报告还详细分析了系统标准对于中国高技术发展的重要意义。

关于柴油发动机油泵油嘴工业的报告（本书第二篇）则是我们从2005年秋季开始关注中国装备工业的一个初步成果。这是一个案例研究，通过对两个

---

① 也是在这个转向之后，越来越多的人（主要是研究生）加入了我的工作，使“我的研究”越来越成为由我主持的集体研究。这种集体性质大大扩展了我们关注的范围，也大大加快了取得成果的速度。

处于同一个工业部门和同一个城市的企业面对同一种技术变化时的不同选择——继续依赖技术引进和奋起自主开发——进行的比较研究，说明在外国企业大举进入中国市场和技术变化越来越快的条件下，继续依赖技术引进只能导致中国工业的灭亡，而只有坚持走把外来技术知识转化为内生技术能力的自主开发道路，中国工业才能健康发展。通过深度的比较案例研究，这个报告更清楚地说明了自主开发和技术依赖的区别是什么，以及两种道路在全球化条件下对于中国工业发展的战略含义是什么。

由上述这些成果所体现的研究仍然处于一个不断拓展和深化的过程之中，本来在其基础上写书还是一个遥远的计划，所以当一位图书编辑提议将这些成果结集出版时，我花了一个多月的时间才反应过来：这也许是一件有意义的事。虽然略嫌仓促，但出版本书的意义，就我个人的理解来说，也许就在于：在国家发展战略发生一个历史性转变的阶段，为关心中国工业发展和技术进步的读者提供一组相关的文献——它们在有关自主创新的主题上贯穿始终，并以清楚的理论逻辑和充足的经验证据对有关中国技术进步的大是大非问题进行了澄清。为了充分澄清是非，这些研究都具有一种“顶天立地”的特点：从技术层次的分析开始，然后估量不同技术道路的选择对于企业命运的影响，最后在工业层次上阐明技术依赖和自主创新对于中国发展的政策意义。如果这本书能够成为一份为“自主创新”张目、为“技术依赖”送葬的历史记录，我将视其为个人的终生成就之一。

就在为自主创新疾呼的过程中，我同时有幸得到了对于学者来说非常罕见的机会：在对一个领域的问题进行研究的过程中，这个领域中的实际力量同时朝着被证实的理论逻辑所预示出来的方向发展。于是，从事这种研究的理论价值不仅很快就被事后的实际发展所证明，而且可以促使代表了正确方向的实际力量以更快的速度和更加强大的势头发展。于是，研究者和被研究的对象交织在同一个激越的发展过程之中，对这个过程卷入之深常常使自己分不清究竟是在做研究还是在实践。

这是一个激动人心的时代。我们见证着中国自主开发企业的迅猛成长。仅以本书提到的案例为证：就在两三年前还被许多人认为不可能进行自主开发的汽车工业领域，奇瑞在2005年的销售量接近19万辆，比上年翻了一番还多，并处于要在2006年实现销售量突破30万辆的亢奋之中，同时还有更多的企业转向自主开发；在规模不大但非常重要的油泵油嘴工业，无锡油泵油嘴研究所自主开发的电控高压共轨系统已经批量装车，产业化正在稳步前行；在电信工业，中国开发的第三代移动通信标准TD-SCDMA已经被中国政府明确采用，信威则处于SCDMA终端设备供不应求的苦恼之中；在影碟机行业，虽然目前一片“混乱”，但纷争的焦点既不是VCD时代的广告和价格大战，也不是DVD时代的专利费抱怨，而是下一代高清标准……特别令人高兴的是，根据国内外媒体的广泛报道，中国政府已经宣布将再次开始研制大型民用飞机。这些例子（以及实践中更多的例子）证明，虽然自主创新的潮流也是从弱小开始，却因为符合发展的规律而必然走向强大。

我们同时也见证着国家大政方针和发展战略的转折。2006年1月，我应邀参加了全国科学技术大会，亲耳聆听了党和国家领导人就自主创新发出的号召。这次大会把科学技术进步和创新定义为未来中国经济发展的主要动力，并把自主创新定义为中国科技发展的“灵魂”，当作转变经济增长方式和增强中国竞争力的关键环节。与此同时，自主创新在全社会范围内正日益成为一个深入人心的概念，必将影响中国人民对于未来发展的方向感。这是一个具有里程碑意义的历史关头，标志着在政府、企业和社会各界正形成一个有关中国未来发展方向的共识，并在这个共识下开始实施有关中国经济和社会发展战略的重大转折——走向自主创新。

Ⅲ　有关自主创新的理论主题

本书收入的5个研究成果基本保留了原来的标题。《发展我国自主知识产权汽车工业的政策选择》（即本书第一篇《走向自主创新：发展我国自主知识产权汽车工业的政策选择》）是完成于2004年2月的报告。这个报告已经以书的形式由北京大学出版社于2005年1月正式出版，但考虑到需要完整地反映这个系列的工作，所以在本书中收录了该报告的节选。《从无锡油泵油嘴研究所的自主创新看技术变革下的两条道路》（即本书第二篇《技术依赖和自主开发的不同命运：从无锡油泵油嘴研究所的自主创新看技术变革下的两条道路》）是完成于2006年1月的一个报告。《我国大型飞机发展战略研究报告》（即本书第三篇《在历史的沉重中起飞：我国大型飞机发展战略研究报告》）完成于2005年1月。《给新技术以应用机会》（即本书第四篇《走出中国的主导技术轨道：关于中国自主电信标准的报告》）是2005年8月完成的一份报告。上述4个报告都由科技部调研室在“科技发展重大问题研究报告”的系列中内部印发。第五篇《本土创新、能力发展和竞争优势：中国激光视盘播放机工业的发展及其对政府作用的政策含义》则是本书收录的唯一学术文章，发表于《管理世界》2003年第12期。

虽然这些研究是分别独立完成的，但它们从不同角度揭示出的所有主题都始终围绕着一个中心——以充分的理论逻辑和经验证据来证明自主开发和自主创新的必要性和可能性。这些研究大多不是在四平八稳的气氛中完成的，而是在参与政策辩论的过程中完成的，所以其观点和语言往往比一般的学术论文更尖锐、更直白，但这样反而以贴近现实问题的方式把理论主题更明确地阐述出来。本书各项研究所共同阐明的主题可以概括为5个。

第一个主题是，由于技术能力是组织内生的，所以技术引进永远不能代替自主创新。

若干年来，中国有关工业技术进步的政策逐渐形成了一种“三段式”：引进外国先进技术—消化吸收—自主开发，即把重点放在技术引进上，并希望通过引进来提高中国工业的技术水平，最后达到自主开发的目的。虽然引进确实在某种程度上提高了技术水平，但令人困惑的是，在这项具有良好初衷的政策“指导”下，中国工业却走上了一条过分依赖外国技术、放弃自主创新的道路，并导致技术进步动力的不足和技术能力的低下。本书通过对几个工业部门20年来的实践的分析，证明这种从字面上看好像是正确的三段论存在重大缺陷。根本的错误之处在于，如果最终目标是要达到自主开发，那么“引进外国先进技术”就在任何时候都不能代替自主开发。

为什么自主开发不可能是“引进技术”自然而然的结果？正如本书反复从理论上说明的，原因在于物化在人工制品上的技术（不仅包括产品、设备，而且包括图纸、操作手册、专利说明书等信息载体）与能够把这些产品和设备设计、制造出来的技术能力是两回事。技术能力——能够有效使用技术知识的能力——是工作组织（如企业）的知识、技能和经验的集合。由于构成技术知识的很大部分是“缄默知识”（tacit knowledge），所以技术能力只有在技术研发的经验中才能形成；又由于现代技术的复杂性使有关产品和工艺的技术知识范围远远超过任何个人所能掌握的知识和技能，所以技术能力是组织性的。因此，技术能力只能是组织内生的，永远不可能从市场上买到，也不可能在组织之间轻易地转移。

上述“三段式”政策思维的错误就在于：引进的外国技术只能是以产品和工艺设计（技术许可）以及设备（包括生产线）等为形式的技术，但实现自主开发的目标却需要只能产生于技术研发实践的技术能力。由于创新能力是把新想法或新技术转化为产品或工艺的能力（无论这些新想法或新技术首先是在哪里产生的，即无论创新者是否为发明者），所以创新能力的基础是技术能力。因此，如果中国企业不进行以产品和工艺为导向的技术研发，就根本谈不上创新；如果在引进技术过程中没有自主开发的努力，就会因为缺乏技术能力而走向技术依赖，这就是形成“引进—落后—再引进—再落后”怪圈的根本原因。例如，中国汽车工业的主要企业走了20来年的合资道路之后，仍然无力开发车型，因为合资企业只是“引进”了外国企业的现成产品设计，而自己不进行产品开发，“以市场换技术”的合资道路并没有给中国企业带来产品开发能力。

在20来年中国工业发展和技术进步的过程中，最惨痛的教训就是以“引进外国先进技术”为理由，放弃自主的产品开发平台并中断与其相应的技术学习过程。最典型的例子莫过于中国从1970年开始研发的第一种干线飞机运-10。1980年试飞成功后，运-10项目却在“引进技术”的大潮中于1985年下马。在那以后的20来年中，中国民用航空工业走上了一条组装外国飞机的道路。由于放弃了自主的产品开发平台和自主开发的努力，中国航空工业开发民用飞机的技术能力一度不仅没有任何进步，反而是全面的倒退和萎缩。本书不断以经验证据证明，没有自主开发的努力，技术引进永远不会带来自主开发的能力。由于自主开发能力的形成和成长是自主开发实践的结果，而不是“引进技术”的结果，所以“引进技术”只有在服务于自主开发的条件下，才能促进自主开发能力的发展。

第二个主题是，自主创新与学习外国技术知识是互补关系，不是对立关系；而且在学习外国技术知识方面，自主开发模式比技术依赖模式更有效。

中国在现代工业和技术的发展上是一个后进国家，所以存在着必须学习外国技术的长期需要。在这种条件下，一些人经常以自主创新会阻碍或排斥对外国技术知识的学习为由来反对自主创新。但这种观点是荒谬的。自从 Cohen 和 Levinthal（1989；1990）的经典研究发表之后，国际主流学术界已经达成一个共识：创新能力在很大程度上取决于对外部技术知识的吸收能力，但这种吸收能力（absorptive capacity）是企业进行自主研发努力的函数（即结果），所以技术学习和技术研发本来就是同一个过程的两个方面。已故的著名学者 Keith Pavitt 多年来一再指出，当代发展中国家技术发展面临的一个主要问题就是，随着工业化所需的技术越来越复杂，技术能力已经不可能仅仅从现成技术的使用中产生，而只能从专门的技术研发过程中产生（Bell and Pavitt，1993）。

本书所分析的所有案例都证明，自主创新必然包含对外部技术知识的吸收和利用，所以“开放性”不是技术依赖[①]和自主开发之间的区别。两种模式之间的关键区别在于是否对自主研发付出足够的努力，而这个区别决定了两种模式在技术学习上的不同效果：技术依赖模式是依靠外部技术供给者来提供现成的技术（往往以产品设计和工艺设计的形式），但自己却由于缺乏足够的研发活动而对“引进”的“技术”没有多少理解，只能处于“知其然而不知其所以然”的状态；相反，自主开发模式吸收外部技术知识的目的，是为了自主地发展出产品概念，进行系统设计以及解决所有的相应技术问题，所以这种模式是以自己的理解去吸收外部技术知识，或者是通过吸收外部技术知识来理解并掌握技术。因此，自主研发比技术依赖在技术学习上的强度更大、效果更好，而

① 我们把“技术依赖”定义为不包含自主开发努力的技术引进。

且必然导致创新；技术依赖则不仅导致技术能力薄弱，而且会因为难以适应技术的变化而导致组织的灭亡。

吸收外部技术知识只能服从于自主开发的重要原因在于，即使存在着技术的提供方，许多“核心技术”也是不可能在组织之间转移的。有些人至今仍然在讨论能不能通过引进或合资方式买到核心技术的问题，但其实问题的关键在于中国企业能不能发展出掌握核心技术的能力。体现在产品中的物化技术可以买，解释技术原理的信息可以通过口头和文字传播，但能够开发出技术或产品的能力却只能在研发的实践中发展出来。例如，本书在分析发动机电控喷油系统的案例中指出，开发 ECU（电子控制单元）控制软件所需要的知识和经验是企业特定的，所以不同企业开发出来的软件总是不同，既不可能是模仿别人的，也不可能被别人所模仿。因此，获得“核心技术”的途径与“引进”毫无关系，完全取决于自主开发。

正确处理吸收外部技术知识和自主创新之间关系的关键是保持自主的产品开发平台。对于创新而言，技术必须采取产品形式，而产品往往又是一个复杂系统。在企业必须通过销售产品才能生存的约束下，拥有自主的产品开发平台就可以在保证对技术学习控制权的条件下学习和吸收各种外部的技术知识。这个原则的实质仍然是以自主开发作为吸收外部技术知识的手段，其理由仍然是自主开发是进行技术学习的最佳方式。

第三个主题是，中国市场是一种宝贵的战略性资源，为自主创新提供了无限的机会。

中国与发达国家的“技术差距”也是一些人反对自主创新的理由。但自主创新并不像这些人想象的那样可怕、那样高不可攀。创新是指把技术结合进新产品或新工艺的行为，所以衡量创新是否成功的标准不是技术本身，而是市场是否接受。虽然技术决定着产品的性能，而技术能力又决定着对于市场机会的把握，但只凭技术并不能决定创新的成功，因为成功的创新取决于对技术和市场两方面的理解与把握（Kline and Rosenberg，1986）。因此，企业所处市场环境的特点以及战略决策者对于市场特点的理解和把握，同样影响着创新的机会和能力。由于中国市场的需求结构将长期保持着全球化所无法消除的特性和差异，同时又蕴含着很大的增长潜力，所以中国企业拥有丰富的创新机会。

越来越开放的市场条件使中国企业面临一个悖论：一方面仍然必须学习国外先进技术，另一方面又必须在达到技术前沿之前就发展出竞争优势，否则难以生存。克服这个悖论的关键就是根据中国市场的特点来创新，或者说是通过创新进行技术学习。进入中国市场的跨国公司大多来自比中国更发达的国家（即收入水平更高的国家），其成本结构和商业模式深受这些企业母国的“国家价值网络”[①] 的影响。又由于跨国公司进入中国市场的唯一动机是赢利，所以其很难按照比母国更低收入水平的结构性条件通过重构成本结构、商业模式来发掘新顾客，而是争夺已经具有消费现有产品能力的顾客群体。正是出于这种原因，只要在自主产品开发上付出努力，中国企业总是能够以不同的技术轨道找到市场的切入点。例如，在电信设备工业中，华为、中兴的崛起走的是一条“农村包围城市”的道路。同样，中国搞自主开发的汽车企业如奇瑞和吉利，从低端市场做起，已经显示出燎原之势。即使是像柴油发动机喷油系统这样的间接产品，中国企业也因为看到潜在的成本优势而敢于以小搏大。因此，即使在中国企业还处于技术跟随阶段的工业领域，自主开发也仍然能够导致创新。

同时，中国是一个已经具有一定的工业和科技基础的国家，所以也出现了在技术前沿进行创新的事例。许多案例，包括本书所讨论的电信标准 SCDMA 和 TD-SCDMA，都证明中国在一些前沿领域具有技术突破的能力。但值得指出的是，由于任何技术的成熟都必须经过产品形式的持续改进，所以即使在技术前沿做出的创新也仍然需要把握中国市场的需求结构才能成功，尤其是在发达国家的企业普遍处于主导地位的条件下。

无论是否处于技术的前沿，中国企业都有可能并且应该进行技术研发和创新。从竞争力的角度看，创新的实质是发展出企业专有的技术（proprietary technologies）。由于技术包含大量的缄默知识，所以即使对于具有同样科学原理的技术，不同企业在以产品为目标的开发过程中也会发展出企业特定的知识、技能和诀窍。不仅如此，把创新的价值带给消费者，要求所使用的互补资

---

① 对这个概念的解释见本书第五篇第一章第一节。

产高度特定于创新，而这些资产几乎总是具有（或迅速发展出）企业特定的性质（即特定于企业的物质资本、专门知识以及地点或关系的特性）（Teece，1986）。由于企业特定的技术知识和资产是难以模仿、难以替代的，所以具有企业专有的性质是竞争优势的主要源泉（Dierickx and Cool，1989；Prahalad and Hamel，1990；Barney，1991；Teece，Pisano and Shuen，1997）。中国企业在总体上是后进者，在发展技术能力上必然需要经历一个从低到高的渐进过程。但大量自主创新的经验证明，早期的水平低并不可怕，真正可怕的是长期无所作为。只要以市场需求为导向，坚持自主研发，中国企业就会走出自己的独特技术轨道，并因此而获得竞争力。

技术的发展是演进的，而演进的方向就涉及本书多次提到的技术轨道问题。技术轨道指的是在选定技术问题的思维模式指导下进行技术研发和解决问题的方向（Dosi，1982）。由于技术的演进方向受到市场、经济和社会等条件的制约，所以同一个领域的技术发展往往也存在着反映不同产品概念、成本结构和商业模式的多种技术轨道。在一个同质的市场中，一种技术轨道成为被市场所广泛接受的产品设计形式时，就成为主导技术轨道，而其他技术轨道就会遭到市场的排斥。

有关技术轨道的一个重要问题是，衡量不同技术轨道的优劣不可能依据技术的“先进”或“落后”，而只能依据其在市场竞争中的有效性。理解这一点对于树立自主创新信心的重要意义在于，在许多情况下，中国开发的新技术和新产品得不到应用，并不是真的因为技术水平低，而是因为中国市场已经被锁定在外国产品的技术轨道上。外国企业往往利用先发优势，使自己的产品率先通过市场普及而形成主导技术轨道，形成压制追赶者的壁垒。由于中国现行体制中的垄断因素以及长期依赖外国技术的心理因素，这种情况在产品需要通过独立的运营商才能进入消费市场的工业领域（如电力、电信、航空、铁路等）尤为严重。但是，中国市场的需求结构以及其他的社会经济条件具有自己的特性，只要国家通过改革来克服体制性的障碍，坚持自主开发的中国企业就能够沿着本土市场特定的技术轨道不断提高水平，最终形成对外国技术轨道的颠覆，并依托中国市场的规模效应而挺进国际市场。

依托高速成长的中国市场，形成中国的主导技术轨道，是中国的工业发展和技术进步从“追赶型”转变为“赶超型”的关键。一般来讲，追赶者可以通过引进、模仿先进者的技术而缩小与先进者的差距。但在这种模式下，由于追赶者的技术轨道是由先进者所主导的，所以二者之间的差距可以缩小，却永远无法消除，而且有可能在出现技术变化的时候被再次甩下。相比较而言，赶超者的路径是形成不同于先进者的自主技术轨道，而一旦自己的技术轨道在一定范围内（例如本土市场）成为主导设计，赶超者就会在技术前沿站住脚，并以“扬长避短”的方式保持技术进步的势头。由于赶超路径要求从更接近前沿的位置进行研发，所以其比“追赶”的困难更大，需要更大程度的自主创新，但其意义也更加重大，因为赶超模式将使自己的技术发展不再受外国技术轨道的主宰，而且具有更加广阔的市场前景。

第四个主题是，通过自主创新发展出来的技术能力是企业、工业和国家竞争力的主要源泉。

包括技术能力在内的组织能力是企业竞争优势的主要源泉，不仅因为能力决定了企业在产品和服务市场上的绩效，而且因为能力一旦发展起来，就会由于企业特定的历史路径而具有难以模仿、难以替代的性质。不仅如此，一个国家的企业在总体上的能力决定了该国经济活动的范围和性质（直接表现在产品结构和产业结构上，例如有“高端”或“低端”生产活动之分），并因此而决定了这个国家在全球经济结构中的位置。因此，组织能力是企业、工业和一国经济持续竞争力的源泉与持续经济扩张的动力，不仅提供企业成长的动力源泉，还在国际工业领域的竞争中提供了导致国民经济兴起的增长动力（Chandler，1990：594－596）。由于产生和发展技术能力的唯一途径是技术研发实践，所以自主创新是决定中国竞争力的关键因素。

创新的主体是企业，这是一个没有人会质疑的主题，但从中必然得出的一个推论——自主创新的主体当然是中国企业，却受到一些人有意或无意地混淆。必须明确这个主题的原因在于，当技术能力只能由组织所承载时，组织又只能存在于以民族国家为政治框架的制度体系和知识生产体系之中。因此，一个国家进行技术学习的主体只能是该国的组织，从创新中发展起来的技术能力也从而具有国家所属的性质。跨国公司在海外市场的分支组织仅仅是母公司在职能领域中的延伸，其经营活动的范围和性质以及获得收益的分配都服务于母公司的战略目标和控制。这个事实说明了一个基本的道理：外国企业的技术能力不是中国的技术能力，也不会因为外国企业在中国设厂甚至设研发机构就变成了中国的技术能力。一个国家的技术能力只能储存在本国企业之中，所以中国企业才是中国技术和管理能力的载体，才是中国进行技术学习的组织平台。

技术能力的民族性说明了自主创新的重要性，而以“全球化”否定民族利益差异恰恰是一些人用来反对自主创新的理由。他们声称，因为全球化导致了技术“扩散”，所以可以不必自主创新；因为全球化导致了产品流动，所以可以不要自主品牌；因为全球化导致了生产活动的扩散，所以就用不着再区分中国企业和外国企业，等等。但是，即使产业链变成越来越是跨越国界的，具有民族性质和国别差异的组织能力也仍然是决定收入和利润分配的关键因素，即掌握核心能力者控制着收入和利润环节的高端，所以从跨越国界的产业链（或价值链）上得到的收入在分配上存在着国别的差异。当中国加入 WTO 之后遭遇反倾销浪潮、知识产权大棒、持续的技术封锁和贸易保护主义时，当发达国家和发展中国家贫富差距不但持续而且呈现出扩大趋势时，在全球化条件下仍然存在着国家之间的利益差异根本就不是一个还需要讨论的问题。

既然全球化不可能消除国家之间的利益差异，那么一个国家在全球化竞争中保证自己利益的关键因素就是本国的竞争力，因为它不仅决定着一个国家在全球价值链中的收入份额，而且决定着该国经济发展的潜力和政治上的独立性。发展中国家要改变自己在全球收入分配结构中的不利位置，就必须改变自己在世界技术和工业结构中的不利地位，而实现这个目标只能靠本土能力的发展。尤为重要的是，作为工业竞争力源泉的组织能力不可能由比较优势自动带来，只能通过自主创新、学习及其相应的组织制度变化和战略决心而累积性地发展起来。因此，组织能力是内生的——企业的技术能力内生于企业组织，国家的技术能力则内生于一个由企业、知识生产的基础结构（大学和科研机构）以及政府组成的国家创新体系。

中国作为一个发展中国家，必然需要学习外国的技术知识，需要对外国技术采取开放和开明的态度。但是，开放只是学习的条件，而不是学习本身；中国的技术学习和能力发展必须依靠中国的企业和科研机构，而依赖外方只能丧失技术学习的主导权。如果把落后国家实现经济发展的标志定义为它们在追赶发达国家的过程中取得明显进步（主要表现为缩小收入水平的差距），那么历史的事实是：自从英国工业革命以来的200多年中，在全世界的范围内，除了少数几个石油国家和城市国家，没有任何国家是依靠外资或依赖外国技术而实现发展的。原因就在于，即使全球化导致有关科技知识和管理知识的信息能够跨越国界广泛传播，但能够利用这些知识和信息的组织能力仍然是高度不流动的。如果不坚持自主创新，中国的企业就会因为缺乏竞争力而丧失独立生存和发展的可能，中国的经济也就会因为丧失能力的载体而被外国资本所控制，最后丧失国家的政治独立性。因此，自主创新的意义不仅仅是技术性的，而且是组织性的和国家主体性的。

第五个主题是，由于“抱负水平”决定了技术学习的强度，所以走向自主创新需要远见、勇气和坚定的政治意志。

本书通过多个案例研究，揭示出一系列阻碍中国技术进步的因素，包括政府政策和体制等方面的。但本书并没有把讨论重点放在具体的政策和体制因素上，而是更加强调战略思维和战略决策者的意志、信心和勇气。这样做的理由之一是：既然战略、政策和体制安排都是社会活动的产物，那么就可以通过决策主体的行动加以改变，而能不能采取有利于自主创新的行动，则取决于战略决策者的远见卓识以及捍卫组织和国家根本利益的决心和果断。这个逻辑反映了本书的一个重要主题：对于赶超国家的技术学习和能力发展，企业层次上的战略远见和国家层次上的政治决心具有决定性的作用。如前所述，自主创新是一个只能产生于处于技术落后状态国家的概念，而提出这个概念本身就包含了要奋起直追的含义。由于后进者的追赶必然面临结构性的制约（例如由先行者优势所导致的壁垒），所以自主创新的决策往往需要承担比领先者更大的风险[①]，需要克服更大的障碍，包括心理障碍。

---

① 这里把风险定义为对技术研发的投入产生收益回报的不确定性。

许多人存在一个思想误区，以为自主创新主要是科技人员的事。其实，创新首先是组织的战略决策者的事，而不是科技人员的事，虽然科技人员是创新所不可或缺的。在现代条件下，产品和工艺所涉及的技术复杂性决定了创新和技术学习是一个组织过程[①]，这个过程包括技术研发，同时也包括从生产到营销的一系列环节，而这种以组织为单位的复杂社会活动过程只能在战略的指导和协调下才能出现。由于创新或者技术学习是组织性质的，所以它们不会在任何组织之内自发地发生，而必须通过战略决策者的远见和决心才能启动。因此，一个组织是否走自主创新的道路，首先取决于该组织的战略决策。

中国自主开发企业的崛起，可以帮助解释走向自主创新的战略决策是怎样形成的。正如本书对几个工业部门的研究所表明的，即使在政策、体制等环境因素都不利的结构性条件下，自主开发企业仍然顽强地出现了，并以自己的行动和业绩成为新时代的预言者。通过进一步分析可以发现，自主开发企业一般来说，或者是从原有体制[②]之外成长起来的企业，或者是在面临危机时决心通过自己的努力改变生存条件的企业。无论哪种情况，自主开发企业同时都是竞争性企业。竞争性企业的出现和成长当然是市场经济发展的结果，但它们对于中国工业技术进步的巨大作用，对于政策制定者来说却是一个意外[③]。由于20多年的国家政策都是偏向技术引进而不是强调自主创新，所以“体制内”的企业（即在位企业）大多因循依赖技术引进的道路。相反，“体制外”和不按“体制内”规则行事的企业要想进入市场，就必须通过“自主开发”获得自己

① 今天即使还有个人发明的余地，创新也不可能是个人完成的事情。

② “体制”在这里指的是由“定点”、准入、行政隶属、计划管理以及相关的技术、贸易、税收等政策所组成的企业运行环境系统。

③ 本书的内容就涉及许多这种令人“意外”的案例：如在汽车工业中，受到国家保护和支持的三大汽车集团，经过20来年的“引进外国先进技术”却始终不能开发一款轿车车型，甚至因此而流传开中国还要等待几代人、几十年之后才可能开发产品的神话，但奇瑞和吉利这样的“体制外”企业一旦出现，中国汽车工业的产品开发能力就迅速成长起来。又例如，出身“草根”的VCD工业替代了由政府组织引进的录像机工业。此外，在电信设备工业中，解放军信息工程学院在程控交换机（“04机”）上的突破，华为和中兴在世界电信设备市场中的崛起，以及信威开发的世界领先的无线接入系统，都是“意外”。特别能证明它们是“意外”的证据是，几乎所有这些创新的案例都曾经遭到体制的“打压”。

的产品，而且必然通过诉诸市场竞争赢得生存空间。于是，竞争性和自主开发是这样一种企业所必然同时具备的两个特性。

自主开发企业的竞争性质说明了自主开发的勇气是从哪里来的——来自在市场竞争中求胜的意志和达到目标的信心，同时也说明了为什么意志、信心和勇气如此重要——勇于自主创新的企业总是能够比技术依赖的企业发展出更强的能力。对组织行为的研究认为，一个组织只有在具有较高的抱负水平（aspiration level）时才会产生通过学习发展新能力的动机（Cyert and March，1963；Winter，2000）。通过自己的努力进入被在位者所主宰的市场，或通过自己的努力改变现有的生存条件，都会使企业产生出比因循常规时更高的抱负水平。与依赖技术引进的在位企业相对照：第一，竞争性企业更需要也更有可能形成应对外部生存环境的竞争战略，并通过看清“敌人”的弱点和自己可以发掘出来的优势而强化求胜的意志、信心和勇气；第二，这种企业的领导者更需要也更有可能在企业内部主动造成在抱负水平与现有资源及其使用资源的现有方式之间的不匹配，通过“战略意图”（strategic intent）帮助组织抓住制胜的实质，以长期稳定的目标为企业各个层次和各个职能领域的行动提供始终如一的方向，从而激励组织的全体成员为实现目标而奋斗，并在组织内部创造出求胜的精神（Hamel and Prahalad，1989；Prahalad，1993）。因此，竞争性企业从其性质上所产生的意志和勇气使它们在技术学习上具有比在位企业更高的抱负水平，更高的抱负水平则导致更高的技术学习强度，而技术学习的强度又决定技术能力发展的潜力和速度。

意志、信心和勇气对于自主创新的根本作用，是使企业在技术落后的状态下敢于进行自主开发的实践。技术落后的状态容易使人对自主开发产生畏惧，但由于技术能力是经验性获得的，所以不敢实践就产生不了能力，而越没有能力就会越害怕，最后永远摆脱不了依赖。事实证明，一旦进行自主开发，中国企业就会从落后者转变为赶超者，并能够取得令许多人“意外”的成就。之所以“意外”，是因为许多人总以初始阶段的技术差距作为判断事物的标准。但正如本书的分析所证明的，技术能力的获得是后天的，其过程是动态的。因此，意志、信心和勇气是自主创新不可或缺的要素。国家鼓励自主创新的意义就在于，使各个层次的战略决策者们能够普遍认识到技术依赖的危险性，促使他们对于技术学习产生更高的抱负水平。

在国家层次实行自主创新的政策同样需要战略远见和坚定的政治意志，其实质是能够清醒地认识自主创新关系到国家发展的长远利益，并敢于根据这种利益进行决策。正如本书中所反复批评的，在过去若干年中所实行的一系列不利于自主创新的政策是建立在有关技术发展的错误理论假设上的（例如对技术和技术能力的混淆）。产生这些错误思维的客观原因之一是技术差距。但是，技术差距既可以成为甘当附庸的理由，也可以成为奋起追赶的动力，所以技术差距没有成为阻挡日本和韩国进行高强度技术学习的障碍，却不幸地成为一些中国人放弃自主品牌和自主开发努力的托词。因此，决定不同选择的关键因素仍然是意志、信心和勇气。

在全球范围内，国家之间处于一种复杂的竞争关系之中，包括经济、军事和政治上的竞争。由于决定所有这三个方面竞争格局的是只能累积性获得的技术能力，所以决定竞争优势的源泉是一个国家在世界技术和产业结构中的位置。新古典经济学只关心在现有结构条件下的资源配置效率，却回避结构问题本身，所以信奉新古典理论的经济学家所关心的只是中国在现存全球结构条件下的效率问题，他们开出的药方——如"比较优势论"——只能是使中国永远处于经济活动的低端环节。但是，中国经济发展的实质问题是改变自己在全球技术和产业结构中的位置，不断向上爬升。这样的经济发展必然遭到在先者的压制，所以中国至今仍然遭到发达国家的技术封锁，而近年来中国在技术领域的进展（如 ICT 工业中的标准和航天等）也屡屡引发"中国威胁论"的喧嚣。正因为如此，以提高中国技术能力为目标的自主创新在需要整个民族的远大抱负的同时，也必然需要国家战略决策者的意志、信心和勇气。因此，自主创新同时也是一种奋起自强的精神状态。

以上是本书内容的 5 个主题。这些主题并没有也不可能穷尽有关自主创新的所有主题（甚至没有穷尽本书各个研究所涉及的所有主题），但它们在一个特定的历史转变关头足以构成对自主创新含义的一个系统概括。有关自主创新的更多问题，需要在未来的研究中继续探讨。

Ⅳ 致谢

本书的内容包含着一个集体的贡献。汽车工业报告（本书第一篇）是封凯栋和我共同完成的，他与曹崴还是电信标准报告（本书第四篇）和油泵油嘴工业报告（本书第二篇）的共同作者。VCD/DVD 工业的文章（本书第五篇）是慕玲和我共同完成的。大型飞机报告（本书第三篇）则在调研和写作过程中都得到郭丽岩的协助。在此对于他们的贡献和支持表示感谢。

凯栋现在是英国苏塞克斯大学科技政策中心（SPRU）的博士生。这个有着清华大学机械工程背景（本科）、后来又转向社会科学的年轻学者，有着质疑一切表面现象的天性和犀利的眼光，与他的合作过程对我来说实际上已经成为一个令人愉快的学习过程。慕玲现在是清华大学公共管理学院的青年教师，虽然当时是以学生的身份和我合作进行研究的，但我对她进行实地调研的能力至今记忆犹新。郭丽岩是北京大学的一个“土著”，现在是我指导的博士生，她对中国工业发展中的问题表现出的激情、忧患和使命感，经常令人怀疑她是不是属于 80 年代出生的一代。曹崴拥有上海交通大学（本科）和清华大学（硕士）的核工程学术训练背景，但他居然在核电领域就业形势高涨之时，决心改学管理，并因而加入了我们的研究。其实，在我近年对中国工业的研究过程中，还有更多的研究生参与其间，并做出了许多难以一一列举的贡献。在表示感谢的同时，也祝他们早日成为中国的栋梁之材。

感谢对象还包括在这个群体中的西安交通大学公共管理学院青年教师张胜和伦敦商学院博士候选人王铁民。虽然我还没有机会与张胜真正合作研究，但请他对我们的研究进行“挑刺”已经成为我的一个习惯，以至于能够让他满意成为我在写作过程中力求达到的一个标准，而结果总是让最终成果的质量更高。出国留学使铁民没有能够继续当时我们已经开始的合作，但她却成了我们后来每项研究的忠实读者，以至于她每次回到北京和我联系时，总是要问有什么新东西出来，而她的每次评论都成为一种鼓舞的力量。

当从纯学术研究转向更为急迫的政策研究时，我开始了与科技部调研室的合作。这是一支充满激情的团队，长期为自主创新呼吁，并以不懈的努力为国家的政策转变做出了重要贡献。在承担国家软科学研究任务的过程中，他们放手让我在具体选题上拥有自主权，并对我们的研究不断提供帮助和支持，所以本书也是与他们合作的一个结晶。在此，对科技部调研室的梅永红、胡钰、罗晖、张炳清、何馥香以及所有其他的同志表示衷心的感谢。

我还要感谢顾淑林和孟宪范两位先生。在我开始进入创新研究领域之后，顾先生是最早对我的研究表示欣赏和支持的学者之一，她每次都对我的研究进行认真的评阅。特别要感谢她以为本书撰写序言的方式，再次对我的研究予以支持。孟先生是《中国社会科学》的退休编辑。17 年前，她经手了我发表在《中国社会科学》上的第一篇学术论文。从那以后，她始终关心我的学术进展，为我遭遇逆境鸣不平，为我取得进步而高兴。她对本书的策划表现出来的兴奋使我无法心存任何怠慢。顾先生和孟先生相互之间并不熟悉，但她们却共同具有一种似乎只有那一代人才可能表现出来的品质：正直、纯洁以及对待学术研究的认真态度。所以，对于我来说，她们都已成为我在学术道路上需要时时据以检讨自己的参照。在这里，与其说是对顾淑林和孟宪范两位先生表示感谢，不如说是凭借一个宝贵的机会向她们表示由衷的敬意。

感谢秦海博士（国务院信息化工作办公室）和高世楫博士（国务院发展研究中心）对我的研究所给予的长期关注和许多帮助，他们每次读我们文章时的兴致勃勃本身就是一种鼓舞。还要感谢我的两位同事傅军博士和朱天飚博士。从清华到北大，我们始终在一起工作。我经常因为他们为创造一个良好的研究环境做出的努力而“搭便车”，所以尽管我们各自有不同的研究兴趣，但与他们在一起共同工作本身就已经成为使我能够专注自己研究的重要条件。

最后，我要感谢在调研过程中接受了我们采访的所有人士，他们之中包括政府官员、企业家、管理者和工程师。这些人士大多数是自主创新的实践者，正在为中国的技术进步和工业发展而辛勤工作。如果没有他们的实践，我们就不可能萌发写作本书的动力，也不会在研究和创作中获得如此丰富的经验材料。更重要的是，他们的勇气和坚忍不拔使中国的发展充满希望。尤其令我感念的是其中一批早已退休的前辈，他们之中包括红旗轿车和运-10干线飞机的设计师们。出于历史的原因，他们职业生涯中的许多宝贵年华被荒废掉了，但他们的工作仍然为中国今天走向自主创新播下了不灭的火种。通过追寻这两代或者三代自主创新实践者的足迹，我们的研究获得了一种历史感，而这种历史感又同时赋予我们坚定的信心：将来回顾本书所记录下来的这段转折历史时，我们敢说，当年我们所做的——如同他们当年所做的一样——都是值得的。

本书的研究分别得到国家软科学研究计划①和国家自然科学基金②的资助，在此表示感谢！

① 项目批准号：2004DG000013；2005DGlB035。

② 项目批准号：70172004。

第一篇

走向自主创新：发展我国自主知识产权汽车工业的政策选择*

* 本报告完成于2004年2月，原标题《发展我国自主知识产权汽车工业的政策选择》，收入本书时保留了原报告的理论和政策分析部分，而删除了原报告中所有的案例内容（主要是第三章关于哈飞、吉利和奇瑞的自主开发历程，第四章和第五章的附录），同时压缩了第一章和最后两章的内容。

近年来，再没有比汽车工业更能牵动中国社会神经的工业了，不仅因为轿车越来越多地走进千家万户，而且也因为多年来在中国路上跑的大多是组装的外国品牌轿车。直到两三年前，一些官员、业内专家和大企业的领导人还在说，开发中国品牌的轿车还要等许多年，一个企业没有几百万辆的生产规模就不可能自主开发产品，所以我们现在只能通过合资“引进技术”来积累实力——尽管中国汽车工业已经有50来年的历史，尽管中国企业曾经在40来年前就自主开发过“红旗”和“上海”牌轿车，尽管这个工业的合资组装道路已经走了20来年……

下面的报告从理论逻辑和经验证据两个方面指出，继续走合资道路是中国汽车工业的一条死路。报告指出，体现在产品上的物化技术与能够开发产品的技术能力是两回事，所以中国能够组装、购买和使用外国产品并不等于中国就获得了技术能力。技术能力的成长必须通过产品开发的实践，但合资企业只是在组装外国品牌的产品，并没有产品开发活动。因此，如果不强调自主开发，中国汽车工业的技术实力就永远不可能积累起来。而在市场开放的条件下，缺乏技术能力必将导致组织的灭亡。毫无疑问，要振兴中国汽车工业，就必须走自主开发道路。

报告研究了一批近年出现的中国自主开发企业，并介绍了哈飞、吉利和奇瑞通过自主开发进入轿车市场的历程。这些企业的经验证明，中国汽车工业能够走自主开发的道路。报告同时考察了日本和韩国两国汽车工业的经验。这两个国家的轿车工业分别从20世纪50年代初和70年代初走上自主开发道路，而它们当时的生产规模不过是几万辆。它们后来的成功证明，不是规模扩大才导致自主开发，而是自主开发导致日韩两国汽车工业的腾飞。

在理论逻辑和经验证据的基础上，报告对实行了多年的汽车产业政策提出了尖锐的批评，指出以行政手段来维护“规模”和“产业集中度”的做法只是保护了落后，而且在没有强调自主开发的条件下使整个工业高度依赖外国技术。相反，只要改变错误的政策，转向支持正在逆境中顽强成长的自主开发企业，拥有自主知识产权的中国汽车工业就一定能够成长起来。

这个报告是受科技部委托调查中国汽车工业技术进步状况的成果，完成于2004年2月。它在内部印发后迅速流传，随即被媒体广泛报道，引起巨大反响。在报告印发后的一年间，中国政府对于汽车工业的政策发生了180度大转弯，全面转向支持自主创新，大大改善了自主开发企业的竞争环境。2005年，自主品牌的轿车已经占到市场份额的25%（业内有专家估计2006年将超过30%），并实现了出口量超过进口量的逆转。同时，自主开发企业进一步表现出旺盛的生命力。例如，奇瑞在2005年的汽车销售量接近19万辆，比上年翻了一番，并显示出大有在2006年突破30万辆的势头。

有一个小插曲说明了两年间发生了什么样的变化：2004年6月北京国际车展期间，几家外国公司驻中国的负责人在北京中国大饭店召开会议，讨论中国汽车工业的发展前景。这样一个主题的会议，既没有邀请中国企业的代表参加，也不允许中国记者进入会场。这种举动充满了象征意义——如果没有自强的决心和能力，中国的命运就只能由别人所主宰。相反，在中国政府和社会已经全面转向支持自主开发的今天，几乎所有的外国企业都在向中国政府和社会表白，它们在中国的合资企业都在进行“自主开发”。且不说这种表白是否真实，这个小小的例子已经证明：只要我们克服内心的恐惧而振作起来，我们的力量会有多大。

导言

中国汽车工业正在高速发展，但中国汽车工业生产的轿车却是以组装外国品牌的产品为主。这个看上去有点自相矛盾的事实提出一个重大的问题：在经济全球化的条件下，中国是否应该并能否发展自主（知识产权）的汽车工业?

一些人的回答是否定的。他们认为，在经济全球化时代，“民族工业”的概念已经过时，甚至成为一种有害的陈腐观念。其理由之一看上去更像是自我解嘲：随着资本跨国界流动的比例与速度大大提高，企业股权在不同国家间转换已是常态，所以今后就分不清汽车企业是属于哪国，也就无所谓“中国自主的汽车工业”了。一些学者主张的“比较优势论”为此提供了理论基础：中国收入水平低，所以在资本密集型和技术密集型的工业上没有优势，只应该集中发展劳动力密集型的工业。以这种逻辑推论，只要能够赚钱，依靠外国技术组装产品（劳动力密集型的生产环节）没有什么不好，甚至还可以因为省去昂贵的研发费用而发展更快。

与“比较优势论”密切关联的是“技术借用论”。这种观点特别强调 FDI（外国直接投资）的作用，即通过外商投资企业可以引进先进技术、引进新产品、引进能够高效率运用先进技术的管理能力，并通过多种方式产生技术外溢效应，甚至可以通过跨国公司在中国大量设立研发中心而引进研发能力。根据这种观点，FDI 对中国技术进步和结构升级的作用如此重要，以至于“内资不是外资的替代物”。从“比较优势论”和“技术借用论”的立场出发，发展自主知识产权的汽车工业是不经济的。持这种观点的人为中国工业发展指出了一条“阳关大道”：由于世界制造能力正在向中国转移，所以中国不必进行自主研发就可以借助跨国公司在华设厂而变成世界工厂。

但是，即便是在中国加入 WTO 仅仅两年中，一系列反倾销、知识产权纠纷以及压抑人民币升值的动作也都在证明工业发展上的民族性和国家利益。其实，就汽车工业而言，在上述那些说法的背后，更深刻的原因是有一股失败主义情绪在滋生。中国汽车工业已有 50 来年的历史，但在轿车生产上至今仍然以组装外国产品为主。一些人认为，中国与发达国家之间的技术差距太大，再也不可能追上了。正是由于存在这种情绪，所以 2003 年讨论产业政策时提出的方针是，要把中国建设成为世界汽车工业的生产基地。什么叫世界生产基地？不就是为外国企业组装外国产品的加工厂吗？

与上述这些观点相反，本报告对于发展自主汽车工业的必要性和可能性的回答是肯定的。道理很简单。**第一，中国不可能不发展汽车工业，因为它太重要。**我们生活的时代是一个太空航行、原子切割、基因重组的时代。但是，在过去 100 多年间，没有任何一项发明比得上汽车对于改变人类生活的作用。汽车工业是一个在技术上具有高度连续性的工业。自从汽车产品的主导设计（内燃机、金属结构和外壳、四轮、橡胶轮胎等）在 20 世纪初确定以后，汽车结构没有根本改变。因此，在汽车产品上集成了自第二次工业革命（19 世纪最后 25 年到 20 世纪初）以来的大量技术，涉及冶金、石油、机械、金属加工、化工、橡胶、塑料、仪器仪表、电器、电子（芯片、软件、视听设备、全球定位系统等）各个领域。因此，汽车工业被公认是一个具有高度产业关联的工业（一般认为，汽车工业对辅助产业与相关产业的拉动效应为 1∶7∶11），几乎是无出其右地决定着一个国家的工业化程度。

汽车工业是世界工业强国的一个重要工业，所以彼得·德鲁克曾经把汽车工业称为“工业中的工业”（the industry of industries）。在 IMD 发布的《2003 年度世界竞争力报告》[①] 对人口在 2 000 万以上的国家统计中，2002 年 GDP 总量在 1 万亿美元以上的共有七个国家，分别是美国、日本、德国、英国、法国、中国以及意大利。但在人均 GDP 排行榜上，其余的六个国家全都名列前茅，中国却排在 100 多位。这个事实对我们所关心问题的重要性在于，GDP 总量七强之中除中

① IMD World Competitiveness Yearbook (2003): 531, 541.

国之外的六强（即人均GDP名列前茅的其他六个国家），都是拥有“具有国际竞争力的汽车工业”或者在汽车工业技术上具有重要地位的国家。因此，没有强大的汽车工业，中国的经济发展不可能实现腾飞。

第二，恰恰是由于经济全球化的趋势，所以不拥有自主知识产权，中国汽车工业就不可能生存，更不可能发展。在过去20来年间，中国汽车工业可以依靠合资组装外国产品而生存、发展，是因为中国政府在关税、进口配额和外国企业准入条件上对本国市场的管制。随着这些壁垒的逐渐消除，没有自主开发能力的中国汽车工业不可能在市场开放的条件下生存，因为依赖外国产品必将导致丧失组织上的独立性。

“比较优势论”和“技术借用论”的观点存在一个基本的逻辑错误，即把体现在产品上的技术同能够开发、设计和生产这些产品的技术能力混为一谈。在这种混淆下，似乎外国企业在中国投资设厂生产出新产品，或中国可以购买、使用外国的新产品，就等于中国具有了开发、设计和生产这些产品的技术能力。这些人的理论假设实际上是把技术看成可以以物质形式独立存在的“人工制品”（产品）或可以通过媒体充分传播的知识。这是错误的，因为能够以某种形式传播的知识不同于能够利用这些知识的能力。大量的研究证明，由于技术知识包含大量的缄默知识，而且存在于组织过程中，所以技术能力只能通过学习获得，而技术转移的有效性取决于接受方的学习努力程度。因此，中国不可能仅仅因为外国企业在自己的土地上生产产品就自动获得技术能力。由于能力是组织内生的，所以只有自主开发产品，才可能发展出能力，才可能拥有自主知识产权。无论合资、技术引进对于中国企业多么重要，都代替不了自主开发对于技术学习的关键作用。因此，在本土技术能力的发展上，外资永远不是内资的替代物。

本报告的结论非常明确：根据对WTO的承诺逐渐开放汽车市场后，“自主知识产权”将决定中国汽车工业的生死存亡，即中国汽车工业不可能在依赖外国产品的条件下继续生存下去。只要中国政府执行正确的技术和工业政策，中国自主的汽车工业是能够迅速成长起来的。

第一章
中国汽车工业陷入合资模式的轨迹

中国汽车工业的发展已经有50年的历史，从整体上可以分为两个阶段：第一个阶段是以引进苏联东欧国家的技术为起点，在计划体制下的30年发展。第二个阶段是在改革开放后的20年发展。本项目的研究重点是轿车（乘用车）工业①，而且在时间上集中于第二个阶段。在这个阶段，中国汽车工业的发展仍然受到计划体制的管制（虽然程度逐渐减弱），而且是以大量引进外资和外国技术为基本特征的。因此，探讨中国自主知识产权汽车工业的发展之路，就必须讨论引进技术和自主研发的关系及其对中国企业技术能力发展路径的影响。

1.1　前30年：从技术引进转向自主开发

在新中国最高领导人的决策下，中国汽车工业诞生于开始大规模工业建设的第一个五年计划时期。1953年7月，第一汽车制造厂（以下简称一汽）在长春动工兴建。1956年7月，一汽建成投产，第一个产品是解放牌CA10型4吨载重卡车——它在后来的30年间几乎成为中国汽车工业的象征。

1958年开始的“大跃进”是对计划体制的一次破坏，但同时也为中国企业及其技术人员的创造性提供了施展的机会，导致了汽车工业的第一次扩散：一汽的红旗牌轿车和上海的凤凰牌轿车（后来改称上海牌SH760型轿车）等产品都是在这一时期出现的。

---

① 由于卡车和其他类别的汽车不是本报告所分析的内容，所以本报告以下反复使用的“中国汽车工业”概念在绝大多数情况下都是指中国轿车工业。

“文化大革命”最初的动乱停止后，中国汽车工业从70年代初又开始了新一轮的发展，主要表现在国防和地方汽车工业的发展上。最大的项目是建设第二汽车制造厂（现为东风）。实际上，同期为国防而建设的项目还有四川汽车制造厂和陕西汽车制造厂，这两个企业与济南汽车制造厂（后来的中国重汽）成为中国重型载重车的骨干企业。

中国汽车工业前30年是在计划体制下和封闭条件下发展的。除了在建设一汽时得到苏联的技术援助，以后几乎再没有系统性地引进过外国技术，而一汽也成为技术转移的主要源泉。在50年代末到60年代初的开发浪潮之后，老厂援建或包建新厂成为技术扩散的主要方式。地方汽车工业的发展往往是在开发出一个主导产品后，再围绕着整车厂发展起一批零部件企业，按照行政区划体制形成或多或少带有自给自足色彩的工业体系。汽车工业企业均带有“大而全、小而全”和“企业办社会”的特点。

在前30年中，中国汽车工业没有建立起大批量生产体制。以流水线为特征的大批量生产方式首先出现于美国（福特首创），在第二次世界大战后向欧洲和日本扩散。中国汽车工业的技术源头是苏联，本身就在大批量生产技术和体制上落后于西方。更重要的是，市场机制的缺乏和行政体制（部门、地区）的分割使中国汽车工业难以产生发展大批量生产方式的动力。

尽管存在着各种制约和缺点，但中国汽车工业在前30年的历史中却是以自主开发为主，这与后20年历史的特点形成鲜明对比。本报告在后面将详细分析为什么自主开发是发展技术能力的关键环节。这里仅仅指出一个发人深思的事实：在前30年中，由于没有把轿车作为重点，所以自主开发主要集中在卡车（载货车）领域，而这个历史传统使卡车领域的自主开发一直延续至今。但恰恰是通过长期自主开发所锻造出来的能力，使卡车制造成为今天中国汽车工业中不必依赖合资模式的主要领域，也使中国城乡道路上跑的卡车至今仍然基本上是中国品牌。之所以能够保持这个领域的自主地位是因为——正如奔驰卡车公司对解放牌重型卡车（销售价为20多万元人民币）进行分析后在大惑不解之中所承认的那样——奔驰公司（也包括所有的外国企业）无论如何也无法按这种价位制造出同样性能的卡车。

1.2　后 20 年：为什么合资之路不可逆转？

20 世纪 70 年代末的改革开放打开国门后，与发达国家汽车工业的技术差距凸显出来。当时中国汽车工业的燃眉之急有二：一是解决生产管理和质量问题；二是产品换型，其中最著名的是一汽主导产品——解放牌卡车的换型。但仅从解决这两个问题的需要上还看不出为什么中国汽车工业会走上合资道路，而发生这种转向的决定性力量来自发展轿车工业的战略选择。

即使在改革开放开始后，在国家决策层面仍然对是否应该发展轿车工业存在争议，所以整个轿车工业在六五计划（1981—1985 年）中并没有被置于重要地位。但在高层举棋不定之时，中国市场对轿车的需求量却迅速增长，导致轿车进口量在 80 年代前半期连年以几何级数的速度增长（见表 1-1-1），大大超过产量增长缓慢的国内轿车生产。这个因素很可能促使政府把发展轿车工业提到议事日程。经过 1985 年的酝酿，中国政府于 1986 年正式把汽车工业列为支柱产业，并确定了发展轿车工业要“高起点、大批量、专业化”的原则。中国汽车工业前 30 年的发展是以卡车为主，轿车只有“红旗”和“上海”两个小批量生产的车型，所以中国轿车工业的技术基础薄弱。一方面是与外国技术相比之下的落后，另一方面是发展汽车工业的雄心壮志，由这两者之间的落差所产生的动力使中国汽车工业从 80 年代中期开始，在轿车生产方面仓促走上以合资引进技术的道路。

表 1-1-1　　20 世纪 80 年代前半期的轿车进口趋势　　单位：辆

年份	1981	1982	1983	1984	1985
轿车进口量	1 401	1 101	5 806	21 651	105 775
占汽车进口比例	3.37%	6.85%	23.08%	24.40%	29.88%
进口量/国内产量	40.87%	27.32%	96.03%	360.25%	2 031.40%

资料来源：根据《中国汽车工业年鉴 2003》第 26 页表 4 整理（中国汽车技术研究中心、中国汽车工业协会，2003）。

从事后看，在80年代强调从国外引进先进技术的大背景下，国家对于汽车工业的“高起点、大批量、专业化”的政策原则很自然地倾向于产品技术的引进。这本来无可厚非。但由于外国企业并不愿意那么轻易地转让产品技术，而且中国企业短缺资金，所以这种引进又导致合资生产。这也无可厚非。由合资生产所引发的外汇平衡问题又促使政策重点转向引进产品的零部件国产化。这亦在情理之中。但关键的问题是，在这个过程中，国家政策并没有强调中国企业的自主产品开发。由于总是毫无分析地认为国外的产品比国内原有的产品技术水平高，于是在引进外国技术的同时又毫不珍惜地放弃了自己原有的产品，使中国汽车工业丧失了原有的自主产品开发平台。

以追求国产化率为主要目标也带来了另外一个结果，即迫使中国企业必须将所有的资金和人力资源都投入国产化过程中①。但是，国产化率指的是引进产品的零部件国产化率，而进行国产化的努力与产品开发层次上的技术学习是内容和性质根本不同的活动，所以国产化的任何进展都不代表产品开发技术能力的增长。于是，由引进外国产品技术所产生的零部件国产化压力反而使中国企业对外国产品技术的依赖越来越深：不但不再对产品开发投入资金（即没有新平台的建立），而且把技术开发机构也合并到为国产化服务的机构中，其结果是使中国企业原有的自主开发能力逐步萎缩。

能够使代价昂贵的合资模式长期维持的重要条件是中国汽车市场远远高于世界市场的价格水平。从需求角度讲是畸形的市场需求结构使然。国内轿车消费长期以公务用车为主。由公款支付的消费对价格不敏感，但对品牌和配置却很敏感，一任贪大求洋的风气盛行。从供给角度讲是垄断使然。虽然国家为保护国内市场而实行高关税政策，但如果国内竞争激烈，价格水平是一定趋于下降的。然而，为了实施“高起点、大批量、专业化”的原则并避免计划体制下经常出现的“重复投资、重复建设”，国家长期对进入轿车工业的企业进行严格限制，使轿车工业成为中国行政管制最严厉的工业之一。国家产业政策对竞争的限制是国内市场长期维持高价的重要原因（见表1-1-2）。

---

① 关于桑塔纳国产化的过程见陆吉安（1999）。

表 1-1-2　　中国轿车市场价格的国际比较（1996 年 4 月）　　单位：辆

汽车种类	天津夏利	一汽大众捷达	上海桑塔纳	武汉神龙	北京吉普
产地市场零售价（万元）	8.04	14.4	13.75	14.5	16.9
按 8.3 比价折算（万美元）	0.97	1.74	1.66	1.75	2.04
国际市场零售价（万美元）	0.77	1.60	1.0	1.60	1.4
差额	25.97%	8.8%	66%	9.38%	45.71%

注：差额＝（按 8.3 比价折算－国际市场零售价）×100%/国际市场零售价

资料来源：夏大慰、史东辉、张磊（2002）：232。

中国汽车市场在严厉限制竞争条件下的高价格和高利润给了中国汽车工业走合资道路一服麻醉剂。外国企业进入中国必须寻找中国合作伙伴，持股不得超过 50%。而中国定点企业居于垄断地位，躺在外国技术上就可以坐享其成，不用发展产品开发能力也可以过上小康日子。再说，面对只认高档豪华车的中国市场，自主开发出来的车也可能卖不出去。于是，锐气渐失、惰性日重，大家就沿着既定路径滑了下去。

1.3　中国加入 WTO 前后的市场裂变

"以市场换技术"的本意是希望在出让市场的条件下，外国企业能够源源不断地向中国企业输出技术，再通过"国产化"吸收这些技术。但从"利润最大化"的角度看，尽量延长现有产品的生命周期是最符合企业利益的。于是，在中国企业无力通过自主开发提供竞争性产品的条件下，无论是大众还是雪铁龙都在实践中采取了延缓升级换代的拖延战术，而且始终不愿意在品牌营销和价格制定等方面放松控制权。这种状况导致了与"以市场换技术"完全相悖的结果，就是合资企业的产品升级换代极其缓慢。桑塔纳在中国轿车市场上主导了近20年，几乎可与计划体制下的30年一贯制相媲美。

面对这种僵局，中国方面实施了一种貌似主动、实际上被动的战略，即通过引进更多的外国厂商，迫使外国企业加快转让产品技术的进度。1997年，上汽集团与美国通用汽车公司合资成立上海通用，从1998年起在上海生产美国通用公司的别克牌轿车。1998年，广州方面与日本本田公司签约，在广州标致的废墟上建立广州本田，从1999年开始组装本田雅阁轿车。这种"以夷制夷"的战略似乎真的起了作用：德国大众公司立刻加快了产品技术转让的进度，使上海大众和一汽大众分别引进了桑塔纳2000以及帕萨特、宝来、高尔夫等新车型。但根本性的问题仍然未变：如果中国汽车工业自己没有产品开发能力，无论引进多少外国企业也改变不了自己的依附地位，也逃脱不了被外国企业所主宰的命运。事实就是如此，中国汽车工业从总体上越来越陷入了合资的陷阱。

其实，推动外资进入多元化的真正原因是中国汽车市场需求的高速增长和政府为加入WTO而实施的市场逐步开放。中国汽车工业的产量于1992年突破100万辆，2000年突破200万辆，花了8年时间使产量翻了将近一番。此后，中国汽车产量的增长加速：2001年234万辆，比上年增长13.22%。2002年，国产汽车销售324.8万辆，比上年增长38.95%；销售收入1 515亿元，比上年增长30.8%；实现利润431亿元，增长60.94%，行业平均利润率达到28.45%。2003年，中国汽车工业再创新高，生产和销售汽车分别达到444.37万辆和439.08万辆，比上年分别增长36.2%和35.2%。中国汽车产量仅仅花了3年时间就在2000年的基础上再翻一番。更值得注意的是，主要的增长来源是轿车：2003年中国轿车产量达到206.89万辆（销售204万辆），比2002年的110.33万辆（销售112.64万辆）增长87.5%![①] 1958—2003年中国汽车产业的概况见图1-1-1。

---

① 2001年8月，世界著名的咨询公司罗兰·贝格（中国）在上海发布的一份咨询报告（《加入世贸组织后中国汽车工业发展的十大趋势》）预计：中国轿车的销售量将在2010年达到200万辆。

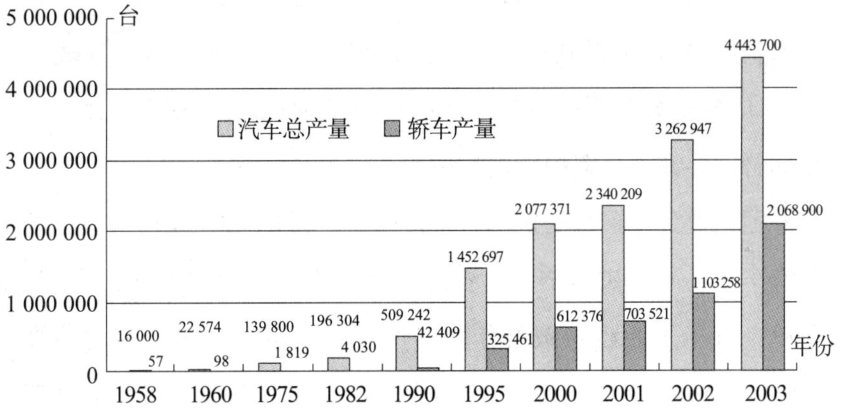

图 1-1-1　中国汽车产业概况统计（1958—2003 年）

资料来源：中国汽车技术研究中心、中国汽车工业协会，2003；2003 年汽车总产量数据来自《经济参考报》（2004-01-21），轿车产量数据来自国家统计局公布数字。

在市场需求不断高涨的同时，汽车市场的价格下降却相对缓慢得多。高价格和由控制技术而来的赢利手段（利润分成、各种名目的技术转让费、散件供应、设备采购等）使合资企业从中国汽车市场上为跨国公司赢得巨额利润。一家媒体报道说，"参与上海大众 CKD 的工程师向记者透露，上海大众投产近 20 年来，普桑的售价从 20 多万降到 9 万多，但是 1998 年和 1999 年两年，生产了 23 万多辆轿车的上海大众仍然获得大约 60 亿元人民币的利润。同样，一汽大众 1998 年销售 6 万辆轿车，盈利 8 亿元人民币，1999 年销售 8.2 万辆轿车，盈利高达 13 亿元；广州本田投产雅阁当年，仅仅 2 万辆的产量也赚取了 6 亿元利润，一跃成为本田在全球 19 个车厂中最赚钱的一个"[①]。这种丰厚的利润让全世界的汽车企业垂涎三尺，无怪乎原来不愿到中国生产的日本丰田到此时已经如热锅上的蚂蚁。据中国媒体报道，高盛公司发表的一份研究报告表明，德国大众汽车公司 2003 年上半年盈利的 80%以上来自中国；同期每股 1.54 欧元盈利中，中国贡献了 1.30 欧元[②]。

90 年代末，中国加入 WTO 的步伐加快。在对市场开放做出承诺的条件

① WTO 异变：中国汽车业自主品牌最后宣判．21 世纪经济报道，2003-12-27.

② 中国已成大众"衣食父母"．新京报，2004-01-15.

下，中国政府放宽了对外资进入的限制。为了迎接“入世”，2000 年，中国修改了“三资企业法”，不再硬性要求国产化率。事后证明，这一变故直接打乱了 1988 年《国务院关于严格控制轿车生产点的通知》中关于三大企业分头把关的战略部署，导致了合资模式的扩散。

除了外国企业分食蛋糕的饥渴，合资模式扩散的动力也来自中国的地方政府。面对汽车市场需求快速增长，各地摩拳擦掌，纷纷要进入汽车工业领域。原因很简单：汽车工业已经被看作新的经济增长点。汽车产品价值高，拉动 GDP 增长效果显著，对那些追逐“政绩”的地方政府领导人的诱惑丝毫不亚于外国公司。

外资和地方政府联手建立合资企业的高潮还创造了中国汽车工业史上的“奇迹”：合资合同一签，新企业短期内就能“造出”整车；那种花十年之功搞国产化的努力和艰辛再也用不着了。既然没有了“国产化”政策的硬性约束，许多合资企业逐步开始以“全球采购”取代国产化，大批走上 CKD（全散件组装）、SKD（半散件组装）的道路，甚至许多车型直接采用了大件组装的方式。

但是，当外资像潮水涌入之时，中国汽车合资企业的中方已经发现，他们过去能够靠外国企业提供产品技术来赚钱的根基正在动摇。事实上，合资企业的中方多年来的底气来自中国政府对汽车市场的保护：高关税、进口配额、合资的数量和合资比例，等等。但在对加入 WTO 的承诺下，中国政府对外资的限制正在减少，合资企业的中方突然发现自己正在越来越受到合资外方的控制。走合资道路与自主产品开发能力的沦丧原来是互为因果。

但中国汽车市场在世纪之交的裂变产生了一个将会载入史册的积极变化：随着对市场进入管制的松动，中国汽车工业出现了自主品牌和自主开发的企业。从 2001 年起，华晨、哈飞、吉利和奇瑞相继获得生产和销售轿车的正式许可。自主开发企业出现的一个重要条件是私人汽车消费的兴起。在汽车销售总量中，1995 年私人购买占 30%，到 2000 年私人购买已达 50%以上。虽然还没有最新统计数字，但从直观上判断，私人购买比例仍在继续上升应该是不会错的。私人消费者和公款消费者的根本区别在于：前者对价格的敏感度比后者高得多，所以尽管自主开发的产品在质量和技术水平上存在不足，但中国自主开发企业的低成本制造能力使其在私人消费者中找到了市场生存空间。因此，市场开放下的管制松动和私人汽车消费的兴起成为自主开发企业出现的客观条件。而正是因为这些自主开发企业的出现和崛起，中国汽车工业还存在着希望，而我们这份关于中国应该如何发展自主知识产权汽车工业的报告也还有意义。

第二章
“以市场换技术”的陷阱：
为什么合资不导致技术扩散和能力成长？

自从汽车在19世纪末被发明出来后，汽车工业在美国、德国、法国、意大利和英国（已逐渐衰落）等国首先发展起来，而这些国家也构成汽车工业的第一阵营。20世纪30年代，处于赶超地位的日本和苏联依靠模仿和西方的技术转移建立起以卡车为主的汽车工业。第二次世界大战后，由于汽车工业对于经济发展的重要性，许多国家（既包括苏联东欧国家，也包括一些发展中国家如巴西、阿根廷等）都曾经把发展汽车工业置于重要地位。但是，几十年下来，在所有后起国家中，真正对汽车工业第一阵营实现了赶超的只有两个国家，而且都是中国的邻居，即日本和韩国。

日本和韩国汽车工业的命运之所以区别于包括中国在内的其他赶超国家，关键在于始终坚持了自主开发。日本在引进技术（包括CKD组装）的同时从来没有放弃自己的产品开发平台，而韩国是在CKD组装不久就通过国家的政治决心强行建立起自主的产品开发平台。因此，两个国家汽车工业成功赶超的基本动力都来自其政府和企业进行自主开发的战略远见和政治决心。

自主开发之所以重要，是因为它是在产品开发层次进行技术学习的唯一途径。毫无疑问，落后国家的经济发展必然从获得先进国家的技术开始。但是，技术的获得并不仅仅取决于是否存在外国技术的来源，更重要的是取决于落后国家能否发展出必要的技术能力。因此，工业发展实质上是获得技术能力并在技术不断变化的条件下把这些能力转化为产品和工艺创新的过程（Pack and Westphal，1986；Kim，1999；Kim and Nelson，2000）。换句话说，一个经济体系技术进步的基本源泉是该体系技术能力的成长。于是，讨论中国技术进步源泉的中心问题就成为讨论中国本土技术能力成长源泉的问题。

本章通过分析汽车产品开发的技术细节以及合资模式对在产品开发层面进行技术学习的限制，说明中国汽车工业长期缺乏产品开发能力的症结是过分依赖合资模式。我们同时将进一步说明，为什么在市场开放条件下，继续依赖合资模式只能导致中国汽车工业丧失独立存在的可能。

2.1　产品开发是汽车工业技术结构的首要环节

20 年来，国家对于汽车工业的产业政策和技术政策是基于一个关键的假设，即通过合资引进先进的产品技术，然后实现零部件的国产化，最后实现自主开发（如图 1－2－1 所示）。

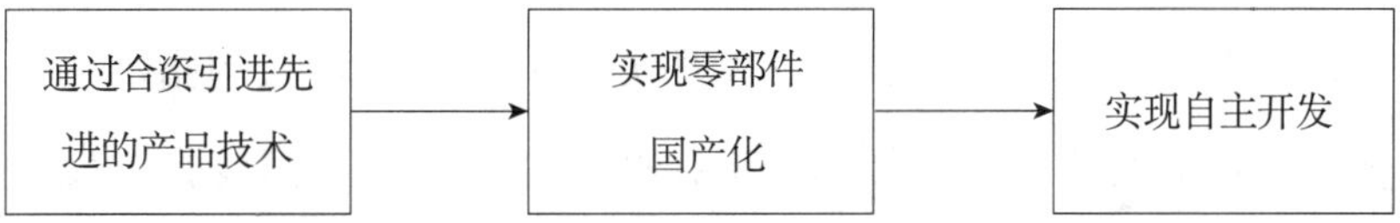

图 1－2－1　中国汽车工业技术进步路径的理论假设

但是，在这项政策实行了几乎 20 年之后，中国汽车工业离预期达到的最终目标不但没有接近，反而似乎越来越远了。为什么？其实道理很简单，中国汽车工业的技术进步之所以没有遵循这个线形模型，是因为这个模型的假设是错误的，完全违背了工业技术进步的实质和特点。

事实上，这种政策是一个思维上的线形模型，只是一厢情愿，却忽略了一个关系到汽车工业技术进步的关键环节：零部件国产化并不能自动导致产品开发能力的生成，获得产品开发能力只能通过产品开发的实践。其原因并不难理解：产品开发与零部件生产是两种性质完全不同的活动，需要两种性质完全不同的能力：前者主要包括集成多种技术设计出新产品的能力（以研发活动为主），而后者主要包括在给定产品设计条件下的制造能力（以生产活动为主）。我们以图 1－2－2 来表示汽车工业不同的活动类型。

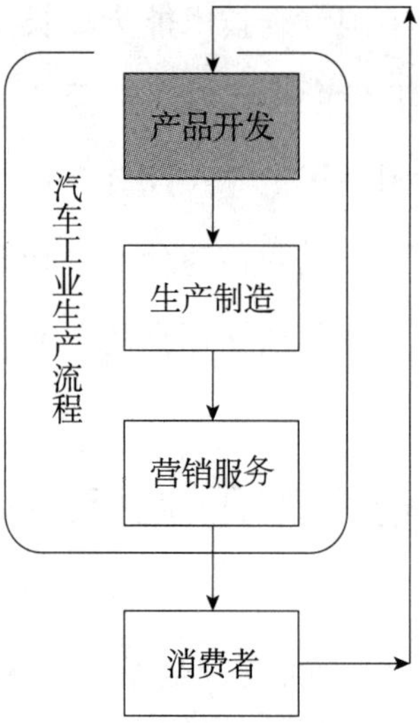

图 1－2－2　汽车工业生产流程概况

从这个高度简化的流程图中可以看出，汽车工业大规模生产的全部过程包括产品开发、生产制造和营销服务三大环节。本报告所要强调指出的是，中国企业在合资模式下的技术学习并不发生在产品开发层次，而仅仅是发生在产品制造环节（包括一般意义上的冲压、焊接、封装、涂装、总装等过程），即在产品的生产图纸、生产流程以及所采用手段已经确定的条件下进行的。因此，合资模式并不导致中国企业掌握产品的开发能力及其知识产权。

产品开发

产品开发过程以产品概念为起点。但产品概念不仅仅是技术的，还必须考虑市场需求的特点。就技术内容来说，汽车从产品开发的角度而言主要分为发动机、底盘、车身、电器和电子控制部件四大部分。在产品开发上，发动机的开发相对其他环节而言比较独立，主要是因为发动机与底盘的关系可以通过一系列的参数来相对“标准化”地确定；同时，发动机作为汽车开发中的重点、难点，具有自身的发展轨迹。因此，相比丰富多彩的车身设计而言，发动机更多的是在基本型号基础上衍生出有限的变形。此外，变速箱作为动力输出的重要部件，基本上是与发动机密不可分的；发动机及其相应的变速箱，往往被称为一个发动机套件（或总成）。同一厂商的同一型号发动机，往往可以被整车厂用于多种车型上；而特定的整车车型，往往也可以采用相近的不同品牌与排量的发动机。但无论如何，设计任何新车型都必须具有已经准备使用的目标发动机，设计好车型后再找发动机是不可行的。

底盘的设计同样也相对稳定。底盘设计主要体现了汽车的传动逻辑，这个传动逻辑既包括从发动机的动力输出到车轮的运动实现，也包括在行驶过程中对外力施加的感受与处理，例如通过提高柔性而减震等。底盘包括传动、悬挂、制动等不同的功能部分（亚系统），它们限制了车身技术的大量参数，例如车长、轮距以及动力特性，等等。由于限定了汽车自身的动力供给特性，所以底盘设计同样也是整车风格化设计的重要内容。底盘设计的生命周期往往要大大长于车身设计，即便是大型的跨国汽车集团，同时开发与生产的底盘系统数量也是有限的。在近年的大型汽车集团兼并案中，通过整合底盘技术节省研发开支也是兼并的一个重要动机。在同一底盘设计（及其改进变型）上，厂商可以开发出多种不同的车身设计。多车型（车身）开发，能够在丰富车身设计的同时大大地节约底盘设计的成本。总而言之，底盘技术的设计与不断优化往往体现了一个汽车企业对产品的根本理念，是企业设计能力的集中体现，所以非常重要。

车身设计指的是车身的造型、内部结构设计及其实现手段设计等，是整车风格的外在体现。车身设计包括外形塑造、外覆盖件（前板、车门）设计、内部装饰等，它既关乎汽车的审美形象，同时又影响汽车系统的空气动力学特征。因此，车身设计是一个工程美学与空气动力学等多学科综合的系统工程。关于车身设计的具体过程和步骤，将在下文进行介绍。

电器和电子控制部件主要包括仪表、GPS（全球定位系统）、ABS（刹车防抱死系统）等部件，等等。在汽车开发中，这一部分目前正处于高速发展中，并占据了越来越重要的地位。由于该部分与汽车的动力系统密切相关，又属于外观的一部分，所以在开发过程中，该部分往往由底盘设计发起并完成核心设计（布置），而后期又与车身设计直接相关。

需要指出的是，虽然汽车的产品开发就不同功能而言可以分为四大部分，但这些不同部分开发过程之间却具有高度的相关性和互动性。汽车的底盘开发（或优化）与车身的设计就具有紧密的联系，因为两者都与汽车的动力特性密切相关。例如，国内某厂商近年所推出的某一款轿车的设计采用了与外方合作开发底盘和车身的方式，但由于底盘和车身的设计是分别与两个不同的厂商相对独立合作进行的（底盘主要与一个亚洲厂商合作，车身则主要与一个欧洲厂商合作），所以两部分之间缺乏匹配性的优化处理，导致这一款车型在投放市场初期暴露出操作性能上的缺点，这一问题在后期通过底盘优化才得以解决[①]。

目前，国际主流汽车厂商普遍采取平台化开发战略。所谓汽车的技术平台，狭义上指的是汽车的底盘技术；广义上则指的是相近类型产品（产品族）的持续开发与改进，包括市场形象塑造等。在国际市场上存在一系列著名的平台产品，如“甲壳虫”“熊猫”等。在技术开发上，平台化开发战略一方面强调对同一底盘技术进行系统规划和标准化管理，对技术数据与经验进行持续的记录、归纳、修改，以及对不同车身设计进行优化改良；另一方面则强调在相同平台上开发出主题相近的系列产品。因此，平台化开发战略既拓展了特定平台的风格外延，从而满足了不同顾客群体的不同需求，同时又节约了开发成本并缩短了开发周期。

就产品开发所实现的功能而言，汽车工业的产品设计环节需要实现“确定产品目标”以及“确定生产手段”这两大目标。

产品目标的确定主要分为产品的策划和产品的设计与开发两大阶段。以当前国际主流的在特定平台（底盘技术）上的产品开发模式为例，产品的策划包

① 此案例来自访谈过程中业内人士的介绍，尚未得到该车型设计人员的证实。

括：市场调研→可行性分析报告→开发指令[①]→草图[②]→草图评审→渲染[③]→渲染评审→油泥模型（通常1：1）[④] →油泥模型评审→铣削模型（通常1：1）[⑤] →铣削模型评审确定等环节。

产品的设计与开发阶段则包括：A Surface 发放[⑥]→CAD 工艺数模[⑦]→CAE

---

① 开发指令，即由企业的决策者在设计部门提供市场调研报告与可行性分析报告之后，根据对企业自身情况的认识以及战略规划做出是否开发特定产品的决策指令。这个指令是企业高层决策行为，并非仅仅由开发部门可以决定。

② 草图，即在生产出实物之前的设计图纸（纸面绘制的或者由计算机绘制的）。如果是针对外形设计的草图，应该包括外观形状以及主要的参数这样一些指标，实现外形结构设计的实用化与风格化等目标。

③ 渲染，即草图通过评审并修改完善后，对草图进行的一种视觉处理，使图纸予以人的视觉效应接近于实物。现在通常用计算机可以较为方便地完成这一环节，即用计算机模拟草图设计在实际光影条件下的视觉形状。这种方式便于人们以一种更为立体和直观的视角来考察设计的结构可行性。

④ 油泥模型，即在原有（图纸或计算机）设计初步敲定的基础上用油泥手工制作的设计模型，主要是为了能够直观地以实物的形式考察产品的外观形状。对油泥模型的考察往往要参考大量人员的意见——这些人员来自不同的部门，扮演不同的角色，如各不同环节的设计人员、生产人员、销售商、顾客等。这个过程对车型设计是否成功、是否为市场接受起到了关键作用。油泥模型以及后面提及的铣削模型，避免了原来在生产线设计成形后改动所牵涉的大量沉没成本（即生产设备、物料以及改型所需要的周期，甚至包括市场形象损失）。

⑤ 铣削模型，即在油泥模型通过评审并完善修改后做出的实物模型。铣削模型与油泥模型的区别在于，前者采用金属材料或者其他硬质材料（如合成塑料等），同时铣削模型往往不仅包括外形，还包括内部结构，甚至包括与其他部件如底盘、发动机的物理匹配。铣削模型与产品以及其后的原型车相比，区别在于，铣削模型往往并不具有完整的动力性能，更多只是为了展示外形以及结构的物理匹配；在生产手段上，铣削模型不采用规模化的生产手段，不开模具，更多是利用通用的铣削车床。在现阶段流行的开发程序中，铣削模型往往是在油泥模型的最后改进版本的基础上，通过计算机采集数据并对数据进行优化后，再将实物制造出来。

⑥ A Surface 发放，即确定车身的外表面——汽车工程中称为A级表面。

⑦ CAD 工艺数模，即通过 CAD（computer assistant design，计算机辅助设计技术）建立产品设计的数学模型。在这个环节中，CAD 技术的优势不仅在于计算机的高精度和高计算速度，更在于其修改方便，并有利于后期的各种模拟实现（例如计算机模拟、冲撞试验）。在目前国际主流的汽车生产模式中，大部分主流厂商已经实现部分生产线的计算机控制，例如冲压、焊接等，因而 CAD 以及后续的 CAE 等计算机手段的应用也是为流水线生产和生产过程的计算机控制做好准备。例如，不少企业已经实现设计部门与生产部门直接的数据对接，从而使设计部门能够直接对生产线的目标发出指令。

分析①→Prototype 样车②→样车试验③等环节。必须指出，在产品的设计与开发阶段，车身的设计与底盘设计、发动机设计（或外购）以及电器与电控装置设计（或外购、布置）是紧密结合的，甚至可以说是同一过程。

在经过产品的策划以及设计与开发这两大阶段后，作为生产目标的设计方案基本完成。然而对特定产品生产的手段仍需确定，即进入“过程（即工艺）的设计与开发阶段”与“产品和过程的确定阶段”。在过程的设计与开发阶段，具体的环节有：开正式的模具④→试组装⑤→试验⑥→下线⑦→生产准备等。通过本阶段，企业需要找出并确定把一个产品“由设计转化为产品”的方案。然后还需要经历产品和过程的确定阶段，以实现产品在生产过程中的质量一致性，保证大批量生产过程的产品质量稳定性。

---

① CAE 分析，即通过 CAE（computer assistant engineering，计算机辅助工程技术）在厂商自身的生产系统上对所设计产品（利用 CAD 数模）的工程问题进行分析与设计；即研究如何把设计方案转化为实物的方案，并利用已有经验数据对数模进行充分的虚拟试验等。这是现代汽车工业大规模生产的关键环节。

② Prototype 样车。Prototype，即原型，是工程史上的一个伟大发明，即采用相对成型的车间生产手段制造出的实物样品。由于样品的各种性质都与相对应的产品一致，因而样品可用于产品的各种功能测试（例如动力性能测试以及市场测试，等等）。原型的采用由于避免了产品设计成型后改动所带来的生产线投资损失以及周期延长，因而降低了设计的成本、加快了设计周期。汽车工业中的样车制造与铣削模型的突出差别在于，样车已经是完整的产品，其结构以及动力都是完善的，而并非外形与物理结构的匹配，同时生产样车有可能会开模具——因为在原型阶段的改动往往不大，大多数的模具（只是第一套）改动可通过修补的方式实现。汽车样车成本往往非常昂贵，如国内某汽车厂商在 2003 下半年所推出的一款 1.0L 车型，一个样车花费 200 万元人民币，而且这在业内已算低成本。

③ 样车试验，即通过实物试验，对样车的动力性能以及经济性能进行充分的考证，以在设计生产过程之前确证生产目标的经济可行性与安全性。例如，对样车进行 3 000 小时振动台试，对样车进行 10 万千米路试，等等。一旦样车的试验不过关，将会带来后期生产线设计改动的巨大成本（时间与空间）；而一旦汽车产品的安全性出现问题必须召回，则不仅会给企业造成直接可见的经济损失，还会极大地影响企业形象，甚至导致一系列车型被市场淘汰。

④ 开正式的模具，即根据生产目标设计并生产大规模量化生产所需采用的模具。模具技术是制造技术中非常重要的一部分，模具的好坏会对产品质量、废品率以及成本控制产生重大的影响。

⑤ 试组装，即将所采用的生产设备生产的零部件进行组装，目的是考察生产设备的产出与生产目标的匹配度，并考察与提高工艺水平。

⑥ 试验，与样车的试验相似，目标在于检测并提高产品的安全性与经济性。

⑦ 下线，布置大规模生产的流水线。

在时间顺序与功能顺序上，只有在开发过程完成后，生产图纸以及生产设备、生产流程才可确定，方才进入 SOP（start of production，开始生产）阶段。此后，生产任务才可交给生产车间。而在 SOP 之后，一个成型的产品生产过程依然会存在对设计的持续改进和提高，而这种持续的改进与提高（例如某车型的车头需要改型）仍然将主要由设计部门完成。

以车身为例，整个产品开发过程如图 1－2－3 所示：

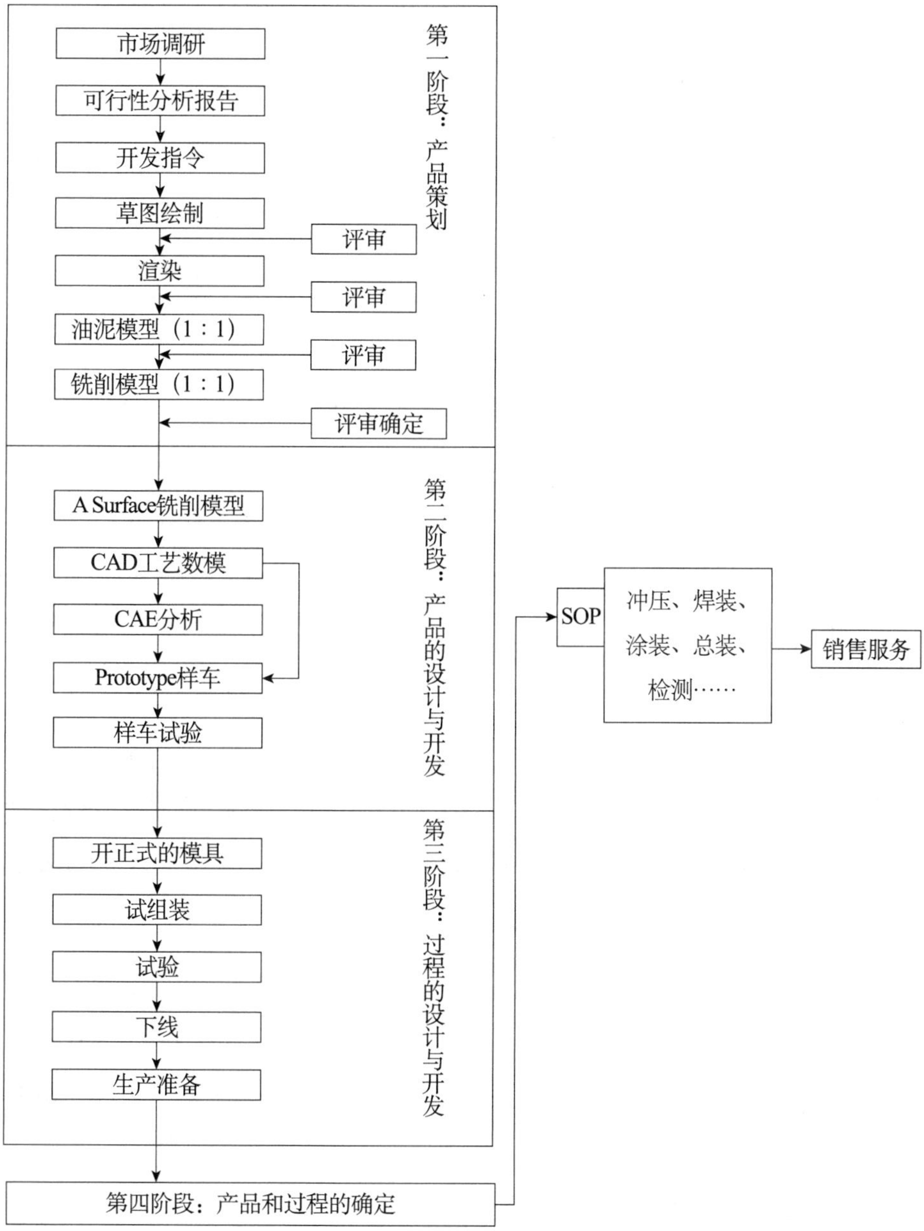

图 1－2－3　新车型开发与生产的不同环节

生产制造

一般意义上，冲压、焊接、封装、涂装、总装均属于生产制造过程，即在产品的生产图纸、生产流程以及所采用的手段已经确定，并且生产目标与生产方法、生产手段均已为生产部门（与车间）掌握的条件下进行的。从狭义上来说，在生产目标（产品图纸和成本控制）和生产手段（生产流程以及所采用的设备）已经确定的前提下，对冲压、焊接、封装、涂装、总装等环节的效率提高，属于工艺改造过程。

从这个意义上，我们就可以很明显地认识到：生产目标和生产手段的确定是生产部门运转并生产出产品的先决条件，而这些先决条件需要通过一个产品开发过程来实现。倘若没有这个产品开发过程，则生产车间的五大传统工艺是不具备任何意义的。

营销服务

产品的营销服务指的是汽车产品的销售以及售后维修等一系列的服务性工作。这种营销服务往往被总结为 4S——整车销售（sale）、零配件供应（spare parts）、售后服务（service）、顾客信息反馈（survey）。汽车制造企业往往需要建立起由大量 4S 店所组成的销售网络①，以保证大批量生产转化为大批量销售。

综上所述，我们可以看出：(1) 车型的开发是一个复杂的过程；(2) 无论从理论逻辑还是从操作过程来说，产品开发在前，制造过程在后，前者是后者的先决条件；(3) 产品开发与制造两种活动相互联系，但其实质内容不能互相替代。因此，合资模式虽然引进了产品的制造技术，同时零部件生产也在相当程度上实现了国产化，但由于按给定产品设计进行制造与产品开发（从整车到零部件的不同层面）是两个内容相去甚远的过程，所以依赖引进外国产品技术

---

① 目前 4S 店也有不少品牌是采用加盟方式构建网络。

进行生产不可能发展出产品开发能力。

重要的是，从上述整个流程可以看出，以产品设计为最高端，整个汽车工业的技术体系实际上是一个等级结构。从企业组织的角度看，这种等级结构还有更深刻的含义。产品开发的决策（例如“开发指令”）都是由企业的决策层做出的。因此，在产品开发环节的经验积累——体现为技术能力，往往内化为企业的战略决策能力，影响整个企业的竞争绩效。这种战略决策能力的基础有二：一是企业管理层对于技术、市场和自身组织的认识（这种认识永远与活动经验处于互动过程之中），所以产品开发的起点是不仅由技术而且由市场战略所决定的产品概念（Clark and Fujimoto，1991）；二是企业整体对执行战略决策的组织能力，包括企业在各个职能领域中的管理和执行能力以及全体员工的工作技能和积极性。因此，没有产品开发能力的企业将导致企业的战略决策能力不足，而战略决策能力不足的企业更容易受外部力量的支配。

2.2　昂贵的产品开发能力是后进者所面临的主要瓶颈

正如我们在汽车工业以及其他工业企业中所看到的，目前中国工业的生产制造能力基本上已经接近国际水平，甚至与国际水平同步。在汽车工业中，大量的生产设备和生产手段已经处于国际一流水平。也就是说，生产制造水平和车间现场管理已不再是制约中国汽车工业发展的主要瓶颈。

与此同时，国际汽车工业的竞争环境发生了根本性的变化。进入上世纪90年代后，随着精益生产方式等先进生产管理模式在整个世界汽车工业中的推广与不断改进，不同国家汽车生产企业的生产模式不断趋同，生产技术与车间现场管理不再是汽车工业竞争的关键。同时，消费者对汽车产品的需求越来越个性化，对整车的整体性能、风格要求越来越高。因此，随着产品的特性、风格和性能价格比越来越共同决定产品市场的竞争绩效，产品开发也越来越成为汽车工业的竞争焦点。由于市场变化加速和汽车产品生命周期的缩短，企业不得不加速产品开发，导致整车设计周期由80年代的平均4～5年迅速缩短到目前的大约 18 个月。因此，产品开发能力越来越成为当今世界汽车工业竞争的核心环节。

但是，产品开发能力不是从天上掉下来的，而是从产品开发实践中发展和积累起来的。这一点从产品开发的技术、手段和模式的变化上可以清楚地看出。

为了加速产品开发，世界汽车工业在产品开发上出现了大量采用虚拟化设计技术、平台设计技术和并行开发模式这三个重要趋势。但是，尽管信息技术为这些开发模式提供了手段，汽车企业的产品开发能力仍然建立在长期设计经验积累的基础之上。

关于设计虚拟化的趋势。汽车作为一种直接进入千家万户同时又集成了大量高新技术的产品，其产品开发过程要求进行大量周期漫长、代价昂贵的试验（如零部件的测试、车型的改进）。之所以周期漫长，是因为要花费大量时间来使复杂产品系统中的不同部件实现良好的匹配，以满足长期稳定性与安全性的需要；之所以代价昂贵，是因为汽车生产集成了多种技术，零部件众多，试验设备成本高。在以往传统的实物试验时期，实物的制造、改动（以及生产线和生产手段的改动）、动态匹配都需要长时间、高成本。为了缩短开发周期、降低成本，从上个世纪中后期开始，国际大型汽车企业纷纷开始建立自身的计算机虚拟试验系统，由此开启了一种新的以大量计算机虚拟试验为基础的开发模式。美国三大汽车厂商甚至建立了自己的“预故障诊断体系”（FAEM），通过经验数据来预判产品的性能。但是，计算机虚拟试验必须得到大量已经被验证的数据的支持。因此，国际各大汽车厂商都建有庞大的数据库（包括车身设计和零部件设计），而这种数据库的实质是以编码形式（codified form）储存下来的数十年甚至百余年产品开发的经验积累。这种数据库的作用非常重要，因为脱离了这个数据库就无法认定计算机的开发试验是否可靠。同时，这种数据积累是“高度企业特定的”（highly firm-specific），即每个企业的历史经验的特定性决定了各自数据库的特定性。因此，这种经验积累是每个企业核心知识和核心能力的重要组成部分，也是汽车厂商在高速动态发展的汽车市场中赢得竞争优势的重要源泉。也正因为如此，这种数据库是很难外购的（因为极少有企业愿意出售)[①]，只能主要来自企业自身的经验积累。

关于设计平台化的趋势。在汽车的几大模块中，平台技术是汽车设计中的难点。由于底盘是汽车传动逻辑的集中体现，任何一个新平台的建立以及对现有平台的任何改动都需要有大量的试验支持，所以平台设计是非常昂贵的。即使是国际一流的汽车生产企业，往往也只能同时拥有或开发数量有限的底盘系统。目前国际汽车市场的竞争压力对产品的风格化、个性化水平要求越来越高，迫使企业开发产品的周期越来越短。在这种条件下，为了能够控制开发成本，汽车制造企业越来越倾向于在同一个底盘平台上不断进行车身改型，从而尽可能地提高平台利用率并增加产品外观的多样性。这就要求企业必须能够对自己已有的平台具有长期的系统认识，必须拥有庞大、成熟的试验数据来支持平台的设计和改进，而这种数据支持和经验积累往往需要长年累月耐心进行的文档管理和经验总结作为基础。

关于并行开发模式。在虚拟设计以及平台化设计的基础上，为了缩短新车型的设计周期，国际主流企业近年来纷纷推行各式各样的“并行开发模式”，即产品开发过程不再一味地顺次进行，而是同时开展各个不同环节的研发活动，以缩短开发周期，同时加强各个开发环节之间的互动。我们以图 1－2－4 表示采用并行开发模式时的开发流程（不同企业的做法存在不同特点）。必须指出，企业采用并行开发模式仍然需要设计经验的强有力支持。如图 1－2－4 所示，并行开发模式的实质是使开发过程的各个阶段在时间上重叠，以缩短整个开发周期，但开发过程的各个阶段仍然必须是完整的。此外，由于这种模式要求开发过程的下一个阶段在上一个阶段还没有结束之前就开始进行，所以整个开发过程的协调就变得越来越重要。问题的关键在于，如果没有充分的经验积累和数据文档记录，无论是开发过程的个别阶段，还是各个阶段之间的协调，都不能顺利进行，因为负责不同阶段的开发团队无法预计负责其他阶段的

---

① 目前在国际市场上出现了少数专业的技术咨询公司，主要业务是出售专业化的汽车技术信息（例如发动机技术、车身设计技术）。但这些信息大多并不是过程性的经验积累，而是产品的事后测绘与分析（近似于反向工程）。

开发团队的工作进展（当然，在并行开发模式中，不同小组的即时互动也是一个非常重要的变量）。同时，特定阶段的开发也必须建立在团队对本领域所涉及的技术活动具有深厚的经验积累和深刻理解的基础上，否则无法在不能事先获取合作团队所有信息的条件下提前启动本阶段的开发工作。因此，并行开发模式是一种更依赖于经验积累的开发方法，并不能取代经验积累本身，反而更加强调文档化工作的持续开展、相应数据库的建设以及对不同岗位人员成功和失败经验的总结和扩散。

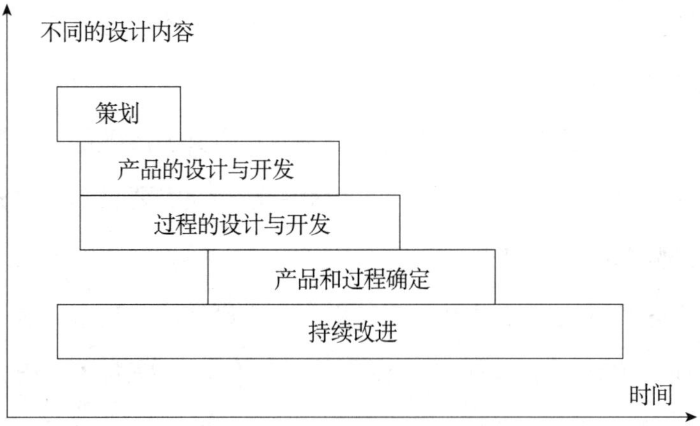

图 1-2-4　一种并行的汽车开发模式

综上所述，经验积累对于汽车工业的产品开发能力具有极其重要的意义。造成这种技术特点的根本原因在于，汽车工业无论从技术上讲还是从市场上讲都是高度连续性的。自从汽车的产品主导设计在 20 世纪初期确立以来，其产品结构没有发生过根本性的变化，也没有出现过重要的替代产品，所以汽车工业的技术进步是累积性和渐进性的。即使是把内燃机换成核反应堆，把半导体芯片装进去让其能上网，汽车也只能是四个轮子的和金属外壳的，也需要有底盘。因此，包括铸造、锻造、热处理、冲压、焊接等金属加工技术在内的基本技术从来没有被替代过，而汽车工业在百年来的历史中所产生的技术进步，大多是在已有技术的基础上集成新技术，表现为对其已有技术的增强和补充。

这种技术上的连续性为这个工业中的先行者带来了巨大的优势，因为长期经验积累和持续改进是汽车工业技术能力的主要来源。尽管在少数领域随着 IT

技术的引入产生了一些跳跃（如电控部分等），但汽车工业是一个系统工程，任何一部分的发展都无法离开对其他部分和整体的把握和改进。此外，汽车工业的技术连续性往往掩盖了这个工业对大量新技术的集成，所以生产“成熟产品”的汽车工业实际上对研发投资的需求非常大，而庞大的研发投入需要也更有利于具有规模优势的先行者。因此，长期积累所形成的技术能力构成汽车工业的进入壁垒。

能力差距是中国汽车工业发展的主要瓶颈。但恰恰由于技术上的连续性，克服这种能力差距的途径没有“跨越”的可能性，正如访谈过程中某大企业的总工所说的：“……这种积累，你是绕也绕不过去的……”对于汽车工业来说，产品开发能力只能来自产品开发经验，并通过持续改进得以提高。这种技术学习过程离不开自主决策的企业组织，因为产品开发的决策必须由组织做出，从产品开发经验中获得的知识也必须储存在组织之中。因此，能够通过自主决策进行技术学习的企业是中国汽车工业能力发展的关键。但是，中国汽车工业的合资模式恰恰由于依赖外国产品技术而逐渐丧失了技术学习的自主权，使“技术引进/技术合作→产品引进→合资”的过程实际上成为一条“放弃自主开发活动→开发技术能力消亡→独立组织实体消亡”的道路。下面解释为什么依赖外国产品技术会导致技术学习自主权的丧失。

2.3　产品开发是获得知识产权的核心环节

如前所述，中国汽车工业现有的合资模式基本上不包括在产品开发层次的技术学习，而这种状况就解释了为什么中国汽车工业缺乏自主知识产权。从一般原则来讲，产品开发的投资者获得相应知识产权。一些人仅仅从财务会计成本的意义上讨论知识产权，所以得出不进行产品开发反而会节约开发成本的结论。但知识产权对于技术学习的意义远比对于财务会计成本的意义复杂得多、重要得多，因为缺乏对产品技术的知识产权会严重限制企业的自主技术学习。要理解这一点，就必须理解知识产权的实现机制。

在汽车工业生产的全流程中，对不同环节的控制权体现为相应的“设计确认”“过程确认”“一致性确认”，以及服务职责确定等权利和责任上，即“设计确认权”“过程确认权”“一致性确认权”等。“确认”即“通过提供客观证据，对特定的预期用途或者应用要求已得到满足的认定（而满足所需的前提条件可以是假定的）”[①]，也就是说，“确认”表明了一个组织（或个人）对特定任务所宣称达到的目标实现认定。这种认定往往被称为“确认权”。在一个企业中，确认权既体现了对相应任务的责任，同时也体现了对相应任务的控制权。

整个产品开发过程，是以几个重要的“确认权”作为阶段性标志的。在项目完成产品的策划以及产品的设计与开发这两大阶段后，则由车型开发主导方（投资方）进行设计确认，即主导方对设计开发新车型的设计责任进行确认，并相应获得对新车型设计的知识产权。

在新车型的开发实现了设计确认后，即进入“过程的设计与开发阶段”与“产品和过程的确定阶段”。过程的设计与开发阶段结束后将实现“过程确认”，即确认把“设计”转变为“产品”的方案的责任与更改权限。而此后的产品和过程的确定阶段，则要实现“一致性确认”，即保证产品生产过程中的质量稳定性。

开发活动、知识产权与确认权（尤其是设计确认权）是几个既紧密联系又互相区别的概念：对一个产品的确认权不一定需要拥有这个产品的所有零部件的知识产权，也就是说，确认权只特定适用于相应的认证任务，只需确认方对所认证的任务具有支配权，即承担责任者拥有确认权；而确认功能满足的条件可以是假定的，即对整体的功能确认可以建立在假定部件（非确认对象）的条件满足的基础上。在拥有相应产品的确认权之时，这个组织也就拥有并仅拥有相应产品的知识产权。如在中国哈飞与意大利宾法公司合作设计“中意”微型车的过程中，就是由哈飞来对产品的设计进行确认（体现在作为产品设计图纸的最终签字方），而哈飞也就拥有该产品完全的知识产权，即在所有外来采购件的功能符合假定要求的前提下，哈飞对“中意”微型车的各种性能负设计承

---

① 引自中国国家标准的相关文本。

担责任[①]。又如奇瑞在第一代QQ产品的设计中采用了东安的发动机（外购），但仍然是由奇瑞来对整车产品进行设计确认，即奇瑞对在该车型中采用东安发动机承担最终责任，同时也享有这一整车系统设计的知识产权。对于东安而言，它对自身的发动机设计进行设计确认，同时享有发动机的整机知识产权，尽管是外购了化油器。由此可推断，东安并不拥有对该化油器的设计确认权和知识产权。

当然，产品技术的知识产权不一定非要通过自身的开发活动获得，也可以通过外购获得（仍然体现在确认权上，即购买方对供应方的认可）。但在企业自身不具备相应技术能力的条件下，这种知识产权是不牢靠的。首先，要想真正负担起设计的责任并对其发展轨迹进行控制，则必须有在获取“设计确认”的开发过程中所积累的技术能力作为保证。例如，上文我们所提到的底盘与车身不匹配的车型，由于在对外合作中自身的能力建设不足，所以该企业只能进一步通过外界力量来对车型进行优化。其次，由于工业技术永远处于不断变化之中，而且竞争对手往往具有模仿能力，所以不具备技术能力就无法对自己拥有知识产权的技术和产品进行改进，也就无法保护自己的知识产权。

至关重要的是，如果一个企业对自己生产的主要产品并不具有设计确认权，不但将无法积累自己的知识产权，而且将无法决定自己的开发活动和技术学习。这是因为：

（1）确认权是企业对某一环节产品满足功能要求的认证，是对产品承担责任的证明。如果不具备对某个产品的设计确认权，企业将不能出售该产品的技术，所以针对该产品的研发活动也就毫无经济意义。

（2）企业不具备产品的设计确认权，也就无法对该产品进行任何的改动和后续开发。因此，“生产权”并不能扩展到设计环节，更无法带来相应技术能力的积累。

（3）汽车是一个系统工程，如果不能对产品进行后续开发，也就不能自主

---

① 根据哈飞对“中意”同样具有“过程确认”与“一致性确认”权利，则哈飞同样对“中意”的各方性能负过程责任与一致性责任。下可类推。

决定该产品的零部件变化。举一个假设的例子：由于上海通用不具有对“别克”轿车的设计确认权（掌握在通用总部手中），所以上海通用没有权力单方面在一张生产“别克”轿车的图纸上签字以使其获得采用——例如中国东安的发动机。如果中国东安生产出一辆采用东安发动机而其他部分与“别克”相似的汽车，则东安侵犯了通用公司对“别克”的设计确认权，也侵犯了相应的知识产权。这充分说明整车产品设计确认权对相应技术链条的主导权，即终端产品的设计确认权对上游环节的技术发展具有制约力。

因此，在汽车工业中，产品开发活动决定产品设计的确认权，而设计确认权是知识产权的体现，所以产品开发是产生知识产权的核心环节。没有对自己主要产品的设计确认权，企业就不能自主决定对该产品进行修改及创新，也不能自主决定在相应零部件上的创新。因此，没有对自己主要产品的设计确认权，企业也就会丧失进行研发活动的经济动力。

在现实过程中，中国汽车工业中的合资企业不仅没有产品开发的经济动力，而且出于任何原因进行开发的努力都会遭到外方有意识地遏制。这种现象主要体现为三个方面：

第一，在合资企业中，合资形式给中国汽车工业带来的绝大部分只是外方产品的生产许可权，即根据合资外方提供的成型设计（体现在图纸和数据上）进行组装，而“过程的设计与开发”以及“产品和过程的确定”这两个阶段则往往是由双方协商决定。关键在于，由于合资形式都是建立在从外方引进产品技术的基础上，并没有任何产品开发活动，所以合资企业就不拥有产品的设计确认权。因此，合资企业很难对引进的产品设计进行任何修改和创新，甚至连后续生产过程中的“持续改进”环节也都被扼杀了，即“外方不允许我们修改任何一个螺丝钉，甚至某些时候你有足够的证据证明原有图纸的这个螺丝钉设计错了……所有的改动，必须是在外方本部进行”（根据访谈记录）。在极个别情况下，外方允许合资企业对已有的产品进行局部和少量的修改①，但这种改型产品绝对不允许出现在合资厂返销海外市场的订单中，因为这是有悖外方利

① 如捷达的车头外观改型，但外方在这种改型中可能根本就不投资。

益的竞争性产品。

第二，由于引进新产品（对于中国合资企业而言，主要是继续引进合资外方已有的其他车型）的主导权被外方掌握，所以合资企业不可能进行违背合资外方母公司利益的创新活动，即开发与外方产品直接竞争的产品。因此，合资中方从合资过程中获得的主要是按照对方提供的已有图纸（这种图纸对应的产品往往是在海外市场中已经淘汰、老化的产品，很少有外方的新产品被引入中国的合资企业中）进行生产的能力，而脱离外方提供的图纸所进行的产品创新更被认为是背离合资外方母公司利益的。于是，通过合资行为为中国企业带来的，除了按图生产的许可权之外，更多的就只能是图纸的"观摩权"了。

第三，在外方主导产品开发权的情况下，合资外方很难容许在合资企业中存在一个活跃的研发组织。恰恰相反，阉割、肢解、解散或者"圈养"图纸引进方原有的技术研发力量成为合资企业在全球范围内的共性，至少在汽车工业中是一个普遍的现象①。在中国企业与外方合资过程中，原国有企业的研发力量被大卸几块，甚至最后大量流失的情况也同样发生过，而且仍在发生着。不少国内优秀的开发人员与开发团队，都由于被束缚在合资企业的框架之下，虽然也能够设计出一些概念车型，但几乎都是"胎死腹中"或者成为"演示会专用"，始终没有实现"有一辆自己的车在街上跑"，所以仍然不能成为积累开发能力的有效组织。

综上所述，通过合资引进外方产品技术的"按图生产权"和"观摩权"并不能自动导致中国汽车工业产品开发能力的产生和提高。一是因为"按图生产权"和"观摩权"绝不会自然而然地转变成"修改权"或者"拥有权"（为此，外方早已累积了一支庞大的律师队伍以及相应公关资源）；二是因为合资企业无法容忍独立的创新活动，而合资外方天生具有扼杀这种创新活动的本能，尤

---

① 在某些并购案中，由于技术路径的差异，同样出现了强势一方（收购者）废弃弱势一方技术团队的现象。例如，在韩国大宇汽车被收购的过程中，虽然通用继续采用了大宇原有的几个产品平台［如马提兹（Matiz）、凯悦等车型］，但其原有的开发团队仍然被废弃。一是因为这支团队的技术积累特性与收购者的技术路径不同（正如上文所提到的，技术的积累具有企业特定的特征），二是因为收购方也不愿看到这支能够开发产品的团队存在。

其是绝对不能容忍存在有组织的创新活动；三是因为合资中方在引进生产权的盈利模式下逐渐丧失了自主开发的动机、信心和能力。在20年来的合资过程中，这种模式甚至连模仿都无法带来。这不仅仅是因为模仿绝不等同于单纯的抄袭，更重要的是，模仿需要一个独立完整的设计流程并产生独立自主的设计确认权。合资模式决不容许这种可能性存在，这已为20年来的合资结果所证明。

2.4 不发展自主产品开发能力的代价是什么?

以上我们对为什么合资模式不导致技术学习的原因进行了分析。那么，为什么这种模式能够存在这么久？如果这种模式能使中国合资企业的好日子过得下去，不进行自主开发又有什么关系？有些经济学家甚至认为，由于中国具有劳动力便宜的比较优势和技术研发的比较劣势，所以只要能够赚钱，依靠外国技术和外国资本没有什么不好，甚至还可以因此省去昂贵的研发费用而发展得更快。可惜这种推理是站不住脚的。

中国汽车工业的合资模式能够存在甚至能够赚钱的根本原因在于中国汽车市场的特殊结构。中国政府通过高关税和进口配额对中国汽车市场进行保护。中国对轿车的关税曾经达到100%以上，而仅仅在2001年之前还维持在70%～80%的水平上；汽车散件的关税在20世纪90年代末也维持在20%～40%区间。中国禁止外商在国内设立独资企业，外商在合资企业中的股份不得超过50%，而且最多只能参与两个合资企业。同时，中国政府还有对引进产品的零部件国产化的规定。

在上述这些举措保护下，外国企业进入中国汽车市场最有效的途径只能是与中国企业合资生产汽车，因为产品进口被高关税挡住了。但能不能通过合资进入中国市场仍然受制于中国政府的审批。在这种情况下，能力不足的中国企业居然也对外国企业拥有讨价还价的砝码，能够获得外方的让步。

不仅如此，在固守的产业政策指导下，中国政府长期以来严格控制新建汽车项目，禁止非定点的国内企业进入汽车工业领域（关于对中国汽车产业政策的得失分析见第五章）。这不仅使受到保护的定点企业长期占据垄断地位，而且使中国汽车市场维持了高价格水平，使生产率较低的中国汽车工业仍然能够大量赢利。最后还必须指出的是，在所有这些政策因素都存在的条件下，中国汽车市场的需求却高速增长，甚至在2002—2003年期间发生了“井喷”式的增长。

中国汽车工业的合资模式之所以能够存在，靠的就是这些政策因素，而不是自己的技术能力和管理能力，但为维持这种高成本模式“买单”的是别无选择的中国消费者和纳税人（中国轿车的消费大户之一是公款买车者，他们对价格不敏感，但最终付账的还是人民）。一些业内的被访谈对象估算，从车型引进费用、生产线设备采购到零部件采购，合资对方往往能够赚取全部利润的80%，甚至更多。这也就不难理解为什么与中国企业合资往往能够扮演外方在全球经营不景气背景下的“救世主”角色。由于中国汽车市场的高利润，合资企业的中方即使是仅仅分了一小杯羹，也还过上了“小康生活”。于是，中国的合资企业及其中方母公司即便不从事自主开发而仅仅靠合资引进产品，仍然有利可图。由于不需要去冒产品开发的风险、不需要为能力发展而长期积累并付出艰辛的努力就能过上“小康生活”，中国汽车工业中的大型国有企业失去了自主开发的动力，越来越没有自主开发的信心，越来越懒惰，最终形成难以逆转的路径依赖。

但是，目前中国汽车市场产销两旺的局面只能是暂时掩盖了威胁中国汽车工业长期健康发展的危险，因为使这种依赖模式能够存在的市场条件和工业结构已经开始发生根本性的变化。最大的冲击力来自中国政府对加入WTO的承诺。根据这种承诺，经过5年的缓冲期，中国到2006年就必须全面履行WTO所有游戏规则。这些规则包括：到2006年前，中国整车进口关税平均降至25%，零部件进口关税平均降至10%。根据WTO于2001年开始执行的《与贸易有关的投资措施协议》的规定：不得规定国产化比例；进口与出口不得挂钩；不得限制用进口部件总成装车；不得以外汇平衡为理由限制进口；不得规定出口数量；可拒绝执行强加上述要求的合同。

更要命的是，加入WTO之后，中国政府长期实行的合资项目审批、控制新建汽车项目、禁止外商独资以及对外商合资数量和持股比例的限制等行政措施将面临越来越大的压力。如果这些市场准入管制被取消，那么采取合资方式将对外国企业丧失全部重要的意义[①]。即使外国企业出于各种考虑仍然暂时保留合资企业，外国企业至少也会要求改变合资比例以获得控股权。到那时，依赖合资模式的中国企业除了向政府求助外，将丧失任何可以讨价还价的砝码。

没有政府的保护，企业的生存只能靠能力。但在中国汽车工业长期缺乏自主开发能力的同时，中国汽车市场的发展趋势却表明，企业的市场竞争绩效将越来越取决于产品开发能力。仅仅在不远的1999年，中国轿车市场上还只有10多种品牌的20多个型号的产品。但到2002年，中国轿车市场已有了40多种品牌的200多个车型，其中新车型已占据了60%以上的市场份额。2003年，又有50多个新车型上市；而2004年继续新增50多个新车型。很显然，中国轿车市场竞争最突出的新特点就是竞争焦点越来越趋向于车型创新。问题在于，中国轿车新产品的绝大多数仍然是外国品牌。在这种条件下，缺乏产品开发能力的中国企业将越来越处于不利的地位，越来越在自己的本土市场上被边缘化。

那么，能不能像某些经济学家所说的那样，中国汽车工业可以利用中国劳动力便宜的“比较优势”参与全球分工：既然在产品开发方面没有比较优势，那么就发挥自身所长成为世界生产基地？从本章分析出来的逻辑看，与比较优势论通过静态分析得出的预测相反，没有自主开发能力的中国汽车工业将会在市场开放条件下走向崩溃，丧失组织上的独立性。中国有可能成为世界生产基地，但是不会再有中国的企业和中国的工业，所有在中国的生产单位都将变成

① 2003年12月，也就是二汽与日产签订全面合作的协约后，中国媒体根据外国媒体报道（主要引用《亚洲华尔街日报》，但没有给出日期），日产汽车总裁卡洛斯·戈思（Carlos Ghosn）称，当前他们的中国合作伙伴除提供低成本劳动力和销售渠道外，对实际经营和管理的贡献几乎为零。50%的股份是日产汽车这样的外国公司进入中国蓬勃发展的汽车市场所付出的代价。戈思强调，这一结构在短期内不会改变，但将不会长期维持（《东方早报》，2003-11-04；《深圳特区报》，2003-12-09；《经济参考报》，2003-12-23）。

跨国公司的下属单位（也许那时中国政府过去靠层层下发的政策传达方式将会变成通过跨国公司转发给中国员工了）。我们以图 1-2-5 和图 1-2-6 来说明，为什么认为中国汽车工业靠比较优势还能保持独立的预期只能是一种幻觉。

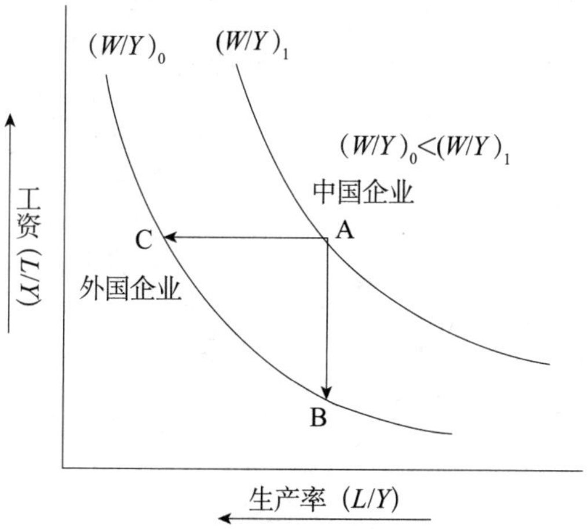

图 1-2-5　中国汽车工业的选择：削减收入或提高生产率

注：L=劳动投入；Y=产出；W/L=人均实际工资；W/Y=单位劳动成本；W/L 是单位劳动工资率；而 L/Y 是单位产出劳动量；W/Y 代表单位产出工资率，即为了产生每单位的产出所支付的工资，假定不同国家具有不同的 W/Y 水平，$W/Y=W/L\times L/Y=C$ 是一条直角双曲线。图 1-2-6 同此解释。

图 1-2-5 的前提是中国汽车工业与发达国家的汽车工业存在着生产率上的差距。这种差距是由技术能力、生产规模和组织结构等难以迅速改变的因素所决定的，同时也是由目前的工业实践所证实的。图中假设中外汽车工业的 W/Y 各自是一个常数，于是图 1-2-5 中的 W/Y 曲线是一条直角双曲线。因此，中外汽车工业的生产率差距可以由分别代表两者的两条不同的 W/Y 曲线所表示。

在国家可以自行选择经济封闭程度的条件下，这种生产率差距（图 1-2-5 中 A 点到 B 点的距离）对于竞争绩效的影响可以通过关税壁垒等手段予以抵消。但是，一旦市场开放（以零关税为极端情况），原有的均衡条件不复存在，中国汽车工业在竞争压力下就必须做出两个非此即彼的选择：或者从 A 点移动到 B 点，即为了节约在单位产出上所支付的工资，降低单位劳动工资率（但如果在A点处，中国工业就已经处于近似均衡的状态，那么从A点向B点方向的移动就没有多少空间）；或者从A点移动到C点，即通过提高生产率（在工资率不变的情况下，降低单位产出的劳动支出），而这是一个需要通过学习来实现能力提高的过程。

从技术和组织的角度看，图1-2-5所描述的选择具有更为重要的含义。为说明这一点，我们用图1-2-6加以补充说明。

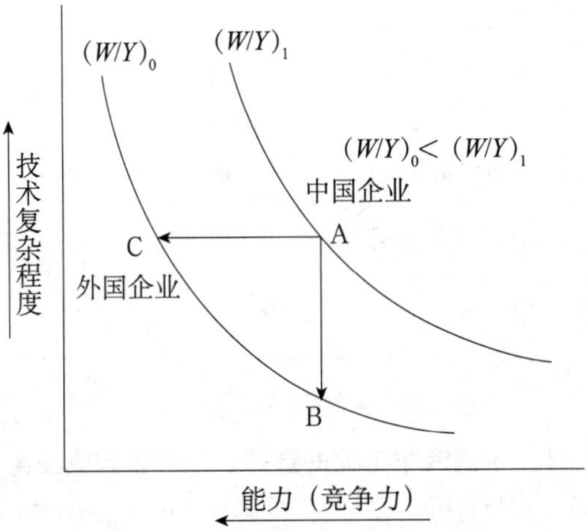

图1-2-6　中国汽车工业的选择：倒退到低端或增强技术能力

以图1-2-5为基础，在图1-2-6中，以横轴代表企业能力（也就是通常讲的企业竞争力）的反方向，因为企业竞争力与生产率提高的方向是一致的，都反映出生产率越高则企业能力越强；纵轴则代表技术的复杂程度，越往上表明技术的复杂程度越高。从长期来看，达到越复杂的技术水平的劳动力越容易实现更高的单位劳动工资水平。因此，图1-2-6与图1-2-5所反映的逻辑是一致的，并进一步补充说明中国汽车工业在市场开放条件下做出选择的技术和组织含义。

图1-2-6可以更清楚地说明“比较优势论”的荒谬。从A点到B点的移动并不仅仅表现为劳动工资率的降低，同时也表现为在技术等级结构上的降低。换句话说，如果中国汽车工业因为不能尽快提高技术能力而不得不在市场开放后依靠便宜劳动力进行竞争，就将被迫放弃在较高（较复杂）技术层次的

生产活动（例如产品开发），而不可逆转地向使用低端技术进行生产的环节（或产业价值链）下滑。如果中国企业失去在产品开发和核心零部件生产等方面的生产活动和技术能力，中国企业将对整个工业的技术链条丧失任何决策权，而且中国企业本身也将丧失进行任何战略决策的余地和能力。在这种条件下，中国企业只能成为外国企业的附庸（专业化于产品组装和边缘零部件生产）。由于成为附庸的中国企业继续保持形式上的独立将会给外国企业带来更大的"交易成本"（transaction costs），所以从经济学的理论逻辑看，外国企业一定会提出收购中国企业的要求，而离开外国企业就无法独立生存的中国企业只能束手就范：一场变卖本土企业的浪潮将席卷中国汽车工业。因此，缺乏独立的技术能力必将导致中国汽车工业丧失组织上的独立性，而单纯依靠"比较优势"的战略只能使中国汽车工业走上死路一条！

第三章
中国汽车工业进行自主产品开发的案例

正当中国汽车工业在合资道路上越来越不可自拔之时，一批新型的企业在经历了多年的压制后被允许进入轿车市场——自主开发企业终于在中国汽车工业中崛起。自主开发的先驱企业包括哈飞、吉利、奇瑞和华晨。由于我们受时间限制未能访问华晨，所以本报告只介绍哈飞、吉利和奇瑞。这三个企业的经验说明，只要坚持自主开发和积极的技术学习，中国企业就可以“条条大路通罗马”。

3.1 哈飞之路

哈飞全称为哈尔滨飞机工业集团，直属于中国航空工业第二集团公司，是中国最早生产军用飞机的企业。汽车工业内普遍简称为“哈飞”的是哈飞集团属下的哈飞汽车股份有限公司。在“军转民”的大潮中，哈飞从1983年进入汽车工业，走出了一条渐进而踏实的技术发展道路，并以其开创性的“中意之路”成为中国汽车工业中通过与外国企业的技术合作进行自主产品开发的典范。

1986年，国家同意在军工系统中引入日本铃木公司的微车技术，哈飞被列入引进铃木技术的单位名单。起步伊始，哈飞汽车只有30人的队伍，从单排货车干起，后来自己搞了双排货车。在学习和模仿引进技术的基础上，哈飞从1992年开始批量生产“松花江”牌面包车。当时由于车型小，国内没有相应的配套商，所以哈飞只能够自己生产绝大部分零部件，发动机则由一墙之隔、同属航空军工系统的东安集团供应。

哈飞从飞机转向汽车的过程，也是从计划转向市场、从工厂转向竞争性企业的过程。从军用航空转向汽车制造并非像一般人想象的那样容易。尽管航空制造的经验使哈飞成为中国最早掌握CAD、CAE等无图纸化设计能力的企业之一，但飞机制造的技术能力并不能直接“转移”到汽车制造领域，甚至有一些习惯还会不利于制造汽车。例如，哈飞汽车的起步一度采用开发飞机产品的手段，耗时耗财且不符合汽车生产的要求：在设计中一度大量使用航空器部件，不仅成本高昂，而且造成汽车整体性能的破坏。更大的障碍是在管理和组织方面。飞机和汽车不但在技术上而且在商业逻辑上都具有根本性的差异：飞机是小批量产品，用户是军方；汽车则是规模经济效应明显的大众消费品，需求来自竞争性的市场。只是在经历了许多磨难后，哈飞人才完成了思想和体制上的转变。

但是，技术密集型的军工传统使哈飞人始终具有勇于技术学习的精神。在学习微型车制造技术时，哈飞从一开始就对铃木的每一张图纸进行大幅改动。铃木的原设计对象在日本是作为工具车使用的，而微型车在中国主要是作为载人工具使用。由于这两种用途对微型车的结构和性能要求具有非常大的差异，所以哈飞在产品的研发上投入了大量的精力。哈飞与铃木的设计人员曾就车门的设计问题发生严重分歧甚至争吵，而最终结果是：哈飞的设计方案得到了实际应用的证实。日方设计人员在数年后就当年的争执诚恳道歉。

在90年代中期，市场经济给了哈飞人当头一棒：“松花江”微型面包车在1994年、1995年火了两年之后，市场境况急转直下，产销量持续徘徊在5万辆左右，落在了其他微型车后面。这是市场经济的一个教训：产品需要不断改进，才能保持市场份额。这个挫折使哈飞产生了在产品技术上取得突破的动力，却没有使其走上合资道路，原因在于哈飞不愿意放弃控制权。当日本铃木看中了哈飞扎实的技术实力而非常想与哈飞合资时，哈飞没有同意铃木的条件。在军工系统汽车企业中，长安与昌河都选择了合资模式；在微型汽车领域，随着柳州微型车与通用合资而变成了通用五菱，哈飞现在成了中国微型车主要制造厂商中唯一没有走合资道路的企业。

1995年底，哈飞的一位总工到天津参加“中国汽车车身制造技术研讨会”，在会上遇到了意大利宾尼法瑞那公司（Pininfarina，以下简称宾法）的代表。宾法是一个具有70多年历史的意大利专业汽车造型设计公司，长期为法拉利设计跑车，其长期客户还包括德国大众和日本本田。当时，宾法正急于开辟中国市场，与哈飞一拍即合，并于1996年开始启动第一个合作项目，这就是在1999年上市的“中意”微型车。由此，哈飞成为与国外进行技术合作从而开展自主开发的先驱者。

在“中意”车型的合作开发中，首先由哈飞提出产品概念，然后由宾法根据中国文化特质①画出效果图，用计算机制作无泥化模型，为设计成型开发相应的模具。在“中意”的开发过程中，哈飞根据双方的合作协议派出自己的技术人员到意大利，跟踪对方设计人员的设计过程。这种合作当时并不允许哈飞的技术人员直接参与意方的设计过程②，哈飞的技术人员只能跟踪对方的设计图纸，随时提出意见和疑问，而由对方迅速给予解答。从与宾法合作开始，哈飞就不定期派技术人员去意大利，基本保持一定的常驻人数。现在，哈飞汽车开发中心的技术人员去过意大利的已近百人。

尽管哈飞的技术人员不能直接参与设计过程，但这次合作依然对哈飞的设计能力发展起到了重要作用。哈飞把对方处于国际一流水平的设计程序学习到手了，并发现自己过去的开发程序（以及国内大企业现有的开发程序）是存在重大缺陷的。同时，与宾法的合作也使哈飞的开发手段（工具）提高了一个档次。目前，哈飞的产品设计已经基本上实现了无图（纸）化，其计算机模拟技术据称已经可以达到国内数一数二的水平。“中意之路”是哈飞转变设计观念、加快自身技术能力成长的一个转折点。

在“中意”设计中，哈飞与宾法合作的主要是车身的设计，而底盘的设计主要是由哈飞自己来完成。这一底盘模仿并学习了铃木在相应产品上的底盘技

---

① 作为国际一流的设计公司，宾法在与哈飞的“中意”项目合作中，有专人来对中国文化进行系统的学习。

② 在“中意”“路宝”等车型的开发过程中，哈飞外派意大利宾法公司的技术人员只能活动于中方特定的办公室内，而不能随便参与对方的研发活动。

术，但由于哈飞根据自身对产品设计的需要和对市场的理解不断改进，“中意”的底盘与铃木底盘相比已经“面目全非”了。至于进行批量生产所需要的模具，在当时那个并不为汽车业内厂商所看好的环境下，则完全是由哈飞自己制造出来的。因此，“中意”完全可以称得上是哈飞主导设计的一个全新的车型。

1999 年“中意”上市后，哈飞的产值当年就翻了一番。从 2000 年开始，哈飞进入了高速增长期。“中意之路”的成功引起了业内的重视，因为与当时中外合作普遍应用的直接引进方式相比，哈飞的合作模式不但导致了有效的技术学习，而且令哈飞掌握了自主知识产权。这种模式招致了一批国内小车厂的模仿，甚至连老大哥一汽也开始走“中意之路”①。

在“中意”之后，哈飞与宾法继续合作。第二个项目是从 2000 年开始的“路宝”② 车身设计。实际上，哈飞在“中意”和“路宝”之间还自主尝试开发了三四个车型。虽然由于对市场的认识和技术储备有限，这些新车型没有能够最终面市，但是这些研发经验使得哈飞的工程师有充足的空间磨炼通过合作设计所学到的技能。在与宾法合作设计“路宝”车型的过程中，哈飞的设计能力已经比合作设计“中意”时大大提高，哈飞技术人员在项目中的参与程度也大大提高。同时，为了提高“路宝”的整体动力性能，哈飞以类似的方式委托英国莲花公司（国际顶尖的汽车底盘设计公司，大量国际一级赛车的底盘设计都是由莲花公司提供的）对“路宝”的底盘进行了优化。“路宝”的开发与推出完全是针对当时国内的经济型轿车市场；作为一款动力性能普遍获得好评的车型，“路宝”一上市价格就定位在 6 万元左右③，明显低于当时“夏利”的价格。

哈飞通过合作开发使自身的技术能力不断得到提高，但这个过程并非一帆风顺，更有不少障碍来自我国当时的产业政策。由于当时的政策环境并不允许哈飞生产轿车，所以在 1998 年全国主要汽车厂商上报的与三菱有关的 3 个车

---

① 一汽用类似方式进行合作开发的主要是卡车项目。

② “路宝”在哈飞内部称为“哈飞 2”型产品，这一产品的研发自 2000 年开始，2003 年 5 月上市。

③ 现在根据不同的配置，“路宝”已有价格为 4.98 万元的型号。

型、3个发动机总共6个项目中，只有哈飞的项目没有得到批准。而哈飞在轿车市场上另外一款主要车型“赛马”[①] 项目的设计，则完全是根据轿车来设计的，但是由于当时的产业政策不允许哈飞上三厢轿车项目，“赛马”不得不以面包车的身份上报目录。

“不允许哈飞生产轿车”的限制直至2002年5月28日才彻底放开。而哈飞早在2001年就已经开始建设新一号工程（年产10万台轿车生产线），同时在2002年5月投入批量生产，当年哈飞生产各种车辆17.3万台，销售17.5万台（中国汽车技术研究中心、中国汽车工业协会，2003：415）。这时的哈飞早已建立起一支200人的研发队伍。

尽管道路曲折，但倔强的哈飞已经在自主开发的道路上迈出了坚实的步伐。虽然哈飞与宾法、莲花等公司在技术细节上进行了大量的合作，但产品的市场定位和整车系统（包括从“打块”到“数模”再到“计算机操作”）几乎都是主要依靠自己去实现。因此，哈飞在与其他企业的合作过程中，从来没有对任何外国企业产生过依赖：“中意”的合作伙伴是意大利宾法，“路宝”在继续与宾法合作的同时增加了莲花，“赛马”则主要是引进日本三菱技术合作开发的车型。此外，哈飞还加强了与国内一些专业设计公司的合作。在发动机和变速箱等关键零部件的选择上，哈飞坚持继承自己的技术路径，在继续采用东安产品的基础上提出自己的设计方案。也就是说，哈飞始终在产品系统的层面把握着产品开发过程，并发展自己的能力。这也就能解释为什么尽管“中意之路”得到扩散，但只有哈飞能获得持续成功。

随着开发能力的成长，哈飞近年来推出的“民意”“锐意”“百利”等车型几乎都是完全自主设计的，而且车型设计周期已经逐步缩短为两年。哈飞将于2004年推出三厢轿车“哈飞3”车型（即“赛豹”，有1.6L、1.8L、2.0L排量的三种型号），而正在紧锣密鼓筹备中的“哈飞4”车型（面包车）则已经属于

---

① “赛马”是哈飞在日本三菱相应产品基础上发展出的一款车型。虽然是一款通过模仿实现技术合作而生产的车型，但根据哈飞的工程师介绍，这款车型55%以上的底盘部件都已经改变。

完全自主设计、技术较为完善的产品。

由于把握了产品系统的技术能力，哈飞能够根据本土市场的特点改进产品，尤其是做出符合本土特点的外形设计与价格定位。沿着这种坚持本土市场特点的产品开发路径，哈飞逐步建立了自身的优势。现在哈飞微型车的生产成本早已经是日本厂家所无法比拟的。传言奔驰公司一度分解了7辆哈飞的“中意”面包车，最终的结论是：奔驰公司无法在相应的价位上提供具有相应竞争力的产品。哈飞不但为市场开放后国产微型车的“市场安全”做出了贡献，而且开始起步出口海外——主要是消费特征与中国相似的发展中国家，如菲律宾、叙利亚、埃及、越南、老挝等。2003年哈飞出口的微型车已经有1 000～2 000辆，目前正在争取打开轿车出口的局面。

尽管目前哈飞还面临着作为老国企的结构性束缚以及没有自己的发动机生产部门等不利条件，但是哈飞坚持了其军工企业倔强的个性，发扬了其勇于进行技术学习的干劲和技术完美主义的精神，在培养产品开发能力的路上走得非常扎实。2003年，意大利宾法公司在总部门前摆放自己设计的两辆当年最佳车型，一辆是宾法与奔驰联合开发的车型，另一辆则来自中国哈飞主导的概念车项目——“哈飞梦幻”。

3.2　吉利造车

吉利是目前中国主要汽车企业中的唯一一家民营企业，其发展历程可以分为两个阶段。第一阶段是从1998年到2002年，吉利“揭竿而起”，成功进入中国汽车工业领域；第二阶段是从2002年至今，吉利开始从一个家族式企业向管理型企业转变。

吉利创始人李书福是浙江省台州市路桥区的民营企业家，他从做装潢材料开始，后来进入摩托车工业领域。1994年，当吉利的摩托车生意还如火如荼之时，李书福就萌生了进入汽车工业领域的念头。但在随后长达数年的时间里，李书福以民营企业家的身份造汽车被认为是不可能的。他曾经带人到对汽车项目拥有生杀予夺权力的国家各部门游说，遇到态度坏者，几句话把自己打发掉；态度好者，则给予谆谆教导：汽车是资本密集型、技术密集型的工业，你们民营企业干不了，还是好好干摩托车吧。但李书福不屈不挠，运用包括高层公关、媒体放炮在内的各种手段继续游说，最后居然因为表现太执着而得了个诨名“李疯子”。据说，当国家某部门的官员告诉李书福，民营企业干汽车无异于自杀时，李书福“诚恳地”答曰：那就请给我一次跳楼的机会吧！

吉利找到的突破口是在 1997 年收购了四川德阳一个濒临破产的国有汽车工厂。这个企业的产品列入了国家目录，所以吉利借此就获得了生产权。但德阳厂的目录不是“7”字头的轿车类，所以借壳的吉利只能上轻型客车和 4 米以下的两厢车。本来异地生产也是不允许的，但吉利后来还是设法克服了这个限制。1997 年，吉利的汽车项目获得批准；1998 年，吉利在浙江台州的临海市（台州地区的一个县级市）建成第一个轿车生产基地。

吉利第一款批量生产的车型是模仿夏利的“豪情”两厢车，当年的样车基本上是钣金工手工敲出来的，它的图纸是在投入批量生产好几年之后才被后来加入吉利的专业技术人员补齐。虽然不符合规范的设计程序，但生产出来的车还是不错（通过了国家强制性安全检查），而且因为总是在高速路上跑得太快，被江浙一带的交通民警给盯上了。

实际上，李书福造汽车并非单枪匹马，而是得到一大批当初追随李书福干摩托车的配套民营企业的支持。在吉利进入汽车工业时，为吉利摩托车配套的零部件企业继续跟进。这些企业不仅投入资本，同时以分工合作、分头攻关的形式为吉利汽车生产主要的零配件，不仅帮助吉利生产出汽车来，同时还成为吉利汽车低成本的重要源泉，而吉利集团逐渐通过与配套商建合资企业的方式来掌握零部件的供应。目前，台州已逐步发展出了一个具有相当规模的汽车零部件工业，其产品价格只是进口产品价格的 1/3～1/2。

1998 年 8 月 8 日，第一辆“豪情”车下线；当年吉利生产汽车 100 多辆，几乎都没卖出去。1999 年，吉利生产汽车 1 600 多辆，几乎都卖出去了。2000 年，吉利的汽车销售量一跃升至 10 008 辆。2001 年，吉利卖了 2.4 万辆汽车。

李书福的企业本是家族企业，兄弟俩打天下。1999 年，宁波开发区的一个日资企业破产，腾出 300 亩地。当地政府便邀请李氏兄弟到宁波搞汽车。1999 年 8 月，宁波美日公司在北仑港畔打下了第一根桩；到 2000 年 5 月 17 日第一辆“美日”汽车驶下生产线，历时才 9 个月。后来，兄弟之间发生纠纷，分道扬镳：弟弟带走现金，哥哥李书福留下基地。弟弟是个打天下的猛将，离开宁波后又到上海浦东再建了一个汽车生产基地（原名上海杰士达公司，现改为上海华普），但因为上不了目录而不能卖车，最后又卖给了哥哥。但这是兄弟之间的最后一次交易：两人签订协议，弟弟永不再干汽车。

至此，吉利控制了临海、宁波和上海浦东三个汽车生产基地，完成了吉利进入汽车工业领域的基本战略架构。三个基地各有各的车型（“豪情”“美日”“华普”），档次依次提高，但它们之间具有一个共同点：原型车都是在模仿的基础上靠钣金工敲出来的，图纸不全，更没有数模。虽然如此，但豪情不减。例如，宁波基地生产的一款车型叫“优利欧”，据说此名为李书福本人所取，其意为“优于夏利与赛欧”。于是，吉利初步形成一个不同车型档次的生产布局。2001 年 11 月 9 日和 12 月 26 日，吉利轿车登上国家经贸委发布的中国汽车生产企业产品公告，使吉利集团成为中国首家获得轿车生产资格的民营企业。

从 2002 年开始，吉利开始了高速扩张，全年销售汽车 4.78 万辆，并于 2002 年初开始赢利①。同时，吉利又于 2003 年投资 49.1 亿元在台州路桥区建成一个新的汽车生产基地。更重要的是，吉利从这个关头开始了从家族企业向管理型企业的转变：越来越多的汽车工业精英、国务院特殊津贴专家、从事汽车教育的高校教师加盟吉利，并且逐步替代原有人员而进入公司的主要管理岗位②，在各个领域改变着吉利的面貌。

---

① 在吉利赢利的时候，吉利的折合年产量（通过月产量折合）只有 2 万多台。而后面本报告所涉及的案例——奇瑞公司，也是在折合年产量 2 万多台的时候就已经赢利了，而远非年产 10 万台或者 15 万台、30 万台才能够实现赢利。吉利集团下属的华普汽车公司，生产线运转 3 个月后就已经实现赢利。

② 目前在由 5 个人组成的吉利集团最高管理层中，只有李书福一人属于原来的创业者，其余 4 人都是外来的专业人士，包括原浙江省财政厅党组成员和地方税务局总会计师徐钢（总裁）和原上海大众总经理南阳（副总裁）。

例如，原一汽大宇总经理和一汽技术中心副主任上任宁波公司总经理一年，在人员和设备没有任何变化的条件下，把这个工厂的产量从 2002 年的 1.3 万辆汽车提高到 2003 年的 3.8 万辆（即增加近 200%），工厂从 2002 年的亏损转变为 2003 年赢利 1.3 亿元。

另一位曾任南汽菲亚特的总工和工程中心主任的技术人员则担任了吉利集团汽车研究院院长和集团总工，他在集团研发的基础建设上大力投入，进行了产品开发体系、技术管理体系以及产品验证确认体系三大体系的建设。这些基础建设使得吉利由一个主要依靠钣金工、图纸不全的企业，迅速成长为一个具有完善的数模能力并且在全国首创地支持全坐标网络化车身设计的企业，并依照国际主流厂商模式建立了自身完善的数据库和技术管理体系，还通过“同步工程”和“一体化设计”使其设计周期大大缩短。基础能力提高的近期绩效就能使吉利四大生产基地的 9 个产品在 2004 年 8 月之前全部升级换代。

吉利目前同样也积极地通过国际合作进行产品开发。吉利通过内部的矩形式布局，分别与韩国、德国以及意大利开展合作开发。在这些项目中，吉利始终坚持自主与学习的原则，甚至在条文里还明确外方专家必须搭配中方技术人员的比例。同时，吉利还加强了与长春的原机械部九院、武汉理工大学以及江苏理工大学等国内科研机构的合作。

短短数年间，吉利就在自主开发的道路实现了大型国企 20 来年都未能取得的进步。为什么？对比两者，吉利唯一的优势只有勇气。但勇气的重要性恰恰得到一个逻辑顺序的证明：虽然职业管理者和专业技术人员对吉利做出了重要贡献，但自主开发企业的出现是使这些精英能够发挥潜力的前提条件。事实上，加盟的汽车工业精英们是在吉利才真正经历自主开发的（所以钣金工才是先驱!），所以吉利也改变了他们对自己的认识。例如，一位外来的专业技术人员就说，他个人来到吉利一年多，有两个非常重要的收获：第一，做了许多中国人以前没有做过的事情；第二，发现开发汽车并没有原来想象的那么难。自主开发经验和开发人员的信心是互为因果的，所以这位专业技术人员说：“要是（按照我们目前）这样搞，吉利还弄不出产品来，我把头剁下来给别人当球踢!”“外国人那么笨都能把事情做好，中国人为什么不能?!”恰恰是因为有了起于草莽的吉利及其宁可跳楼也要造汽车的领导人——李书福，这些中国汽车工业的精英们才找到了施展才华的舞台。

吉利目前正处于高速成长的过程中。2003 年，吉利销售汽车 80 068 辆，比上年增加 70%，销售总额 43.47 亿元。进入 2004 年，吉利势头更猛：1 月份销售 8 000 辆，2 月份销售 11 500 辆，连创历史新高。如果吉利能够最终成功地转型为足以在技术和资本密集的汽车工业中竞争的管理型企业，那将是李书福对中国工业发展的历史性贡献。

3.3 “黑马”奇瑞

奇瑞汽车股份有限公司位于安徽省芜湖市，是由地方政府投资的新型国有企业。回顾历史，芜湖汽车项目演变为自主开发企业的最大动力来自无知（把干汽车的困难想简单了），但无知者无畏。今天的奇瑞领导人早已不是无知者，而无畏的精神却已深入这个企业的组织基因，并且在继续发扬光大。

芜湖地方政府想干汽车项目由来已久。市领导在 1995 年 1 月考察欧洲汽车工业期间，得知英国福特的一条发动机生产线要出售，于是抓住这个机会把项目干起来。由于国家政策对轿车项目的限制，只能秘密进行，所以这个项目启动时内部代号为“951 秘密工程”（即“九五”计划期间安徽省头号工程），公开则称为“安徽汽车零部件工业公司（筹备处）”（实际上，第一款车型从 1995 年就开始酝酿了），对外始终保持低调。

有想法，却缺人才，在芜湖这样一个经济落后地区找到干轿车的人才不是件容易事。1995 年某时，芜湖代表团在参观一汽时发现了一个老乡尹同耀。尹是安徽人，1983 年毕业于合肥工业大学汽车工程专业，此后在一汽工作了 12 年半，曾任一汽大众的车间主任，当选过一汽的“十大杰出青年”，在一汽小有名气。发现这个有地缘关系的人才后，芜湖方面死缠硬磨，力邀尹回芜湖主持汽车项目。为对方的真诚所感动，尹同耀最终接受了邀请。

后来加入奇瑞的车身部鲁部长、“东方之子”的项目经理大高，都是尹同耀在合肥工大的同班同学，笑称是被尹"骗来的"。鲁部长原来在安徽安凯客车公司，尹首先找到他。两人掰着手指头算计同学中谁还在干技术工作，于是想起了一直在石家庄汽车制造厂的大高。他们还记得尹同耀站在长满荒草的空地上，兴奋地告诉他们哪里是发动机厂、哪里是研发中心、哪里是整装厂……即使这些还都是凭空画的大饼。正如大高所说，到奇瑞的最大吸引力就是能干自己的车。打动他的不是尹同耀在荒地上画的大饼，而是当他被领进工棚时看到的奇瑞样车模型。当时，他只觉得眼前一亮，顿感人生的意义不过如此，于是就加入了这支当时还只有 50 多人的团队。尹同耀还请来一些一汽的人帮忙。据说至今还有一汽来的 100 多人在为奇瑞工作。

1996 年，"951 秘密工程"以 2 500 万美元的价格购买了福特英国公司的发动机产品技术和一条生产线。1997 年 3 月 18 日，项目破土动工。注册资本为 17.52 亿元人民币的奇瑞公司同时正式成立。起初，英方派来 20 多个人协助安装，但这些人整天懒洋洋地不干活，晚上还喝酒滋事。尹同耀干脆让英国人提前回国，同时以他们并未按协议完成任务为由扣下 400 万美元的货款。赶走了英国人就自己干，结果中方把生产线所有原来的电器部分全部拆除（电压不同是原因之一），全部重新采购、自己安装。当生产线全部安装完毕后，扣下的 400 万美元还没有花完。1999 年，第一台发动机顺利下线并一次点火成功，并于 9 月 8 日通过产品鉴定。1998 年 3 月，公司的整车厂（包括冲压、焊装、喷涂、总装四大工艺生产线）建设项目开工；1999 年 12 月，首辆轿车下线；2000 年生产了 2 000 多辆汽车。

2001 年初，为了登上国家目录，在国家经贸委的协调下，奇瑞同意将注册资本的 20%无偿划到了上汽集团的账下，通过股权转让的形式正式加入了上海汽车工业（集团）总公司，公司更名为上汽奇瑞，奇瑞轿车也上了久盼的"7 字头"目录。

奇瑞的第一款轿车（即"风云"）是模仿捷达轿车的底盘，车身也是在模仿的基础上设计出来的，然后请一家台湾模具公司进行模具开发。奇瑞请了一位一汽退休的老工程师到台湾监控模具开发过程，当模具试验压制出第一副未喷涂的白车身时，这位为了造中国车而再次出山的老工程师不禁当场热泪盈眶。奇瑞“风云”与桑塔纳、捷达和富康“老三样”属同一档次，但价格却低三分之一（定价8.8万元人民币），在市场一亮相就反响热烈。2001年全年，奇瑞轿车销售2.8万辆，销售额达20多亿元。2002年，奇瑞轿车销售5万辆，销售额达40多亿元。由于“风云”车一下子就打开了市场，所以奇瑞迅速走上大批量生产的轨道。

奇瑞真正对中国汽车市场产生震撼性影响的事件是在2003年内一口气推出三款新车型，即QQ、“东方之子”和“旗云”。市场对这三款车的反响热烈。一个新企业，从2000年推出第一款车型后不到三年就又推出三款新车型——为什么奇瑞的技术能力能够这样快地提高？原来，奇瑞于2003年推出的三款新车型在技术上都是由来自二汽的一支精锐部队开发出来的。

2000年底，10来个二汽技术中心的研发工程师酝酿出走，直接的导火索是下定决心走合资之路的二汽（东风）打算撤销技术中心。但这些人当时苦于没有去处，因为偌大之中国，难以找到想自主开发的汽车企业。奇瑞得知此事后，力邀他们加盟。2001年8月，计划从二汽出走的人全部到达芜湖，安顿下来后，又把他们已经流散在外的原二汽技术中心的10来个同事找回。于是，一支20多人的汽车开发团队组建起来。之所以称之为“团队”，因为这些技术人员不仅就个人来说是精兵强将，是二汽技术中心开发轿车的骨干，而且他们曾经长期共事，一起干过产品，所以他们不但各有所长，而且拥有一个团队所必需的默契和配合。实际上，这些人就是曾经进行“爱丽舍”改型的主要参与者，其中多人在法国受过培训，是二汽技术中心在轿车开发领域的中坚力量。

这支团队组建后不久，就接受了为奇瑞设计新车型的任务。他们随后连续苦干了8个多月，设计出来“东方之子”和QQ。开发速度之所以如此之快，原因是这些技术人员都憋了一口气：一定要把车型设计出来！于是，大家没有节假日，每天除了睡觉、吃饭就是工作。一位设计人员曾经创造了连续48个小时没有睡觉的纪录。完成“东方之子”和QQ的设计任务之后，这个团队又在“风云”的基础上改进，设计出“旗云”。奇瑞于2004年向市场推出的第一款SUV越野车以及另外两款车也是他们设计的。

为什么这支精锐部队要离开二汽？据这个团队的负责人之一（1993年毕业

于清华大学汽车工程系）解释，最根本的原因是"国有企业对技术人员的漠视"。他们离开后，二汽原有的轿车自主开发能力基本不复存在。那么，二汽是否对他们的离去心疼？是否阻止过他们的离开？答案平淡无奇：都没有。这个事实证明，只要不进行自主开发，设计工程师是没有价值的，无论对外国企业还是中国企业都是这样。

正如那位团队负责人所坦诚表白的："我们要永远感谢奇瑞！因为当我们原单位的领导认为我们不行的时候，奇瑞给了我们一个能够证明我们自己的机会。当全部图纸做出来后，别人不知道好坏，连我们自己也不敢完全保证，而奇瑞在这样的关头就敢于投下几亿元的资金将产品设计付诸实施。"一个自主开发的企业给了一批中国技术人员证明自己价值的机会，这批技术人员则为这个企业设计出"震撼上市"的产品。显然，自主开发企业和本土研发工程师是血脉相连、互为因果。

这个团队并没有在组织上加入奇瑞，而是与奇瑞成立专门进行汽车设计的佳景科技有限公司（奇瑞占三分之二的股份，其余的股份由来自二汽的人员持有），因为他们担心遇上第二个"二汽"，所以选择保持相对的独立性。佳景公司的技术人员现已增加到 60 人。

奇瑞正在发展自己的开发团队，并已投资 2.5 亿元建立汽车工程研究院。研究院已经拥有 600 人的队伍，希望在近期发展到 1 000 人。按照公司的计划，研究院到 2006 年达到 3 000 人，最终规模要达到 5 000 人，最终投资 10 亿～15 亿元。虽然研究院设在芜湖，但计划将来在北京、上海设分院，最终将其分支机构设到国外。现任院长是从美国归国的徐敏博士（曾在通用和福特公司任高级工程师，发动机专家），还有一位"海归"（曾任克莱斯勒的高级工程师）也刚刚加盟。目前，奇瑞人力资源副总的手中握有 200 多份中国在美国留学人员（现全部在美国汽车行业工作）的工作申请。为什么他们选择奇瑞而不是合资企业？就是因为这些高级人才只有在进行产品开发的企业才能找到用武之地！

为了学习产品开发技术，奇瑞目前也在走国际合作开发的道路，而且力度很大。奇瑞已经委托意大利、德国和日本的设计公司开发新车型，并明确提出要联合开发。为此，奇瑞已经常年派遣 40 多名技术人员参与开发工作，进行学习。在奇瑞的战略构想中，国际合作是其发展自主开发能力的第二阶段（以现有4个车型的开发为第一阶段）；第三阶段则是要自己设计较小、较低档的产品，然后向设计较高端产品爬升；最后要在第四阶段完全实现自主开发。整个过渡期需要3～5年。从现在到2006年，奇瑞将有10来款新车型相继推出(包括委托设计和自主开发的)。鉴于掌握发动机的重要性，奇瑞在2002—2003年期间委托奥地利AVL公司设计了从0.8升到4.2升的18款发动机，全部达到欧4排放标准；与之相应，奇瑞汽车工程研究院发动机部目前已经建立起一支多达200人的技术队伍，准备自主开发高技术的发动机。能够有这样迅速的发展能力，中国企业还怕市场开放吗?

2003年，奇瑞继续高歌猛进，全年销售汽车90 367辆（生产量则超过10万辆)，销售额近80亿元。奇瑞的员工总数到2003年年底已增加到9 000多人，平均年龄23岁。虽然是国有企业，但奇瑞的体制却完全是新型的。上至总经理，下至每一个普通工人，奇瑞全体员工都实行合同制，那些创业的元老们也只能与企业签订5年的合同。公司没有后勤系统，干部员工自己解决住房问题。企业决策系统高度集中，令行禁止。

尽管仍然只能算是个新企业，但奇瑞在管理和技术装备上都向高水平看齐。例如，奇瑞拥有世界最先进的5条涂装线之一，投资7亿元人民币从德国最著名的专业厂家DURR公司引进。据说与此相同的生产线全世界仅有5条。3条分布在欧洲：其中，大众两条，宝马1条；两条分布在亚洲：上海大众1条，另一条便落户在奇瑞。

奇瑞的例子还清楚地说明，为什么自主开发不但不是闭关自守，反而是利用国际资源更有效的途径。第一，与那些合资企业相比，奇瑞才算得上是全球采购，因为它不必看任何外方的脸色。第二，奇瑞不仅正在吸收中国“海归”，而且直接雇用了20多名外国技术人员和管理人员（包括德国人、日本人和韩国人)。奇瑞“东方之子”的整装线名叫寺田真二生产线。原来此线的工长寺田真二是原三菱的一位日本管理者，现在已经成为奇瑞的雇员，被请来帮助改进现场管理。奇瑞对待开放的态度值得所有的中国人深思：一方面，年年组织青年职工赴南京大屠杀纪念馆和茅山（皖南事变发生地）参观，进行爱国主义教育；另一方面，又明确提出要向美国人学战略、向德国人学质量、向日本人学成本控制。第三，奇瑞比其他任何中国汽车企业都更加走向国际市场。就在正式上市的第一年，奇瑞就向叙利亚出口了第一批轿车。2003 年全年共出口 1 200 多辆，虽然总数不算多，却占中国当年出口轿车总量的 90%。出口产品不仅涵盖了所有车型，而且除了传统的中东地区外将首次批量出口中南美洲。考虑到 2003 年中国汽车外贸逆差高达近百亿美元，这无疑代表了中国汽车工业史上一个历史性转折。

尤为甚者，奇瑞居然创造了中国第一个出口汽车整装厂的纪录。在获得伊朗政府的批准后，奇瑞与伊朗 SKT 公司于 2003 年 2 月签约，由奇瑞提供技术转让和工厂设计，在伊朗东北部马什哈德省建立一个汽车整装厂，包括冲压、焊装、涂装、总装四大工艺，设计产能为 5 万辆。值得一提的是，奇瑞出口的这个整装厂以中国国产设备为主。这个厂将从 2004 年 6 月开始组装从奇瑞进口的 CKD 散件，使用奇瑞的品牌。继这个项目成功实施后，奇瑞还将在其他国家以 CKD 方式合作建厂。当中国汽车工业的主要企业在经历了 20 来年合资后仍然继续依赖进口散件组装生产时，奇瑞的成就是革命性的。

第四章
中国汽车工业技术能力成长的关键变量：自主产品开发

哈飞、吉利和奇瑞进行自主产品开发的经验提出了若干重大的理论问题。最重要的经验是，自主开发能力只能来自中国企业进行产品开发的努力和实践。这个主题用更加理论化的语言表述就是：技术能力是组织内生的，是经验性获得的。因此，中国汽车工业的自主开发能力只有通过中国企业在产品开发上的持续性技术学习才能发展起来。

本章在这些自主开发企业的经验基础上，概括出有关技术能力发展特性、技术引进和本土技术能力发展之间的关系，以及能力发展的意义等几个重要主题，以说明自主开发企业对于中国经济发展和技术进步的关键意义。

4.1　模仿和技术学习的关系

无论是吉利还是奇瑞，这两个企业最初的产品开发都包含了模仿的内容。这种行为引起了与外国企业的知识产权纠纷；而一些中国人，特别是那些认为中国不可能进行自主开发的人，对此也有嘲讽。但这些指责和嘲讽只能是源自别有用心和无知，因为从理论上看，模仿是后进者进行技术学习的必由之路，是他们获得自主产品开发能力的关键一步。不仅如此，世界上任何一个汽车制造企业的产品开发都包含模仿的内容。因此，有必要分析一下模仿对于技术学习的意义。

汽车工业是一个在技术和市场需求上具有高度连续性的工业，这个工业的后进者（late comers）不可能绕过由先进者发展出来的主导设计和技能基础（所以，谁也不会去发明5个轮子的汽车，而谁也不能阻止别人去生产4个轮子的汽车）。这就意味着，后进者的赶超必须经过模仿阶段才能在技术上获得自主性。日本汽车工业的经验如此，韩国汽车工业的经验也是如此。

实际上，与现行的合资模式相比，出现通过模仿进行自主开发的企业是中国汽车工业的一个革命性转变，因为这种模式与依靠外国产品技术进行生产的合资模式具有本质的不同。对于进行自主开发的企业来说，模仿必须通过"反求工程"（reverse engineering）。准确地说，"反求工程"的定义是：一个企业在没有来自掌握技术方直接投资和外部技术转移（产品和工艺设计图纸的转让）的条件下，制造出市场上已有但自己过去又不能生产的产品的过程。仅仅从这个定义就可以看出，决定模仿与合资模式之间本质区别的关键变量是技术学习和能力发展。为理解这一点，让我们看看通过模仿进行开发的企业与合资企业之间有什么根本区别：

第一，两种模式的技术学习内容不同。即使是不包括设计创新的纯粹模仿，也包括了对被模仿的设计进行理解的努力，所以即使是纯粹的模仿过程也必然包含大量的技术学习内容。由于模仿一般是在不拥有已经得到验证的图纸和经验数据的条件下进行，所以通过模仿开发出产品也必须经历一个完整的设计流程。出于汽车产品的安全性、动力性以及经济性考虑，所有的模仿过程都必将经历一个由"策划"到"产品的设计与开发""工艺的设计与开发"乃至"产品和工艺的确定"的流程，才可以达到生产的开始（SOP），即通过常规的冲压、焊装、涂装、总装等工艺手段把设计变成真实的产品。相反，合资模式是按照外方给定的产品设计和工艺设计进行生产，所以不包括对产品设计过程的任何理解。因此，模仿企业是在产品设计层次进行技术学习，合资企业则没有在这个层次的技术学习。

第二，技术学习的后果不同。由于没有在产品设计层次的学习，所以依靠外国转让产品生产图纸进行生产的企业永远不具备进行产品开发的能力。但进行模仿的企业却能够通过反求工程发展出产品开发的能力。这是因为，其虽然是模仿，但在通过反求工程进行产品开发的过程中，整个产品开发流程的每一个步骤都不能缺少，否则就无法得到能够最终定型并进行批量生产所必需的图纸和数据。而这样一个完整的过程，无论是对于整车系统的设计思想而言，还是对于具体的设计与实现数据经验的积累而言，都必须通过一个组织进行持续的开发工作才能实现，这就为企业能力的成长提供了载体。合资企业只具有接收信息的能力；模仿企业却具有对获得的信息加以概念化的能力，而且具有通过组织过程把新的概念转化为产品和生产的能力。

第三，纯粹的模仿（即照搬）在现实中是不可能存在的。这不仅是因为知识产权的保护，更重要的是因为模仿者在市场、零部件和材料、生产设施和劳动组织等方面面临着与原设计者不同的条件，所以通过反求工程进行模仿的企业往往必须在设计自己的产品过程中修改原来的设计。反求工程最重要的作用是帮助设计工程师理解设计的道理，而一旦理解了“为什么”的问题，中国的技术人员总是会修改原来的设计，以使产品更加符合市场需求特点和企业生产特点的要求①。必须指出：修改就是创新。反求工程必然产生对原设计修改的事实，准确无误地说明模仿必然导致对所获得的信息的重新概念化。在合资企业中，控制产品技术的外方连对设计错误的修改都不允许②，只能是扼杀合资企业技术人员的创造能力。

就汽车的设计而言，在模仿过程中对原设计进行修改比一般人想象的要难得多。对主要部分的任何修改都会导致整个系统的参数变化，从而引发对重新建立数学模型、重新试验和解决大量未预见问题的要求。例如，对底盘的任何改动都必须经过修改部件以及对系统整体的充分试验验证，因为底盘反映了汽车整体的传动逻辑，不仅每一个部件的动力特性、安全性对整车的性能存在着重要的影响，而且底盘上任一部件（或亚系统）的自身特性同时又是其他部件

① 吉利生产发动机是从仿造丰田发动机开始的，但今天吉利发动机上的每一个部分都与丰田发动机不同。奇瑞 QQ 被通用指责为抄袭通用五菱的 Spark，但二者的底盘不同，车头、车尾的形状不同，发动机不同，而且前者的车身比后者的高，等等。奇瑞 QQ 还拥有 20 多项专利。

② 一位上海大众的中国工程师发现一个螺帽的设计图有错误，提出修改意见，但被德方拒绝，因为即使德方承认错误，图纸也必须由德国大众总部修改，更何况对引进产品的创造性修改。

的外部约束条件，所以底盘系统的整体匹配性更是影响一个底盘平台成功与否的关键变量，而这种整体匹配性只能通过大量的虚拟试验和样车试验来进行验证。车身的设计改动同样如此，而且底盘与车身之间又具有强烈的关联。由于不同的车身设计会形成不同的动力特性（例如不同的自重、结构和不同的空气动力学特性），所以车身的改型与平台的持续改进又是密不可分的，更何况两者都必须和发动机的特性（包括体积和动力）相匹配。总之，局部的修改一定会引发整车各部分之间的匹配性问题，而解决这种匹配性问题需要在组织层面获得对"为什么"的理解并找到"怎样做"的方法。因此，在模仿中对局部进行修改最终所获得的能力是企业对整个产品系统的把握能力，掌握这种系统能力则是进行未来原创性创新的力量源泉。这就是"从模仿到创新"的真义所在。

实际上，对竞争对手的模仿是全世界汽车企业在产品开发中所普遍包含的内容。图 1-4-1 提供了一个模仿创新的抽象例子。假设某企业现在要开发一款新的车型，那么该企业的研发团队在前期的策划中，既要确定市场对这种车型的功能与经济性需求，也要充分了解现有竞争对手的产品。例如，若该车型定位为两厢的家用微型车，那么目前市场上已有的车型有 Idea（昌河）、路宝（哈飞）、两厢 Polo（大众）、Micra（丰田）、Matiz（通用大宇），等等；根据分析认知的市场需求以及动力系统自身的规律，开发团队将目标车型抽离出 n 个不同的特征来，例如特征 k 指的是底盘总长与轴距的比例；而又通过对市场上现有 10 个相关车型（也可以是 m 个，取决于企业的实力以及开发计划的需要）的分析，总结出一个不同样本该特征的聚集区域来[①]，从而为开发团队确定新车型的相应特征的取值确定一个初步的范围。通过这样的手段，开发团队可以对不同的特征进行归纳寻值，从而达到模仿已有的成功车型的目的。

必须强调指出：第一，这种开发方式的实质是通过对市场上已有车型的分

① 尽管汽车的外表和细节上可以区别很大，然而汽车的本质动力传动逻辑是基本不变的，而成功的车型在其成功的特性上往往趋同，因而这个聚集区域可以用各种数学手段找出来，例如各种包络算法。

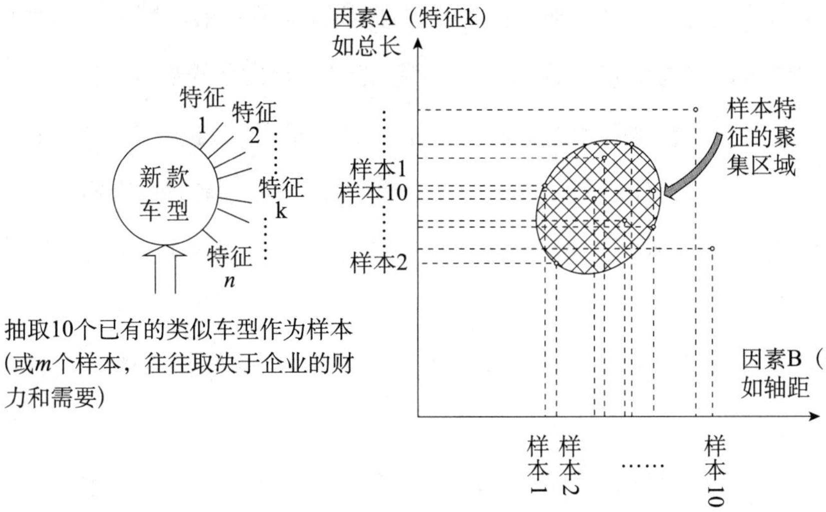

图 1-4-1 一种模仿创新的开发方式

析和模仿来寻找成功车型的特征聚集区域，以缩小新车型设计的搜寻范围，但它并不能代替相应的研发活动本身，实际开发过程的设计、试验、测试工作同样必须完整进行。

第二，这种通过模仿市场上已有车型的长处而达到创新的方法并非后进国家“窃取他人知识产权”的独创之举，而是世界汽车工业中常见的开发模式。为了不断提高自身产品的性能、开发新的产品，每一个主流的汽车厂商都在始终不停地分析和学习他人的成功产品。甚至在欧洲等地方还出现了专业化的技术公司，它们分析并出售世界上所有型号的汽车的实测数据，而各大汽车厂商在需要的时候同样也会与这样的企业合作或者外购。这种分析在发动机领域更为常见。事实上，图 1-4-1 所表示的产品开发方式就是当一个中国企业委托一个德国汽车设计公司设计产品时，由后者教给前者的（然后在访谈时由前者告诉我们的）。

因此，适度模仿本身并不违反知识产权，只要没有非法获得被模仿产品的图纸、数学模型等具有知识产权形式的知识实体。那么，是不是大家都可以很容易地通过模仿来开发产品了？不是。在没有获得图纸和数模的条件下，把竞争对手的产品特性（如造型）变成自己产品的特性或元素并不那么容易，因为模仿需要相当的能力，而且正如上面对反求工程的分析所示，模仿需要付出相当的努力和成本，因为即使是模仿也需要完成产品开发的全部流程。实际上，当一个企业能够通过模仿开发产品时，它也就跨进了可以自主创新的门槛。因此，对汽车工业（以及任何其他的组装复杂产品的工业）来说，阻碍模仿的最重要因素是能力，而不是专利保护。也就是说，自己没有能力就难以模仿他人。

模仿是技术学习的必由之路，但模仿也有缺点，就是容易使产品缺少独特、主题一致的风格，而这种风格是任何优秀品牌的内涵。业内普遍认为日韩汽车缺乏自身独特的风格，其实也表明了日韩企业在产品开发过程中同样大量模仿他国企业的产品，并且是不断地模仿不同对象。因此，后进企业虽然只能从模仿开始发展产品开发能力，但要努力在掌握基本能力的基础上加大创新的成分，包括提高品位。

4.2 使引进的技术产生扩散效应的关键变量

中国汽车工业“以市场换技术”的政策初衷是引进技术并使之在中国企业中产生扩散效应，但20年来的合资之路却证明，这种预期的技术扩散并没有在合资的企业中发生。本报告已经对为什么合资不导致技术扩散进行了分析。然而，随着像吉利和奇瑞这样的企业崛起，我们发现中国汽车工业通过合资道路积累起来的技术知识和技能确实产生了扩散效应。例如，奇瑞迄今上市的4个车型背后晃动的是一汽和二汽技术力量的影子，而这些技术人员大都从引进产品技术中积累了经验。其实，奇瑞的准CEO尹同耀就是一个把一汽大众的技术和经验带到奇瑞的典型人物。也许可以说，没有他对捷达底盘技术的掌握，就没有高质量的奇瑞“风云”。同样，没有依靠引进产品技术的“夏利”车，就没有吉利自主开发的“豪情”车，而吉利的高层管理团队和技术团队中的领军人物不乏来自一汽、二汽、天汽和南汽合资公司的资深管理者和技术人员。同时，吉利和奇瑞也离不开为合资企业配套的零部件企业的供应。没有在天津生产的丰田发动机，吉利当年就是仿制出“豪情”车也没法批量生产。没有为合资生产汽车实现国产化而发展起来的零部件配套体系，奇瑞根本就不可能如此之快地崛起。因此，吉利和奇瑞的崛起与中国汽车工业通过合资而积累起来的技术知识和技能的扩散互为因果。

但由此产生一个重要的问题：为什么当吉利和奇瑞已经能够通过吸收外来技术知识而开发出新车型时，自己就拥有合资企业的一汽、二汽、上汽和其他企业却做不到？为什么中国汽车工业通过合资积累起来的技术知识和经验并没有在合资企业及其中国母公司自身开花结果，反倒是扩散和转移到了没有合资的企业中？

解答这个困惑的钥匙仍然在于有组织的技术学习：事实证明，只有当中国企业开始进行自主产品开发时，通过合资获得的技术知识和经验才向中国企业扩散。而且，不管通过合资获得的技术知识和经验是在哪一个直接合资的企业积累下来的，这些技术知识和经验都只向进行自主产品开发的企业扩散和转移，无论前者和后者在现实中是否是同一家企业。因此，使通过合资吸收和积累起来的知识和经验得以扩散和转移的关键变量——或者说，使“以市场换技术”的政策能够产生效果的关键变量——是自主产品开发。由于这种扩散是一个工业层次上的变量（即其作用范围超越个别企业的边界），所以它具有重大的政策含义。

这种现象证明，外资进入中国并不会自动导致技术知识和经验在中国的扩散，因为技术知识的扩散和转移要求中国企业主动学习。技术转移是困难的，需要技术接受方对技术学习进行投资并付出相当的努力。因此，没有主动的学习，随外资进来的技术知识永远不会自动扩散，甚至不会在进行合资的企业本身得到扩散。特别是对于中国汽车工业来说，通过合资引进的技术并不包括在产品开发层次上的技术知识和经验，所以把通过合资生产所带来的技术知识转化为中国企业在产品开发上的技术能力更需要中国企业自身的学习和创新。但正如事实所证明的那样，中国企业如果进行包括吸收消化外国技术的学习，就必须进行自主开发，所以自主开发是技术学习最有效的途径。这就是为什么在中国汽车工业中，自主开发的企业在工业层次上决定了外来技术扩散的方向和速度。这个结论对合资企业同样适用：如果拥有合资企业的中国企业也决心进行自主开发，通过合资积累的知识和经验就会扩散，否则永远不能。

自主开发企业的经验还进一步证明，要通过技术学习发展出技术能力，中国汽车工业就必须具有进行技术学习和持续改进的工作平台，否则就没有技术能力发展的组织载体。对任何中国工业而言，这种工作平台必须体现在两个层次上：第一是在组织层次上，即具有能够独立决策、不受外国企业控制的中国本土企业；第二是在技术层次上，即企业坚持进行产品开发（产品开发平台——汽车工业则集中体现在整车开发上）。由于技术进步对经济发展产生影响必须采取产品形式，而任何复杂的产品都集成了多种技术，所以没有工作平台就丧失了吸收、消化和改进技术的可能性，无论这些技术是来自企业内部还是外部。

理解自主开发对于吸收、消化外来技术知识的重要性，有助于澄清对外开放和自主开发之间、引进外国技术和发展本土技术能力之间的关系问题。市场开放和技术引进能够增加中国企业进行技术学习的机会，所以中国的经济发展必须实行开放政策。但是，技术引进并不就等于中国企业的技术学习本身，因为学习的机会只是学习的条件而不是学习本身。要吸收、消化外来技术并使之转化为自主的知识资产和组织能力，中国的工业和创新体系就必须进行自主开发，就必须拥有自主开发和进行技术学习的工作平台。没有积极的学习和使学习能够持续的组织平台与产品平台，市场开放和技术引进不但不会导致本土技术能力的发展，反而只能导致中国工业的毁灭、本土技术能力的沦丧和持续的贫困。因此，中国汽车工业 50 年来的历史经验证明，在开放条件下坚持自主开发（或者反过来说，在坚持自主开发的同时要对外开放）才是唯一正确的政策。

4.3 自主开发对于工业竞争力的意义

综上所述，进行自主开发的企业能够发展出通过合资模式所无法获得的产品开发能力，而且能够更有效地吸收和利用通过技术引进所积累起来的知识和经验。那么，这种能力具有什么意义？事实证明，较强的组织能力必然导致企业在产品市场上的竞争力。

自主开发的中国企业在早期阶段看上去都弱小，却能够迅速成长。从现象上看，这些企业之所以能够切入被外国品牌所主宰的汽车市场，首先是因为它们的产品价格更低。价格低并不必然意味着质量低，所以奇瑞的销售量在3年中能够连续以70%～80%的速度增长，而且这种高速增长是发生在与外国品牌头碰头的细分市场中。那么，自主开发企业为什么具有竞争力？原因至少有如下几点：

第一，自主开发企业的产品开发成本比引进外国现成产品技术的成本低。这句话或者应该反过来说：虽然自主开发产品需要高投入，但仍然比依赖购买外国产品技术更便宜。中国研发工程师的人工成本较低是一个不用多说的因素，自主开发企业使用更大比例的国产设备和材料也是事实。至少还有另外一个因素：据业内人士透露，一汽购买大众的某项产品技术花了大约1.8亿欧元，而当一个中国自主开发企业与德国最好的汽车设计公司商讨委托设计时，那个德国公司为这个中国企业开发一个全新车型的报价才7 000万欧元。这个例子反映的事实是，自主开发企业比受制于合资外方的合资企业具有更大的选择自主权，所以同样是引进外国技术也会付出更小的代价。

第二，自主开发企业的建设投资成本低。自主开发企业因为掌握产品设计能力和设计确认权，所以也就掌握工艺设计确认权和生产设施建设的控制权。当基本建设的总体安装方案都是自主控制时，中国企业的投资成本就会比合资企业大幅度地下降。自主开发企业在基本建设中倾向于使用更高比例的国产设备，所以上海大众连货架都从德国进口的现象不可能在自主开发企业中出现。哈飞以不到9亿多元的投资在2002年建成了新的轿车生产线（包括厂房），业内专家在参观之后普遍认为这套设施起码价值30亿元以上①。根据哈飞总工自

---

① 据说国家有关领导人在考察哈飞时看到这条生产线后说，哈飞偷偷干了一个大工程。（周丽娟．自主开发为哈飞带来了什么．中国汽车报，2003-01-14.）

己的解释，之所以能够节约投资，“因为是自己控制总体安装、控制价格，仅仅招标给了韩国一家专业公司具体承担。若是等着别人告诉你怎么布线、怎么调试，恐怕30亿元也下不来”。吉利集团的宁波生产基地只花了5亿元投资，而据一位在一汽长期工作过的管理人员说，一汽建设一个同样规模的项目要花25亿元。同样，一汽大宇的年产发动机和变速箱30万台套的生产线需要投资57亿元；而吉利建年产5万台套的生产线，只需要1亿元的投资。

控制权的关键是能力，因为没有对技术的理解和付诸实施的能力，控制权只能流于形式。合资企业存在大量不恰当引进的现象，根本的原因是中方缺乏能力而只好被外方牵着鼻子走。例如，德国本土的汽车工厂自动化程度很高，连零部件在车间内的搬运都使用机器人，主要原因是德国工人的工资水平非常高。然而，一汽大众和上海大众也使用搬运零件的机器人，尽管这样的设备抵得上几百个中国工人的成本。所以，缺乏能力导致引进在经济意义上属于低劣的技术。

这些例子恰恰反映了中国技术引进中的误区：以为外国的技术总是先进，或者完全按照技术先进性来决定引进标准。但技术的发展受制于社会经济条件，或者说，技术的发展具有内生于各国社会经济条件的轨道。技术从来不仅仅是个水平高低的问题，还有适应性或可行性的问题。只有自主开发，才能根据中国的社会经济条件和企业自身的条件来选择技术轨道。因此，虽然中国自主开发企业也都购买外国的技术设备和零部件，但那种“冤大头”式的引进，在事实上没有出现过，在理论上也不可能出现。原因首先在于，这些企业比合资企业更理解产品技术以及技术和市场竞争的关系，何况还具有在能力基础上的控制权。因此，自主开发企业的技术在某些方面看上去不那么先进，却具有经济合理性。中国汽车工业的现实情况是，当经历了10～20年合资的企业仍然停留在“知其然，不知其所以然”的境地时，诞生不到10年的自主开发企业已经进逼到“知其所以然”的门槛了。这进一步说明，自主开发是能力发展的源泉。

第三，如前所述，中国汽车市场的竞争焦点越来越集中在产品更新换代上，而不仅仅体现在静态的价格上。在这样一个汽车市场上，靠多年一贯制的老产品就能赚钱的日子已经一去不返，所以竞争优势将转向具有较快更新和改进产品能力的企业。在这方面，自主开发企业的优势有可能超过合资企业。

不仅如此，自主开发企业也很可能在若干方面发展出对外国企业的优势，原因仍然在于技术的社会经济性质。产品概念从来不仅仅是由技术能力所决定的，还必须由对市场需求特点的理解来决定。对一个又一个工业的实证研究证明，中国企业在理解本土市场需求特点方面比外国企业更敏感、更准确。只要具备产品开发能力，这种理解就能够形成符合中国市场需求条件的产品概念，并通过开发活动转化为具有市场竞争力的产品。

许多工业的发展经验证明，只要掌握了能力，中国企业的产品成本总是比外国产品的成本低。这种现象与劳动力成本低有关系，但并非直接的因果关系。“比较优势论”的谬误之处就表现在这种推论上：因为中国的劳动力成本低，所以中国产品的成本低。事实并非如此。当中国企业缺乏能力时，中国生产的产品成本甚至可能比外国产品还高——中国汽车市场的高价格恰恰证明了这一点；没有能力，劳动力便宜并不为中国企业带来任何优势。被事实所证明的结论是：使中国劳动力便宜的优势能够发挥出来的关键变量是中国工业的技术能力成长；只有在技术与生产等环节都建立起有效的组织载体，“比较优势”才真正转化为“优势”，否则这种“比较优势”永远都只能保留在经济学家的皮包里。无论对中国汽车工业而言还是对中国的经济发展而言，经验事实和理论逻辑都是如此。

第四，从以上几个方面的内容中可以概括出另一个重要的主题，即自主开发企业不仅能够发展出产品开发能力，而且能够发展出把握汽车生产全过程的综合能力，包括自主选择零部件、设备和材料供应的能力，以及改进生产组织和管理方式的能力。我们在前面（第 2.1 节）将这种综合能力称之为战略决策能力，并指出这种能力是合资企业难以发展出来的。我们强调的是，这种能力的发展是在技术、组织和管理方面进行创新的力量源泉。

技术学习的方式和路径会影响到企业组织的特性。日本企业在第二次世界大战后的技术学习主要是通过反求工程（Freeman，1988）。由于通过反求工程进行学习要求组织内部各个职能部门的配合，这种学习方式使日本企业发展出

“系统”思维方式，习惯于对生产过程进行全系统的改进（这是实行全面质量管理的主要动力）。当欧美企业的官僚结构造成研发部门和生产部门的严重脱节时，反而是从落后地位出发进行赶超的日本企业更习惯于把工厂当作一个实验室，创造出把研发与工艺、采购、生产及市场营销紧密结合起来的管理模式。丰田生产方式就是积极学习的日本企业为克服特定的社会经济条件约束而创造出来的。

与这种国际经验相一致，中国汽车工业中的自主开发企业也正在生成新的组织模式。无论是吉利还是奇瑞，在开发车型的过程中都必须把设计和制造过程紧密地结合在一起，甚至使二者完全成为同一个过程。这当然是不得已而为之。但从这种“组织基因”出发，这两个企业都发展出使设计部门和制造部门之间、战略决策者与各职能部门之间能够密切互动的体制和文化。

虽然还需要更多的时间来观察和更深入的研究来分析，但可以肯定，自主开发企业正在形成不同于传统体制的组织和管理模式，而它们在技术、组织和管理上的创新潜力也是可以预期的。因为这些企业具有战略决策能力和积极学习的动力，所以它们一定能够根据中国社会经济条件和市场需求结构进行产品开发、资源配置和组织改进，而创新就会在这些过程中出现。因此，自主开发导致更强的组织能力，而更强的组织能力必将导致更强的竞争力。

国际经验进一步支持这个判断。丰田和日产曾经长期是日本两个最大的汽车制造企业，它们在第二次世界大战后学习轿车制造技术的过程中走了很不同的道路：日产更多地依赖外国技术，曾经采用过 CKD 方式组装英国奥斯汀轿车；而丰田从来都是坚持自主学习，没有采用过 CKD 方式，虽然不得不大量依靠模仿和反求工程。两条道路的结果是，丰田发展出比日产更强的组织能力，并创造出风靡世界的丰田生产方式（即精益生产方式）；而日产不但越来越追不上丰田（Cusumano，1985），还在上世纪 90 年代一度陷入困境，不得不引入外资进行重组（1999 年由法国雷诺买下日产公司 36.8%的控股权，并由法籍人士卡洛斯·戈恩担任总裁）。韩国的现代和大宇也曾经是韩国两个最大的汽车制造企业，也都是通过 CKD 方式组装外国产品开始技术学习的。但在后来的年月里，现代始终坚持自主学习，不允许外国企业控制自己，而大宇却长期依靠与美国通用合资来获得技术。两条道路导致在技术学习上的努力程度不同：1979—1981 年期间，大宇在改进产品和工艺技术上的投资仅为现代的 19%，虽然大宇的规模相当于现代的 70%。尽管自主开发需要冒更大的风险，但更高程度的学习努力最终导致更强的能力：以 1982 年的数据为例，现代人均生产 8.55 辆汽车，而大宇人均生产 2.61 辆，所以现代获得 73%的韩国轿车市场份额，大宇却只有 13%（金麟洙，1998：126－128）。今天，现代已经成为世界级的汽车生产厂商，大宇却在亚洲金融危机之后陷入困境，于 2002 年被美国通用收购。认真读过本报告的人都不会对这两条道路的不同结局感到迷惑不解。

因此，虽然中国自主开发企业的规模还不大，但已经发展出那些大集团所不具备的能力。这就是为什么中国第一个出口汽车整装厂的企业是小弟弟奇瑞，而不是看上去貌似强大的“骨干”企业。

4.4　本土技术能力发展的动力源泉：中国自主开发企业的成长

有关中国汽车工业的发展引发了一个问题：在经济全球化的条件下，工业发展是否仍然具有民族性质并关系到国家利益？这个问题对美国人、日本人和欧洲人都不是一个问题，在中国却成了问题，这本身就是奇怪的。有人反对再提“民族工业”和“自主开发”，认为这些都是过时的口号，似乎经济全球化就是世界大同。

关于自主开发企业，还有另一个问题：这些企业不也是在追逐利润吗？哈飞汽车，不就是因为只干军工养不活自己吗？奇瑞坚持自主开发，不就是因为想发展地方经济的地方政府也找不到更好的办法吗？像李书福这样的民营企业家不就是想赚更多的钱吗？既然搞不搞自主开发都是从企业经营的角度来决定的，那么搞不搞自主开发跟国民经济和社会发展又有什么关系？

我们的结论是：即使在经济全球化的条件下，工业发展也仍然保持着民族性，也仍然关系到国家利益，而自主开发企业的决策者哪怕都是些黑心赚钱之徒，这些企业对中国发展的贡献也比外国企业和合资企业的大——何况他们不是！理由如下：

第一，中国汽车工业的经验证明，只有进行自主开发的企业才会对中国的研发工程师产生需求。一个又一个的例子证明，合资企业不但没有这种需求，而且会摧毁中国企业已有的研发队伍。二者对待中国研发工程师的态度泾渭分明：合资外方弃之如垃圾，而中国自主开发企业奉之为掌上明珠。因此，自主开发企业是本土研发工程师的主要需求来源。

自主开发企业同时也对人才的供给产生作用。对于工程技术来说，良好的大学正规训练教育（包括刚刚毕业的留学生）仅仅提供了人才坯子，而使大学毕业生（无论是本科生还是研究生）成为工程技术领域的人才，必须经过研发实践。换句话说，培养技术人才的途径必须包括两个部分，即学校正规训练加研发经验。例如，目前中国汽车工业的黄金人才是具有产品开发经验的设计工程师。但没有企业的开发活动，哪里来的开发经验？从知识的角度看，技术知识永远不能简单还原为科学知识，所以技术研发永远离不开试验。既然如此，技术人才的生成也就永远离不开研发实践。

有关中国自主开发企业的一个事实是，由吉利和奇瑞吸收的汽车工业精英都是在那里才第一次经历全流程的开发过程，并因此而成为中国汽车工业最宝贵的人才。因此，就汽车工业最高端的技术人才（即研发工程师）而言，合资企业不但摧毁已有的人才，而且不产生新的人才（这是合资模式不导致技术学习的一个重要方面）。因此，自主开发企业是为中国供应和储备高级人才的关键环节，而这是中国技术能力发展的重要因素①。缺乏自主开发的企业，国家的人才战略就丧失了基本立足点。

第二，对本土研发技术人员的需求直接影响中国高等教育和基础研究的发

---

① 仅仅在本报告所介绍的三个自主开发企业中，粗粗算来也有近 1 000 名工程师在专门从事产品开发工作，其中的“腕级”人物足够百人。关键的问题在于，这些工程师及其所从事的开发工作是中国汽车工业在过去 20 来年里所没有的，所以这些团队的形成（尽管人数还不多）标志着中国汽车工业自主开发技术力量的革命性崛起。

展，而教育和基础研究是一个国家生产力水平持续提高和经济持续增长的源泉。现代工业研发的基本特征就是企业的研发人员必须经过大专院校正规训练。大学为工业培养科技人才的理由就是为了满足一个国家的工业发展需要。如果没有自主开发企业对研发人才的需求，中国大学的相关专业教育就会面临两种选择：（1）仍然通过公共资源予以维持。在这种选择下，大量的毕业生必须改行（即学非所用），从而导致社会资源的浪费。（2）根据市场需求的下降而削减资助，于是就导致相关学科或专业的萎缩和消亡。设想一下，如果没有华为、中兴和大唐这样从事自主研发的中国电信设备制造企业，今天中国的大学在通信和其他相关领域的教育会是一种什么样的凋零景象[①]。

企业层次的开发活动同样还会影响基础研究。现代科学技术发展的趋势就是科学和技术越来越交织在一起（Nelson and Rosenberg，1993）。换句话说，科学与技术的发展是互动的。在某些领域，如电力和无线电领域，科学的进展的确曾经引导过技术的发展。但在其他领域，却是技术突破引导科学的发展。热动力学的发展来自从理论上理解蒸汽机工作原理的努力；化学工程不是化学，而是化学与机械工程的某种结合；半导体技术的突破导致固体物理学的发展；在航空领域，也是先有飞机上天，才引发空气动力学的发展。技术的突破导致理解技术原理的科学领域的发展（Nelson and Rosenberg，1993）。而像计算机科学、冶金学，则很难称之为本来意义上的科学。科学越来越少地是揭示知识的独立过程，而越来越多地成为对开发和生产产品过程的技术进步的响应。因此，没有自主开发的企业，中国的科学发展就丧失了来自技术方面的动力，甚至迷失方向。

第三，自主开发产品的汽车企业能够带动相关工业的研发活动，其中首先是零部件企业的研发。汽车工业涉及多种多样的技术，而零部件企业的产品开发也是整个工业体系创新能力的重要组成部分。但零部件企业的发展和研发必须以终端产品（即汽车）为龙头，因为如果离开终端产品环节的需求，上游工

---

① 仅仅这三家企业就雇用了4万～5万名大学本科学历以上的技术人员，并且在整体上从事处于世界技术前沿的研发活动。

业的研发就丧失了技术发展方向和经济意义。过去20年来零部件国产化发展出来的配套体系，是自主开发的整车企业能够迅速起步的一个条件，而这些自主开发企业的成长将会带动零部件企业开发能力的发展，反过来又会进一步促进整车企业产品开发的能力和速度。当合资企业目前仍然依赖于外方指定的配套体系和外方设计的零部件时，吉利和奇瑞都已经开始与本土的零部件企业形成产品开发的战略联盟关系，成为扭转中国零部件企业只能被动依赖外国产品技术轨道的初始动力。

第四，自主开发产品的汽车企业倾向于比合资企业使用更高比例的国产零部件、材料和设备，所以对推动中国工业发展具有更大的作用。单就设备采购而言，自主开发的整车企业虽然不会仅仅出于爱国心去扶持本国机床工业，却在实践中很自然地倾向于更多地使用本国机床设备。关键在于，坚持自主开发的整车厂在设计与采购生产线时，拥有合资企业中的中方所难以比拟的主导权①。这种主导权带来了对设备的质量控制和成本控制的自主权，从而使设备的购置（或者自主研发）在本质上成为一项系统集成的工作，而不仅仅是“按单照收”。这使得自主开发企业出于采购和维修的方便、成本和技术适用性等经济性原因，也会更多地使用国产机床设备。由于目前工业企业的生产线已经在相当程度上呈现出“企业特定”的功能和结构特点（自主开发企业尤其如此），所以国内机床企业在与汽车企业的动态互动上具有更大的优势，从而拓展了国产机床工业的发展空间。不仅如此，自主开发企业不但出口汽车产品，而且可以带动国产设备的出口。奇瑞基本使用国产设备（包括冲压、焊装等关键设备）在伊朗建设整装厂就是证据。因此，中国汽车工业自主开发企业的成长将会比合资企业更有力地带动一系列中国工业的发展。

把上述几点综合起来看，自主开发企业的成长是中国本土技术能力成长的基本动力源泉和基本组织载体。这种成长不仅仅具有经济意义，还具有国家安

① 在笔者所进行的大量访谈中，不仅笔者掌握的大量的比较案例说明了在中国的合资汽车厂同类生产线固定资产投资要远远高于自主研发的企业，甚至连合资企业的工程师都承认，在购置设备中扮演主导（重要）角色是外方通过合资在中国牟利的一个非常重要的手段。

全意义和政治意义，甚至具有民族精神和价值观上的意义——想一想“神舟五号”载人航天成功所带来的精神振奋和民族自豪感。一句话，自主开发企业是保证国家安全和国家独立自主政治地位的力量源泉。说不必再提“民族工业”和“自主开发”？即使是用最善良的假设，这些人也只能被称为愚蠢。

比较中国汽车工业中的合资模式和自主开发模式，可以帮我们认清中国汽车工业发展的关键所在。对于自主开发企业来说，早期的水平低并不是致命的缺陷，因为只要企业能够赢利、能够持续学习，就总有水平提高并成长起来的前景。相反，合资企业生产的产品可能比自主开发企业的产品水平高，却永远不可能发展出产品开发能力；甚至拥有合资企业的中国母公司也不可能发展出这种能力，如果它们不进行自主开发的话。中国汽车市场进一步开放后，当其需求增长速度开始下降时，自主开发企业将比缺乏能力的合资企业表现出强大得多的竞争力和生命力，因为能力是竞争优势的根本源泉。尽管今天中国汽车工业的自主开发企业还谈不上强大，但它们变为强大只是个时间问题。世界上所有的强大都是从弱小成长起来的，只要成长的道路正确。因此，不要看不起目前规模还不大的中国汽车工业中的自主开发企业，只有它们才能穿越将会冻死合资企业的寒冬。

楚虽三户，亡秦必楚！

第五章
中国汽车产业政策的演化：从战略失误到编造神话

中国汽车工业20年来之怪现状已经是有目共睹：受到长期保护和支持的重点企业沉溺于合资模式，不思进取；而自主开发的企业不但得不到支持，反而备受压制。这样鲜明的对比不能不使人质疑20年来的汽车产业政策：为什么一个重点产业政策实施下来的结果反而是使中国汽车工业丧失了自主开发能力？到底是什么因素阻碍了自主开发能力的发展？

5.1 汽车产业政策为什么失败？

由于汽车工业的重要性，中国政府比对任何其他工业都更加在政策上关注这个工业。但是，20年来实践的事实证明，虽然汽车产业政策比对任何其他工业的政策都产生了更大的作用，其结果却是失败的。失败的根本标志就是多年的产业政策使中国汽车工业没有发展出自主开发能力，甚至连原有的开发能力也丧失了。导致这种后果的直接原因是：中国的汽车产业政策一度没有把培育自主产品开发能力作为重点，而是始终把主要的政策目标放在“产业集中度”和（个别项目的）规模上。

这种思维定式可以概括为：汽车产业是一个规模经济效应非常明显的工业，一个轿车项目如果不一次达到年产15万辆甚或30万辆的规模就没有经济可行性，而任何低于这种目标规模的轿车项目都是重复投资和重复建设，是对国家资源的浪费；由于单个企业的规模越大越好，所以对于整个工业来说，少数大企业在总产量中所占的比例越高越好，即产业集中度越高越好。

从事后看，产生上述思维定式与历史背景有关：在改革开放初期，中国汽车工业与世界发达国家汽车工业的巨大差距给中国政府和工业界的有关决策者以强大的冲击。当时，世界主要的汽车企业都具有年产百万辆的规模。相比之下，中国的汽车企业规模小、技术水平低、专业化程度低（“大而全、小而全”）。这种差距所产生的冲击直接导致了“高起点、大批量、专业化”方针的提出，而中国汽车工业在当时的条件下贯彻这项方针，就自然地倾向于依靠引进外国先进技术，从而逐渐导致合资模式的产生。思想认识上的局限性并不致命，问题是在计划体制的惯性下，一旦中国政府决定把汽车工业作为支柱产业，那么随之而来的就是采用行政手段来贯彻这些原则，而长期坚持行政手段则导致结构性的僵化。

汽车工业第一次被中国政府明确为支柱产业是在 1986 年。1986 年 4 月公布的《中华人民共和国国民经济和社会发展第七个五年计划（1986—1990 年）》提出：“把汽车制造业作为重要的支柱产业。按照高起点、大批量、专业化和联合发展的原则，以骨干企业为龙头，形成长春第一汽车制造厂、湖北第二汽车制造厂、济南重型汽车制造厂以及军工部门等汽车制造基地，同时改建扩建一批技术比较先进的汽车零部件专业化生产企业。”（中国汽车技术研究中心、中国汽车工业协会，2003：16）

从那以后，政府在政策上对轿车领域给予了特别的注意。1987 年 8 月，国务院北戴河会议明确要建设一汽、二汽和上海三个轿车生产点。此后，政府进一步认定轿车生产应按“高起点、大批量、专业化”的原则，重点抓好零部件生产及相关工业，加速提高国产化率。1988 年，国务院在《关于严格控制轿车生产点的通知》中明确提出轿车生产布局的“三大三小”战略，即国家只支持一汽、二汽和上汽三个轿车生产基地（三大）和北京、天津、广州三个轿车生产点（三小），而不再批准任何其他的生产点。唯一的例外是军工系统的奥拓和云雀（夏大慰等，2002：220）。1989 年 3 月发布的《产业政策要点》把已经批准的轿车项目列为国家重点支持项目。此后，国务院 1994 年颁布的《90 年代国家产业政策纲要》和《汽车工业产业政策》仍然沿袭相同思路，严厉限制定点企业之外的进入者（夏大慰等，2002：221）。当然，这些政策在现实中并没有得到百分之百的执行，因为行政审批制度总是具有人为的灵活性。

这种政策思维定式的形成还有其他客观因素的影响。第一，在计划体制下，任何固定资产投资都涉及国家财政（这种状况只是从1994年实行分税制之后才有变化），多个主体对生产同一种工业产品的投资所产生的"风险"总会造成国家财政的损失。第二，无论是80年代后半期还是90年代前半期（除了1989—1991年的紧缩时期），中国的经济都处于通货膨胀的压力之下。中央政府不得不进行总需求与总供给的宏观调控，调控的重点则是限制投资。这些因素都促使政府严厉限制国家定点企业以外的企业进入轿车工业。

于是，以"高起点、大批量、专业化"为目标的汽车产业政策逐渐形成了两个互相联系的重点或原则：一个是以"规模"和"集中度"为原则，保护在位者，限制新进入者；另一个是通过合资引进产品技术并进行相应的零部件国产化。回顾历史，强调技术引进和向外资开放代表了对工业发展的封闭模式的扬弃，具有进步意义。但这个进步却无法弥补汽车产业政策的致命缺陷：在限制进入和扼杀竞争的同时，国家却从来没有以自主开发为目标对企业的技术学习提出过要求，甚至在引进外资和零部件国产化的运动中听任自主开发平台的丧失。1994年的《汽车工业产业政策》第四章"产业技术政策"中（第十四条）开宗明义地规定："国家鼓励并支持汽车工业企业建立自己的产品开发和科研机构，通过消化吸收国外技术，形成独立的产品开发能力。"这样的规定从国家政策上就排除了对任何自主技术开发的鼓励，而把中国企业的技术来源以法规的形式规定为单一地从国外引进。于是，虽然最后形成自主开发能力本来是政策初衷，但这样的政策规定反而把放弃自主开发给合法化了。一个政策框架所规定的路径永远不会让中国企业达到同一个政策框架所规定的目标——这是20年来汽车产业政策最大的自相矛盾。

问题的根源在于以行政手段代替市场竞争。所谓的"产业集中度"本来应该是一个企业层次上竞争的结果，却被当作事先在工业层次上追求的目标。在市场竞争中，企业的规模只能从小到大，却被产业政策当作企业出生的条件。在有关汽车工业的政策思维中，政策制定者似乎从来没有市场发育的概念，也没有竞争性企业成长的概念。说句公道话，80 年代追求规模和产业集中度是受到日本模式影响的：日本通产省经常为了加强日本工业的国际竞争力而促成企业之间的合并，甚至限制国内企业之间的“过度”竞争。但是，通产省提高日本汽车工业集中度的计划从来没有能够实现过，所以日本起飞时期的汽车企业数量之多为各发达国家中所仅见[①]。此外，日本工业是出口导向型的，始终面临着激烈的国际竞争。世所公认，激烈的竞争是日本汽车工业迅速崛起的重要原因。而中国的汽车产业政策从来没有出口导向的目标，甚至一直是在依靠引进外国技术和合资来发展，这就从根本上决定了中国汽车工业不可能是出口导向的。在这种条件下限制国内竞争，其结果就是使中国的汽车工业从来没有经历过真正的市场竞争，而成为垄断者的天堂。

不能说计划协调和重点支持对促进工业发展不重要，也不能说合资生产和零部件国产化没有对中国汽车工业的发展产生过积极作用。但由于缺乏对自主开发的要求和市场竞争的压力，中国汽车工业就沿着有悖于政策初衷的轨道演进下去。在实施了几乎长达 20 年的汽车产业政策框架下，中国的汽车工业和相关政府部门似乎形成了一个僵化的既得利益集团。

对于企业决策者来说，依赖外国产品技术和自主开发之间的最大区别在于风险程度不同、得到回报的时间长短不同、付出努力的艰辛程度不同；虽然后者比前者更符合企业的长远利益，但国有企业的体制恰恰使其管理者倾向于追求没有风险、短期见效、容易成功的事情。对于政府部门的部分官员来说，实行计划分配和行政审批制度使他们握有对项目生杀予夺的权力，可以为他们带来难以计量的有形和无形的好处。保护在位者和限制新进入者的垄断给在位企业和政府部门都带来好处，一个长期左右中国汽车产业政策的“社区”（policy community）由此而生。

中国汽车市场的畸形需求结构强化了这种僵局。中国汽车（轿车）市场长

---

① 当时从事轿车生产的企业至少包括日产、丰田、五十铃、日野、三菱、王子汽车、东洋工业（后改名为马自达）、大发、富士重工、铃木，以及不顾通产省的反对而执意进入汽车工业的本田。

期以公务车为主。用公款买车导致购车者对价格不敏感，造成“贪大求洋”的消费习惯。当日本和欧洲的汽车消费至今都是以小排量的小型轿车为主时，中国作为一个低收入的发展中国家却以中高档车为主，而且上至中央政府下至市政府都对小型车采取歧视性的限制政策。高额关税和进口配额维持了国内汽车市场的高价，对进入和竞争的限制使汽车工业的在位者居于垄断者的地位，这种地位甚至对企图进入中国市场的外国企业也有“政策优势”，使受保护的企业能够躺在外国技术上坐享其成，“乐不思蜀”，哪怕只不过是分了一小杯羹。

在“产业集中度”“规模效应”“避免重复投资”等说辞下，汽车产业政策成为在位者保护自己既得利益的手段。由于没有把自主开发作为准入的根本原则，产业政策的实际效果变成保护落后者而封杀自主开发企业的进入，无怪乎哈飞、吉利和奇瑞都是曾经被限制进入轿车工业领域的企业。于是，产业政策变成了“劣币驱逐良币”的操作机制。与日韩两国的经验相比，中国汽车工业的发展过程中，既没有政府对企业自主开发的要求，也没有竞争性市场结构的形成。于是，对进入的限制变成了在位者的垄断，因保护本国工业而形成的畸形市场结构变成了使垄断得以持续的条件，垄断则使中国重点企业丧失了自主开发的动力，最终导致对外国产品技术难以摆脱的依赖。这种本来是由政策失败所导致的后果反而成了技术失败主义的源泉：把由于没有进行自主开发而导致的能力不足归结为与外国的技术差距太大。

如前所述，中国加入WTO前后的市场裂变已经使旧秩序无法维持。奇怪的是，尽管时代变了，事实也证明了简单的道理，但政策思维却与20年前基本一样。2003年，国家有关部门又在酝酿新的汽车产业政策。据媒体报道（见2003年8月20日的《解放日报》），国家发改委草拟的《汽车产业政策（征求意见稿）》说：“鼓励骨干汽车企业……组成战略联盟”，“鼓励以兼并重组等方式来提高市场集中度”，“力争在2010年大型汽车企业集团跨入世界500强之列”。显然，规模和产业集中度仍然是主要的政策目标。怪不得新的产业政策继续坚持以限制新进入者为目的的投资项目审批制，并规定：“设立新的汽车、发动机企业，项目投资总额不得低于15亿元，注册资本不得低于10亿元。”这个征求意见稿中唯一与以往不同之处是强调了自主开发和自主知识产权：“提高大型汽车企业产品自主研发能力，2010年国内汽车企业拥有自主产权的产品达到销量的50%。”为达到这个目标，“国家鼓励汽车生产企业建立产品研发机构”，“企业对自主开发产品的科研设施建设投资享受相关鼓励政策，可在所得税前列支”。但是，除了这一点优惠条件，《汽车产业政策（征求意见稿）》并没有说明如何提高大企业的自主开发能力，特别是如何让这些企业愿意进行自主开发。

正如许多评论指出的那样，酝酿中的新汽车产业政策仍然在保护三大集团。即使是第一次强调自主产品开发，政策制定者也显然是把希望寄托在三大集团身上。但是，在自主开发方面，长期受保护的三大集团已经逐渐失去了信心和能力。在这种条件下，还要继续限制其他企业的进入以维护这三个企业的垄断地位，确实令人费解①。

然而，在现在的条件下推行思维陈旧的产业政策并不容易。要治理“散、乱、差”吗？在中国建立合资企业的跨国公司已经有十几个了，单就数量来说也明显违反了提高“产业集中度”的原则，但中国政府有本事动一动这些被自己批准进入中国的跨国公司吗？要控制过热吗？这两年跨国公司纷纷在华扩大投资，仅在2003年内就有德国大众宣布未来5年内要在中国投资达60亿欧元，使大众的产能到2008年达到160万辆；美国通用同样表示要竭尽所能地以最快和最有效的方式增加在中国的产能。中国政府有本事限制这些跨国公司在华投资吗？这样的产业政策唯一可能产生实际效果的地方，就是继续封杀其他中国企业进入汽车——特别是轿车——工业领域。

政府决策者一定要认清：控制规模（即限制总量规模过大和单个企业的规模过小）不是问题的要害。中国汽车工业发展的要害是自主技术能力的成长。中国单个企业规模小的根本原因是缺乏技术能力，所以只能被“八国联军”所分割（不仅分割整车企业，而且分割零部件工业）。而投资总量规模过大也与缺乏技术能力相关：在缺乏有竞争力的民族品牌的条件下，想趁市场火爆捞一把的部分地方政府往往通过合资走捷径，从而导致多头引进和多头投资。

---

① 新的汽车产业政策已经由国家发展和改革委员会于2004年6月1日公布。

中国汽车工业一定会走上集中化的道路，这不是谁愿意不愿意的问题，而是全球工业竞争的逻辑所致。但在这个格局形成之前，中国汽车工业必须经历激烈的市场竞争。市场竞争的基本规律之一是不确定性，即没有任何人——包括每个企业的管理者——能够事先知道谁能够生存下来、谁能够胜出。唯一能够确定的是，生存者一定是发展组织能力的强者。根据本报告所揭示的逻辑，较强的组织能力只能从自主开发的过程中发展出来。正是因为如此，个别企业的生存不是我们关切的问题，也不是中国政府可以在市场竞争的结果出来之前就决定的。如果强行这样做，就是保护垄断、保护落后。

5.2 编造神话的动机是推卸责任

为了推卸责任，一些身居要职的人在中国汽车工业走向失败的过程中散布开几个神话。除了上面提到的“规模神话”和“产业集中度神话”，还有另一个已经变成陈词滥调的重要神话，即进行自主产品开发必须以相当大的生产规模为前提条件。例如，某中国汽车企业的一位领导人在 2002 年接受记者采访时说：“……一定程度也要有自己的独立发展。独立到什么程度要看市场。搞到 50 万辆，必然有开发能力。自己只有 10 万辆能力，就只配做小改进和国产化，根本开发不了新车型。”[①] 另一位中国汽车企业的领导人也是在接受记者采访时说：“汽车工业是一个规模化产业，只有到一定规模才能搞研发，做 8 万辆、10 万辆肯定和做 100 万辆是不一样的。现在国内企业之所以不能自主开发，关键还是一个规模问题，因为汽车工业需要一个规模来支撑。中国汽车工业的开发现在只是用吸收方式来解决国产化的问题，这就是中国目前的现实状

---

① 中国汽车还有自我发展机会．经济日报，2002－07－17．这位企业领导人接着还说：“……一个好的车型可以卖到 20 万辆以上，就能够搞开发了。现在这几年同时有 5 支以上的队伍在意大利搞设计，20 万美元设计一个新车型，打响之后，卖 20 万辆，一年摊销完，一辆车才摊 1 美元的设计费，谁都花得起，这是经济问题，不是政治问题。过去我们一直把开发看成重视不重视民族汽车工业，不是这个问题。”

况。”[①]（这两位都是正在合资的中国企业的领导人）

这个神话是无聊的。它首先就会遇到一个先有鸡还是先有蛋的悖论：后进者要先有生产规模才能自主开发，但没有产品就无所谓生产规模。于是，这个神话实质上就变成了依赖外国产品技术的托词：后进国家必须首先依靠引进外国产品技术把规模做大，然后才能有财力进行自主开发。但面临连续两年的市场高涨，我们只看见这些重点企业财源滚滚，却不见它们进行自主开发的努力。何况按照上述前一位企业领导人所断言的标准，一汽和上汽早就应该“必然有开发能力”了[②]。是别人笨还是自己在说谎？

神话也来源于跨国公司。例如，一家中国媒体报道：“跨国汽车公司提供的资料显示，年产 30 万辆的企业才可以支撑车身开发，年产 50 万辆的企业才可以支撑发动机开发，年产 100 万辆的才可以支撑整车的开发。而且开发全新轿车平台，周期要 5～10 年，耗资十几亿美元，就连一个简单的车型改脸，周期也要 1～2 年，耗资几亿美元。”但中国报道者也质疑这种说法：“如果真是这样，国内没有一家企业能够走自主研发之路。”为了自己的利益而吓唬中国政府和中国人民——跨国公司和某些中国企业领导人的动机是一致的。

在 2004 年 3 月的人大、政协“两会”期间，中国汽车工业的自主开发又成为热门话题。为了应付社会舆论的巨大压力，神话的门槛又在继续膨胀。一汽领导人说：“……我们也要耐住寂寞 20 年。”[③] 东风（二汽）领导人则说：“借鉴国际汽车业品牌发展经验，一个成熟的汽车自主品牌的研发，一般要求企业达到 200 万辆的生产规模，10 亿美元的固定资产投入，10 亿美元的运转费用，同时还需要 8 000 到 1 万人的技术研发队伍，约 30 个实验室，且平均两年能开发一款新车……中国汽车业自主品牌之路还有一段很长的路要走，没有几代人、几十年的时间是很难实现的。”[④] 尽管自主开发的中国企业已经出现并迅猛

① 两会代表谈中国汽车如何形成真正自主开发能力．经济参考报，2003-03-18.

② 2003 年，一汽集团旗下所有轿车品牌共销售 51.7 万多辆，上汽集团旗下所有轿车品牌则销售近 60 万辆。

③ 专家、学者、业内人士谈中国汽车自主品牌．经济参考报，2004-03-10.

④ 热论自主品牌　合资与自主制造谁能成就参天巨木．中国经济时报，2004-03-10.

成长，但北汽领导人在回答什么时候会出现由中国人主导而不是外国人说了算的企业这个问题时断言："种种迹象表明，这样的企业一定会出现。前提是在中国的汽车市场达到1 000万辆以后，市场稳定，产业基础完备。"① 如果听信这些话，中国人民和中国政府就只能等着天上掉馅饼了。

具有讽刺意味的是，首先打破这些神话的是外国企业。1984年上海大众的桑塔纳项目上马时只是3万辆的生产能力，与中国政策制定者的规模要求和"国际公认"的经济规模毫不相符。只是在市场潜力得到证实后，上海大众才扩大生产规模，历经6万辆、12万辆、16万辆、20万辆、23万辆几个阶段才达到今天的40万辆生产规模。德国大众与中方在决策思维上的根本区别在于前者具有市场概念而后者没有，而德国大众在中国20年来始终一贯的战略恰恰证明中国汽车工业的神话是毫无根据的。

事实上，世界上没有哪个国家的汽车工业曾经遵循过这些被某些中国决策者奉为真理的神话。日本汽车工业的年产量到1960年才接近50万辆，但它此时不仅已经走上全面自主开发的道路，而且开始起飞，其出口率已超过8%（Cusumano，1985：4）。始终坚持自主开发的丰田公司在1955年的汽车产量是22 786辆（其中轿车占32.5%），而当其汽车产量在1960年达到近15.5万辆时（Cusumano，1985：13），后来震撼世界的丰田生产方式已经成型，只是还在等待全世界感受到震撼（Womack，Jones and Roos，1991）（见表1-5-1）。

戳破中国汽车工业神话的最好例子是韩国汽车工业的崛起（金麟洙，1998：第五章）。韩国汽车工业诞生于1962年，当时韩国政府颁布了《汽车工业扶持法》，促成第一家现代化汽车组装厂的建立。此后，又有几家组装厂建立起来。与其他发展中国家的企业一样，韩国汽车企业也是从组装外国车型开始的，而且也采取过向外国企业出让股份的办法来获得外国技术。但韩国企业的发展之路有两个与众不同的特点：（1）始终坚持技术学习的自主性；（2）以实现自主发展为战略目标，在技术学习的层次上不断跃升。

① 中国汽车到"造"品牌的时候了吗？. 经济日报，2004-03-05.

表 1-5-1　日本和韩国汽车工业起飞阶段的年产量和出口量　（万辆）

	1960 年		1970 年	
	产量	出口	产量	出口
日本汽车工业	48.16	3.88	528.92	108.68
其中：日产	11.55	1.09	137.40	39.53
丰田	15.48	0.64	160.90	48.19

	1980 年		1990 年	
	产量	出口	产量	出口
韩国汽车工业	12.44	2.52	130.25	34.71
其中：现代	6.18	1.62	67.60	22.54
起亚	3.41	0.47	37.73	8.58
大宇	2.57	0.42	20.12	3.42

注：分别选择的两个时间段是日本和韩国汽车工业典型的起飞阶段。注意两国汽车工业在起飞阶段的惊人相似之处：总产量在 10 年间都增长了 10 倍，而且出口量增长得更快。

资料来源：日本的数据根据 Cusumano（1985：392-395）的附件 D 和 E 整理；韩国的数据根据金麟洙（1998：117）的表 5-1 整理。

以最成功的韩国汽车企业——现代集团为例，它从 1967 年开始组装福特汽车，经历了从组装半拆装车（SKD）到组装全拆装车（CKD）的过程，但在技术学习上始终保持高度努力。1973 年，韩国政府制定了《汽车工业长期发展计划》，要求韩国企业必须开发自主设计的韩国汽车。以此为契机，现代集团把组装全拆装外国汽车转变为发展本国设计的汽车。为达到这个日标，尽管缺乏技术能力，现代集团却坚持不引进成套技术，而是从多种渠道获取非成套技术，并派出工程师到 5 个国家的 26 个企业进行技术学习。现代集团在 80 年代进入国际市场后，原来的主要技术提供者日本三菱不再愿意提供先进技术，于是现代加大了自主研发的力度，通过自主开发车型和发动机而走上创新之路（金麟洙，1998：第五章）。这种高强度的技术学习导致韩国汽车工业的崛起。

1973 年，当现代集团根据韩国政府的要求进行自主设计时，公司当年的汽车产量是 5 426 辆（金麟洙，1998：124）。1975 年，当现代集团自主设计的第一款车型“小马驹”投产时，公司的汽车年产量是 7 100 辆，而当年韩国全国的汽车总产量是 36 800 辆（金麟洙，1998：117）。现代集团乃至韩国汽车工业只是在走上自主开发道路之后才开始了爆炸式的成长，所以自主开发是韩国汽车工业走上健康发展之路的起点和前提。自主开发是现代集团（乃至韩国汽车工业）从组装外国汽车到以出口为导向的转折点：现代集团出口的轿车占 1976—1980 年间韩国汽车出口总量的 67%，并占 1983—1986 年间韩国轿车出口总量的 97%，而自主开发的“小马驹”车型占同期现代集团出口汽车量的 98%。1980 年时，韩国在世界汽车制造的排行榜上还没有名次（当年韩国汽车产量仅是世界排名第十的巴西的 1/10）；但到 1993 年，韩国已名列世界第六位。在又过了 10 年之后，韩国已经被中国汽车企业当作“先进国家”而成为引进技术的对象国了。按照中国汽车工业的神话，韩国汽车工业只有达到它在 90 年代初期的规模时才有可能开始自主产品开发。但问题是，如果韩国企业不是在早期就果断地转向自主开发，那么也就没有韩国汽车工业后来在世界上的地位了。

无论是 50 年代的日本汽车工业还是 70 年代的韩国汽车工业，在单个企业和整个工业的规模上（均以年产量为衡量标准）都小于今天的中国汽车工业，但二者都已经走上全面自主开发的轨道，都已经开始以产量高速扩张为标志的起飞，都已经展现出日后横扫世界市场的势头。

综上所述，中国汽车工业的神话没有一个是站得住脚的。如果说神话的产生具有无知的根源，那么，面对 20 年来的相反事实而继续坚持这些神话，就只能归因于既得利益者为寻找推卸责任的借口而别有用心了。如果没有中国自主开发企业的出现，这几个神话还会继续蒙骗国人。但在自主开发企业面前，这些神话只能是笑话。哈飞在只有几万辆微型面包车的规模时就走上了自主开发的道路，而且自主开发成为使哈飞能够加快扩张速度的决定性因素。吉利和奇瑞则是通过自主开发进入汽车工业的，即在零规模时就开始了自主开发，而且它们在产销量达到 2 万～3 万辆时就开始赢利。2003 年，奇瑞占了中国轿车出口总量的 90%，并成为第一个出口轿车整装厂和 CKD 散件的中国企业——再次印证了日本丰田和韩国现代已经证明过的道理：自主开发是使后进者能够挤入国际市场的唯一途径。声称钱多了才能搞自主开发是用来欺骗中国人民和中国政府的弥天大谎。

但推卸责任者总要不断编造神话以自圆其说。在世纪之交的全球化浪潮中，一种与传统汽车产业政策令人惊奇地相容的新思维又出现了，就是认为中国可以在经济全球化和“世界制造业向中国转移”的条件下，依靠跨国公司的直接投资来发展中国的汽车工业。于是，合资模式和 KD（散件组装）生产方式风靡中国汽车工业，日甚一日，好像这样下去就可以在某一天突然拥有了开发能力（比如说在企业的年产量达到 50 万辆时）。

这里我们再次强调本报告从事实上和理论上所反复说明的主题：能力是买不来的，只能依靠自己的努力学习才能发展起来。体现在产品和工艺上的技术可以引进，但技术能力却无法引进，因为能力是组织内生的。因此，发展自主开发能力的关键不是财力的大小，而是进行技术学习的努力和决心。

鉴于神话编造者的智商如此之低，我们不得不用给小学生讲道理的语言来说明问题。以一个中国人学习英语为例：可以为他或她买来最好的教材，请来最好的教师，买来最好的视听设备，等等，然后这个人就一定能学会吗？就一定能够掌握使用英语的能力吗？当然不一定！因为所有那些因素都仅仅是学习的手段和条件，并不是学习本身。唯一能够肯定的是，如果这个人不去努力背单词、不去理解语法、不去大量阅读、不去经常练习会话和听力，那么就是把此人送到美国、英国最好的学校去待个十年八年，也白搭。自己不努力学习就想得到能力？妄想！

5.3　发展自主开发能力的主要障碍是缺乏勇气、信心和进取精神

既然神话只不过是神话，那么阻碍中国汽车工业发展自主开发能力的根本因素究竟是什么？是缺钱吗？在上世纪 50 年代末到 60 年代初的极度经济困难的条件下，中国企业能够开发出“红旗”和“上海”轿车，而今天这些企业的

年销售额已接近 1 000 亿元，其领导人的年薪已经有几十万元了，反倒说是财力不够？

是缺乏技术学习的机会吗？全世界的主要汽车企业都已进入中国，几乎什么东西都买得到，花公款出国跟国内旅游一样方便，而且世界上还有许多热切盼望中国企业订单的专业设计公司，怎么会没有学习的机会？

是中国技术人员的水平还不够吗？那为什么 20 多名来自二汽的技术人员到了奇瑞就能够在一年多的时间里开发出 3 个新车型？这不也说明中国的技术人员并非不够水平吗？

是企业的生产规模太小吗？2003 年，中国市场的汽车消费量已居全球第三位，中国汽车工业的总产量已居全球第四位，但中国汽车工业的"三大""三小"们不还是开发不出来一个车型吗？不还是要从汽车生产规模名列世界第六位的韩国引进产品技术吗？

是设备差吗？目前中国重点企业的设备几乎都是世界一流的。

是没有必要吗？三大集团的领导人都在公开场合说必须自主开发。

是缺乏经验吗？这可的确是一大障碍。正如本报告在第二章中所分析的，缺乏经验积累是中国汽车企业在产品开发上的主要瓶颈。

但缺乏经验是因为长期没有进行开发。经验不是从天上掉下来的，而是在实践中积累起来的，越不干就越没有经验。今天，当中国汽车工业中所有的管理人员和技术人员都承认缺乏经验是对自主开发的一大制约时，我们不要忘记中国汽车工业所创造的一个惊人的纪录：从汽车工业在 1986 年被国家列为支柱产业之后直到今天，这个支柱产业中的支柱企业（即国家定点企业）居然在 18 年间从未开发出一个能够投入批量生产的新车型！18 年的时间能干什么？以 1953 年日本汽车工业恢复到二战中最高水平和 1962 年韩国第一个组装进口散件的汽车厂建成投产为起点，18 年后这两个国家的汽车工业不仅再没有进口散件组装的现象，而且已经依靠自主开发的产品大踏步地进入世界市场。难道中国汽车工业在 1986 年所拥有的物质条件比 1953 年的日本汽车工业和 1962 年的韩国汽车工业还差吗?![①]

因此，缺乏经验首先是一个过程的结果，回答什么是自主开发的根本障碍还必须寻找造成这个结果的更深层原因。如前所述，沉溺于合资模式使中国汽车工业长期缺乏在产品开发层次上的技术学习。但为什么中国汽车工业会陷入合资模式？为什么中国汽车工业在走上合资道路的同时会放弃自主的技术学习和自主开发的平台？

必须指出，由于技术学习是组织性质的，所以这种学习不会自发地发生，必须通过战略决策者的远见和决心才能启动。那么，在什么条件下最有可能产生这样的远见和决心？对组织行为的研究认为，一个组织只有在具有较高的抱负水平（aspiration level）时才会产生通过学习发展新能力的动机（Winter，2000）。在市场竞争中，导致企业抱负水平发生变化的重要原因是企业在绩效达不到预期水平时所产生的危机（Cyert and March，1963）。

但危机能否改变企业的抱负水平仍然取决于决策者的反应，所以战略学家进一步提出：一个组织能否产生较高的抱负水平取决于领导者是否能够通过“战略意图”（strategic intent）在组织中创造出求胜的精神（Hamel and Prahalad，1989）。由于抱负代表了超出组织现有资源的一种“绷紧”（stretch），所以战略意图要主动造成在抱负与现有资源及使用资源的现有方式之间的不匹配（Prahalad，1993）。战略意图之所以能够推动组织的学习，是因为它能够帮助组织把握制胜的实质，通过长期稳定的目标为各个层次和各个职能领域的行动提供始终如一的方向，并激励组织的全体成员为实现目标而奋斗，使组织发展出超越过去水平的能力。

从这个角度看，落后并不可怕，因为落后同时能够带来以赶超先进为目标的学习机会，只要把差距当作确立战略意图的依据。正是因为日本和韩国的汽

---

① 1953 年日本的汽车产量是 49 778 辆（Cusumano，1985：4），在二战后第一次超过二战时最高水平，即 1941 年的 46 498 辆（Cusumano，1985：11），但其中卡车仍然占 3/4 以上；1962 年韩国的汽车总产量是 1 770 辆（金麟洙，1998：117）。相比之下，1986 年中国的汽车总产量是372 753辆，其中轿车产量是 12 297 辆（中国汽车技术研究中心、中国汽车工业协会，2003：23）。

车企业和政府领导人能够以赶超先进国家为目标来确立战略意图，所以这两个国家的汽车工业才能实现高速度的技术进步。“打败奔驰”曾经是一家日本汽车企业的口号，而韩国政府“命令”本国企业自主开发汽车，这都是战略意图的例子。甚至先进者也仍然可以通过创造出危机意识来树立较高的抱负水平。以美国霸权为例：越南战争后，美国军队名声扫地，士气低落。但美国军队并没有自暴自弃，而是擦干眼泪，进行改革，不仅改革了兵役制，而且改革了整个军事技术系统。美国军事技术的创新完全改变了战争的概念，并在 1991 年的海湾战争中大放异彩。在苏联垮台后，美国到处寻找下一个敌人，一会儿是中国，一会儿是“无赖国家”，最后发现原来是恐怖主义。美国霸权在寻找敌人的过程中不断夸大威胁，虽然经常是自己吓唬自己，却通过（确保霸权优势地位的）战略意图保持了推动军事技术不断创新的抱负水平。霸权不是好事，但使所有其他国家受到真正威胁的恰恰是这种进取精神。因此不要忘了，敌人往往是最值得学习的对象。

中国的“两弹一星”项目也是战略意图的经典例子。在中国还处于极度贫穷和落后的条件下，捍卫国家独立自主地位的决心转化成为砸锅卖铁也要干出原子弹的战略意图。虽然这种政治意志本身并不能制造出来“两弹一星”，却通过对资源分配的导向、对研发目标坚定不移的承诺、对科学家和工程师献身精神的激发，大幅度提高了技术学习的速度和有效性，使中国取得了在当时那种条件下依靠任何其他机制（例如市场机制或外援）都不可能取得的成就。中国政府在 20 世纪 80 年代初提出的“国民生产总值翻两番”是战略意图的另一个例子。这个目标是在十年“文革”中遭受重创的国民经济刚刚得到恢复，人民身心疲惫，对未来的道路充满歧见的背景下提出的。在这种条件下确立这个目标，怎么可能是出自“科学”计算？（所以，Hamel 和 Prahalad 说战略意图不是计划）但这个战略意图树立起了全国人民认同的抱负水平，消除了政治分歧，动员起亿万人民的积极性和信心，由此而产生的社会能量反而成为能够实现“翻两番”的重要因素（所以，这个世界上的许多东西都是经济学家算不出来的）。这就是领导（leadership）的社会功能！

中国汽车工业中的自主开发企业可以进一步从企业的层次上说明这个问

题。在早期阶段，自主开发企业在上述所有的方面都比不上重点企业，却在一个方面超过了后者：进行产品开发的勇气和信心。用更准确的话说，控制住其他变量，区别二者在产品开发绩效上的巨大差异的唯一变量是勇气和信心。这种勇气和信心通过领导者的战略意图提高了自主开发企业的抱负水平，导致这些企业开展更有效的组织学习，所以在别的地方干不出名堂的技术人员一旦进入自主开发企业，就能够取得出人意料的成就。

通过上述分析，我们可以清楚地看出中国汽车工业自主开发面临的主要障碍：缺乏抱负、勇气、信心和进取精神。但正是由于这种缺欠是组织性质的，所以缺乏这些品质的首先是从政府到企业的部分当权者。因此，才会出现这样的怪现象：当中国的工程师相信自己能够开发出产品时，中国企业的部分当权者却认为中国的技术人员不行；当中国的自主开发企业已经把自己开发的产品推向市场时，政府的部分当权者却仍然认为中国的企业无力自主开发。

当权者不一定是领导者，如果他们不承担责任的话。什么是领导者？领导者是能够在关键的时刻做出关键决策的人（Selznick，1957）。什么是关键时刻的关键决策？1950 年毛泽东决定抗美援朝是关键时刻的关键决策，1992 年邓小平的南方谈话是关键时刻的关键决策，而 2003 年春天中国政府对于“非典”的处理也是关键时刻的关键决策。

如果上述几个例子都太“政治”的话，那么还有一个跟汽车工业有关的企业例子，即宝钢的汽车板项目（路风、张宏音、王铁民，2002）。由于技术要求极高，中国汽车工业用于制造轿车外覆盖件的钢板（简称汽车板）曾经全部依靠进口。1992 年，宝钢最高领导人黎明决定宝钢必须学习制造中国钢铁工业长期无力提供的汽车板。当时国内市场上的钢材紧缺，而宝钢已经在产品质量和生产率上遥遥领先于国内任何其他钢铁企业，所以黎明是在宝钢的产品供不应求之时做出进入赢利前景并不明朗的汽车板市场的决定。宝钢学习制造汽车板历尽艰辛，花了 6～7 年的时间才开始赢利。在这个过程中，尽管黎明威信极高，但仍然有人反对汽车板项目。1997 年，上海大众因质量问题拒绝从宝钢订货，黎明将没有及时报告的冷轧厂厂长撤职，把此事件定性为宝钢有史以来最严重的事故，发动全体职工开展大讨论，强化了管理和技术学习，使汽车板项目步入佳境。今天，所有的中国汽车企业（包括合资企业）都在使用宝钢汽车板，而宝钢仍然是中国唯一能够大批量供应汽车板的钢铁企业；今天，汽车板是宝钢最赢利的产品，“肥得流油”；今天，黎明已经退休 6 年，但所有的宝钢人（包括曾经的反对者）在对来访者谈起宝钢欣欣向荣的景象时都会说上同一句话：当年多亏了黎部长（宝钢人对黎明的习惯称呼）！这就是一个企业领导人在关键时刻的关键决策。

关键时刻往往是一个组织面临危机，或者面对未来需要决定何去何从的时刻。关键决策则是在这种关头做出的符合组织长远利益的决策。企业在市场竞争中，国家在国际体系的竞争中，都会遇到危机。但它们的当权者却不一定能够做出关键决策。在现实中，这种非关键决策往往采取两种形式：一是回避风险和挑战，只选择短期内最保险、最容易的做法；二是以不决策代替决策，任由组织随波逐流，丧失方向。两者的结果都是使组织的长远利益遭受损失，甚至导致组织的灭亡。

关键决策之所以困难，是因为风险很大，即决策是否正确只能在事后得到检验。面临如此大的不确定性和风险，当权者在什么条件下才更有可能做出关键决策？很简单，只有在当权者为国家或组织充分承担社会责任的条件下才会如此，因为承担社会责任者最敢于承担风险。这同时也是为什么作为关键决策的战略意图能够动员起组织全体成员为长远目标而奋斗的根本原因。

当权者可以是统治者，也可以是领导者，因为统治者和领导者都必须掌握权力。但两者之间存在着本质区别：部分统治者以权力本身为目的，往往宁可牺牲社会和人民的利益也要保住手中的权力；相反，领导者以权力为手段，通过关键时刻的关键决策来履行社会职责。领导者经常会犯错误，但他们之所以永远被认为是领导者，不仅是因为他们曾经以正确的决策证实过自己，而且是因为他们即使犯错误，其原因也不在于为保护个人私利而牺牲社会和组织的利益①。无论从宪法来说还是从意识形态来说，中华人民共和国的政治体制要求

① 因此，判断一种领导体制优劣的标准是看这种体制是更多地把领导者还是把统治者选送到权力位置。

其各级当权者是领导者，而不是统治者。因此，如果这种体制中出现了许多统治者，那就只能算是政治腐败。

落后国家要发展就必须进行技术学习，而有效的学习必须通过自主开发。由于发达国家企业的先行者优势所形成的壁垒以及对赶超者的压制，落后国家企业的技术学习是困难的，需要坚定的意志和艰苦的努力，往往需要付出难以被财务会计认为是合理的成本。因此，坚持技术学习和能力发展的战略决心并不能够由市场机制所自动带来，也无法从对“边际成本”和“边际收益”进行账房先生式的计算中产生。正如中国、日本和韩国三个国家汽车工业的不同命运所证明的：企业层次上的战略远见和国家层次上的政治决心对赶超国家的技术学习和能力发展具有决定性作用。

中国汽车工业今天面临的缺乏开发经验的制约是长期放弃在产品开发层次上进行技术学习的后果，而放弃这种学习的决定是由部分当权者做出的（放弃老红旗轿车开发平台的决定不是一汽做出的，而是政府做出的；在建立合资子公司时放弃自主学习不是跨国公司决定的，而是中国企业自己决定的）。做出这样的决定有思想认识上的根源——也许是在 80 年代国门初开之时，与世界先进水平巨大差距的冲击使决策者丧失了对自主开发的信心，并且在过分相信引进技术的同时放弃了自主学习及其平台；也有体制上的根源——行政审批权力和垄断地位使部分当事者更多地从保护中寻求利益（所谓“寻租行为”），而不是通过艰苦的努力去赢得竞争优势。但无论确切的原因是什么，这样做的后果是组织性的：使中国汽车工业在 20 年来的时间内没有在产品开发层次上进行技术学习，导致今天其在越来越感受到必须自主开发的压力时，却面临着缺乏经验的瓶颈。

因此，中国汽车工业自主开发的根本障碍是部分当权者不履行领导责任的政治腐败。

第六章
结论：加强自主开发是振兴中国汽车工业的唯一出路

中国的汽车市场需求正在高速增长，世界上主要的外国汽车制造企业全都以合资方式进入了中国，仅仅是管制的稍微松动也造成KD组装方式的盛行，而国内除了已有的众多汽车企业，还有更多的地方和企业纷纷摩拳擦掌，准备进入汽车工业。在这种“混乱”状况的背后是正在日益临近的危险：在中国加入WTO的承诺下，中国政府对本国汽车工业的保护将大幅度减少，市场越来越开放，从而使中国汽车工业柔弱的软肋日益暴露在强大的竞争对手面前。在这种关键的时刻应该做出什么样的关键决策？本报告的结论是：转向以自主开发为主是使中国汽车工业走上健康发展之路的唯一途径。也就是说，自主开发是振兴中国汽车工业之“纲”，纲举目张。

6.1 为什么在经济全球化条件下仍然要强调自主开发？

由于仍然有人以目前的经济全球化趋势为理由反对提倡自主开发，所以呼吁加强自主开发就需要从更抽象的理论层次上来澄清这样做的必要性。

经济全球化表现为商品、服务、资本和一小部分“高技能”的人力资源跨越国界的流动。但是，在可以预见的任何时间段内，经济全球化没有也不可能导致“组织能力”的跨国界流动。即使市场开放和信息技术的发展导致有关科技知识和管理知识的信息跨越国界地广泛传播，但能够利用这些知识和信息的组织能力仍然是高度不流动的。组织能力不能跨国界流动的原因很多：尽管极少数高级人才可以跨国界流动，但构成组织团队的大量人员和劳动人口是不可能跨国界流动的（除非美国政府愿意授予任何申请者公民身份）；即使股权结构更加开放，但承载能力的组织仍然只能存在于产生它的政治经济体系之内，所以即便拥有外国企业的一部分股权也不会获得外国企业的能力；经济组织的特性受制于在民族国家政治框架下的制度结构和知识生产的基础结构，组织特定的能力不可能脱离其发展的轨道，等等。因此，在经济全球化的条件下，组织能力不仅是企业特定的和工业特定的，而且仍然是高度国家特定的。

组织能力的“黏性”对于工业发展的民族性质和国家利益具有深刻的意义。包括技术能力在内的组织能力决定工业竞争力，而工业竞争力是以盈利性为衡量标准的。即使产业链变成越来越是跨越国界的，具有民族性质和国别差异的组织能力仍然是决定收入和利润分配的关键因素，即掌握核心能力者控制着收入和利润环节的高端，所以从跨越国界的产业链（或价值链）上得到的收入在分配上存在着国别的差异。因此，仅仅是从工业竞争力的角度看，全球化也没有而且不可能消灭国家利益：全球化可以导致富国更富，也可以导致穷国更穷。

发展中国家要改变在全球收入分配结构中的不利位置，就必须改变自己在世界技术和工业结构中的不利地位，而实现这个目标只能靠本土能力的发展。组织能力是企业和一国经济获得竞争优势的源泉和维持经济扩张的动力，不仅提供企业成长的动力源泉，还在国际工业领袖的竞争中提供了导致国民经济兴起的增长动力（Chandler，1990：594－596）。正因为如此，企业和工业的组织能力也决定了一个国家在政治上的独立程度。

当一些人以为商品、服务、资本和信息在全球化条件下的跨国界流动可以为落后国家带来技术时，他们是在把发展技术能力的条件和机会与发展技术能力本身混为一谈。不错，全球化也可能为落后国家提供过去所没有的学习条件和机会，但决定它们是否能够掌握技术能力的关键因素仍然是它们自己在技术学习和能力发展上的努力程度。

有人在没有理解的条件下使用道听途说的概念来反对自主开发：既然新技

术到处都可以买到（虽然事实上在一些高技术领域，中国仍然遭到禁运），那么就可以通过“集成创新”或“开放创新”来代替自主开发。但是，能够进行技术集成的前提条件是拥有产品开发平台。技术进步的两个基本特性从根本上决定了产品开发对于发展技术能力的重要性：第一，技术进步如果能够对经济发展产生影响，就必须采取产品形式（Mowery and Rosenberg，1998）；第二，由于产品越来越复杂，所以单项技术越来越不可能定义产品（Iansiti，1998）。因此，无论是“集成创新”，还是“开放创新”，关键都必须具备产品开发能力。否则就无法选择和集成各种技术，不管这些技术是内生的还是外购的。

本报告所分析的汽车工业典型地说明了为什么产品开发是技术集成的关键环节。如前所述，汽车集成了（自第二次工业革命以来的）大量技术，而且相关的新技术仍然层出不穷（例如新材料技术、先进底盘系统及其控制技术、先进传动系统及其控制技术、多元化洁净能源、先进节能技术、轻量化技术、智能化技术，等等）。但是，如果不进行产品开发（即整车开发），一个汽车企业就无法吸收、改进和应用这些技术，因为产品开发是把这些技术集成在产品上的关键环节，而不能转化为产品的技术对企业没有任何经济意义。相反，通过产品开发实践掌握了产品开发能力，即使早期的水平较低，一个企业也可以不断地在自己的产品开发平台上应用各种新技术，也可以不断地发展自己的技术能力并提高产品的水平。

产品开发的重要性特别在于它是联结技术和市场的关键环节。如前所述，产品开发并非完全由技术本身所决定，因为作为产品开发起点的产品概念必须来自市场（Clark and Fujimoto，1991）。换句话说，产品概念是企业对于技术的市场概念。当产品因为不符合市场要求而难以销售时，体现在产品中的技术就没有经济意义。即使是在全球化的条件下，市场也保持着民族和国家的特性（路风、慕玲，2003），所以存在着受各国社会经济和制度条件影响的技术轨道（Dosi，1982）。因此，不掌握产品开发能力，就难以把市场的需求特点以及对这些特点的理解转化为产品的性能特性。以中国的汽车工业为例，在依赖外国产品技术时，中国企业的技术引进只能是购买已经集成为产品的技术形式，所以没有任何空间可供中国企业根据中国市场的条件自主进行技术选择。相反，中国企业在进行自主开发时必须形成自主产品概念，并通过自己对于市场的理解而创造性地选择和改进技术，从而能够开发出更加符合中国市场需求特点的产品。正因为如此，进行自主开发的企业和依赖外来技术的企业在组织结构和战略职能上是不同的，在发展组织能力的潜力上也是不同的。事实上，“集成创新”的要义就是根据产品开发的需要选择技术（Iansiti，1998）。没有产品开发，就不可能进行“集成创新”或“开放创新”，甚至不可能进行任何意义上的创新。因此，以可以购买、引进外国技术为理由反对自主开发的说法是毫无理论和事实依据的“歪理邪说”！

当一些人以为产生于发达国家的“先进技术”可以免费在全世界到处“流动”时，请不要忘记历史证据：英国工业革命以来的历史表明，虽然国际间技术扩散和技术转移是必然发生的过程，但这个过程却是极其不平衡的。在19世纪，有效吸收了英国工业革命所发展出来的技术的是西欧和美国，并导致了德国和美国后来对英国的超越；在第二次世界大战后，规模最大、效果最好的技术转移发生在美国和日本之间，却没有发生在任何发达国家和大多数第三世界国家之间。历史经验证明，决定了这种差异的关键变量是技术接受国家本土技术能力的发展，因为有效吸收先进国家技术的充分必要条件是技术接受国家具备相当的技术能力并不断发展这种能力（Rosenberg，1976；1982）①。因此，虽然技术扩散一定会发生，但技术从先进国家到落后国家的转移并非必然的、自动的、线性的、没有成本的，这种转移的可能性和有效性更主要地取决于落后国家发展本土技术能力的努力。虽然利用先进技术所生产的产品可以很快在全世界销售，但这种先进技术对于经济结构调整的作用只会发生在掌握了这种技术的经济体系内，而不会发生在只能消费由这种先进技术所生产的产品的经济体系中。

自主开发的必要性在于，它是最有效的技术学习方式和途径，而学习是发展出组织能力的唯一途径，这是为什么在经济全球化条件下仍然要强调自主开

① 如果没有本土的技术能力，技术接受方甚至连“交钥匙”工程都无法掌握。中国援助建设的坦赞铁路直到建成30年后的今天还需要中国的后续技术援助才能运转，就是一个例证。

发的根本原因。强调自主开发并不排斥学习、借鉴和吸收外来技术，本报告从事实上和理论上都说明，自主开发是利用外国技术最有效的学习方式和途径。把自主开发与利用外来技术对立起来的恰恰是反对自主开发的人。

事实上，自主开发对于中国政府来说不是一件可以商量的事情。自主开发关系到中国的就业机会，关系到中国劳动人口的收入水平，关系到中国的技术进步和经济结构升级，关系到中国企业和工业的国际竞争力，关系到中国人民的储蓄能不能转化为生产性资本的机会，关系到中国科学和教育事业的发展，关系到中国政府能不能独立实行经济政策，关系到国防实力，关系到中国的主权和独立地位。因此，鼓励、支持和保护自主开发是中国政府对于 13 亿多人民的责任和义务。

6.2 中国汽车工业实现自主开发只能靠“两条腿走路”

既然实现自主开发是中国汽车工业发展所必须达到的目标，那么通过什么样的技术学习路径才能实现这个目标？本报告通过大量的分析证明，产品开发能力只能来自产品开发的努力和实践，所以中国汽车工业不可能在不进行产品开发的条件下实现自主发展。引进外国技术是为了技术学习，但无论是购买外国产品技术还是合资生产都不能代替自主产品开发，因为不但产品开发能力只能来自开发实践，而且依赖外国产品技术并不导致在产品开发层次上的技术学习。因此，在引进外国技术和合资的同时，中国汽车工业必须坚持进行产品开发，即实行“两条腿走路”的战略。事实证明，这是学习外国技术的唯一有效途径。

对比本报告第二章的图 1－2－1 所表示的直线模型，我们以图 1－6－1 来表示“两条腿”战略的含义。

图 1－6－1 所表示的模型以本报告反复验证的一个命题为关键：坚持产品开发是发展出自主开发能力的唯一途径，而引进外国技术只能是为这个过程创造学习条件。它说明为什么当中国汽车工业在错误地采取了“一条腿走路”

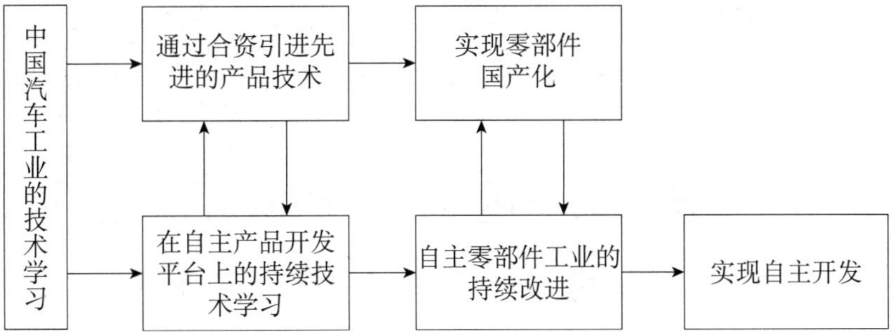

图 1-6-1　中国汽车工业技术进步的“两条腿”路径

（只依赖引进外国产品技术）的战略后，最后会变得“残废”。

这个模型同时强调，自主开发能力是自主品牌和自主知识产权的基础。引进的产品可以在商业形式上表现为自主品牌，外购设计也可以拥有知识产权，但如果自身没有能力，这些都是无法持久的。神龙公司的“富康”曾经算是自主品牌，但因为企业只能依赖外国技术，所以神龙以后的产品（“毕加索”“爱丽舍”“赛纳”等车型）还是都打上了雪铁龙的牌子；而有的企业通过外购设计算是拥有对产品的自主知识产权，但因为自己的能力不足而无法持续改进，后来还是不得不依赖与外国企业合资来解决企业发展的燃眉之急。

上述模型适用于两个层次。在企业层次上，它表明拥有合资企业的中国母公司应该建立自己的产品开发平台，这样才能从合资经验中学习和吸收外来技术①。在工业层次上，它表明中国汽车工业在拥有合资企业的同时，必须拥有更具战略意义的自主开发企业，否则就会丧失本土技术能力成长的源泉。

目前的实际情况是，大多数长期合资的中国企业缺乏自主开发的意愿。那么，为了保证“两条腿”战略的实行，国家政策只能从支持自主开发企业开始发力。这个逻辑说明：为什么当自主开发企业出现后，中国政府应该像爱护自己的眼珠子那样来珍惜这些企业。正是因为出现了自主开发的企业，中国汽车工业 20

① 已经在这样做的中国企业是位于重庆的长安集团。长安虽然拥有两个合资企业（长安铃木和长安福特），但在近年来果断地进行自主开发。为了从合资企业吸取知识和经验，长安让本部的人员和合资企业的人员定期互换。长安的经验说明，合资企业的中国母公司是可以进行自主开发的。

年来走合资道路所付出的血汗代价才没有白费。爱护、支持自主开发企业，并且鼓励更多的中国企业走上自主开发的道路，才是发展中国汽车工业的阳关大道。

6.3 果断地转变国家政策的原则和重点，动员所有的政策手段支持自主开发

重新实行“两条腿走路”的战略，国家汽车产业政策必须果断地转向以支持自主开发为主，因为自主开发比任何其他选择都更加关系到中国汽车工业的前途，更加关系到由这个工业的发展所涉及的国家利益。

在目前的条件下，支持自主开发的政策必须从支持自主开发企业开始，即通过支持自主开发企业而造成开放竞争的格局，通过竞争压力迫使更多的企业走上自主开发道路。汽车工业的产品开发需要较长的时间，特别需要在企业层次上的战略决心和进取精神，而这些因素的生成都是政府所无法越俎代庖的。中国汽车工业传统体制下的重点企业都是长期依赖国家保护的企业，惰性大。对这些企业直接提出自主开发的要求，反而可能变成它们向国家讨价还价的砝码。对于汽车工业中的大型国有企业集团，使其走上自主开发道路的决定性因素更可能是来自市场的竞争压力而不是说服。

从过去保护那些重点企业转向支持自主开发企业，不仅将会使自主开发企业更快、更茁壮地成长，而且将对沉溺在合资陷阱中的重点企业形成强大的压力，迫使它们在自主开发上做出努力。即使它们不愿改弦易辙或无力这样做，那也无损于中国汽车工业的前途，因为茁壮成长的自主开发企业将替代掉它们，而这种替代只能使整个工业的发展更健康[①]。

---

① 由于一汽不仅是技术积累最雄厚的中国企业，而且一直存在自主开发的产品平台（“红旗”），所以它应该是最有可能从合资模式走上自主开发道路的企业。甚至可能出现这样的极端情况：由于一汽的潜在能力，最后生存下来的自主开发企业是重新焕发勇气的一汽，而不是现在的活跃者。但问题是，通过什么样的手段才能推动一汽这样的企业果断地转向以自主开发为主的发展道路？只有通过竞争，只有让这样的企业从领导者到普通员工都意识到不进行自主开发是死路一条，这样的企业才能够克服组织僵化，重新振作精神。

只要确立原则和战略意图，中国政府就可以找到无数的政策手段来支持已经出现的自主开发企业和愿意走上自主开发道路的企业。支持汽车工业的自主开发并不需要由政府大量直接投入（甚至这种投入不一定是好事），但需要从政府开始改变精神状态，树立起坚定的意志，并在政策上给予支持。国家要强调自主产品开发的重要性，提倡一种创新的精神风气。这种号召哪怕只是停留在口头上，也会对企业的行为产生影响，因为它会产生道德约束，会产生激励效应。

6.4 自主知识产权的中国汽车工业是能够成长起来的

在工业发展上，中国是一个后进的发展中国家。在汽车工业上，中国不仅后进，而且又被一度错误的产业政策耽误了多年。那么，在市场开放条件下，中国汽车工业还能不能自主发展，还能不能赶上来？本报告的结论是：一定能！只要转而实施正确的政策，至少不死抱着错误的政策不放。

本报告在前面反复强调，汽车工业是一个在技术和市场需求方面具有高度连续性的工业。这种技术特性使汽车工业在不断吸收新技术的同时，也在生产上保持着大量的成熟工业的内容。这就是为什么这个工业不仅是资本密集、技术密集的，还是劳动密集的。同时，中国是世界上潜力最大的单一汽车市场。这样一个在规模上具有空前潜力并具有许多独特性的市场将为中国企业提供无数的机会，使它们不会那么容易就被外国的先行者所扼杀。因此，无论是从潜在的市场规模来看还是从生产要素的供应来看，中国都具有发展汽车工业的潜在优势。

事实上，无论是已经对中国汽车工业自主发展丧失了信心的企业管理者和政府官员，还是跨国公司的战略家，都对这种潜在优势具有直觉。所以前者认为，既然中国工业的技术不行，那就可以通过发挥中国的“比较优势”来参与全球分工，把中国建成世界汽车工业的生产基地。具有讽刺意味的是，这个目标其实与跨国公司的目标完全一致。正如一位中国汽车工程师一针见血地说，现在不是中国想不想成为世界生产基地的问题，而是全世界的发达国家都想把中国变成世界生产基地的问题。这种模式的实质是在发达国家企业控制住技术和利润高端的同时，让中国成为提供廉价劳动力的生产加工基地。但问题在于，这种世界生产基地的模式一旦变成现实，中国汽车工业就会在跨国公司的全球战略中变成附庸，最终丧失自己独立的组织实体。

之所以只能出现这样的结局，是因为与"比较优势论"和"技术借用论"的理论逻辑相反，劳动力要素是否具有优势不是由劳动力的价格所单方面决定的（即劳动力便宜本身不带来任何优势），而必须取决于生产率（即单位劳动投入的产出）。然而，一旦涉及生产率，技术、组织和管理就成为关键变量。如果中国汽车工业放弃在技术结构高端上的学习和开发，那么中国劳动力便宜的因素要能够成为优势（即在全球工业生产链上能够增加价值），就必须由跨国公司提供技术、组织和管理，否则中国也不可能成为世界生产基地（如果仅仅凭劳动力便宜就能成为世界生产基地，那么最有竞争力的地方应该是撒哈拉沙漠以南的非洲!）。这种结局并非是由跨国公司的阴谋所致（跨国公司是企业而不是罪犯），而是由全球工业竞争的内在逻辑所致。或者说，不是因为敌人太强大，而是因为自己是个草包。

但恰恰是因为存在这种逻辑，所以中国汽车工业具有产生竞争优势的潜力。正如中国自主开发企业的经验所证明的那样，技术、组织和管理方面的能力是可以通过学习而发展出来的，而自主开发是最有效的学习途径，也是利用各种技术和知识资源最有效的方式。因此，使潜在优势转化为发展中国自主汽车工业的优势的关键变量在于技术学习和自主开发。也就是说，一旦中国汽车工业能够在自主开发上取得明显进步，那么中国的汽车工业将不仅能够保持组织上的独立性，而且能够把中国的劳动力成本低和市场规模等方面的优势发挥出来。跨国公司的王牌是技术、组织和管理，而它们就是企图以这张王牌把中国的劳动力供应转化为自己的全球竞争优势。但如果通过自主开发在技术、组织和管理方面形成赶超之势，中国汽车工业就能够同时掌握两张王牌，中国企业将以两张王牌对付跨国公司的一张王牌。这就是信心的源泉。

逻辑上如此，事实上也是如此。吉利和奇瑞近两年的销售量平均增长速度都高于中国汽车市场销售总量的增长速度就是证据。中国自主开发企业经常被看低的原因之一是它们还处在市场的低端（这与缺乏品牌效应也有关）。但一部世界工业史证明，从低端切入是所有赶超国家的企业突破先行者垄断壁垒的必由之路。在低端站住脚的意义并不仅仅限于使后进者有了生存空间，更重要的是，只要保持积极的技术学习和能力发展，后进者就必然从低端爬升到高端（这曾经是美国从日本得到的惨痛教训）。只要保持着自己的产品开发平台和组织平台，中国汽车工业就能够不断吸收世界上的先进技术、不断增强自己的技术能力，从而不断向高端市场爬升。低端市场的重要性在于最接近消费大众，所以席卷低端市场的企业最有可能获得规模经济收益。这是任何大批量生产企业从来不敢忽视低端市场的原因。中国自主开发企业能够在低端市场取得明显的市场份额，恰恰证明中国汽车工业具有发展的潜力。

正如50年来历史正反两个方面的经验所证明的，阻碍中国汽车工业在产品开发层次上进行技术学习的主要因素，不是缺乏学习的机会，也不是缺乏物质和人力资源，而是缺乏正确的政策和战略、缺乏信心、缺乏进取精神。中国自主开发企业已经为整个汽车工业、为其他中国企业和中国政府树立了勇于学习的榜样，现在轮到中国政府和全社会来支持它们了。

本报告最后预言：只要中国政府不再继续执行“亲者痛，仇者快”的政策，甚或采取积极支持的政策，3～5年内，所有的中国人都会听到中国汽车工业巨人成长的隆隆脚步声；10～15年内，这种脚步声将会传向世界。

第二篇

技术依赖和自主开发的不同命运：从无锡油泵油嘴研究所的自主创新看技术变革下的两条道路*

* 本报告完成于2006年1月，原标题为《从无锡油泵油嘴研究所的自主创新看技术变革下的两条道路》。

下面所讲的故事发生在一个规模不大但十分重要的工业领域——柴油机喷油系统（油泵油嘴）工业。20 世纪 90 年代末，柴油机喷油系统的技术发生了一次重大变化，即从传统的机械式转向电子控制式。这个由国际主导厂商推动的技术变化一下子就威胁到了中国油泵油嘴工业的生存。面对这种威胁，中国最大的油泵油嘴制造企业——无锡威孚公司——丧失了自主开发新技术的信心，为了“引进技术”而不得不接受外国企业苛刻的合资条件：外国企业对合资企业控股 67%，使其成为自己事实上的子公司；同时以不能与合资企业产生竞争关系为由，规定威孚母公司永远不得进入欧Ⅲ及其以上排放标准的产品领域。具有讽刺意味的是，威孚进行合资的本来目的是为了引进电控喷油技术，而合资的结果居然是使自己永远不能进入这个技术领域！

与此相反，处于同一个行业和同一个城市的无锡油泵油嘴研究所，面对同样的技术变化，却走上了自主开发的道路。历经 10 年坚忍不拔的努力，无锡油泵油嘴研究所于 2005 年开发成功了具有自主知识产权的电控高压共轨喷射系统，已经进入产业化阶段。作为一个戏剧性的对比，威孚于 2004 年退出了欧Ⅲ及其以上排放标准的产品领域，而无锡油泵油嘴研究所却在同一年中止了欧Ⅱ及其以下排放标准的产品研发，集中力量进行欧Ⅲ及其以上排放标准的产品研发。

两个企业的两条道路及其结局说明了有关自主创新的重要主题。经济全球化已经使技术引进的条件发生了根本性变化。过去中国企业有可能从外国企业买到技术（许可证），一个重要原因是当时的中国市场并不开放。但从 20 世纪 90 年代以来，被认为是技术来源的外国企业纷纷进入中国市场，而中国企业已经被外国企业当作竞争对手。在这种条件下，中国企业引进技术的形式不得不越来越多地采取合资形式，而合资又越来越多地采取由外国企业控股的方式。因此，依赖技术引进的路已经走不通了，自主创新已经不可回避。

同时，自主开发并不像一些人认为的那样意味着封闭（似乎只有引进技术才是开放的）。无锡油泵油嘴研究所的自主开发过程是高度开放的，包括对外国技术知识的大量学习。是否开放并非依赖技术引进和自主开发之间的区别，而两种模式的根本区别在于是否进行以产品为导向的研发活动。依赖引进技术只能使用现成的产品设计，只能处于“知其然而不知其所以然”的状态，所以没有自主开发内容的技术引进只能导致技术依赖，而技术依赖在开放市场条件下最后只能导致中国工业的灭亡。相反，自主开发则要求中国企业自己发展出产品概念、进行系统设计以及解决所有的相应技术问题，即使需要学习外国技术甚至购买零部件或技术许可证，也是以自己的理解去吸收外国技术知识，所以自主开发在学习外国技术知识方面更有效。只要奋起自主开发，中国企业就会锻造出来越来越强的技术能力。同一个工业中一正一反的两个例子充分证明了这个道理。

导言

当代世界经济发展的一个重要趋势是技术变化的速度越来越快，而技术变化对于发展中国家的挑战尤为严重。毫无疑问，发展中国家在经济发展初期必须从先进国家“引进”技术（包括交钥匙工程、购买设备、购买技术许可证、引进外资建厂，等等），但如果在发展过程中不能够逐渐把外来的技术知识转化为内生的技术能力，技术变化就会使这些国家永远依赖外部技术，永远处于落后状态。

中国是一个发展中国家，也需要经历以引进外国技术为主的阶段，而且仍然在相当长的时间里存在着大量学习外国技术的需要。但是，经过半个多世纪的建设，中国已经成为一个具有一定工业和科技基础的国家，更重要的是，中国经济的进一步持续发展需要经济结构和产业结构的升级。因此，中国已经到了一个重要的转折阶段，即必须强调要更多地把外来技术知识转化为中国企业内生的技术能力。

企业的技术能力来源于自主技术研发的实践，即来源于自主创新的实践。这种实践过程必然需要学习、借鉴和吸收外来技术知识，但与被动使用现成技术的依赖模式不同，它必须依靠中国企业自己的力量去确定产品概念、提出技术方案以及解决相关的主要技术和商业化问题。从这个过程中产生、发展出来的技术能力不仅是进一步吸收外来技术知识的最有效途径，而且是能够自主参与技术变化的。因此，自主创新的重要性就在于它是获得能够把握技术变化的技术能力的唯一途径。

面对转变经济增长方式的需要，一些人仍然以引进技术的成本比自主开发更低为理由反对提倡自主创新；还有一些人以全球化为理由，认为用不着自主开发。具有讽刺意味的是，恰恰是在经济全球化和中国加入了 WTO 的条件下，“引进技术”的性质已经发生了根本性的变化。随着外国企业获得了进入中国市场的更大自由，随着中国企业参与的市场竞争越来越国际化，技术引进的主要对象——跨国公司——已经越来越成为中国企业的直接竞争对手。从理论上说，由于技术是获得竞争优势的主要因素，任何企业都不会轻易地将自己的技术转让给竞争对手。从实践上说，以技术优势控制当地的竞争对手已经成为跨国公司争夺中国市场的基本战略。这种形势赋予了走技术引进道路还是走自主创新道路更深刻的含义。从上个世纪 90 年代开始，“引进技术”的形式不得不越来越多地采用合资的形式，而且不得不越来越多地接受外资控股的合资形式，其结果是导致越来越多的合资企业以外国独资而告终。这个趋势准确无误地表明，继续依赖“引进技术”必然付出越来越沉重的代价，而继续宣扬走“引进技术”道路的成本更低已经成为谎言。

1949 年新中国成立之后，中国曾经建立起一个完整的工业体系。经过 20 多年的改革开放历程，这个工业体系已经发生了巨大变化。虽然这个体系中的内容大多属于“传统产业”范畴，但它仍然是中国经济发展的基石，仍然对于生产、就业、税收具有关键的作用。关键的问题是，在技术变化不断加速的条件下，中国工业需要不断在技术上提高。因此，在继续依赖“引进技术”的道路越走越窄的情况下，中国工业必须更多地依靠自主创新和自主开发来实现技术进步，否则就会在开放市场条件下丧失组织上的独立性，最后威胁到中国的经济发展和政治独立性。

本报告是一项案例研究，以无锡威孚公司（原无锡油泵油嘴厂，以下简称威孚）和无锡油泵油嘴研究所（以下简称无油所）面对技术变化所选择的两条道路，特别是后者的自主创新经验，来说明依赖技术引进和自主创新两条道路的战略含义到底是什么。

威孚和无油所所处的工业领域——柴油发动机燃油系统——在 20 世纪 90 年代中期发生了一次重大的技术变化，即从传统的机械式转向电子控制式。这次技术变化对中国油泵油嘴工业产生了关乎生死存亡的巨大挑战。面对这种挑战，中国油泵油嘴工业的排头兵企业——威孚在地方政府的怂恿下选择了通过合资来“引进技术”的道路，而小小的无油所却选择了自主开发的道路。威孚合资的结局是：剥离了中方“优良资产”而成立的合资公司由外方绝对控股，原有的技术人员全部被外资吃下，残余的中国母公司不仅丧失了技术中心，而且永远不得进入符合欧Ⅲ及其以上排放标准的产品领域。一句话，威孚失去了长期发展的前景。

与之相对照，无油所历经 10 年的不懈努力，终于开发成功了电控高压共轨系统，实现了被业内广泛认为是能够拯救中国油泵油嘴工业的重大技术突破。如果无油所能够克服种种困难而实现其产业化目标，不仅将带动中国内燃机工业的技术升级，而且其自身也将获得广泛的市场空间，并且积累起能够继续在技术上爬升的能力。

威孚和无油所的两条道路对于中国工业发展的战略含义是深刻的。如果像威孚这样的排头兵企业一个接一个地通过合资而成为跨国公司全球布局中的一环，那么中国工业的产业链和生态系统就会逐渐遭到全面的瓦解和破坏。油泵油嘴本来是个规模不大的工业，但当这个被称为“汽车心脏的心脏”的工业处于岌岌可危的境地时，对于中国的威胁不仅仅是将失去自主的喷油系统工业，而且将进一步影响相关的中国内燃机工业和所有的整车工业。也正是因此，即使是只有 200 多人的无油所在一个单项技术上的自主创新，也成为影响全局的英雄壮举。

这两个案例还反映出深层次的体制问题和政策问题。出于计划经济体制的原因，中国工业企业在进入改革开放时代时并不具备多少技术研发能力，因为研发职能原来是由与企业分离的科研院所承担的。当中国工业走上以“引进技术”为主的发展道路后，原来的科研院所又被简单地推向市场，处于自生自灭的状态。在本报告的案例中，威孚和无油所没有能够在开发新技术上进行合作，不仅反映出“以市场换技术”政策的局限性，而且反映出中国工业研发体制的改革尚未成功——在中国企业的规模和研发需求还很弱小时，推向市场的转制很可能并没有使科研院所的研发能力融入工业。因此，在提倡自主创新的今天，重塑中国工业研发组织体系的问题必须提上议事日程。

两条道路所导致的两种前景充分说明，继续依赖“引进技术”必将导致中国工业的毁灭；只有强化自主创新，中国工业才能获得在开放市场条件下的竞争力。本报告通过对两个案例两条道路的比较分析充分证明：自主创新不仅必然包括对外部技术知识的吸收和学习，而且必然能够比依赖“引进技术”更有效地吸收和学习外部技术知识。自主创新和技术依赖之间的根本区别不在于它们是否为开放式的，而在于它们是否在自主研发上付出努力。因此，自主创新要求中国企业根据自己对技术和市场需求特点的理解，以自主的技术研发活动为战略框架，学习、吸收外部技术知识，并开发出具有市场竞争力的产品。只要付出这种努力，中国企业的开发经验就会积累起来，技术能力就会成长起来。一旦通过技术研发的实践不断提高技术能力，中国的企业和工业就能够获得在产品和服务市场上的竞争力，从而保持组织的生命力和对技术学习的自主权。如果越来越多的中国企业走上自主创新的道路，中国经济就能够从事越来越高端的生产活动，实现在技术结构和产业结构上的爬升，从而在全球价值链的收入分配中获得不断增长的份额，并因而使中国获得保持经济增长、捍卫国家安全和保证政治独立的力量源泉。

通过对内燃机喷油系统领域两条道路的介绍，本报告重点要向读者说明的是这样一个紧迫的问题：如果中国不改变20年来实行的“以市场换技术”和通过引进外资来“引进技术”的政策，不但将不能继续促进中国工业的技术成长，反而只能使数十年间积累起来的工业基础变成跨国公司占领中国市场的进门砖和铺路石。如果中国工业被外资控制，那么中国市场成长所催生的财富增加值就会被外资攫取，并因此使中国经济逐渐陷入“贫困”增长的状态——经济增长对提高本国人民生活水平没有多少作用的状态，最后必将因为技术积累和资本积累的长期不足而丧失增长的潜力。如果中国工业想发展出保持自主发展的竞争力，就只有在国家政策和企业战略的两个层次上都果断地转向以自主创新为主的发展道路，奋起自强。本报告对威孚和无油所两条道路的比较研究充分证明了这种选择的真实性和紧迫性。

第一章
面对技术变化的无奈：
威孚从引进技术走向自残的合资道路

无锡威孚曾经是中国油泵油嘴工业的排头兵企业，其市场份额曾经高达40%以上。这个诞生于20世纪50年代的企业在改革开放前，通过仿制苏联及东欧国家的产品进行生产。在改革开放的年代里，威孚像大多数中国企业一样，通过引进技术来改进自己的产品。但进入90年代后，随着外国企业进入中国市场，威孚引进技术的道路越走越窄。在出现重大技术变化，使其必须获得新技术和新产品的关头，威孚失去了自主开发的信心，为了继续引进技术而选择接受苛刻的合资条件。然而，合资的结局不但与引进技术没有实质关系，甚至断送了威孚在自己的专业领域中能够长期发展的前程。

1.1 柴油机燃油系统的一次重大技术变化

20世纪90年代后半期，柴油发动机发生了一次重大的技术变化，即燃油喷射系统——被称为柴油发动机的心脏——从机械式转向电子控制式。这个变化不仅极大地影响了柴油发动机的技术性能，甚至威胁到中国一个相对独立的油泵油嘴工业的生存。

由于柴油的物理化学特性，柴油发动机必须配备较复杂的喷射系统。与汽油相比，柴油的自燃点高，不易挥发，所以必须通过一定的装置进行雾化、混合才可以有效燃烧。同时，柴油在不加控制的条件下雾化之后，由于混合气体形成的时间短，容易产生非均质燃烧。此外，为了持续燃烧（提供持续动力）的需要，气体雾化、混合的过程往往与燃烧过程交错在一起，导致燃烧过程猛烈而不稳定。由于这些特点，喷射系统就成为柴油发动机提高燃油效率、降低污染（废气以及不稳定燃烧带来的噪音）的关键。

自从1892年狄塞尔发明第一台柴油发动机以后的百年间，柴油机的燃油喷射系统都是机械式的，而油泵油嘴就是这个系统中的两个主要关键部件（见图2-1-1）。油泵油嘴的作用是根据发动机工作循环的要求，按一定的供油规律将柴油喷入汽缸，雾化并与空气混合、燃烧。油泵和油嘴是传统机械式喷油系统中生产技术要求最高、加工难度最大的两个核心部件（它们之间有高压输油管相连，与其他部件一起构成了整个系统），于是“油泵油嘴”遂在一定范围内成为柴油机喷油系统的代称（这一习惯甚至延续到电喷时代），它们对柴油燃烧的效率、排放水平以及相应带来的动力性等关键指标有着决定性的影响。由于在技术上复杂而且相对独立于发动机的其他部分，油泵油嘴设备往往由一些专业企业生产，逐渐形成了一个相对独立的分支行业。

直到十几年前，人们普遍认为柴油发动机技术已经发展到了顶峰，重大的创新几乎不会再有。但这时的柴油机性能仍然不能令人满意，发出巨大噪音、喷着滚滚黑烟的柴油机车一直被当作工业文明的反面典型而遭到诟病。正是因为噪音高、震动大、排放污染严重等缺陷，所以柴油发动机长期以来很少受到轿车的青睐，尽管它具有更好的动力性能。

最近十来年间，一次重大的技术变化大幅度改变了柴油发动机的性能。技术变化的第一个动力来自政府管制下的市场需求变化。进入20世纪80年代之后，发达国家环保意识高涨，对降低汽车废气排放的要求不断提高。1982年至1998年间，美国政府对汽车柴油机氮氧化物和颗粒的允许排放值降低了三次；欧洲的排放法规也由从1993年开始执行的欧Ⅰ标准迅速提高到欧Ⅱ和欧Ⅲ标准，目前乘用车已经开始执行欧Ⅳ标准，而商用车从2006年1月起也开始执行欧Ⅳ标准。各国法规对柴油机的发展形成了越来越大的压力，迫使企业寻求技术解决之道。

技术变化的第二个动力来自新技术供给的变化。进入20世纪80年代之后，国际前沿电子技术和精密加工技术获得了长足的进步，为柴油机喷射系统发生重大变化提供了技术手段。特别是由于电磁控制手段的加入，新的电控喷射系

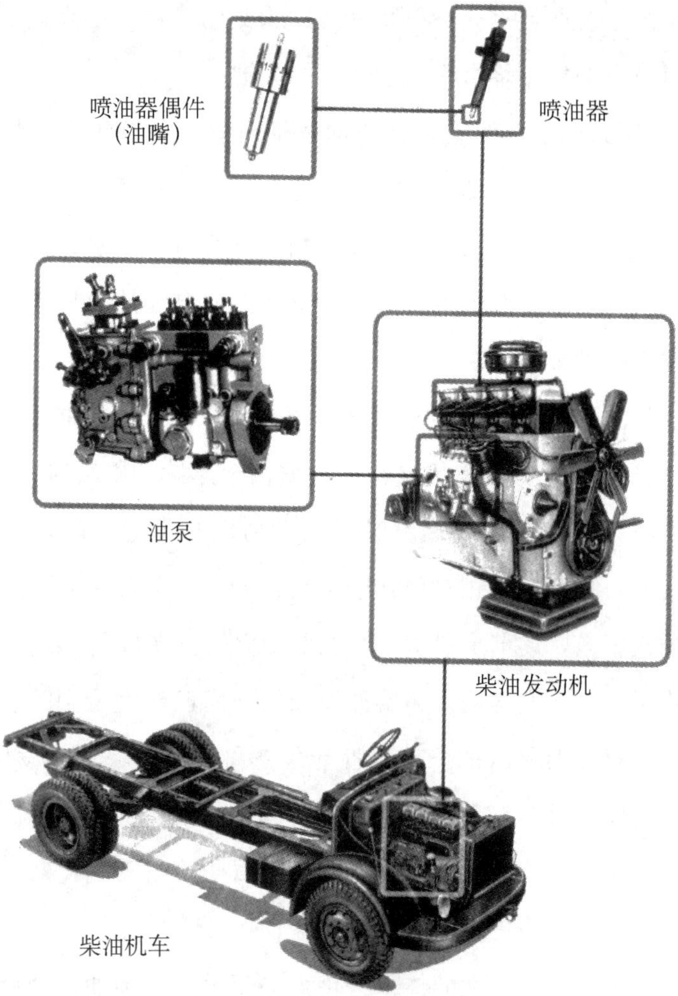

图 2-1-1　柴油发动机的油泵油嘴

统对传统油泵油嘴喷油系统实现了彻底的替代。通过电磁控制手段，燃油喷射的时间和喷射压力、喷射量、喷射频率可以得到更好的控制，使燃油能够得到更好的雾化燃烧，甚至实现一次燃烧、多次喷油，并完善喷油的曲线规律，从而大大改善柴油燃烧的效果。可以说，相比传统的机械式喷射系统，电磁控制手段使得喷射时间、喷射压力等重要指标获得了质的飞跃。一般认为，经过改进的机械控制喷射系统最多可以满足欧Ⅰ、欧Ⅱ排放标准，但如果要达到欧Ⅲ甚至更为严格的排放标准，就须采用电控喷油系统。随着控制手段更加精确，柴油机的震动、噪音大大减小，舒适性大大提高，这会使柴油机经济性好、动力大等优点充分凸显出来。

面对市场需求的压力和重要的技术突破，国际上相关的大公司都对开发新一代燃油喷射系统进行了大量投入。20 世纪 80 年代末到 90 年代，德国博世（Bosch）、日本杰克赛尔（Zexel）、美国思达耐（Stanadyne）等公司分别推出了基于不同设计理念的电控柴油喷射系统[①]，由菲亚特在 1987 年前后首先提出的电控高压共轨系统后来逐步成为一个主流的方向。在菲亚特提出这一思路之后，德国博世从其手中买断专利（菲亚特后来退出了这个领域），从 1993 年前后开始了共轨系统的研发。在电控高压共轨系统中，喷油泵和喷油器的功能被进行了重新分工：喷油泵向一个公共的油道提供足够的压力和喷油量，公共油道——共轨向喷油器供油，喷油器则利用电磁执行器控制喷油量和开始喷油的时间。这样分工的优点是喷射压力和发动机的转速无关，在较低的转速下就能提供很高的燃油压力，喷射压力不仅得到了提高，而且可以自由调节，这是常规喷油泵无法实现的；发动机各个缸的喷油定时可以独立控制，可对每个汽缸和每种工况进行工作性能优化，这也是其他燃油喷射系统无法实现的。而且电控高压共轨系统可以实现喷油规律形状的控制和优化，尤其是可以实行预喷和后喷，这些优点是解决柴油机排放问题和进一步改善性能的关键。

电控喷射系统的革命大大扩展了柴油发动机的应用范围。由于电控高压共轨等一系列燃油喷射技术的出现，柴油机的噪音大大降低、舒适性大大提高，加上柴油机在能源效率上的固有优势，原来为汽油机所统治的轿车行业呈现出明显的“柴油机化”趋势，尤其是在欧洲。随着国际各大汽车厂商不断推出柴油机配置的轿车产品，这一趋势大有被不断加速的可能。目前，世界范围内总质量大于 3.5 吨的汽车 90%采用的都是柴油发动机。2004 年，欧共体国家新生产的轿车 48.2%采用了柴油发动机，就欧洲所有国家的范围而言这一比例是 42.8%。欧洲著名汽车厂商宝马的柴油发动机轿车比例已经达到了 60%，而奔

① 除高压共轨技术外，在柴油电控方面还有电控泵喷嘴、电控分体泵、电控直列泵等多种方式。

驰的新车型采用柴油机的比例也很高①。

1.2 技术变化对中国油泵油嘴工业的挑战

从机械式到电子控制式是柴油机燃油喷射系统的一次革命性变化。所谓革命性的标志之一，就是它使生产机械式燃油系统的技术能力迅速成为无用的。因此，这个技术变化一下子就威胁到中国油泵油嘴工业的生存。

中国的柴油机工业及其配套的油泵油嘴工业是在第一个五年计划时期(1953—1957年）建立的。以苏联援建的洛阳第一拖拉机厂为里程碑，当时的柴油机主要应用在农业机械领域。由于受到苏联技术轨道的影响，当时生产载重卡车的中国汽车工业只使用汽油机（为了提高内燃机的抗冻性)。60年代初，“大跃进”后的经济调整确定了“农、轻、重”的发展次序，优先发展农业。这项产业政策促进了中国农业机械的发展，用于拖拉机和其他农业机械上的柴油机需求迅速增长。一方面由于需求的增长，另一方面由于油泵油嘴的技术专业性，一批原农机修理和配件厂开始生产油泵油嘴，由此而形成了一个独立的油泵油嘴工业。

在机械式喷油系统的时代，中国首先是通过一系列的仿制来实现技术上的起步，主要以引进的苏联与东欧产品为对象。国内一些工厂在50年代通过模仿来实现部分偶件和单体泵的生产。在60年代，国家机械工业部组织多家单位联合仿制了Ⅰ、Ⅱ、Ⅲ系列泵，这大大提升了中国在这一领域的技术水平，甚至这几个产品以及在此基础上改进的加强泵迄今依然在大量使用。

改革开放以前，中国柴油机及其油泵油嘴工业的发展局限于农业机械领域。尽管在60—70年代，中国已经以仿制为主、自行设计为辅开始了第一代重型柴油卡车的开发，但生产量一直很少。1982年，中国柴油汽车的产量仅为5 134辆，占当年全国汽车产量的区区2.6%。当时机械工业部下属的油泵油嘴

---

① 目前在中国国内生产的轿车产品中，只有捷达、宝来和奥迪等有柴油机产品，但采用的都不是国际先进技术。

企业共有10家，包括无锡、北京、南京、锦江、汉江、湖北、山东黄县、大连8家专业油泵油嘴厂，以及上海柴油机厂和洛阳拖拉机厂附属的油泵油嘴分厂，形成了一个“8+2”的格局。在上世纪80年代以前，这些厂家大多没有脱离为农机配套为主的局面。

改革开放以后中国汽车工业的快速发展，特别是80年代末90年代初中国实行的载货车“汽油改柴油”政策，促进了柴油机工业的快速发展。在这期间，中国企业通过购买生产许可证、技术合作等方式引进了国外一些先进的机型和技术，同时自主开发的柴油机水平也有所提高。到1990年，中国柴油车的年产量已经达到7.58万辆，柴油车比重为14.9%，而这两项数据到了2000年则分别达到61.4万辆和29.7%。柴油发动机的另一大用户——工程机械行业也在90年代获得较大的发展。随着需求的扩大，一批出身于农机行业的柴油发动机企业也成长起来（如潍柴和玉柴等）。

柴油汽车和柴油机企业的发展直接拉动了油泵油嘴工业的快速膨胀。大约到了90年代初期，我国油泵油嘴企业在数量上达到了一个顶峰，业内企业达到200家。在那个时期，油泵油嘴处于供不应求的状态，业内企业家家赢利。随着市场经济进一步发展，油泵油嘴行业在近10年来出现了激烈的动荡和分化。一些生产规模小、制造技术落后或发展慢的企业开始倒闭或被兼并，生产逐渐向少数实力强、技术领先的企业集中。目前，有一定规模的油泵油嘴企业还有70家左右（不包括为大中油泵油嘴厂做部分零件粗加工的小型民营企业），其中前十名企业的产量占到行业总产量的80%。全行业共有职工4万人。2003年，全行业共生产多缸喷油泵197.3万台，全年销售收入41.9亿元。

从总体上看，在机械式喷油系统时代，中国的油泵油嘴工业发展相对顺利。在欧Ⅱ及以下排放标准的产品领域，虽然跨国公司也陆续登陆中国，甚至在中国投资建立了企业（例如，博世在苏州成立了独资的博世汽车部件公司），但单就柴油机的油泵油嘴这一领域而言，跨国公司并没有取得明显的竞争优势。

但是，当这一工业发生革命性技术变化时，中国本土企业的技术劣势就明显呈现出来。原因是深刻的。在机械式喷油系统时代，由于技术变化速度不快而且是高度连续性的，中国企业通过引进、模仿和自主改进就可以跟上技术的发展，并依靠低成本制造而保持竞争优势。但从机械式到电子控制的技术变化是跳跃式的，不仅需要掌握传统油泵油嘴企业所不具备的电子和精密机械加工技术，而且需要具备中国企业所普遍缺乏的研发经验和能力。更重要的是，中国企业和技术引进对象之间的关系已经发生了根本性变化，导致过去可以比较容易通过模仿或购买技术许可证来引进技术的条件不复存在。这个变化体现在90年代初期由政府组织的一次科研与联合攻关项目上。

1990年，当时的机械部和科技部联合开展了一个声势浩大的电喷技术攻关项目，其重点在于解决汽油机的排放问题①。这一项目在无锡市成立了指挥部，参与者以威孚集团、无锡油泵油嘴研究所以及总参属下的相关研究所为主，后来上汽、一汽、二汽、清华大学、航天部第一研究院也加入进来。在这一项目进行的过程中，考虑到中国市场的巨大潜力以及感受到中国本土自主研发所可能带来的威胁，包括博世、西门子、福特等在内的跨国公司纷纷申请加入这一项目，其中博世公司最终中标，达成了与中方成立合资公司即联合汽车电子有限公司（UAES）的协议②。当时，这个合资项目的主要内容是由博世在汽油燃油喷射系统领域向合资企业提供EV6技术的技术许可。在联合电子中，德方占据了完全的技术主导权，在这个合资企业中并没有任何的开发活动；联合电子的配备、改性乃至产品的功率变化都得由博世重新配置一遍。这一个联合开发项目，虽然最终没有能够实现产业化，但还是起到了一些积极的作用。首先，它使得博世不得不向中外合资企业许可更先进的技术，由最初的EVl.3技术转为先进的EV6；其次，它大大降低了博世的许可费用，由8 000万马克降为

① 汽油机喷射排放问题的解决方案与柴油机喷射排放问题的解决方案，在技术路径上存在着显著的区别，这是与汽油、柴油的差别以及由此带来的内燃机结构差别相对应的。而联合汽车电子有限公司当时主要是一个汽油机喷射排放项目，与中国柴油机喷射系统的革新关系并不密切。

② 联合汽车电子有限公司是由博世与中联汽车电子有限公司各持50%股份的合资企业。其主要生产和销售用于精确控制汽油发动机喷射和点火的汽油发动机管理系统，在上海、无锡、西安三地都建有生产基地，在上海还设有可以进行欧Ⅳ排放标准检测的研发中心。

2 900万马克[1]。

但是，汽油机电喷技术攻关项目以受让外国技术的合资形式而告终，反映出中国“技术引进”的一个历史转折点。这种形式与以前购买技术许可证之间的根本区别在于，已经可以谋取中国市场的外国企业不再愿意允许中国企业保持对引进技术进行学习的控制权。虽然这一项目最终在1996年通过部级鉴定，但实际上没有任何中国企业通过这一项目获得电喷技术的开发能力。原因很简单，合资企业的技术也不是自己开发出来的，而是由外国母公司提供并牢牢控制的现成技术。其结果是通过合资“引进”了外国的产品，而没有“引进”技术。因此，这个项目并没有成为中国本土技术产业化的开始。

如果对于汽油发动机的电喷技术是如此，那么对于更复杂的柴油机电控喷射技术就更是如此。当外国企业的电控柴油喷射技术已经开始普及并大举进入中国市场的时候，一个无法回避的事实是：所有的中国企业迄今为止都还只能生产机械式的油泵油嘴。在柴油动力的使用范围因提高能源利用效率的需要而必将扩大之时，这种状况对于中国的内燃机工业以及汽车工业的影响是严重的，甚至还影响到与发动机有关的军用车辆、船舶、农机和工程机械等领域。仅就民用车辆一项来说，2004年中国生产了151万辆载重卡车，其中柴油车为125.9万辆；另外，柴油大客车的产量为16万辆。所以，使用柴油发动机的载重卡车和大客车共年产141.9万辆[2]。但是，满足这样一个巨大规模市场需要的中国柴油发动机工业却将不得不全部依赖外国企业所控制的燃油喷射系统。

中国油泵油嘴工业的生存前景也因此而面临威胁。跟随环境保护的国际潮流，中国政府从2007年7月1日起在全国范围内实行国三排放标准（相当于欧Ⅲ排放标准，其中北京提前到2005年年底）。但机械控制的喷油系统经过技术改造，最多也只能达到欧Ⅱ排放标准，而要使尾气排放达到欧Ⅲ以上标准，非采用电控技术不可。虽然部分业内人士认为，由于中国市场需求层次的差异以及国家未来对排放的控制力度等因素，机械喷油系统仍然至少还有10年的市

---

① 《中国工业报》2005年9月27日报道。
② 《中国工业报》2005年9月27日报道。

场，但新技术的到来毫无疑问只是一个迟早的问题。一些跨国公司已经开始在中国大规模投资建厂，目标就是生产欧Ⅲ以上排放标准的柴油电喷系统。对于国内生产传统机械喷油系统的企业来说，技术上的落后已经不能简单地用时间来衡量，如果不对新技术投入研发，企业必将走进一条死胡同。一边是社会对环境问题的日益重视，国家逐步推行更高的排放标准；另一边是跨国公司凭借技术优势虎视眈眈地注视着中国市场。在这一领域，不掌握核心技术而面临尴尬的不仅是国内某一家企业，而是中国的整个油泵油嘴行业。更严重的是，由此而在产业链上产生的波及效应还可能会进一步威胁到中国柴油发动机工业的独立生存。

1.3 威孚：从引进技术走向合资

一个工业的走向往往取决于该工业中领头企业的战略决策，所以理解一个工业的命运离不开对其领头企业战略决策的理解。中国油泵油嘴工业的排头兵企业是无锡威孚公司。2004年8月合资之前，威孚一家就占据了中国油泵油嘴市场40%以上的份额，其产量是排在第二名的企业的三倍还要多，处于绝对的领先地位。

威孚的前身——无锡油泵油嘴厂（以下简称无油厂）是原机械工业部下属八家专业油泵油嘴厂之一。在1958年的“大跃进”热潮中，无锡地方劳动局的技工学校通过模仿，在国内首次做出了柴油发动机燃油系统的核心部件之一——油嘴，于是国家机械工业部在这所学校的基础上投资成立了无锡内燃机厂。1966年，该厂制造出中国第一台多缸Ⅰ号泵。1979年，该厂改名为无锡油泵油嘴厂，成为机械工业部所属的重点骨干企业。在20世纪80年代以前，当所有的油泵油嘴企业都还在为农机配套时，当时的无油厂领导就敏锐地意识到生产油泵油嘴只有和汽车配套才能有广阔的发展前景。1980年前后，无油厂主动转型成为汽车用柴油机的配套企业；到1985年，无油厂与汽车相关的业务实质上已经达到80%～90%。由于在国内柴油机汽车大发展的前夜率先抢得了市场先机，无油厂从 1985 年以后就跃升为行业老大，并一直保持到 2004 年。1988 年，无锡油泵油嘴集团公司在无油厂的基础上成立，并被评为国家二级企业；1994 年又在这个基础上成立了威孚集团，并成立了无锡威孚高科技股份有限公司，于次年以及 1998 年分别在深圳 B、A 股上市。至此，“威孚”（WF）无疑成为中国油泵油嘴工业的第一品牌。

与整个中国油泵油嘴工业的历史一样，威孚（无油厂）也是通过对国外技术的模仿、引进和学习而成长起来的。特别是在近 20 年中，威孚的发展进程一直都与德国博世有着或深或浅的关系。早在 1984 年，无油厂就与博世公司签订引进 A 型泵制造技术的合同，并最终在 1991 年获得了许可证。1995 年，威孚与博世公司和日本杰克赛尔公司合资成立无锡欧亚柴油喷射有限公司，注册资本金 2 200 万美元，中德日三方分别持股 48%、26%和 26%，主要生产满足欧Ⅰ排放标准的喷油嘴偶件与喷油器总成（关于油泵的问题见下）。同年，在汽油机的燃油喷射系统方面，威孚同时还是联合电子（上海）中方中联汽车电子有限公司的第二大股东，该公司的电控汽油喷射系统产品于 1997 年开始投产。

威孚从与博世的合资中获得了不菲的利润。首先，自从 2001 年国家开始执行欧Ⅰ标准之后，无锡欧亚的盈利状况就呈现出非常良好的态势，净利润从 2000 年的 1 464.52 万元达到 2003 年的 1.515 亿元，4 年间赚了 3.2 亿元①。同时，联合电子则在近年来每年都能为威孚集团带来几千万元的利润。但持续地依赖技术引进，以及依赖虽然收益丰厚却没有技术开发内容的合资，并没有使威孚发展出较强的技术能力。面对国家执行欧Ⅱ、欧Ⅲ排放标准时间的日益临近和汽车配件行业越来越开放的竞争环境，不自主掌握电控技术的威孚只能再一次寻求技术引进。

值得高度注意的是，威孚与博世的合作方式在 20 年间发生着质的变化。在 1984—1991 年的第一轮合作中，威孚主要是通过购买技术许可证的方式来引进博世在 A 型泵上的技术，也就是通过购买技术许可证来按照外方的产品设

---

① 《21 世纪经济报道》2005 年 12 月 2 日报道。

计生产。由于购买技术许可证对威孚的自主权没有任何影响，所以这种技术引进方式相对有利于中国企业的发展。但仔细分析，当时能够以购买技术许可证的方式引进技术是因为一些特定的条件，其中首要的就是中国企业具有相当的技术能力。从20世纪60年代通过对英国CAV的仿制来开发Ⅰ、Ⅱ和Ⅲ系列泵开始，甚至从更早时期对苏联及东欧产品的仿制开始，中国企业在机械喷油系统方面具有了通过反向测绘和模仿进行设计的能力。在70年代之后，中国企业仿制的一些产品已经达到国外大厂商老产品的水平。对于博世的A型泵，已经有中国企业在80年代之前就成功地进行过仿制并付诸生产。由于当时的政治环境以及博世的A型泵并没有在中国申请专利，所以博世也就没有对此在意太多。这些因素都促成了改革开放后博世愿意对中国企业出售技术许可[①]。

在1995年进行第二轮合作时，威孚从博世引进技术的方式已经只能采取合资形式了，因为这时博世已经开始大举进入中国。在这次合作中，威孚、博世和日本的杰克赛尔三方合资成立了无锡欧亚柴油喷射有限公司。1999年，博世以控股形式收购了最初参与合资的日本企业杰克赛尔（2000年后改名为博世汽车系统有限公司），并因此获得对无锡欧亚的52%的控股权[②]。但即使这样，中方也并没有彻底失去对合资企业的话语权。从微观机制讲，最初签订的合资协议要求对任何重大问题的表决必须获得董事会总共7票中的5票才能通过，而中方在董事会占有3席，所以足以在重大问题上对德方的4席形成制衡。从宏观条件看，当时博世和其他跨国公司如西门子、福特、日本电装等正在争相进入中国市场。博世不仅需要与其他跨国公司竞争，而且博世本身在上海的汽油机业务（联合电子）和无锡的柴油机业务之间也形成了一定的竞争关系——博世的这两支“工作队”都希望能够抢在对方之前尽快完成进入中国市场的任务。在这样的背景下，博世方面也只好同意中方提出的合资条件。因此，在第一次合资协议中，威孚多多少少还保留了一点话语权。

---

① 据说博世向国内企业授权后，曾经拿无油厂已经生产出来的A型泵回去做检验，发现与博世自己的产品已经基本上没有差异。

② 合资初期是威孚占48%，而两个外方分别占26%。

2001年前后，当威孚为了引进电控喷射技术而与博世展开第三轮合作谈判时，情况发生了重大的变化。第一，当时博世已经全面展开了对柴油电控高压共轨技术的研发，并成为该领域中的全球领先者之一，这意味着它拉开了与中国企业之间的技术差距。第二，中国经济的持续高速增长，尤其是此时轿车市场的井喷式发展，使得跨国公司普遍认识到了中国巨大的潜在市场，获得中国市场成为压倒一切的任务。第三，在这一谈判开展前，博世不仅通过合资，而且已经成功地通过独资方式进入了中国市场（博世在苏州设立了独资公司，主要针对欧Ⅱ标准生产VE泵和P型泵）。第四，前面建立的合资企业欧亚到2001年开始赢利，其重要原因是国家开始执行欧Ⅰ标准，打开了欧亚产品的市场。这使博世看到：随着中国排放法规趋于严格，它将因为自己的技术优势而获得产品市场优势。在这些条件下，对于博世来说，此时所有想从其“引进”技术的中国企业，都不再仅仅是花钱买技术的顾客，而是也成为其夺取中国市场的绊脚石。

因此，博世开出了苛刻的三大合资条件。第一，德方要求对合资企业持股67%，威孚持股33%，即博世取得绝对控股权。根据中国《公司法》的规定，股份有限公司超过2/3的股权就可以决定企业的一切问题，所以这样的持股比例将使威孚完全失去对合资企业的控制权。第二，把威孚的研发中心及其技术人员全部转移到合资企业。第三，也是最致命的，即满足欧Ⅲ以上排放标准的电控喷射系统只能由新成立的合资企业生产，威孚从此以后只能生产欧Ⅲ以下排放标准的机械式产品，不得进入更高标准的产品领域。从博世开出的这三个主要条款看，如此的合资已经不再是中国企业引进技术的手段，而是跨国公司灭掉中国企业的收购。不仅如此，博世提议的新合资是建立在以前合资的欧亚公司基础之上，这意味着博世要把欧亚这只会下金蛋的鹅也收入囊中。

特别值得指出的是，博世此时对与威孚合资表现出前所未有的主动性和积极性，甚至比威孚更急于合资。为了促使威孚接受它开出的合资条件，博世使用了“恐吓”战略。在那个阶段，博世邀请威孚的主要负责人到博世在土耳其的生产线和德国本土的研发总部参观，以空前开放的态度向来访者展现了博世在柴油电控喷射系统方面的技术进展。这种“盛情”确实产生了作用。据接受访谈的人反映，威孚的一位负责人在参观回来后对企业员工与国内同行说，看到博世的进展，“感到两腿发软”，心想：“完了，我们搞不成的”，“国外的水平太高了，我们就是做两辈子也赶不上博世的水平”。于是，威孚对自主掌握技术的信心动摇了。

不仅如此，博世的“恐吓”战略还有更直接的手段。在合资谈判中，博世很明确地对威孚发出威胁：如果不接受博世开出的合资条件，它将立刻扩大它在苏州独资企业的规模。博世在苏州设立的独资企业是威孚与无锡市政府的一块心病，其实它的建立也与威孚不无关系。这个企业的背景是这样的：上面已经说过，1995年建立的合资企业欧亚只生产油嘴。而实际上，威孚随后就与博世谈判建立生产油泵的合资企业，但双方发生分歧。1998年，南京油泵油嘴厂破产。该厂曾经花了530万美元从韩国大宇购进过一批二手的德国设备（大宇则于1987年引进）。该厂破产后，江苏省省政府要求威孚接管它。威孚接管了该厂并获得了从韩国购买的设备，将其重组为威孚的南京子公司——威孚金宁。博世对此提出异议，担心博世的技术会通过威孚向南京转移。在威孚提出把南京工厂纳入合资企业后，博世并没有对该厂发生兴趣，而且在估价上也不同。最后，谈判没有达成协议①。于是，博世于1999年在苏州成立了一个独资公司，以制约威孚。

博世在苏州成立独资企业是出乎威孚和无锡市预料的，因为按当时的国家规定，投资3 000万元以上的项目要经过国家审批，而他们认为国家是不会批准成立这样的独资公司的。但令他们没有想到的是，在全国上下一片“招商引资”的热潮中，苏州工业园已经获得了可以自行审批1亿元以下投资项目的新政策。于是，博世在苏州投资6 000万元成立了独资子公司，专门生产P型泵和VE泵。这个例子同样说明，在对通过引进外资来获得技术寄予厚望的情况下，政府已经没有立足本土工业发展的产业政策了，甚至连最起码的行业规划和管理都没了，只剩下各地争相吐血引进外资、引进世界500强的躁动。

即使是这样——正如熟知这一过程的业内人士所知道的，博世以其苏州独资企业作为筹码也并非看上去那么有力。博世苏州独资企业的目标市场是为南

---

① 参见《中国工业报》2005年9月26日第1版相关报道。

京“依维柯”（IVECO，南汽从意大利引进的车型）等使用柴油发动机的车型配套。1997 年当地高速公路建成后，“依维柯”的生意非常好，销量从 1 万到 2 万再到 5 万，飞快地往上涨，于 1998 年到达需求的高峰。但 1999 年之后，由于国内生产的其他同类车型（如江西的“全顺”等）迅速发展起来，“依维柯”的销量迅速下降，到 2001 年只有 1.3 万台。因此，博世在苏州的独资企业是在极好的市场预期下筹建的，但是建成投产后，尤其是在达到最佳产量规模之前，却遇上了相当颓靡的市场态势①。因此，当时的实际形势是：威孚在国内保持龙头老大的地位，发展得相当不错，与博世在无锡建立的合资企业欧亚的盈利情况也很好；而博世在苏州的独资企业的情况却不容乐观。

问题在于，无论双方的力量对比如何，博世的“恫吓”都清楚地说明，除了自主研发或者接受“灭亡条款”之外，威孚已经没有多大的余地选择其他“引进技术”的道路来与博世保持“和平共处”了。博世的目标已经是要通吃中国市场，所以尽管其苏州独资企业的情况并不乐观，但博世还是毫不犹豫地以扩大其规模相威胁。

因此，如果不接受“灭亡条款”，就只存在走自主研发的道路。必须承认，中国在工业发展上是一个后进国家，中国的油泵油嘴工业从一开始就处于后进者的追赶位置。由于原有的条块分割、生产与研发分离的工业管理体制，面对电控喷射系统这种超越机械式系统技术轨道的技术革命，从计划经济中演进过来的老企业会面临着一些本身固有的困难。但不可否认的是，威孚在自主研发的道路上并不是没有任何机会的。事实上，威孚在与博世谈判合资之前，曾经花大价钱与美国西南研究院合作开发电控喷射系统，而且一直进展顺利。此外，威孚一直都拥有一个身边专门从事技术研发的“小弟”——无油所。甚至晚至 2001 年的时候，威孚还与无油所签署过技术合作的意向，以 80%对 20%的股比合作开发电控喷射系统。

---

① 起码在 2002 年之前，苏州博世的销售情况都并不乐观，但后来开始转好，并在 2004 年达到年销售 10 万台、销售额 10 亿元。不过，威孚与博世的合资协议是在其情况好转之前就已经签订了的。

但是，威孚最终没有选择走坚持自主研发的道路，于2003年年底接受了博世的条件。2004年8月，经商务部批准[①]，世界上最具实力的燃油喷射系统供应商德国博世公司与中国最大的柴油燃油系统生产商无锡威孚集团联合投资在无锡正式成立合资公司。这个合资公司囊括了原来的欧亚公司，其名称为“博世汽车柴油系统股份有限公司”——这个名称以博世开头，其中却没有任何与威孚、无锡或中国有关的字样。博世拥有合资企业67%的股权，威孚集团的核心企业威孚高科技股份有限公司（威孚高科）拥有31.5%的股权（其余的股权由威孚集团持有）。博世按照名单将威孚高科的400多名技术人员全部接收到合资公司，而后者撤销技术中心，不再进行欧Ⅲ及其以上标准的喷油系统的研究，并承诺不再生产欧Ⅲ及其以上标准的产品。威孚撤回了派驻在美国西南研究院的研发人员，并中止了与无油所的合作。从此，威孚高科实际上变成了一个投资公司。

合资协议的另一个条款是按照博世的要求，由威孚集团把生产欧Ⅱ标准燃油系统的博世苏州独资企业（博世汽车部件公司）买下。当时这家企业是亏损的，威孚为此付出了1亿多元的价格，包括固定资产7 000万元和技术许可费3 000万元。这意味着博世在中国市场将退出欧Ⅱ及其以下标准产品的生产，而专注欧Ⅲ以上标准的产品。

为什么一直作为行业排头兵的威孚最终会接受博世的三大条件？各方人士的说法不一，但他们毫无例外地都提到2001年前后博世邀请威孚领导人到欧洲参观之事，指出威孚技术信心动摇的事实。但在探讨国有企业的行为时，不能不涉及政府。事实上，无锡市政府对这个合资项目是积极促成的。博世的世界500强身份及其所承诺的6亿欧元投资对任何一个地方政府来说都充满着诱惑力，尤其是在“招商引资”已经普遍成为地方官员政绩考核指标的情况下。无怪乎有人暗示，像这样大规模的合资项目，中国企业往往面临着来自政府“谈得成得成，谈不成也得成”的压力。

但无论如何，以这样的条件接受合资，威孚的领导人不得不经常需要自我

---

① 《21世纪经济报道》2005年12月2日报道。

辩护。合资之后，威孚上下统一口径：中国人自己搞不出电控高压共轨系统来——尽管这不符合事实（见下面无油所的例子）。另一个可以自我辩护的理由是，威孚目前的盈利状况良好。特别是由威孚收购的原博世苏州独资企业于2004年6月重新投产后，目前的销售情况很好，市场空间也相当大。由于苏州公司的产品可以贴上博世的商标进行销售（条件是采用博世的CKD散件进行组装），一套机械式喷射系统的售价可以超过1万元（山东龙口油泵油嘴厂的同类产品只卖3 000多元），这笔交易是大有利润可图的。据了解情况的人估计，由于潍柴、玉柴、锡柴等主要的柴油机企业都买苏州公司的油泵，所以2005年能卖出10万台，年销售额达到10亿元，而合资前的威孚全部年销售额也仅有十三四个亿而已，所以有人认为威孚至少得到了眼前利益。

博世要求威孚买下苏州公司，显然是想专注于欧Ⅲ以上排放标准的产品，因为中国的排放标准很快就会提高到欧Ⅲ水平。但业内人士指出，由于中国市场的多元结构和不平衡性，欧Ⅱ以下排放标准的产品的生命周期可能比预期的要长。此外，博世也没有料到苏州公司的产品会这么快就遇到了商业周期的上升，所以博世显然是失算了。对于这次合资，不少威孚人士认为自己并没有吃亏：虽然根据协议威孚不可能再做欧Ⅲ以上标准的产品，但2007年国家实行欧Ⅲ标准之后，欧Ⅱ产品在国家政策之外仍然可能会继续存在可观的市场空间，买下苏州公司可以使威孚在欧Ⅱ及其以下标准的产品的市场份额上，继续在国内保持显著的领先优势，至少“在几年内还可以过上不错的日子”。

但无论如何，国家规定的尾气排放标准一定而且只能向着更加严格的方向发展，内燃发动机及其燃油系统的主流技术也必定向着能满足更加严格的排放标准的方向发展。在这种条件下，威孚的合资道路无异于自绝了在技术上依托市场需求变化继续前进的机会，并因为永远不能进入未来的主流市场而实际上选择了“慢性自杀”。具有讽刺意味的是，当初正是因为感受到无法进入欧Ⅲ及其以上标准的产品市场的威胁，威孚才产生了通过合资引进技术的动机，而合资的结果居然是使自己永远不能进入这个市场！

更令人惊讶的是目前的一个新发展：博世拟从2006年6月起接管威孚在欧

Ⅱ标准产品领域的全国营销服务网络。博世显然是打算以此为基础来建立它在欧Ⅲ标准产品领域的全国营销服务网络，这比从无到有地新建一个网络要便宜得多、速度快得多，而且还会获得威孚网络在几十年间积累起来的信誉和能力等无形资产。但令人费解的是，威孚为什么会在这个问题上让步？这是合资交易中的一部分，还是在合资之后发生的交易？无论这些问题的真正答案是什么，这个最新进展只能进一步证明：威孚合资的结局就是自断前程，而博世合资的目的就是垄断中国市场。

威孚能够从合资企业获利吗？可能性不大。众多中外合资的例子证明，一旦中方丧失控制权，合资企业就会走上一条从亏损到外方独资的轨道。除了偶尔有产品不适应中国市场等经营方面的原因之外，普遍存在的主要原因是外国企业的转移支付。由于中外企业在技术上处于不平等的地位（中方通过合资引进的产品都是外方设计的），所以合资企业生产的产品需要从外国母公司进口关键零部件和设备。外国公司掌握了合资企业的控制权后，就可以轻易地通过高价采购母公司的产品而把合资企业的利润转移到国外。当合资企业的亏损使中方不堪重负之时，外国企业就会提出增资扩股的要求，最后迫使中国母公司全部退出。威孚刚刚走上外方控股的合资之路，其结局尚待观察，但把自己的脑袋系在别人的裤腰带上，其未来能有多大的意外？

更重要的是对整个中国柴油发动机及其燃油系统工业的影响：威孚，作为占据中国柴油发动机燃油系统40%市场份额的排头兵企业，作为数十年来国家在该领域进行公共技术研发活动的主要依托者和参与者，通过与跨国公司的一纸合同，退出了技术进步的行列，也退出了欧Ⅲ及其以上标准的产品的市场。一夜之间，中国柴油发动机相关领域中的核心环节之一——燃油系统工业，少了一个最重要的企业。尽管中国开始市场化改革已经有20来年的历史，但是在特定的领域内，我国依然是积累少、底子薄，一家企业退出后，并没有数目可观的竞争性企业可以接过接力棒[①]，这自然是与我国后发国家的国情以及计

① 目前在该领域内，排名第二的企业是山东龙口的一家民营企业。该企业自己同样也没有实力开展在电控柴油机喷油系统方面的研发，但该企业目前正在积极地与无油所开展技术合作。

划经济时代遗留下来的格局有关的。

威孚与博世的合资还提出了一个尖锐的问题：这种合资模式与引进技术究竟有什么关系？就威孚的合资例子而言，合资企业本身事实上是博世公司的一个子公司，而威孚不但丧失了所有的研发力量，而且被规定不许进入更高的技术领域和未来的主流市场，甚至要失去自己营销网络的主要部分。因此，这种合资只能有利于跨国公司“灭掉”中国企业，而对中国企业引进技术没有任何作用。这个例子说明，中国继续依赖引进技术来发展工业的条件已经发生了根本性的变化，如果不进行自主的技术研发，就只能接受组织上的灭亡。如果威孚的故事还不足以证明这个命题，那么无锡油泵油嘴研究所坚持了近10年的自主开发经验，就足以使这个命题成为一条定理。

第二章
面对技术变化的奋起：无油所在孤立无助中走向自主开发

其实，2001 年受邀请参观博世电控高压共轨系统项目的中方单位，除了威孚（无油厂），还有无锡油泵油嘴研究所（无油所）。但博世是先后分别邀请两个单位的，两个事件彼此保密，直到威孚与博世的合资谈判后期，威孚和无油所双方才知道对方的同样经历。

然而，无油所领导人参观的感受却有所不同。首先，无油所参观人员对博世的慷慨感到非常惊讶：德方不仅让他们参观了生产线，还让他们参观了被企业视为机密的实验室。虽然博世的目的还是向无油所方面展现自己作为全球汽车电控喷油系统领先者的技术实力（即“恐吓”），但令博世没有想到的是，无油所的负责人在参观完博世之后，不但没有“腿软”，反而看出了博世的“软肋”。从博世参观回来后，无油所的领导人说，“这趟经历让我坚信了我们（在技术上）走的路是对的”，从而决定倾无油所近 10 年的资金积累，投入自主研发电控高压共轨技术的产业化中去——“我们决定自己做!”

事实上，无油所从 1995 年就开始了自主开发电控高压共轨系统的历程。在 90 年代，中国许多大学、科研院所和企业曾经一拥而上尝试开发电控高压共轨系统，但后来纷纷知难而退，而无油所是唯一坚持下来的。虽然一路上很孤独，虽然没有来自政府和其他外部来源的支持，但无油所仍然倾其所有，坚持不懈地默默干了近 10 年。2005 年，无油所拥有自主知识产权的柴油机电控高压共轨燃油系统开发成功，现在正在实际运行车辆上进行批量路试，已经到了产业化的前夜。

2.1　无油所：生于计划体制，长于改革开放

无油所成立于1980年，是原机械工业部组建的最后一个部属行业归口研究所。在油泵油嘴这样一个专业面很窄的领域设置一个与企业分立的专门研究机构，当然是由计划经济体制造成的。事实上，当时在世界上只有苏联和中国各有一家专门的油泵油嘴研究机构；苏联解体后，在全球范围内就只剩下中国无油所一家了。

无油所的组建过程也是计划经济式的：70年代末，机械工业部在无锡组织了油泵油嘴的技术攻关①，由此而调集了一大批来自全国的相关专家到无锡，包括来自“三线”和各个部属骨干企业的技术专家（如无油厂、洛阳拖拉机厂、上海柴油机厂等）。在酝酿过程中，机械工业部曾经想把油泵油嘴研究所设在上海，但是由于在当时的体制下无法解决一批来自“三线”的专家及其家属在上海的户口问题，所以只好改址。选择无锡的理由是：一方面有利于吸引人才（尤其是原“三线”的老专家）；另一方面，这里有行业骨干企业——无油厂。毕竟，在骨干工厂旁边建一个研究所是计划体制下典型的工业研发模式（所谓“一厂一所”的模式）。

虽然1980年就宣告成立，但无油所实际上是从1983年才开始办公，又过了两年，办公场所的基本建设才最终竣工。当时聚集起来的技术人员有200来人。无油所刚刚正常运转，国家就开始了第一次“科技体制改革”。为了把科研机构推向市场，改革的一个重要内容是从1986年起，把原来由财政部划拨的经费每年以20%的速度递减，直到1990年减到原来的20%为止。1990年，无油所来自财政的相应经费减到46万元并保持至今，其余所需经费都要研究所自筹。

作为国内唯一的该行业的专业研究机构，无油所从诞生之日起就一直是威孚在技术研发上的合作伙伴。直至这次威孚与博世合资之前，无油所的整个发

① 中国机械工业界长期存在一个共识：发动机工业拖了整车工业的后腿，油泵油嘴工业则拖了发动机工业的后腿。

展过程都与威孚（无油厂）密切相关。无油所组建之初，机械工业部就任命时任无油厂厂长的朱文斌担任第一任所长。此前，正是这位朱文斌领导无油厂实现了从“为农机配套”到“为汽车内燃机配套”的关键转折，从而奠定了威孚在国内的行业领先地位。在后来的发展过程中，无论是仿制、引进技术，还是部委主管的联合攻关以及国家科研项目，无油所都是威孚（无油厂）在技术研发上最密切的合作伙伴之一。甚至双方在人员上也有交叉：目前威孚的总工程师是从无油所调动过去的，而同样也有威孚的前领导退休后在无油所继续发挥作用。在过去“归口管理”的计划体制下，无油所作为一个专业的研究机构，其研究成果（技术资料和图纸）都是在政府的直接行政协调下无偿地提供给生产企业，其中最主要的技术接受方就是无锡威孚。

90年代中期，国家开始了以科研院所转制为主要内容的第二次科技体制改革。也许是具有由“一出生就断奶”的经验所锻炼出来的警觉，无油所早早就开始寻找出路，从1993年起就与一汽集团进行接触。无油所当时考虑的是，在相关行业内，最集中体现当今发动机发展变化的是汽车工业，而且一汽集团长期以来一直以汽油发动机为主，在柴油发动机领域存在空白。经机械工业部批准后，1995年1月无油所正式加入一汽集团，成为科研院所中最早转制的一个。虽然从此“无锡油泵油嘴研究所”之前冠上了“中国第一汽车集团公司”字样，但同时仍然保留了“机械工业部无锡油泵油嘴研究所”的名称及其为行业服务的职能。

在从一个部属研究所向企业所属研究所的转变过程中，无油所做出了一个重要的决定，即在研究方向上从一个专业狭窄的油泵油嘴研究所向一个综合的发动机研究所发展。在过去的体制下，研究机构及其研究活动按专业划分得很严格：搞油泵油嘴研究的机构不允许进行发动机研究；搞整车研究的只能专门研究整车底盘技术，而不能搞发动机研究①。这种从苏联学来的模式对于任何

---

① 西方发达国家的模式完全不同：油泵油嘴厂家在发动机方面有相当强的研究能力，一些厂家的发动机试验室在全世界都是数得着的。它们并不生产发动机，而研究发动机是为了提高油泵油嘴的开发能力。一般来讲，国外的发动机厂家通常具有很强的燃油系统开发能力和整车匹配能力，整车厂通常具备非常强大的发动机研发实力。

一项系统研究来讲都是不利的。

从1996年开始，无油所对整个研发体系做了调整。首先，将研发领域拓宽，由原来只做油泵油嘴研究，拓展到燃烧系统、进排气系统、配气机构、润滑系统、增压技术、模拟计算、冷却系统等其他发动机技术领域。其次，对研发的深度也做了调整，将研发的深度划分为近、中、远三个层次。近期的研发，主要是解决企业实际生产中遇到的技术难题（首先是服务于一汽集团所属企业的技术研发任务）；中期主要是为企业进行重大技术攻关研究和新产品、新工艺开发研究；远期主要是紧跟国际前沿技术，保持世界同步水平的超高水平技术研究。正是由于这种战略转向，导致无油所的研究活动跳出了既定的框架，从提高发动机性能的需要出发，开始关注喷油系统的前沿技术。同时，这样的市场定位使无油所仍然继续从行业技术进步的需要出发进行研发活动，保持了一种对行业技术进步承担责任的传统。

其实，从成立之日起，无油所就不是一个闭门造车、故步自封的研究组织。组建伊始，虽然当时无油所内都是从全国各地调来的老专家，但是对于他们当中的不少人来说，把长期的工作专门放在喷油系统这一块，还是头一次。而当时在国内，关于喷油系统的设计没有任何教科书或技术手册，仅有的国外资料也只是单纯对产品功能进行描述。为了提高自身的水平和统一思路，无油所在当时就组织了一次英国CAV公司技术专家来华技术交流活动，同时还请了苏联的油泵油嘴研究院①专家来访。由于这批老专家们自己都有基础，对所研究的事业“有点子”，所以国外专家的交流和讲课是“一点就通”。

经过了初期的建设工作后，无油所迅速地开展了研发工作。在机械泵时代，无油所已经能够在学习国外产品的基础上进行自己的设计。例如，BQ泵是1983年就开展的设计，并于1986—1987年在国内开始投产。后来的BX泵是目前市场上产量最大的小型泵产品。

在国家开始逐步推行排放标准之后，国内很多企业的产品无法达到排放要

---

① 这个研究院在苏联解体后产生了非常大的变化，虽然组织依然存在，但是已经不再从事油泵油嘴的研究了。

求，导致不少整车厂与发动机厂对国家法规产生抵触情绪。这种情况与油泵油嘴的技术密切相关：国内的发动机厂都没有多少在油泵油嘴上的经验，而油泵油嘴厂又没有几家对发动机了解充分。无油所凭借在发动机与油泵油嘴领域的技术积累，参与了很多技术改造项目，甚至还可以帮助企业进行发动机的改进，最终帮助企业达到排放标准。在当时，无油所的技术方案在国内是第一个达到欧Ⅰ、欧Ⅱ要求的。山东龙口油泵油嘴厂的董事长认为，无油所开发的欧Ⅱ系统拯救了中国的油泵油嘴工业。

直到90年代末期，无油所依然在机械式喷油系统领域为国内行业提供新的产品。例如，满足欧Ⅱ标准的PM泵是在1999年立项的，2002年发展成熟并报专利，与山东龙口油泵油嘴厂、亚新科①以及北京油泵油嘴厂合作投入生产。在无油所作为一个院所向行业提供设计许可的过程中，除改制前是“归口管理”行政调拨外，改制后基本上会收一些技术许可费。这些许可费主要由一次性的入门费和销售的百分比提成构成，但是入门费收得也并不高，“因为很多厂在开发与试制过程中都提供了协助”，“不少合作厂商都是为一汽集团做配套的”；而销售提成有一定的年限，“等厂家的生产真正上了量（规模）之后，我们的提成也就到期了”。事实上，国内很多相关企业都直接或间接地从无油所的技术进步和积累中获得了好处②。

2.2 涉足电控高压共轨喷射系统

无油所在90年代中期开始涉足电控高压共轨喷射系统，尽管它在机械式喷油系统方面取得了相当大的成绩。在今天看来，这一决定是非常具有国际视野的。在整个国际范围内，电控高压共轨技术也只是起源于80年代后期，而1995年前后博世等行业巨头的大规模进入使这一技术进入快速发展期，成为内

---

① 这是国内一家由美国某投资公司控股的生产企业。

② 由于无油所直属一汽集团，所以原则上无油所并不直接为一汽的竞争对手（例如二汽）提供技术服务。不过，无油所也并不限制合作生产厂商的行为。

燃机喷射系统领域世界各大企业展开白热化竞争的焦点。同样也是在90年代的中期，无油所也已经认识到电控技术必将取代传统的机械控制技术。虽然作为一汽集团技术中心属下的一个研究机构，无油所仅有200人的队伍，在资产规模和人才数量上都无法与博世、日本电装、西门子这样的国际巨头相比，但无油所还是决定投入电控系统的研发，这意味着整个研究所的资源投向以及人力资源[①]、组织结构的设置都要产生相应的重大变化。从当时来看，这无疑是有相当大的风险。

回顾近10年的历史，无油所当初走上这条道路并非出于什么英雄壮举。能够以与国际巨头差不多的步伐进入这个技术前沿领域的决定因素有二：第一，无油所生来就是搞技术研发的，不仅积累了机械式喷射系统的技术能力，而且具有对柴油发动机整机系统的理解能力，所以无油所能够认识到电控技术必将取代传统的机械控制技术。第二，在开放的条件下，任何国际技术前沿的动向都逃不过有能力者（至少是有理解能力者）的目光。

无油所最早接触电控喷射的共轨系统是在1996年10月，当时美国一个私立研究所BKM的专家John Beck[②]（两届美国汽车协会的主席）带着一个自己做的共轨系统样品来中国寻找技术合作伙伴，并找到了无油所。这个系统的技术叫作“中压共轨”，和后来广泛应用的高压共轨技术还有相当大的区别。从1996年到1999年的3年间，无油所与BKM开展了充分的合作：无油所向BKM交纳了4万美元，而BKM向无油所开放了所有的图纸、技术资料，甚至

① 电控技术相对原有的机械式系统来说是产生了技术轨道上的变迁，它引入了电磁控制手段——而且还是作为系统控制手段部分，这意味着在相应的研究力量中必须纳入与电磁控制相关的人力资源；而在原来的研究体制中，油泵油嘴这一块与电磁控制是不沾边的。

② 中文名白克强，自称是世界搞共轨系统的第一人。

把计算机都搬了过来[①]。1999 年，无油所做出了电控中压共轨系统的设计图纸，并做出了中国第一辆共轨卡车。

在开发出中压共轨系统之后，目光从未离开过国际前沿的无油所研究人员已经认识到，这种中压共轨技术和国际上领先的高压共轨技术相比已经落后了很多，因而满足不了更高要求的排放标准，在技术上进一步提升的余地不大。因此，无油所在 2000 年之前就放弃了这条技术路线。但这一次的技术学习对无油所来说无疑是非常重要的，用他们的话说就是“第一次知道了共轨系统是怎么回事”。

虽然放弃了中压共轨的技术路线，但无油所搞共轨系统的决心并没有动摇。1999 年，无油所从德国、日本买来了发动机样品，通过反向测绘对国外的技术进行消化吸收。2000 年，无油所在一台卡车上试安装了一套国外的喷油系统硬件产品，也就是说要把国外的一套设计思路在国内的发动机上实现。这并不是简单的调配工作，由于控制的对象（发动机）已经完全不同，这就意味着整个电控部分也就是 ECU 部分必须要由自己来重新开发。

典型机械式喷油系统（如图 2－2－1 上半部所示）的工作原理是：柴油首

① 从那时起直到今天，无油所一直积极学习外国技术知识。以下是无油所在此期间的一些主要涉外交流活动：(1) 1997—1998 年，连续两年邀请日本日产公司柴油机研究所前所长、著名柴油机专家林裕先生来无油所介绍车用柴油机性能改进和排放改善技术，对改进提高一汽的 6110 柴油机起到了积极作用。(2) 1999 年 12 月，邀请美国国家工程院院士、美国机械工程学会内燃机分会前会长、美国西南研究院前副总裁、国际著名排放研究专家 Karl J. Springer 来无油所讲学。他对中国车用柴油机降低排放污染和改善性能的研究提出许多建议，对无油所确定研发方向具有重要参考价值。(3) 2001 年，邀请日本 JODC 专家横山博来无油所讲学和进行学术交流。他在无油所期间，与中国科研人员一起探讨电控共轨系统的国际技术前沿，并现场咨询，对试验工作进行现场指导，解决了电控发动机一次点火成功的问题，还帮助解决了故障诊断分析等问题，指出电控发动机的关键要点，帮助解决了电控柴油/天然气双燃料发动机的有关难题。(4) 2001—2002 年，美国 ECO-POWER 公司总裁 John Berry、技术专家 David Cheng 多次来无油所进行技术指导，与无油所共同开发了先进的电控天然气/柴油双燃料系统，达到欧Ⅱ标准，并实现了大部分零部件国产化。像这样的国际交流至今年年都有，说明无油所始终保持着跟踪国际技术前沿的技术学习。但是，这样的交流不能代替自主的开发实践，因为技术能力只能在自己进行研发的过程中才能积累起来。因此，对外部技术知识的理论学习和自主的开发实践都是创新所不可或缺的，或者说是同一个过程相辅相成的两个方面。

先被输油泵从油箱中吸出，通过柴油滤清器滤掉柴油中的杂质后进入喷油泵；喷油泵中的柱塞依靠柴油机曲轴驱动的凸轮推动，在柱塞套内反复移动，使柴油加压并将其通过高压油管输送到喷油器喷油。在机械式的燃油喷射系统中，喷油泵是整个系统的核心部件，它不仅要定时、定量、定压向各个汽缸供给高压燃油，还要保证向各个汽缸供油量的均匀性以及向各个汽缸供油压力、定时的同一性。

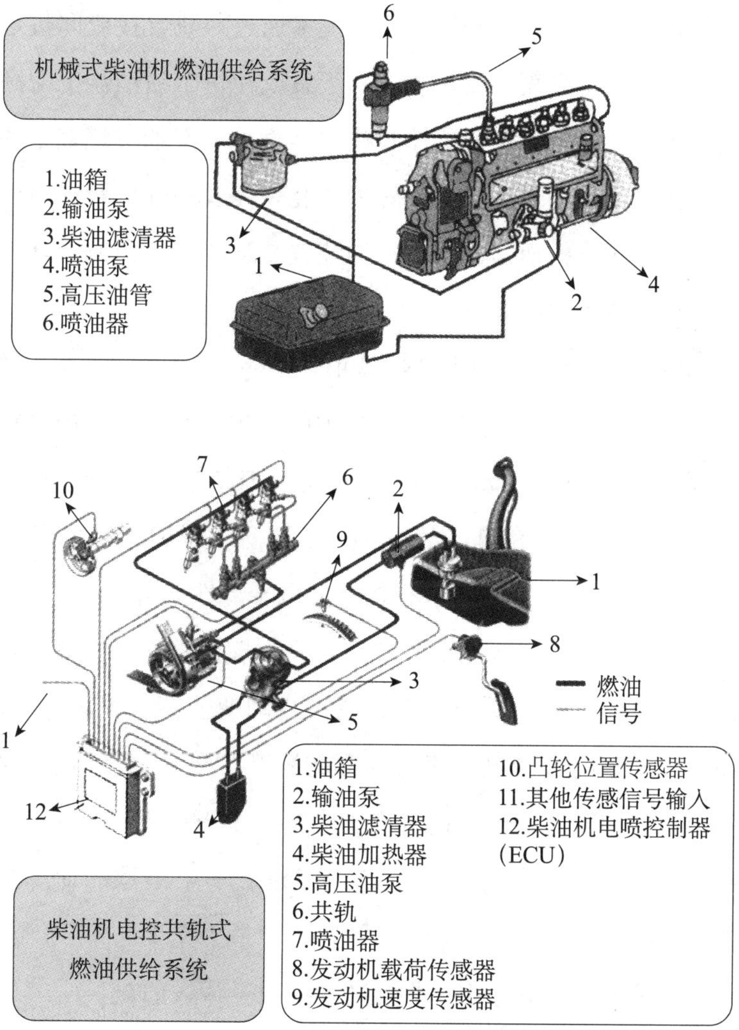

图 2-2-1　机械系统和电控共轨系统的比较

当燃油喷射系统采用电控共轨技术以后（如图2-2-1下半部所示），柴油的喷射主要由ECU来控制。在由高压油泵、传感器、ECU和共轨等设备组成的系统中，喷射压力的产生和喷射过程彼此完全分开，其工作原理是：由高压油泵把高压燃油输送到公共供油管（共轨，common rail），通过对公共供油管内的油压实现精确控制，使高压油管的压力大小与发动机的转速无关，这样就可以大幅度减小柴油机供油压力随发动机转速变化的变化，因此也就减少了传统柴油机的缺陷。ECU控制喷油器的喷油量大小，取决于燃油共轨压力和电磁阀开启时间的长短。共轨式电控燃油喷射技术通过共轨直接或间接地形成恒定的高压燃油，分送到每个喷油器，并借助于集成在每个喷油器上的高速电磁开关阀的开启与闭合，定时、定量地控制喷油器喷射至柴油机燃烧室的油量，从而保证柴油机实现最佳的燃烧比和良好的雾化，以及最佳的点火时间、足够的点火能量与最少的污染排放。共轨式喷油装置是近年来才研制成功的，被认为是最理想的一种高压喷油装置。

这里提到的ECU是“发动机电控单元”（engine control unit）的简称。发动机电控单元是所有汽车电子控制单元之中的一种（汽车其他的电控单元也叫ECU，但含义是electronic control unit，即电子控制单元）。所谓电子控制单元实际上就是一部单片机，有自己的处理器、I/O设备和简单的存储器。各类ECU都是用来对汽车的某种设备进行控制的电子部件。随着汽车电子技术的发展，越来越多的设备都可以采用电控技术，除了燃油喷射系统之外，刹车防抱死制动系统、四轮驱动模式转换系统、电控自动变速器、主动悬架调节系统、安全气囊系统以及多向可调电控座椅等都配置有各自的ECU模块对其进行控制。至于高档一些的轿车，往往拥有几十个甚至上百个ECU，这些ECU通过一定的总线结构连在一起，好像在汽车中组建了一个小型的计算机网络。然而，发动机的ECU在所有的汽车电控单元之中最为重要，不仅因为这部分的技术难度最高，而且因为它对整车性能的影响也是最大的。

一般来说，柴油发动机电控喷油系统的ECU都要执行以下任务：(1)根据柴油机的需求实时准确地采集传感器系统（包括一些开关量）的参数；(2)将这些信号转换、处理后传递给上层的控制软件；(3)运用从上层得到的控制参数，按照一定的顺序驱动执行器执行（体现为高速电磁阀的开启与闭合）；（4）与整车控制系统以及仪表盘进行通讯（见图 2-2-2）。

柴油机燃油喷射系统从机械时代进入电控时代后，ECU 已经彻底取代了传统的喷油泵在燃油系统中的核心地位，成为技术知识聚集、累积的新焦点和载体。从图 2-2-1 对两代系统的示意对比就可以让人清楚地看到这种变化。

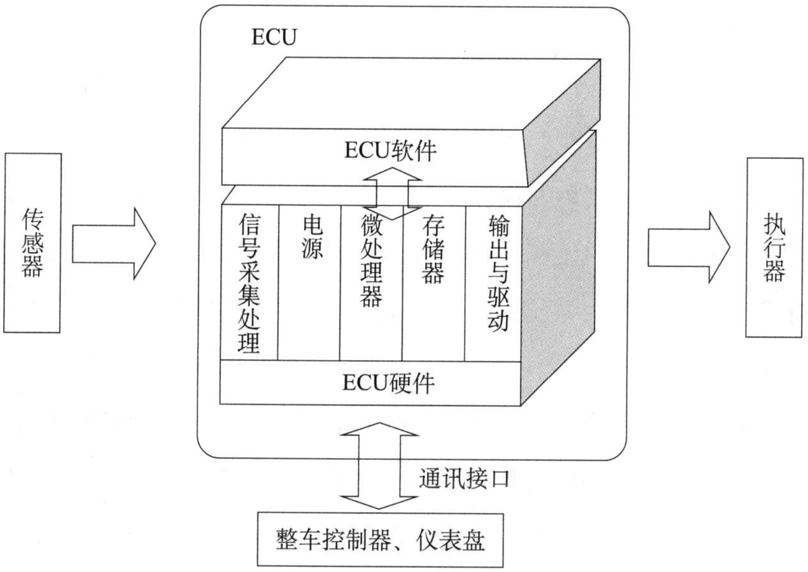

图 2-2-2　发动机电控喷油系统的 ECU 原理图

从图 2-2-2 不难看出，接收各种发动机传感器所采集的信号是 ECU 工作的前提，然后 ECU 才能对输入参数进行处理，输出处理结果，并控制执行器做出反应。当无油所把从国外购买的共轨系统安装在国内的发动机上进行调试时，传感器得到的发动机信号是共轨系统中的 ECU 所无法有效识别的，原因在于这个 ECU 是为国外的发动机配套开发的。由于不能准确识别传感信号，所以随后的信号处理、输出控制工作也就不能正确完成。一句话，ECU 与发动机之间的关系是高度特定的，与整车很多其他部分也联系密切。在不同的外部环境下（如不同的发动机和整车）要想令已有的共轨系统正常工作，对 ECU 的工作机理必须达到彻底理解的程度，而简单的模仿对于掌握这个核心技术没有什么实际意义。

另外，从技术层面看，无论是ECU的硬件还是软件，对其模仿都很困难，而且随着这项技术的发展，通过模仿来掌握技术的难度还在不断加大。首先，ECU硬件的集成度在不断提高。以传感器、执行器的驱动电路为例，原来电路中的通用芯片虽然没有标明其作用，但还是可以通过分析它在整个电路中的作用来判断它的类型，尽管电路中的专用芯片是没有办法破译的。随着驱动电路向智能化方向发展，驱动电路高度集中，原来好几个芯片起的作用被一个芯片代替了，破译自然更难。

然而更难掌握的是软件。ECU软件的实质是在技术开发过程中，企业通过对各种发动机在各种工作状态下进行试验而获得的知识和经验积累，是一个不断完善和细化的过程。这种知识和经验积累恰恰是在电控领域没有进行过自主开发的中国企业所缺乏的。一位相关领域的专家说："当年，一个ECU只有4 K的程序和几百个字节的数据库，而且是用低级的汇编语言写的。即使这样，国内技术人员仍需要花大量的时间加以破译。现在ECU中的程序已经达到了十几K，数据库也有好几K，而且用的还是较高级的语言，破译起来就更难了。"因此，当ECU成为燃油喷射系统的技术核心之后，先行者就自动获得了由技术特性所带来的天然壁垒。对于技术追赶者来说，原来在机械式油泵油嘴时代进行反向测绘活动是相对容易的，而现在破译ECU"黑箱"已经成为几乎不可能完成的任务。

无油所的技术人员明白，在ECU这个共轨系统的关键环节上，除了自主开发，别无他途。但当时无油所面临的另一个困难是缺少能够开发ECU的人才。虽然无油所在国内油泵油嘴领域一直具备技术和人才优势，但当面对新的技术轨道时，电控技术人才的缺乏仍然成为研发的制约因素。这时候，所长从浙江大学专门请来一位具备发动机专业背景，同时自己曾开公司做过电子设备的博士，以他为核心组成了专攻ECU开发的团队。用了半年多时间，这些技术人员弄清了ECU的工作机理，成功地将买来的高压共轨系统在国内的发动机上第一次实现了装车运行。此后，无油所一直在不断开发并改进自己的ECU。

2000年的装车成功，被无油所的一些技术人员称为一次里程碑式的事件。

因为这一次探索成功，无油所不仅在最关键也是最薄弱的 ECU 上获得了突破，积累了能力，还树立了信心。全所上下统一了思想，即他们所坚持的电控高压共轨技术是可行的，而且他们自己能够走通。当时国内相应的平台有限（无油所从机械式系统改变研究方向，原来缺的正是电控这一块），因而非常困难。当时国内其他单位也在探讨高压共轨技术，也有单位向国家申请了课题经费，但关于中国该不该搞、能不能搞这项技术开发，各方依然争论不休。即便是在国外，关于电控的技术路线，几大主要厂商也依然争论不休：日本电装有它的可变预行程概念，而博世也在 VP44（时间控制）和 VP37（位置控制）不同的方案之间选择，高压共轨技术在这个时候尚未形成绝对主流的技术思想①。

2000 年之后，无油所的 ECU 设计技术完成了从仿制到自主创新的革命性转变。从处理器芯片的不断升级，到硬件电路的自主设计，以及软件开发的规范化、流程化，无油所走上了技术自主发展的良性轨道。

技术路线上的纷争恰恰说明技术之新，而选择在新技术上的早期介入，则为自主设计提供了更大的空间。无油所花了两年多的时间，在对日本、德国等国企业的产品进行借鉴的基础上，于 2001 年设计了一个电控高压共轨系统的初步系统方案，并绘出了设计图纸。这是一套在油泵油嘴上基本遵循国际主流设计，而在喷油器和 ECU 上完全自主设计的图纸。但是，这样一套图纸，由于没有经过实际生产的检验，所以价值是有限的；产品的设计必须经过加工生产的检验，才能验证设计的合理性和可行性，设计工作也才最终能够体现它的价值。

高压共轨系统需要涉及大量的精密加工，特别是喷油器的部分。由于在高压共轨系统中，燃油的压力一般要达到 100MPa 以上甚至接近 200MPa，所以对高压系统的密封防泄漏要求极高，而且喷油器总成中很多体积细小的零件都

---

① 就电控技术而言，在大的技术框架之下有多种不同的技术理念。如博世的 VP44 纯粹是喷油时间控制，VP37 则是纯粹的喷油位置控制；可变预行程则是控制喷油的序列（油量）；电控单体泵则是控制共有的时刻以及喷油量。只有共轨思路才既是时间控制，也是压力控制，但它对执行器的响应要求也是最高的。目前，虽然高压共轨已经基本上形成了主流的方案，但还是有不少厂商在研发，或者在做高压共轨的同时发展一些其他的技术手段。

必须在高压下正常工作，机械加工精度的要求可想而知。因此，很多关键部件无油所当时在国内的合作企业都无法加工。为了推出自己的产品设计，2001 年无油所在欧洲找了两家经营不景气的企业，花了 700 万～800 万元人民币，请一家负责电控部分的加工，另一家负责机械部分的加工。在这些公司的帮助下，无油所对图纸进行了修改，并且做出了第一个样品。当然，无油所同时也在国内与其他单位合作进行一些关键部件的开发，例如在电磁铁方面，欧洲公司所提供的产品始终无法工作，反而是无油所与合作单位联合设计的部件发挥了作用。2002 年底，无油所成功试制出第一台样机。

2.3 把电控高压共轨系统开发到底的英雄气概

在 2001 年之后的一系列变化下，无油所仍然决心把高压共轨系统开发到底，就只能用英雄壮举来形容了，因为这意味着无油所必须独立完成新技术的产业化过程。

开始开发共轨系统——绘出高压共轨系统的设计图纸——加工出来样机（概念→系统设计→样机），通常就标志着科研院所一个项目周期的完成。但是，对于一项必须得到应用的技术来说，开发高压共轨系统的成功标志不是做出样机，而是产业化，使其成为性能稳定、能够批量生产并被市场所接受的产品。产业化阶段对于技术研发本身的重要性在于，如果不经过为批量制造做准备的过程（伴随着产品设计和工艺设计之间的大量互动）以及认真对待顾客使用后的反馈意见，许多必须解决的产品技术问题其实都难以发现。这种必要性恰恰反映出传统计划体制的一个基本缺陷：研发与生产的脱离往往使新产品的开发缺乏一个产业化的过渡阶段，最后导致开发中的新技术或新产品永远达不到能够应用的技术性能要求。

无油所本来没有加工制造能力，原来的打算是借助威孚的制造能力来继续开发高压共轨系统，双方还曾经签订了合作开发高压共轨系统的意向书，计划以威孚和无油所之间 8∶2 的比例合资生产高压共轨产品。但随着威孚与博世的合资谈判的进行，尤其是当威孚的领导班子从博世的土耳其生产厂与德国总部参观回来之后，无油所继续依靠与威孚的合作进行开发的前景越来越渺茫了。

失去与威孚合作的希望之后，无油所又开始在国内寻找其他能够进行精密加工的合作伙伴。为此，无油所的负责人一度想到军工系统——因为他们认为军工企业既然能够制造导弹、航天器等精密度要求很高的产品，就应该有可能具有这样的能力。2003 年，一直支持无油所自主开发的原机械工业部部长何光远参观了无油所，帮忙联系了我国在精密仪器领域唯一的院士徐性初到所里来帮忙拿主意。看过无油所的情况后，这位院士明确告诉无油所的领导，高压共轨系统所要求的加工精度已经达到当今工业界最高的加工水平，国内所有的企业——包括军工企业——都不具备这样的能力。他的建议是："真要做，你们就得自己做。"

听到这个结论后，无油所的负责人反倒是松了一口气，好像是"吃了一颗定心丸"。原因说来并不复杂：一是没有了其他可能的选择，决策反而简单了，就是"自己做"；二是为了不影响开发的进度，无油所已经开始从国外采购设备，这个结论无非证明了前面的决策没有错。

"自己做"的决定在所里得到了几乎全体一致的认可，因为在这群已经扑在这一事业上多年的技术人员看来，他们似乎没有什么理由不把这项事业继续进行下去。但是，这意味着无油所要付出的代价也是巨大的。2002 年 5 月，无油所为高压共轨系统项目专门组织了有关工艺设计方面的团队。此后，无油所按照自己设计的工艺方案从国外订购设备，仅 2002 年一次就花了 2 000 多万元人民币。因为市场上没有小批量试制设备的供货，只好都买用于大批量生产的设备。无油所开始进行工艺开发、购进加工设备并进入生产领域，主要是为生产配油器等关键部件服务。这些部件包括油嘴等精密器件，里面包括大量的耦合件，加工难度非常大，在国内无法找到能够加工的其他企业。无油所把握这些核心部件的生产是使电控高压共轨技术成功产业化的关键，而其他加工工艺相对简单的部件，如一些传统的配套件，则通过外包配套厂商予以加工。

但要自己干，无油所就不得不把多年积累下来的全部家底都押在这个项目上。迄今为止，无油所开发共轨系统已经投入了 1.5 亿元的资金，其来源包括几乎所有来自一汽集团的研发项目、行业服务和下属公司的收入。为了这个项目，无油所在 1985 年建的办公楼直到 2004 年才改造，而在这之前很多办公室竟然还在用电风扇来度过江南的夏天。所里有人笑称："我们的办公室连无锡街道大妈的办公室都不如。"

依靠自己的力量搞产业化，使无油所面临的风险陡然加大。但为什么无油所的负责人在参观完博世之后没有被吓倒，反而更加坚定了自主开发的信心？除了源于对自己技术能力的信心，还源于对市场竞争的清晰战略构想。根据无油所负责人的解释，他们感到德国人虽然在技术上强大，但在共轨系统的研发上投入成本也很高。此外，像博世这样规模巨大的公司，其产能计划往往是根据能够回收成本的产量规模而确定的，所以博世在中国投资 6 亿欧元生产共轨系统是以年生产 50 万套确定的。但无油所的决策层认为，新产品的市场只能逐渐成长起来，特别是对于需求结构复杂的中国市场而言，因此以大批量生产为目标的大量投资可能在短期内得不到回报，于是就必然导致高成本；无油所虽小，但采取的是跟随市场成长的滚动式发展，只要掌握技术，就完全可以依靠成本优势和跨国公司一比高下。

无油所高压共轨系统的研发不仅在产业化过程中持续着，而且技术水平也不断得到提高。无油所坚持开放式的技术学习，自始至终都没有放弃过对国外先进技术的追踪、学习和研究。在 2002 年左右，无油所花了 200 多万元人民币，外派 20 多人到英国 Ricardo（发动机研究机构）待了一个多月。这些人回来的时候，不仅带回了 Ricardo 在 2000 年之前的最新技术资料，还做了 800 多页幻灯片，向其他同事进行介绍。事实上，这就是几十年来该领域数代中国科研人员们不懈进取的一个缩影。用无油所一位老工程师的话来说："在改革开放之前，我们是看别人的东西好，所以想要抄过来；开放之后，我们是看别人的东西好，就要设法找出缺点，想法改过来；而现在是看别人的东西好，我们是想办法怎么样避免与别人的专利冲突，从而形成自己的技术体系。"

无油所是一个研究机构，可以说坚持技术学习与技术积累是该所研发人员的"本职工作"。但从另一方面来说，作为在市场竞争中追求技术进步的组织，无油所这条发展道路依然向我们揭示了几条普遍适用的道理：第一，技术学习与技术积累是一个漫长的过程，无油所正是经过长达 10 年的积累，才得以在电控高压共轨技术上有所突破。技术能力成长的长期性和艰苦性，应该是坚持技术学习的理由，而不是放弃自主研发、依赖外资的借口。第二，有效的自主研发绝不可能通过依赖外资或外国技术来实现。在 20 多年的技术学习过程中，无油所从来没有闭门造车，但也从来没有依赖国外技术，更没有放弃过技术发展的主导权，而是根据自己的需要，积极主动地以各种方式吸收国际先进技术经验，逐步形成自己的技术体系。第三，基于能力成长的企业战略是影响一个组织进行技术学习的重要变量。一厂一所在接到同样的参观邀请时，在面临同样的市场变局时，做出了截然不同的反应，这固然与领导团队的个人判断甚至地方政府的意愿相关，但同时也与一个组织形成的技术信心密切相关。而这些信心本身，归根到底还是源于企业长期以来在技术学习上的战略。

从 2004 年开始，无油所在系统层面上总结整理已掌握的技术，通过对一系列关键节点进行自主设计来突破外国企业的专利壁垒，并由此建立起自己的知识产权系统。由于无油所的科研人员们从 1995 年以来就一直在学习并开发电控喷射系统的技术，积累了大量的经验，也通过自主设计形成了对整个系统的理解，所以他们已经有能力以自己的技术方案或通过改变部分关键技术特征来绕过外国企业的专利壁垒，突破这些关键节点的技术壁垒。围绕着电控高压共轨技术，无油所目前已经申请了 17 项专利，其中的发明专利就有 6 项，这些专利申请都完全绕开了外国企业的知识产权。

建立知识产权系统的过程也是技术学习的过程。无油所的知识产权小组已经有多年的历史，以前主要从事“科技情报”方面的工作。近年来，随着所里电控高压共轨系统研发工作的开展，这一小组得到了特别的加强。无油所通过对国外厂商的专利的研究也学习到了很多东西，还以此比较自己与国外先进水平的差距在哪里。2004 年的时候，无油所本来打算在 ECU 上申请两项专利，却发现日本电装正在申请两项与之非常相似的专利；无油所非但没有因此而沮丧，反而觉得非常高兴，认为这证明自己的技术路线选得没有错，而且已经达到与国际前沿并驾齐驱的水平。目前，无油所通过研究全球与共轨技术有关的专利（200多项），发现自己的产品已经不涉及国外厂商的知识产权。

最重要的是，通过对国外专利的学习研究，无油所的科研人员们发现其实专利并没有那么可怕。他们发现一个问题：为什么知识产权大棒总是由强国对弱国、大公司对小公司挥舞，而强国之间和大公司之间却很少发生这样的冲突？经过分析，最后得出一个答案：原因在于，大公司具有强大的自主开发能力，所以总能够绕开别人设置的障碍，并产生新的专利来形成自己的技术优势。所以，强者之间实际上是在互相不断地玩“绕桩”游戏，反而刺激了持续的创新。因此，专利在某种程度上就像是核武器，虽然会被用来威胁那些没有这种武器的国家，但在核俱乐部成员之间只不过是起威慑制衡的作用，没人会想真刀真枪地干起仗来。知识产权主要是用来“欺负”那些弱小的后进者的——如果他们缺乏自主开发能力，绕不过障碍，就只能一头撞死。因此，专利不过是大公司恫吓小公司的武器，但只要你有能力，总是能有办法把别人的专利避开。事实上，无油所目前的设计也正是在国际相对主流的高压共轨技术范式框架之内进行。但在具有企业特征的关键技术结点上（往往申请有技术专利），无油所通过自己的经验积累和技术研发，不断成功地发展出自己的解决方案，形成自己的技术特点，从而构造出自己的技术体系。

关于这一点，无油所负责专利工作的技术人员举了一个生动的例子。在设计喷油器上的某个部件时，技术人员开始只是希望通过拆解日本电装公司的一个喷油器产品，达到反向测绘、学习的目的。但将拆解后的设备零件重新安装回去后，在使用中却出现了漏油的现象。显然，电装公司使用了特定的安装方法，以非专利形式的技术壁垒来阻止后进者学习知识，而这种知识是通过反向工程很难掌握的。不过，这种堵截反而激发了无油所技术人员的创新动力。为了能将零件成功地安装，技术人员通过不断的尝试、设计，最后决定给某个零件加上螺纹，再对一些部件的形状做些小改动，于是漏油的问题就顺利解决了。发人深思的是，加上螺纹的这个解决方案现在已经成为无油所在电控高压共轨系统上的一项技术专利！

虽然这样的技术改动似乎不起眼，但大多数产品技术的进步正是来源于这些无数的微小改进，所谓的技术能力就是这样一点一滴累积起来的，而且敢于进行这种改动就意味着已经具备了绕开别人专利并形成自己专利的条件。由此可见，专利不但不神秘，反而给了后进企业很大的创造空间。因此，如果说研发实践是能力之源，那么能力就是知识产权之源。

2.4　向产业化冲刺

2003 年年底，无油所为试制加工共轨系统所需的设备全部到位。目前，无油所正在为其年产 1 万套的第一阶段目标而努力。之所以把目标制定为年产 1 万套，是因为无油所的决策者认为这刚好是其经济规模的临界点，可以赢利。为了实现这一目标，无油所打算在设备上总共投入 5 000 万元，除原有的试制车间之外，还要建立总装测试车间。2004 年，无油所开始进行生产工艺研究。

到了 2005 年，无油所开发电控喷射系统已经到了第十个年头，并已经投入了超过 1 亿元的资金。凭着对开发电控高压共轨系统的痴心不改，无油所终于取得了阶段性成功，造出了中国第一套能够达到欧Ⅲ排放标准的电控共轨喷油系统，并于 2005 年 9 月安装在卡车上，顺利完成了 1 500 公里的无故障路试。这是无油所在发展电控高压共轨技术过程中的另一个里程碑，标志着无油所的产品开发已经成功①。也正是这一标志性事件的成功，使得目前无油所的研究人员都充分相信这项事业的前景：虽然在技术上与跨国公司依然存在一定的差距，但无油所已经拥有了具有自主知识产权、具有价格优势并且满足中国市场要求的产品。

2005 年，无油所需要在技术上达到的两个目标是：（1）对系统的可靠性进行进一步的检验，以为产业化做好充分的准备；（2）在同属一汽集团的锡柴发动机上实现排放的目标（今已实现）。此外，无锡市决定把公共汽车的改造（以求符合欧Ⅲ标准）交由无油所完成，要求无油所先实现 40 多辆车的改造工作，以后将会是 600 多辆。目前，无油所的产业化工作已经全面启动。

---

① 事实上，这标志着中国成为世界上继美国、德国和日本之后第四个掌握了电控高压共轨技术的国家。

目前，无油所正在与有关企业进行谈判，准备在无油所实现年产 1 万套高压共轨系统的中试规模，把国内围绕着电控共轨喷射系统的相关产业带动起来。更大规模的产业化计划也在酝酿之中。

无油所开发的电控高压共轨系统还处在产业化的早期阶段，能否成功有待于市场的最后检验。但为什么无油所会冒这么大的风险独自进入产业化的阶段？在访谈中，不少无油所的研究人员都谈道，毕竟无油所原来是国家在这一领域的归口研发单位，因此他们都觉得自己对整个行业负有责任。如果无油所不做这件事情，也许整个中国油泵油嘴（即喷油系统）行业都无法生存，而且相关的内燃机工业也将在技术上受制于人，甚至由此而影响到整车工业。

除了责任心，还有信心。经过最近 10 年的发展，无油所在技术能力的发展上取得了两大突破：第一，全面掌握了欧Ⅲ及其以上排放标准的技术，发动机整机的研发达到了国内领先、国际先进的水平；第二，全面掌握了柴油电控共轨喷射系统的技术。目前，全世界一流的发动机研究机构共有四家，分别是英国的 Ricardo、奥地利的 AVL、德国的 FEV 和美国的西南研究院。无油所在发动机整机的研发水平上，仅次于以上四家研发机构，在某些方面甚至达到或接近它们的水平。然而，以上四家机构无一具备柴油电控共轨喷射系统的开发能力。目前，全世界能够大批量生产电控共轨喷射系统的厂家，只有德国的 Bosch（博世）和 Siemens（西门子）、日本的 Denso（电装）、美国的 Delphi（德尔福），但它们又都不具备发动机整机的完整研发能力。因此，无油所的特点非常明显：它同时具备了发动机和电控共轨喷射技术的开发能力，这在全世界都是独树一帜的。

在西方发达国家的工业条件下，同时具有发动机和喷油系统开发能力并不一定是明显的优势，因为普遍具有较高技术能力水平的企业之间可以很容易形成战略伙伴关系，互相利用对方的技术来进行互补。但是，在中国目前的工业和市场条件下，这一特点将给无油所带来非常明显的优势，因为同时具有发动机和喷油系统的开发能力使无油所具有独一无二的系统改进和匹配能力——这恰恰是中国发动机企业所急需而又无法依赖外国企业的。当政府提高排放标准时，要提升发动机性能，不仅必须使用电控喷射系统，而且对发动机本身也要做很多改进。中国发动机厂家在采用共轨系统时，必须根据共轨系统的特点对发动机进行改进，但不仅它们缺乏对共轨系统的了解，而且只单一生产共轨系统的跨国公司也无力帮助它们改进发动机。目前中国发动机厂家的普遍做法是，一方面请国外的发动机研究机构帮助改进整机，一方面请跨国公司提供共轨系统。这个过程需要三方的协调，不但周期长，而且费用高①。与此相比，具有综合技术能力的无油所在向发动机厂家提供共轨系统的同时，还可以帮助其对发动机进行改进，即可以为用户提供一揽子的服务。因此，一旦中国发动机厂家为满足欧Ⅲ标准而开始普遍提升产品性能，无油所将有可能获得广阔的市场空间。

此外，无油所坚信通过自己的努力能够把新技术的价格压下来。就开发费用来看，国外发动机研发机构开发一台欧Ⅲ排放标准的发动机的费用少则数千万，多则上亿元人民币，而无油所的开发费用仅为其十分之一。同时，由于无油所更熟悉中国的主机厂的生产现状，所采用的零部件和生产工艺将更加符合企业的实际情况，能够降低生产厂家的生产成本②。就生产成本而言，一旦掌握了技术并使喷油系统发展成熟，产品成本的瓶颈将产生在机械加工尤其是精密加工这个环节（对无油所而言，这一环节的成本估计会占全部成本的70%～80%）。虽然精密加工领域也一直是中国加工业的瓶颈，但无油所坚信自己能够突破这个瓶颈，并因此而形成中国制造成本优势的又一个新领域。最后，无油所采取的滚动式投资方式，也将为它的低成本战略提供有力的武器。

无油所的信心是有根有据的。2001年参观博世时，无油所的负责人发现，

---

① 例如，中国某主机厂需要开发满足欧Ⅲ排放标准的发动机，于是找到奥地利的AVL公司。AVL公司推荐该主机厂采购德国博世的共轨系统，但该中国主机厂出于历史原因，在喷油系统上一直与日本Denso公司密切合作。当中国厂家告诉AVL要用Denso的共轨系统时，AVL表示，如果采用Denso的共轨系统，它将不负责该共轨系统与发动机整机的匹配，而需要中国厂家自己解决这个问题（中国发动机企业以目前的技术水平根本无法做到这一点）。

② 例如，2005年，无油所在天津一汽“夏利”轿车376汽油机上，应用最经济的手段和方法，完全自主开发出了4气门发动机。其中，新技术得到广泛运用，并最大限度地利用了原生产线的制造设备，零部件有75%以上与原机通用，各项指标优良，整机达到了国际先进水平。该款欧Ⅲ排放标准4气门机型，具有完全自主知识产权，一次性开发即获得成功，在国内属首款，开发费用仅为100万元左右。

博世的生产组织方式是大量使用自动化设备，连完成一个简单动作的工作程序都使用机器人，当然成本很高。采用这种方式的表面原因是大企业对于大批量生产方式的习惯，但背后却存在着一种根深蒂固的价值观：人是不可靠的（至少会罢工），只有机器才是最可靠的。无油所的负责人没有被满目的自动化设备所吓倒，反而认为，无油所的生产线可以大量使用人工，实现低成本制造，因为只要严格培训，就可以把中国供应丰富的技工学校毕业生转化成为强大的生产力。在这个战略的背后是东方式价值观——人是最可靠的，也是最宝贵的。两种生产方式的差异不仅限于成本方面：依靠大规模自动化生产线不容易实现灵活生产，即生产多品种产品，但这个特点恰恰不符合中国市场多层次、多地域的差异化需求特点；相反，大量使用训练有素技工的生产方式，则不仅会导致低成本，而且具有能够适应需求多样化的灵活性。因此，虽然博世强大，但中国企业也有战胜对手之道。

当一些中国人仍然不相信、不承认中国人能够开发技术的时候，无油所的努力却引起了国际巨头的恐惧。2005 年，无油所的负责人再次造访了博世公司总部。与 2001 年的访问截然不同的是，这一次博世绝不让无油所的人员参观任何与电控喷射系统有关的地方，而且在任何场合都闭口不谈有关技术的话题。因此，无论是否获得商业成功，也无论商业成功的程度会有多高，无油所都坚信自己所做的是具有全局意义的事业。正如无油所所长朱剑明所言：“只要我们卖 5 000 元，博世就不敢卖 1 万!”这就是无油所产生决心的底线。

第三章
讨论：两条道路的战略含义是什么？

面对喷油系统从机械式转向电控式的技术变化，无油厂（威孚）和无油所分别选择的不同道路代表了技术依赖和自主创新的两种模式，对于中国工业发展具有截然不同的意义。

作为一个戏剧性的对比，2004年威孚与博世的合资协议生效，从此一个曾经是中国油泵油嘴工业排头兵的企业——威孚——退出了所有欧Ⅲ及其以上排放标准的产品的研发和生产；就在同一年，小小的无油所却做出了一个完全相反的决定：中止所有欧Ⅱ及其以下排放标准的产品的研发，而把所有的人力、物力都投入欧Ⅲ及其以上排放标准的产品的研发中，并决心以其孤单的肩膀挑起电控高压共轨系统产业化的重任。

这个戏剧性的对比恰好体现了两条道路对于中国工业发展的含义：在技术变化面前继续走技术依赖的道路，中国工业就只能自断前程，沦为外国企业垄断中国市场的垫脚石；而只要奋起自主创新，中国工业就可能跟上技术变化的前沿，并以其特有的优势而赢得广阔的市场空间。尽管这个案例的最后结局还没有完全展现，但两条道路所导致的两种前景已经昭然若揭。因此，虽然本报告分析的仅仅是一个企业和一个研究所的发展道路，但其经验却仍然为理解中国技术进步和工业发展的战略原则提供了深刻的启迪。

3.1 没有自主开发的技术引进只能导致技术依赖

中国作为一个后进国家，学习外国先进技术是其工业发展所绕不过去的一条必经之路。但是，怎样才能更有效地学习外国技术则是一个需要澄清的问题。从图 2-3-1 可以看出，由于选择了不同的技术学习路线，威孚与无油所的发展结果完全不同。

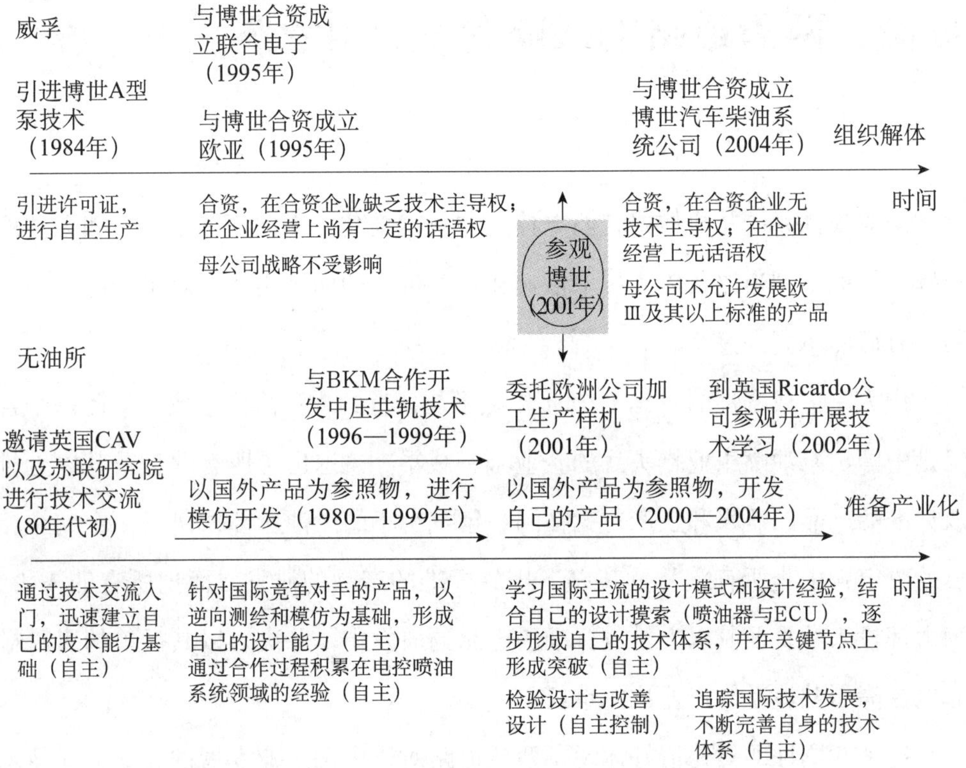

图 2-3-1　威孚与无油所学习外国技术的路线图

注：横向的短箭头线表示一段时间。

如图 2-3-1 所示，威孚和无油所都在学习外国技术，但两者的学习方式却不同：前者采取的主要是“引进技术”（即购买和使用现成的外国技术）的方式，后者采取的则是以自主开发来吸收外国技术知识（或以学习外国技术知识来帮助自主开发）的方式。因此，区别两种学习方式或两条道路的关键因素在于看其是否包含足够的自主开发内容。

在本报告所分析的时间段内，威孚学习外国技术的轨迹是从“引进技术”走向合资，又从合资走向实际上被收购的结局。为理解这个轨迹的内在动力，我们先从外部条件——“引进技术”的机会开始。从威孚的经验看，在改革开放的初期，中国企业尚可赢得外国企业技术许可的机会。但存在这种机会的原因是中国市场尚未完全开放，中国企业的产品也没有进入国际市场，特别是中国企业在计划经济时代通过逆向测绘开发而积累了一定的技术能力。在中国市场逐渐开放的过程中，中国企业又得到了与跨国公司合资来向对方学习的机会。

但是，为什么在长达 20 来年的时间里，一直在“引进技术”的威孚却从来没有能够摆脱技术依赖的状态，以至于随着技术的变化而最终走上丧失组织独立性的道路？根本的原因在于，威孚在“引进技术”的过程中，没有对自主开发付出足够的努力并坚持到底（例如，放弃自主开发共轨系统的努力），所以也就没有锻造出能够跟上技术变化的技术能力。为什么没有能够这样做？一个重要的原因就是，战略决策者总以为可以依赖“引进技术”来发展。随着市场竞争格局的变化，“引进技术”的形式从购买技术许可证变成了合资，而在缺乏足够的自主开发努力的情况下，合资形式只能使企业失去技术学习的主导权。没有在技术学习上的长期努力和积累，只能导致对跨国公司的进一步技术依赖，以至于在面临重大技术变革时，丧失了自主响应市场需求变化的技术能力，从而在其他因素的影响下（例如，地方政府为获取“政绩”而把合资当作招商引资的手段），选择接受了跨国公司以“灭亡”中国企业为目标的“合资”条款。

威孚的道路仅仅是一个企业的例子，但众多案例的同时存在却反映出中国工业发展中的战略问题：中国所实行的“以市场换技术”，引进国外先进技术的路线方针，在执行上已经完全违背了初衷。这项政策在这个行业中由“提高本土工业技术能力”的美好憧憬最终变成了让跨国公司图谋主宰中国市场的垫脚石。

依靠“引进技术”的可行性是随着特定条件的变化而变化的，世界上并不存在一种依靠技术引进就可以发展起来的模式。从经验证据上说，虽然美国（19 世纪中期之前）、苏联（20 世纪 30 年代的“斯大林工业化”）、日本（19 世纪的明治维新和第二次世界大战后）、韩国（20 世纪 60 年代）等典型的国家都在不同的起点上从引进技术开始了经济发展，但没有一个国家是依靠外资发展起来的，也没有一个国家是不进行自主开发和创新就能获得技术能力的。

日韩两国的经验就足以证明这一点。日韩在二战后的技术发展有两个特点：第一，最初的技术几乎全部依靠引进；第二，长期阻止外国对本国工业直接投资。这两个特点是自相矛盾的吗？如果读者有疑问，再简单分析一下就会明白其中的道理。日韩发展的真正特点是，在引进外国技术的过程中，本国企业普遍在学习外国技术的基础上进行自主的产品和工艺开发。正是因为这样，所以日本在技术引进中，购买“交钥匙”工程[①]和成套系统的情况不多，合资生产外国产品和引进外国独资企业的情况几乎没有。韩国因为在开始发展的时候技术能力水平更低，所以存在比日本更多的组装外国产品和引进全套生产线的情况，而且也出现过以允许外国企业持股来获取技术的情况。但是，在对待外资的态度上，韩国仍然是采取了严厉限制的政策。

逻辑很清楚：阻止外资就是为了更好地学习外国技术。如果一个国家引进技术的目的不是为了依赖，而是为了通过学习掌握技术，就必须以本土企业作为经济发展的主力军，因为只有本土企业才是本土技术能力和本土创新的主体。阻止外资进入的目的就是防止外资控制尚且弱小的本土企业，从而避免本国的技术学习过程被外资控制。日韩经济发展的成功经验证明这项原则的正确性：虽然日韩的发展是从全面引进技术开始的，但它们能够实现经济发展却是由于掌握了自主的技术能力，并由于进行了创新而获得了国际竞争力。

中国发展的环境不同于日韩，面临的问题也不同，但自主自强的目的应该是一样的。中国今天要开放是因为：第一，开放可以大大改善进行技术学习的条件；第二，开放国内市场也是为了能够利用国际市场。中国需要引进技术，而且是长期需要。但必须强调的是，无论是技术学习还是利用国际市场都是要有行动主体的，而这个主体就是本国的企业。如果以卖掉本国企业甚至是蒸蒸日上的企业来开放、来“引进技术”，那么开放的目的就变质了。中国的发展需要开放，但开放只能是发展的必要条件，自主自强才是充分条件。

---

① “交钥匙”工程是一个形象化的说法，指的是技术供给方为购买方包建整个工程（好像最后交给购买方“一把钥匙”就可以运转）。

在本报告分析的案例中，政府的“招商引资”政策导向与威孚走上自断前程的合资道路是分不开的，在很大程度上影响了威孚的技术信心，导致最后威孚撤回派驻美国的合作研发团队以及中止与无油所的合作计划。

需要澄清的是，在中国的技术进步方面，引进外资和合资永远无法代替自主创新的作用。国际主流学术界的大量研究表明，从发达国家向发展中国家的技术转移是困难的，而且成本高昂（所以富国和穷国的分野才长期持续）。原因在于，有效引进技术的关键并非存在技术知识的外部来源，而是技术接受方必须具有能够消化吸收外来技术知识的能力，以及为技术学习付出足够的努力来发展这种能力（所以向一个小学生“转移”大学水平的知识是不可能的）。本报告的案例就清楚地证明，坚持自主研发是吸收和学习外国技术最有效的途径。

技术能力是组织内生的。换句话说，技术能力只能在企业进行研发和生产的过程中生成，并以企业为组织载体。这个事实说明了一个基本道理：外国企业的技术能力不是中国的技术能力，也不会因为外国企业在中国设厂甚至设研发机构就变成了中国的技术能力。一个国家的技术能力只能储存在本国企业之中，所以本土企业才是本土技术和管理能力的载体，才是中国进行技术学习的组织平台。

外国企业在中国合资的目的当然不是向中国企业输出或转移技术，而是进入中国市场赚钱。当中国政府规定不得独资时，合资是外国企业进入中国市场的唯一途径。随着中国政府对 WTO 承诺的落实，外资可以在越来越多的行业中开办独资企业。但是，无论是否存在政府的限制，外国企业往往都是首先通过合资进入中国市场，因为它们需要熟悉中国的市场和政治环境，而且需要掌握销售渠道和营销能力，等等。目前，跨国公司越来越多地采用并购中国企业的方式来达到进入并控制中国市场的目的。但道理是一样的：从无到有地设立独资企业成本很高，不仅高在设施的投资成本上，更昂贵的是发展出包括运营、管理和营销等能力。并购现成的中国企业，不仅可以立刻获得从生产到销售的现成资产和能力，而且可以消灭竞争对手（包括品牌），从而达到控制市场的目的，尤其是在一些地方政府愿意贱卖企业的条件下！

需要清醒认识到的是，外资进来最多是带来了学习的机会，而利用这种机会学到技术只能靠自己的努力。因此，即使在合资情况下，中国企业也必须保持自主性，即要保持对技术学习及其过程的控制权。保持这种控制权的关键是绝不放弃自主研发和自主品牌（当然也就要求企业不能整体合资），这样才能保持技术学习的主体地位。中国政府应该支持和保护中国企业的技术学习，通过种种手段增强中国企业的谈判力量①。威孚的例子从反面证明了这些原则的重要性。因此，无论从理论逻辑上看，还是从中外的历史经验看，甚至从中国企业 20 来年经验的微观层次上看，宣称中国可以依靠“技术引进”而发展起来，都是一句谎言。

3.2 依赖引进技术和自主创新的区别到底是什么？

从图 2-3-1 的路线图中可以看出，无油所开发电控高压共轨系统的过程是高度开放的，其过程自始至终都包含了对外国技术的大量学习。但毫无疑问的是，无油所走的是一条不折不扣的自主开发道路。那么，为什么这种大量吸收外国技术知识的“自主开发”在学习效果上要比“引进技术”的依赖模式好得多？我们从两种模式的学习机制角度来理解这个问题。

如图 2-3-2 所示，从企业职能活动的组织流程来讲，自主开发型企业与技术依赖型企业之间的区别在于：前者包括环节Ⅰ、Ⅱ和Ⅲ，而后者只有Ⅱ和Ⅲ两个环节。换句话说，两者之间的区别在于企业是否包含制度化的（或有组织的）技术研究和产品开发活动（即环节Ⅰ）。由于研发活动对于技术学习具有不可替代的作用，所以这种区别对企业长期经济绩效的影响是深远的。例如，从图 2-3-2 中可以看到，企业的研发并非随心所欲的，而是必须以市场

① 二战后，通过引进和学习外国技术而实现经济起飞的国家以日本、韩国为代表，而这两个国家都是在严格限制外资进入的条件下引进外国技术的，原因就在于它们都意识到必须防止外资来控制本国企业的技术学习过程。中国虽然情况不同，但必须保持自主却是颠扑不破的真理。

需求为导向，所以从消费者到企业研发之间存在着信息反馈（由图中连接消费者环节和企业研发环节的线条表示）。这种信息交流的存在暗含了一个判断：没有产品开发能力的企业难以根据市场需求的变化调整产品结构。

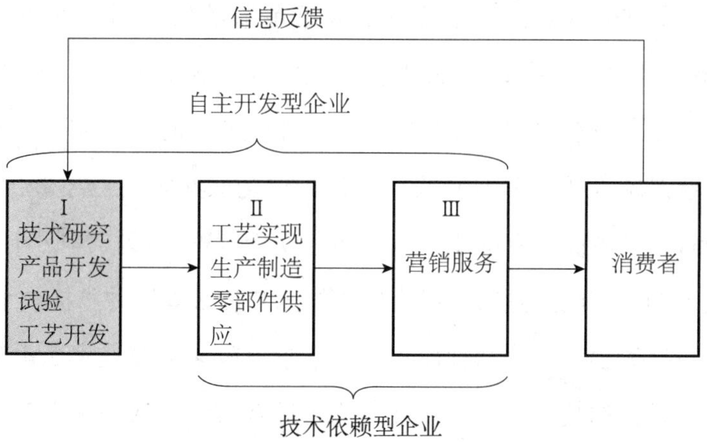

图 2-3-2　自主开发和技术依赖模式的不同组织形态

一些人经常以“封闭性”（“关起门来自己做”）为理由反对自主创新，似乎自主创新与学习外国技术是非黑即白的对立面。但从技术学习的角度看，这种理由是荒谬的，只不过是他们自己树起来的稻草人。图 2-3-3 表示的是图 2-3-2 中环节Ⅰ的详细内容，它所表示的主题是：以产品开发为目标的整个技术研发过程都必然包含着对外部技术知识的吸收（无油所的自主开发过程充分证明了这一点）。事实上，在开发或创新过程中，外部技术知识和内部技术知识是互补的关系，而非互相替代的关系。既然如此，那么自主开发模式就必然是开放的。

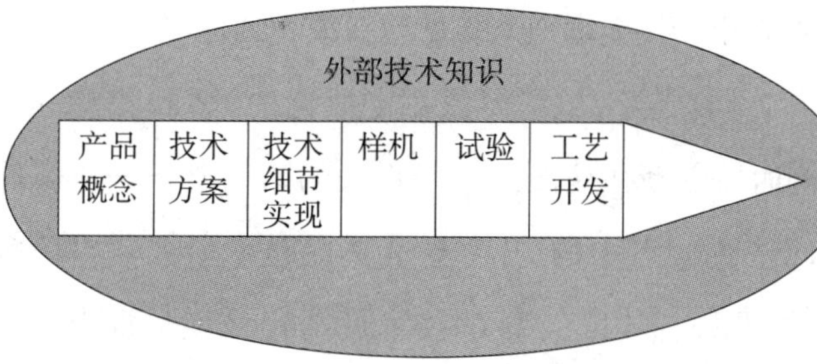

图 2-3-3　产品开发的主要内容

事实上，在今天技术知识急遽膨胀的条件下，自主创新必然具有吸收外部技术知识的开放性，而这恰恰是两种模式在技术学习有效性方面存在巨大差异的根源：技术依赖模式是依靠外部技术供给者来提供现成的技术（往往以产品设计和工艺设计的形式），自己却由于缺乏足够的研发活动而对“引进”的“技术”没有多少理解，所以只能处于“知其然而不知其所以然”的状态。相反，自主开发模式虽然也需要吸收外部技术知识，有时甚至需要购买技术许可证（当无法绕过别人的专利时）或零部件，但仍然必须自己发展出产品概念、进行系统设计以及解决所有的相应技术问题，所以这种模式是以自己的理解去吸收外部技术知识，或者是通过吸收外部技术知识来理解并掌握技术。

这样就可以看出为什么两种模式在技术学习效果上存在那么大的区别：由于必须理解内外部的技术知识，并且必须通过有组织的活动在理解的基础上创造出产品，所以自主开发的结果是增强解决问题的能力，不仅获得具有自主知识产权的产品，而且获得自主创新的能力；而依赖模式因为只是使用现成的技术（主要体现为现成的产品设计或工艺设计），没有去自主解决有关产品概念、技术方案和技术细节，以及从样机、试验到生产准备的一系列问题，所以不仅没有知识产权，而且不产生技术能力。从无油所和威孚的对比中可以看出，前者在自主开发电控高压共轨系统的过程中，学习外国技术的强度和效果都比依赖技术引进的后者要大得多。这就证明，即使都以学习外国技术为目标，自主开发模式下的学习也要比技术依赖模式下的学习强度更大、效果更好。

理解创新的概念可以从区分发明和创新开始。一般来说，发明是第一次产生有关某种新产品或新工艺的想法，创新则是第一次把这种想法付诸实施。因此，创新可以被定义为把新技术成功地结合到产品和工艺之中，所以创新一般必然与商业化相联系，市场接受度则是衡量创新成功的标准。在最近几十年中，由于技术日益复杂化，创新越来越需要依靠专业化的R&D机构和活动（Bell and Pavitt，1993）。同时，创新往往涉及一个很长的活动链条。所谓的R & D（研发）就包括了两个部分，其中的“R”代表的是技术研究，“D”则代表产品开发和工艺开发。如果只有“R”，科学技术就与经济发展脱节，最后也无法持续；但如果只有“D”，则开发新产品所需的新技术就会供应不足。因此，基础研究、应用研究、产品开发和工艺开发都是整个创新链条上的必要环节，虽然这并不意味着一个企业必须开展 R&D 的所有活动。

如前所述，任何创新在今天的条件下都必然包含对外部技术知识的吸收和利用，无论是所谓的“原始创新”，还是“集成创新”或“消化、吸收再创新”，莫不如此。关键在于，要创新就必须自己进行研发活动，否则就不可能创新。因此，是否吸收和利用外部技术知识不是区别自主创新和技术依赖的标准，是否进行以产品为导向的研发活动才是区分的标准。在现实中，普遍缺乏研发经验的中国企业往往只能从比较容易的环节开始，而且在早期阶段往往需要更多地借助外部能力。但是，只要开始自主研发活动，经验就会积累起来，能力就会成长起来，外来的技术知识就会逐渐转化为内生的技术能力。因此，自主创新跟是否吸收外部技术知识没有关系，跟技术能力水平的高低也没有关系；自主创新只跟是否进行研发活动有关系。是否提倡自主创新的问题焦点不在于是否需要学习外部技术知识，而在于是否需要自主地进行研发活动。

如果自主研发活动是区分技术依赖和自主创新两种模式的关键变量，那么为什么只有进行这种活动才能而且必然导致创新？我们以图 2－3－3 所表示的产品开发的活动链条（包括产品概念、技术方案、技术细节实现、样机、试验和工艺开发等）为工具来回答这个问题。产品开发过程是从产品概念开始的，而形成产品概念不仅需要掌握技术，而且需要对市场需求及其特点的理解（或者说，产品是技术的市场概念），直接与企业的战略密切相关。由于全球化没有也不可能消除民族或地域市场的需求特点，所以中国企业更有可能根据本土市场的特点形成不同于外国企业的产品概念。如果产品概念是企业特定的，技术方案也就必须是企业特定的，即产品概念的任何变化都要求给予创造性的技术解决方案。同样的道理，技术方案的实现必然导致在技术细节上的不同处理方法。例如，在无油所开发的电控高压共轨系统中，ECU 的控制软件必然是无油所针对中国生产的发动机在中国环境条件下的工作状态开发的，反映的是无油所长期积累起来的知识和经验，既不可能通过模仿获得，也不可能被别人所模仿。因此，即使是基于相同科学原理开发出来的产品，仍然会出于企业特定的原因而产生差异，而差异就是创新的结果。从做出样机（prototype）到形成可批量生产的产品之间，存在着试验与改进之间的多轮次互动，而这个过程会不断地影响技术方案和技术细节的具体处理方法。最后，工艺开发不仅要根据产品设计本身的特点，而且要根据生产组织方式的特点，所以必然是企业特定的。事实上，在这个链条中的任何一个环节产生创造性的解决办法，都会导致产品系统的创新。因此，无论产品开发过程需要在多大程度上吸收和借鉴外部技术知识，自主研发活动都必然导致创新。

上述分析同样有助于澄清什么是技术依赖。只依靠引进技术而不自己进行研发只能导致技术依赖，因为这种模式不可能在从产品概念开始直到工艺设计的整个开发活动链条中贯彻自己的战略意图，也不可能掌握这些环节所需要的知识和技能，所以不仅无法创新，而且无法理解外来技术的真谛。技术依赖型企业没有自主的产品概念及实现产品概念的技术能力，所以在竞争战略上会受到严重制约，至少表现为战略决策空间的狭小。更严重的是，在技术发生变化并导致市场变化时，由于原来拥有的产品及其生产能力往往变成无用的，所以技术依赖型企业面临着组织灭亡的威胁。

可以清晰地看出，自主创新的意义不仅是技术性的，而且是战略性的和组织性的。对比图 2－3－2 所示的技术依赖型企业和自主开发型企业，后者由于能够通过内生的技术能力把自己对于市场需求的理解转化为产品的性能特性，所以必然能够发展出在更大的决策空间内进行战略选择的能力，并因此而具有组织创新的能力（例如，无油所的低成本生产组织方式）。因此，自主开发型企业能够发展出比技术依赖型企业更强的组织能力（包括管理能力、技术能力和各个职能领域的能力）。由于组织能力是竞争优势的源泉，所以自主创新必然导致更强的企业竞争力。如果自主开发型企业能够更普遍地出现在一个又一个的中国工业中，中国工业就会具有国际竞争力，而且中国经济就能更有效地利用资源、更快地提高生产率并获得更大的增长潜力。这种充满活力的经济必将成为中国在政治上保持独立自主的力量源泉。

综上所述，可以认为自主创新的战略含义包括三个层次。第一个层次是在技术上，即自主创新是指中国企业通过自己的产品概念、系统设计及其相应的技术研发活动，开发出满足市场需求的产品，并因此而拉动本国基础技术研究的发展。第二个层次是在组织上，即自主创新是指中国企业要通过技术研发活动不断提高技术能力（即“自主创新能力”），并因此而获得在产品和服务市场上的竞争力，从而保持组织的生命力和对技术学习的自主权。第三个层次是在国家主体上，即自主创新是指使中国的经济体系（通过发展出技术能力）能够从事越来越高端的生产活动，从而在全球价值链的收入分配中获得不断增长的份额，并因此而使中国获得保持经济增长、捍卫国家安全和保证政治独立的力量源泉。

3.3　跨国公司的步步紧逼与中国的产业危机

从前面的分析中，可以清晰地看到两条道路的结果：走依赖“引进技术”道路的威孚已经在组织上解体并越来越丧失掉独立生存的空间；而走自主创新道路的无油所却有可能发展壮大起来，并成为支撑中国油泵油嘴工业继续发展的一根顶梁柱。

这两种结局的含义绝不仅仅局限于企业层次上。如果考虑到中国市场竞争格局在全球化条件下的变化和跨国公司的战略意图，这两条道路就涉及中国工业的生存问题，乃至经济独立和政治独立的问题。

在本报告的案例中，把威孚路线图反过来看就可以解读出跨国公司力图垄断中国市场的路线图。或者说，威孚的节节败退正是体现出博世在囊括中国市场道路上的一步步进展。在中国改革开放初期，还没有进入中国市场的博世曾经向中国企业出售过技术许可证。当博世在90年代进入中国市场后，中国企业从博世“引进技术”的形式就只能是与其合资。随着中国市场开放程度的加深，随着中国企业对通过合资“引进技术”的依赖程度越来越深，随着博世对中国市场越来越了解，博世在中国市场的战略目标已经从“分享”变成“通吃”了。这就是博世以堵死威孚未来技术发展之路的条件与其合资的背景。

就整个中国油泵油嘴工业来说，这些年来的合资浪潮已经使其处于岌岌可危的边缘。在原来机械工业部支持的“8＋2”布局中，四川锦江、陕西汉江、湖北的三家厂家已经在市场竞争中消失；南京油泵油嘴厂在竞争中破产，前些年已经被威孚收购[①]；大连油泵油嘴厂于2005年被目前排名第二的民营企业山东龙口油泵油嘴厂兼并；而上海柴油机厂的油泵油嘴分厂则在非常良好的经营状态下进行改制，一部分与日本人合作成立了“上海电装”，另一部分被私人改制，剩下的其实只有一个投资公司；如今无锡油泵油嘴厂（威孚）又因为与博世合作而放弃技术主导权。这样，中国原有的产业布局已经完全支离破碎，而占市场份额40%的威孚“缴械”，则成为对这一格局最后、最沉重的一锤。

作为对照，外国企业则顺着它们的“上升路线”逐步要成为这一关键领域的主宰者。博世的董事长表示，从2005年到2007年，博世在中国的投资额将达到6.5亿欧元，其中博世将在生产和研发柴油喷射系统方面投资2亿欧元。据博世方面的介绍，截至2004年，博世集团已在中国投资了约5.5亿欧元；在过去的5年中，博世在中国的工厂总数已经从10家增长到了20家，建立了位于上海、苏州、无锡的3个技术中心，在全国拥有8个销售分支机构和430多家汽车维修服务站，并力争2013年发展到1 500家，届时其网络将覆盖整个中国市场。据透露，2005年，博世在中国的销售额有望超过12亿欧元，同比增长20%；按计划，到2007年，博世在中国的销售额将升至25亿欧元。与此同时，博世在中国的雇员人数也会从目前的14 000人增加到18 000人。

另一个汽车零部件巨头日本电装公司则在2003年与上海的两家公司合资，投资额1.346亿美元，成立上海电装燃油喷射有限公司。在这个合资协议中明文规定：由中方控股的合资公司目前只生产机械控制的燃油系统，一旦将来开始生产电子控制燃油系统，则由日方控股。此外，电装公司还宣布将于2005年年底在其广州的新公司开始生产汽油发动机用喷油嘴和喷油泵。而西门子威迪欧汽车技术集团也已向外界透露，将于2006年1月开始在长春批量生产新一代汽油喷嘴。目前，就连自身财务状况不佳的美国德尔福公司也在中国四处活动，准备建立独资或合资企业。

中国这一工业中原来的佼佼者已经逐步通过合资而成为跨国公司全球布局

---

① 后称“南京威孚金宁油泵油嘴厂”，其中威孚控股80%。

中的一环，这个关键的行业已经到了岌岌可危的境地。如果中国企业在从机械式到电控式的技术变迁中全盘出局，那么中国将失去自主的喷油系统工业——被称为“汽车心脏的心脏”的工业。这个可能的结果将进一步影响相关的中国内燃机工业和整车行业。就成本构成来说，目前国内市场上的一台柴油发动机，如果采用机械式喷油系统，则喷油系统的成本不会超过发动机总成本的20%（国内产品）。如果是一台电控产品，在不得不采用外国品牌喷油系统的条件下，喷油系统的成本将占到发动机总成本的1/3，甚至是40%～50%（博世喷油系统在其本国国内的发动机产品上，成本比重没有超过1/3，而在中国这一比重则至少是1/3）。因此，丧失了油泵油嘴（喷油系统）工业，中国目前具有相当规模的内燃机工业将会在技术进步和成本上被扼住咽喉，即使中国企业能够生存下来，也会因为利润大头被掌握着核心技术的外国企业吸走而沦为低端的打工者；但由于技术依赖必然导致生存危机，所以最后的情况可能更糟。

在这样一个过程中，外国企业能够把中国企业一个一个吃掉所凭借的主要砝码是技术优势，但其战略能够发挥作用恰恰就是因为中国方面对于“引进技术”的依赖。中国油泵油嘴工业的经验证明，继续走技术依赖的道路必将导致中国工业丧失组织独立性，从而丧失本土技术能力的载体，其结果是使偌大之中国无力主动参与技术进步的过程。反对自主创新的经济学家往往以比较成本为理由，认为依赖技术引进更划算。毫无疑问，在静态条件下（即技术没有明显变化的条件下），自主开发要承担比技术依赖更大的财务风险。但是，在动态条件下（即技术变化条件下），由于技术依赖存在导致组织灭亡的威胁，所以实际上自主开发的风险更小、成本更低。无视对于经济发展更重要的动态因素恰恰是静态比较优势论的根本缺陷之所在。

目前，中国的汽车市场正在上演着一场外国企业争夺新技术主导权的竞争。随着能源价格的上涨，中国汽车市场对于节约能源技术的需要日益迫切。在目前的技术条件下，汽车节能新技术有两个方向：一个是欧洲国家占据主导地位的柴油汽车，而博世恰恰是柴油发动机技术的主要供应商；另一个是以日本丰田为首的混合动力汽车。两条技术轨道的外国企业都不仅在影响着中国市场，而且都在力图影响中国政府的政策走向。目前，丰田通过与一汽合资，把混合动力车型“普瑞斯”引入中国市场，并在合资中方的帮助下顺利通过了发改委的审批。丰田的战略目标是通过率先在中国市场普及，使丰田的标准成为未来中国混合动力汽车国家标准的主要依据。而博世正在拼命游说中国政府，要求鼓励柴油汽车的使用①。无论谁将来会占上风，如果中国工业在其中任何一个技术轨道上都没有一席之地的话，那么在中国汽车市场上的新技术之争都无非是一出商业版的“日俄战争”而已。

这种趋势绝不仅仅限于油泵油嘴工业，而是中国工业所普遍面临的问题。目前在中国装备工业（包括电力设备、化工机械、工程机械和通用机械元件等）中，出现了一股外国企业争相吞并中国排头兵企业的风潮（中方的原因是许多地方政府借口“引进技术”而贱卖国有企业）②，足以说明继续回避自主创新将导致什么样的结果。20来年“以市场换技术”的政策已经到了必须改弦更张的时刻，强调自主创新已是大势所趋。技术要引进，但只能是作为自主创新的手段，因为单纯依赖“引进技术”将导致中国工业体系的瓦解。

中国油泵油嘴工业在外国公司盛宴下的岌岌可危，恰好证明了无油所自主开发电控高压共轨系统的战略意义：哪怕是发动机喷射系统这样一项局部技术，哪怕是无油所这样一个只有200多人的小单位，也证明了自主创新决定着中国工业的生死存亡。

3.4 中国工业技术进步的组织体系

对威孚和无油所的两条道路进行比较分析时，不能回避的一个事实是它们

① 柴油汽车在中国的推广仍然存在很多障碍，目前至少还有10多个城市在限制柴油车上牌（包括北京）。主要原因是国内的技术水平落后，在油品的品质、柴油机的技术性能、公众的认识、政府的支持程度方面，都与发达国家有着不小的差距。博世集团一直将中国的柴油车市场作为重点培育对象，并游说中国政府将此作为重点发展方向。2005年10月份，该集团在欧洲市场进行了一次关于柴油车的市场调查，随后正式将调查报告交给了中国政府，期待其出台相关鼓励政策（见2005年11月28日《第一财经日报》）。

② 见2005年9月至年底期间《中国工业报》的“合资变局”系列报道。

不同的组织性质：一个是企业，另一个则是原来为部属而现在依托大企业集团的研究所。那么，由于它们的风险偏好与经营约束条件不同，所以它们选择两条不同道路的决定性因素是不是不同的组织性质？本报告的回答是，如果这个解释能够成立，除非证明威孚走合资道路和无油所走自主开发道路都是必然的和唯一的选择。以下即证伪这个命题。

第一，威孚走上合资道路并不是必然的，因为威孚曾经尝试过自主开发电控高压共轨系统。当然，威孚后来放弃了这种努力。但失败是必然的吗？在2005年10月27日中国内燃机高层论坛暨中国内燃机工业协会年会上，威孚与博世合资公司的中方副总经理对此解释说："不是我们不想干，我们尽了很大的努力去做，甚至是花了全国最大的力气。我们是第一个花最大代价去搞共轨的企业，花了钱去美国西南研究院搞，花了钱去国外请专家，可是最后我们还没有搞完呢，全国的欧Ⅲ市场就已经瓜分完了"；"我们只是需要时间来搞共轨开发。可是时间到了，市场没有了，怎么办？"[①] 于是，威孚官方对合资原因的另一个解释是自主开发存在时间风险。但如果时间风险是决定性因素，那么无油所也同样面临时间风险。如果无油所开发共轨系统成功的条件是必须在博世等跨国公司的产品之前进入市场，那么在产业化的巨大财务风险面前，无油所最应该做的就是中止产业化，因为它的产品并没有获得先机。但与威孚的关键区别是，无油所在面临风险的同时却看到了博世的弱点和自己的优势（即在同等技术水平条件下，博世的高成本和无油所的低成本）。因此，无油所的领导具有战略思维，而威孚的领导却没有。

即使确实无力在短期内实现自主开发，也并不意味着威孚必须要接受博世的"灭亡"条款。既然威孚的领导层能够在合资之后辩解说，威孚仍然可以依靠欧Ⅱ以下标准的产品再过几年好日子，那么时间风险就不可能起那么大的作用。本文在描述威孚的合资情况时已经分析过，走上合资道路的结局必然是走上"死亡"之路。那么，难道还没有比"死亡"更好一点的选择吗？况且是威孚主动放弃了与无油所的合作。所以威孚的解释是自相矛盾的，而时间风险的

---

① 吴凡．内燃机再续"何龙"之争．机电商报，2005-11-07.

解释实际上与“中国企业无法搞共轨系统”的解释在本质上是一致的。威孚放弃自主开发而走上合资道路的根本原因是没有信心，而这首先是战略的问题，不是必然性的问题。没有生的信心，何谈竞争战略?

第二，无油所开发电控高压共轨系统也不是必然的，因为这不是无油所唯一的出路，也不是没有风险之路。无油所开始研发电控高压共轨系统是在1995年转制之后，那时它已经不必听从上级行政机关的任何指令（这个项目也不是一汽集团下达的任务，而是无油所根据自己对技术发展的理解决定的），也不必对任何人承担任何非经济性的责任。无油所在必须自负盈亏的条件下，从事一个当时根本看不到成功前景的高难项目，甚至不能以经济合理性来形容。此外，当无油所在2001年之后决定独自实现共轨系统的产业化时，它所面临的风险绝不比威孚进行自主开发的风险更小。因此，无油所开发电控高压共轨系统的决定是战略性的，是在其价值观和技术能力基础之上做出的选择，其原因——如同前文已经说过的——是责任心加信心。证实这个判断最好的证据就是这样一个重要事实：无油所是中国所有曾经尝试过开发电控高压共轨系统的组织（包括大学、科研院所和企业）之中唯一坚持下来的。

因此，无油所和威孚对两条不同道路的选择都是战略性的，而不是必然性的。因此，选择不同道路的直接原因不是组织性质，而是对于自主开发的信心。但是，如果不把信心仅仅看作个人因素，那信心的组织性原因又是什么?从前面对两者的技术学习路线描述来看，威孚多年来主要依靠技术引进，没有多少自主开发的经验；而无油所却具有更多的经验。因此，自主开发的经验和能力决定了对于掌握新技术的信心。这恰恰证明上面指出的有关自主创新的战略意义：缺乏自主开发的经验和能力限制了威孚的战略决策空间，而相反的情况则给了无油所更宽广的决策空间。

但是，一旦要探讨形成自主开发经验的原因，就必须跳出一厂一所的具体选择过程，而从更高层次上探讨中国工业研发体制的结构性问题。既然经验是由过去的一系列选择累积而成的，那么不仅组织性质的初始条件——威孚作为一个不搞技术研发的工厂，而无油所作为一个部属研究所——会影响这些选择（通过所谓“路径依赖”的效应），而且最近20年的政府政策也会影响威孚在此期间的一系列选择。之所以否定两条道路的选择是必然的，是因为它们不是当时两个组织在各自决策空间中的唯一选择，所以既不能不批评威孚的“自残”行为，也不能抹杀无油所的英雄气概；之所以同时又承认两种选择都受到历史性和结构性因素的影响，是因为两个组织的决策空间都与它们的组织性质和历史过程有关系，所以对本报告案例经验教训的分析必须上升到政策和体制层次。

能够反映出体制性缺陷的关键问题是：为什么威孚和无油所在开发电控共轨技术上没能合作起来？这个问题的真实性和重要性在于，如果双方能够联合起来开发，将会大大降低它们现在所各自面临的风险（对于无油所是产业化风险，对于威孚是合资风险）。因此，除了个人决策原因，这种没有成为现实的可能性恰恰反映了中国工业研发体制的改革存在缺陷。回顾历史，威孚和无油所的合作关系在计划经济时代是最密切的，但主要是出于机械工业部的协调。1995 年无油所转制之后，双方的关系就疏远了。也就是说，通过企业下放、研究所转制和撤销机械工业部来引入市场关系的改革措施，最后并没有导致本来存在互补关系的两个组织之间的合作。以至于 2001 年分别受邀访问博世时，两个组织之间竟然已经没有沟通了（虽然博世有意各个击破）。一方面，威孚的规模不足以收编无油所，特别是由于还没有感受到新技术的威胁，所以威孚当时可能根本就没有收编无油所的需求；另一方面，无油所又必须面向市场寻找出路，而最可能给它带来现金收入的主要客户是缺乏技术的小企业。因此，在毫无重塑组织体系内容的市场化改革中，两个从诞生设计上看就应该是互补的组织反而失去了进行长期战略合作的动力。

中国的工业研发体制是在计划经济时代建立的，它的基本特点从职能上讲是生产与研发的分离，从组织上讲是企业与研发机构的分离。在这种体制下，企业仅仅是隶属于各级政府和各个行政部门的生产工厂，并没有真正的研发活动。而与企业分离的科研机构分为三类：以基础研究为主的科学院系统、以教育为主兼作基础研究的大学、隶属于各个工业行政管理部门的行业科研机构。企业与科研院所之间没有市场关系，有关技术研发的关系由行政部门通过计划进行协调（新产品试制、项目等）。此外，传统体制不承认组织特定或专属的知识产权，开发新技术或新产品的决策和资金投入由行政机关承担，其成果也是通过行政机关的协调无偿使用。这种体制的缺点在于切断了研发与生产经营之间必不可少的联系：一方面，企业缺乏创新的动力和能力；另一方面，科研院所进行的研发活动往往脱离实际需要。

由于长期充当生产现成产品（曾经大量因循苏联及东欧国家的设计）的工厂，中国企业（主要是国有企业）在进入改革开放时代之初，普遍存在技术能力不足的问题（威孚即一例）。为了满足技术升级和调整工业产品结构的需要，中国在改革开放的条件下开始通过引进外国技术对工业进行技术改造。引进外国技术本身没有错，如果只是把引进当作实现自主开发的学习手段的话。但是，一方面，国有企业的体制改革和技术能力培养都需要较长的时间；另一方面，各级政府在追求GDP快速增长的急功近利心态下，没有或不愿意强调自主的技术学习和创新。于是，虽然20多年来中国企业大量引进外国技术，而且也确实改变了中国工业的产品结构并普遍提高了设备水平，但其却普遍依赖购买现成技术，而缺乏对引进技术的消化、吸收和改进（工业创新的主要形式）。这种状况继续阻碍了技术能力的发展，使“落后—引进—再落后—再引进”的怪圈长期持续，形成了对外国技术日益严重的依赖。近年来，在市场竞争中出现了以技术和产品开发为导向的新型企业（如消费电子工业中的某些领头企业，电信设备工业中的华为、中兴，汽车工业中的奇瑞，以及规模还小的高新技术企业等），但从总体上说，中国企业形成自主的研发能力还有很长的路要走。

另外，科研院所的改革则在20来年间走出了一条相对独立于企业改革的路径。第一轮改革是在80年代中期，主要的措施是改革拨款制度和经费管理制度、实行所长负责制、将技术成果市场化并促进产学研相结合等，总的来说是在既定的结构中引进市场机制。第二轮改革是在90年代中期，当时国家经贸委发起在企业建立技术研发体系（1996年），并实施国家部委直属的242个科研院所转制（或并入企业，或独立按企业运营）。从本报告的案例可以看出，转制的科研院所仍然比目前的企业更具有技术研发的基础能力和精神状态。但在中国企业的规模和研发需求还很弱小时，推向市场的转制很可能并没有使科研院所的研发能力融入工业。于是，中国工业研发体制在改革中面临一个两难处境：一方面，中国企业的规模和研发能力都还弱小，没有能力迅速建立研发体系，而且在国家政策的导向下继续安于技术引进；而另一方面，原来承担研发职能的研究机构又进入市场化改革中。这种状况就是威孚和无油所没有能够实现合作的大背景。

在本报告的案例中，无油所在研发电控高压共轨系统的过程中表现出两个行为特征：(1) 始终具有一种对行业技术进步负责的责任感，所以甘愿冒自己本来不必承担的风险；(2) 始终在跟踪世界技术的前沿，并愿意投入较为基础的研究活动。这两个行为特征的组织基因来自无油所生为部属科研院所的出身，同时来自其一直坚持技术研发的历史。但这种行为特征及其组织基因之所以能够保持下来，却不是政策所导致的，而是偶然因素造成的。只是因为自己的策划，无油所才加入了一汽集团而获得了保护伞，不必因为专注于短期生存所需的商业活动而改变自己的基本性质①；又由于加入一汽集团后并没有受到太多的行政干预，所以无油所仍然能够按照自己的想法进行研发活动。这个事实一方面说明中国的创新系统仍然需要具有超脱于短期商业活动而专注于技术的研发机构，仍然需要由公共资源所资助的技术研究；但另一方面也说明，如果中国还存有这样的工业研发机构，那么它们也仅仅是因为偶然的因素而生存下来的，并不是国家技术进步政策的结果。

就本报告的案例来说，一旦无油所把电控高压共轨系统的产业化作为工作重点，那么它势必将在市场竞争中面临着向一个生产产品的企业方向转化的压力。那么，除非它成为一个具有相当规模的高技术公司，或者得到一汽集团的强有力支持，否则就存在一种可能的危险，即它难以再像以前那样专注于有关内燃机喷油技术以及发动机技术的基础研究。

3.5　结语：不自主就灭亡

本文以无油厂（威孚）和无油所的案例作为经验证据，分析了面对技术变

① 如果无油所已经变成了一个必须依靠商业活动而生存的组织（如同许多原来的科研院所目前的状况那样），那它就没有任何理由去花近 10 年的时间从事电控高压共轨系统的开发。

化选择两条道路——继续依赖引进技术和奋起自主开发——的原因、过程、结果和战略意义。这些分析证明，在技术变化是常态的条件下，自主创新是中国工业发展的必然选择，否则就只能是死路一条。因此，无论曾经有多么大的必要和什么样的成绩，多年来实行的“以市场换技术”和通过引进外资来“引进技术”的政策都到了必须改弦更张的时刻。否则，数十年间积累起来的中国工业基础就会变成跨国公司占据中国市场的进门砖和铺路石，而中国经济发展的脊梁就会坍塌。

本报告的案例发生在内燃机喷油系统（油泵油嘴）工业，这个事实证明，“自主创新”绝不仅仅是高科技产业领域里的事，而是对中国工业发展和经济发展具有普遍意义的问题。从 20 世纪 50 年代初以后，中国曾经建立起一个完整的工业体系。这个体系中的许多主要组成部分属于今天被称之为“传统产业”的范围。但如果考虑到技术变化的动态因素，那么传统技术与高新技术之间的区别实际上是很模糊的。就本报告所涉及的柴油发动机喷射系统工业这样一个存在了近百年的工业来说，如果把机械式的归于“传统技术”，那么电控式的怎么说都属于“高新技术”。“高新技术”与“传统技术”之间的这种模糊性所反映的是一个重要的事实，即任何工业的发展都始终处于技术变化之中，而且越来越明显。一些人喜欢以中国的劳动力便宜为由，反对中国进行技术研发和自主创新，认为只要依靠“比较优势”就可以发展。但是本报告的证据所证明的是，放弃自主创新不但不能发展“高新技术产业”，甚至也不能发展“传统产业”，而且只能使所谓具有“比较优势”的任何中国工业在技术变化的过程中灭亡，导致经过半个多世纪才建立起来的中国工业体系走向支离破碎。

全球化带来的开放市场条件是反对自主创新者的又一个理由。他们声称，因为全球化，所以可以不必自主创新；因为全球化，所以可以不要自主品牌；因为全球化，所以就用不着再区分中国企业和外国企业，等等。但是，面对中国工业发展中一个个触目惊心的案例，这些辩解已经成为赤裸裸的谎言。事实正好相反，正是因为全球化，所以本国工业的竞争力以及作为竞争力源泉的技术能力才成为中国经济发展所必须关注的问题；正是因为全球化，所以如果继续依赖“引进技术”，中国工业不仅会被压在全球价值链的低端环节，而且会丧失独立存在的可能。反过来说，正是因为全球化，所以只有通过自主创新才能利用全球科技资源和经济资源，否则就只能是被别人利用的工具；正是因为全球化，所以中国工业只有通过自主创新才能获得竞争力，中国的经济发展也因此才能够持续。无油所和无油厂一正一反的两个例子，集中地说明了一个正是因为全球化才产生的简单道理：不自主，就灭亡！

第三篇

在历史的沉重中起飞：我国大型飞机发展战略研究报告*

* 本报告完成于 2005 年 1 月，原标题《我国大型飞机发展战略研究报告》。

中国从20世纪50年代初期开始，在苏联的援助下，建立起一个独立完整的工业体系。中苏关系破裂后，中国在被封锁的条件下实行“自力更生”的方针，取得了以“两弹一星”为标志的许多自主创新成果。70年代末改革开放以来，出于技术差距和体制改革的双重原因，中国走上了以引进技术为主的道路。学习外国技术本身没有错，但如果不坚持自主开发，就会形成技术依赖。特别值得汲取的教训是以“引进外国先进技术”为理由，放弃和中断自主的产品开发平台及其相应的技术学习过程。

下面的报告是对中国大型民用飞机的发展战略的讨论。虽然讨论的内容是围绕着目前自主开发大型飞机的战略，却是以历史教训为基础的。这是一个难以忘却的历史教训。1970年，中国开始自主开发第一种大型客机运-10。经过10年的努力，运-10于1980年试飞成功。然而，在“引进外国先进技术”的大潮中，这样一个标志着重大技术成就的项目却在1985年下马。此后。中国民用航空工业走上一条组装外国飞机的道路，但这条道路最后因为外国公司的变故（波音兼并麦道）而破产。真正惨痛的是，当中国在运-10下马20年之后重新酝酿开发大型民用飞机时，我们却突然发现，中国相应的技术能力不但没有提高，反而是萎缩凋零了。

这个教训典型地说明了一个道理：技术能力的发展不能脱离技术研发活动的物质对象，所以企业所开发的产品就成为技术能力赖以发展的“台阶”或“工作平台”。报告以相当大的篇幅从理论上说明，技术能力是国家竞争力的决定性因素，是最宝贵的生产要素。问题在于，如果不进行产品开发或中断产品开发活动，技术能力就无法成长甚至反而会消亡。从这个角度看，抛弃运-10不仅仅是抛弃了一个产品，而且是抛弃了中国大型民用飞机的产品开发平台。正如历史所证明的那样，无论是否能够组装外国产品，丧失自主开发平台的结果都导致了中国民用航空技术能力的大倒退。

这个历史教训是今天思考中国大型民用飞机发展战略的出发点。报告建议，面对各种争论，决策者一定要以是否能够坚持自主开发作为决策的根本原则，并以此来考虑各种方案的利弊。报告同时指出，运-10下马有着深刻的体制原因，所以要想振兴中国民用航空工业，就必须打破传统体制的束缚，组建竞争性企业作为国家项目的执行者。总之，只有把自主开发坚持到底，毫不动摇，中国的民用航空工业才能实现发展。

导言
大飞机项目的战略决策应该遵循什么原则?

研制大飞机是历届中国政府都考虑和讨论过的问题，并且历届中国政府分别做出过不同程度的努力。此次大飞机被列为国家中长期科技发展规划的重大项目，表明了本届政府振兴民用航空工业的意愿。

目前，围绕着要不要开发大飞机以及如何开发等重大问题，有关各方存在着许多分歧和争论，诸如先上支线飞机还是先上干线飞机、先上军用运输机还是直接上民用客机，等等。大飞机项目的成败关系到国家重大利益，有关这个项目的决策必须符合国家的长期战略目标。为有利于国家的决策，本报告站在国家利益的立场上，以学者的独立研究方式，对大飞机项目的意义、历史教训以及战略决策的原则等问题做出分析和建议，供有关方面参考。

首先应该明确的是，大飞机是国家重大项目，不是任何部门或地区的项目。所谓“重大专项”，指的是由国家提出、资助并为实现国家战略目标而实施的项目。这种项目的战略目标只能由国家决定，否则就无法有效实施。需要进一步明确的是，国家对于大飞机项目所规定的战略目标应该是开发大型民用客机。航空工业几十年来的争论焦点不是军用飞机，而是大型民用飞机，而历次引发上不上大飞机争论的导火索都是中国要不要开发大型客机的问题。以支线飞机或军用运输机来讨论大飞机项目，实际上是以战术问题来混淆战略问题，势必将改变国家的战略目标。

开发民用大型客机具有不同于发展军用飞机的战略意义，它并不影响军用飞机的发展，反而会因为提升航空工业的技术能力而对国防建设做出无法替代的贡献。上大飞机项目标志着中国经济发展一个历史转折点的开始，标志着中国的工业发展从依赖外国技术转向自主创新、从陷入低端经济活动开始奋起向高端领域爬升。因此，这个项目的战略目标必须从转变中国经济增长方式的意义上去理解。

当代各国之间的基本经济关系是市场竞争关系，但同时，按照收入水平划分，今天由 200 多个国家和地区所组成的世界经济“共同体”实际上又是一个等级结构。也就是说，在当代世界经济中，席卷全球的横向市场竞争关系和按收入水平划分的纵向等级结构同时并存。从表面看，每个国家在这个等级结构中的地位主要由这个国家的产品结构和产业结构所决定；从更深层次看，决定一个国家能够生产什么或不能生产什么的根本力量是技术能力——能够有效运用技术知识的能力。由于一个国家在世界经济结构中的地位取决于它在全球工业技术结构中的地位，所以后进国家经济发展的实质并不是一个简单的提高资本积累率的过程，更是一个努力获得技术能力，并在技术不断变化的条件下把这些能力转化为产品和工艺创新的过程。因此，中国经济要持续发展，就要改变中国在世界经济结构中的地位、改变中国的产品结构和产业结构，并增加中国在经济附加值中的分配份额，而实现这些目标的根本途径就是提高中国的技术能力水平。

国际主流学术界的大量研究证明，技术能力的获得是组织性的和经验性的，其发展是累积性的，所以技术能力的成长不能脱离研发活动的物质对象，必须以产品开发作为其发展的“台阶”或“工作平台”。在现实中，持续的技术进步需要涉及许多个人和企业之间的互动，所以是一种网络现象。这种网络现象主要发生在国家边界之内，因为技术进步需要包括企业、大学和科研机构以及政府等主体在内的国家创新系统的支撑。在这样的过程中，关键技术领域中的关键产品开发对于国家技术能力的提升具有重大意义，因为：第一，技术进步如果能够对经济发展产生作用，就必须采取产品形式；第二，关键产品的开发可以带动相关技术网络和创新系统的发展。本届中国政府在国家中长期科技发展规划中所列入的大飞机项目恰恰就属于关键技术领域的关键产品开发。

大型民用客机是航空工业的王冠，技术最复杂，质量要求最高，牵动的经济利益也最大。对于大飞机项目，国家战略目标的实质不仅仅是开发出产品

（样机），而更应该是以国家重大专项的形式动员全国的力量，建立起大飞机技术能力赖以生成、发展和提高的产品开发平台，并以竞争性企业的组织形式通过不断的产品开发和技术进步实现产业化，最终在这个高技术、高附加值的工业领域形成与美国和欧洲的鼎足之势。

与许多人幻想的那样相反，技术能力并不能通过自由市场机制自动获得。原因在于，技术能力是组织内生的，其重要成分是只能来自经验的缄默知识，所以存在大量公开流动的技术信息与能够利用这些信息的技术能力是两回事。此外，由于与先进国家的差距形成能力壁垒，后进国家的企业在对技术学习进行投资时会面临巨大的风险。因此，正如所有成功实现赶超国家的历史经验所证明的那样，技术能力的发展要靠高强度的技术学习、富于进取精神的企业战略和坚定不移的国家意志。这既是在关键领域实施国家重大专项的意义所在，也是大飞机项目能够成功所必须具备的要素。

大飞机项目如果成功，就会振兴中国的航空工业及其一系列相关的工业，就会在包括服务在内的相关领域创造出大量高收入的工作岗位。不仅如此，大飞机项目的成功还会使中国的空中力量发生质的飞跃，使中国在军事上更安全，在捍卫领土完整方面更加有效。因此，由大飞机项目所推动的航空工业技术能力的跃升，将不仅足以使中国在世界经济中的地位发生结构性变化，而且将为保障中国的政治独立和国家主权提供强大的手段。这是一个强国之项目。

但大飞机项目能否成功还要取决于若干因素，首要的在于战略决策能否正确。为提高决策正确的概率，本报告通过对中国民用航空工业发展几十年经验的分析，概括出与目前大飞机项目决策有关的三大历史教训：（1）导致技术能力长期停滞的根本原因是抛弃了拥有自主知识产权的产品开发平台；（2）20 年来有关开发民用客机的各种争论，在本质上是依赖外国技术还是依靠自主设计的两条路线之争；（3）导致民用航空工业 20 多年“屡战屡败”或“屡败屡战”的根源不是技术，而是体制。

以历史教训为鉴，本报告最后对发展大飞机工业的战略提出四项建议。建议的内容偏重原则而不是具体做法。这四项建议是：（1）国家应该尽快明确大飞机项目的战略目标是开发大型民用客机，这样做既可防止部门或地方根据自己的局部利益使项目偏离国家的战略目标，又可以通过树立奋斗目标迫使航空工业进行高强度的技术学习。（2）充分认识到技术能力和产品开发平台的宝贵性。不以产品早期的优缺点论输赢，对以提高技术能力为目标的技术学习给予意志坚定、长期不懈的支持。（3）坚持掌握自主知识产权，并以自主设计为战略建构，吸收、利用和整合国内外一切可能的技术资源，夺取技术发展的制高点。（4）突破现有体制的局限性，从一开始就按照现代商业原则和现代企业制度组建执行项目的独立公司，以便在完成国家重大专项的任务之后，使企业可以立刻转入产业化运营，参与全球化的市场竞争。

本报告分为三个部分。第一部分是为思考大飞机项目提供一个理论框架，通过对国际有关技术进步的主流理论进行概括，说明提高和增强中国的技术能力是经济发展、政治独立和国家安全的根本保证；第二部分是对中国民用航空工业几十年历史经验的分析，总结出三大历史教训；第三部分在理论框架和历史教训的基础上，阐明对发展大飞机工业的四项建议。

本报告的三个部分相互联系，但也各有独立内容。如果因为不熟悉有关创新的经济学理论而感到阅读困难或乏味，读者可以先跳过第一部分，直接阅读第二和第三部分。此后如果产生兴趣，可以回过头来再读第一部分。

本报告是由路风（北京大学政府管理学院教授）在郭丽岩（北京大学政府管理学院硕士研究生）和彭冬玲（中国科学院自然科学研究所硕士研究生）的协助下完成的，其观点只代表学者的独立立场。本报告本着知无不言、言无不尽的原则秉笔直书，目的是从理论上和历史教训上澄清是非，为国家的重大决策提供思路。

第一章
一个有关中国发展的大道理：
能力是技术进步、工业发展和国家竞争优势之源

决定上大飞机项目代表了中国发展高技术工业、促进产业结构升级和增强国防实力的意愿。但为什么中国应该在产品结构和产业结构上升级？实现产品和产业结构升级乃至转变经济增长方式的必要条件是什么？技术进步的基本特点是什么？所有这些问题都可以帮助从理论上认识上大飞机项目的战略意义是什么。我们在这部分通过对有关技术进步的国际主流理论的介绍来说明一个大道理，即技术能力是技术进步、工业发展和国家竞争优势的根本源泉。

1.1 中国经济发展战略的实质

在全球化的世界经济中，各国之间的基本经济关系是市场竞争关系。事实上，自从英国工业革命以后，世界上所有的国家和地区就逐渐被纳入资本主义的世界市场体系中，这是马克思早就说过的。同时，我们可以清楚地看到，按收入水平划分，今天由200多个国家和地区组成的世界经济“共同体”实际上又是一个等级结构（例如高收入国家、中等收入国家和低收入国家）。也就是说，在当代世界经济中，席卷全球的横向市场竞争关系和按收入水平划分的纵向等级结构同时并存。

各国之间的市场竞争关系是由商品交换关系渗透国家边界造成的，但什么原因决定了纵向等级结构的存在？直观地看，每个国家在这个等级结构中的地位主要由这个国家的产品结构和产业结构决定，虽然自然资源禀赋、地理等因素也有影响。进一步分析，决定一个国家的企业能够生产什么或不能生产什么

的根本力量是技术能力。因此，一个国家在世界经济结构中的地位取决于其在全球工业技术结构中的地位。

国家之间的等级结构与全球市场竞争同时并存揭示出一个事实：市场经济机制本身并不自动改变这种等级结构。所以，在全球化条件下，世界经济共同体仍然鲜明地分为发达国家（富国）和发展中国家（穷国），而且这种分野是长期存在的。为什么把各国卷入按同一种价值法则进行竞争的市场机制不能消除各国之间的结构差异？因为市场机制仅仅导致供给与需求在现存结构条件下的均衡，却不能自动导致结构条件本身的改变，即导致供给和需求的性质变化。也就是说，市场机制仅仅关系到在现有结构下经济福利分配的“效率”，但不会自动改变一个国家的技术能力。

第二次世界大战后的二三十年间，热闹一时的发展经济学曾经把资本积累率看作决定发展中国家经济起飞的关键因素。当时许多经济学家天真地认为，发展中国家容易获得产生于发达国家的技术。到了 20 世纪七八十年代，随着对技术进步的理解加深，经济学家们发现，技术转移是非常困难的，甚至连模仿都是非常昂贵的（Teece，1977；Rosenberg，1976，1982；Levin et al.，1987）。关心落后国家发展的新一代经济学家达成共识：经济发展的实质不是一个简单地提高资本积累率的过程，而是一个获得技术能力并在技术不断变化的条件下把这些能力转化为产品和工艺创新的过程（Pack and Westphal，1986；Lall，1992；Kim and Nelson，2000）。如果中国经济发展的战略目标是像中国领导人所表述的那样，要在若干年内达到“小康”或中等收入国家水平，那么这种战略的重点就只能是改变中国在世界经济结构中的地位，改变中国的产品结构和产业结构，以及改变中国在经济附加值中的分配份额，而实现这些目标的根本途径就是提高技术能力水平。

但是，既然市场机制并不自动带来技术能力，那技术能力从何而来呢？是技术学习。一个国家的技术学习过程包括企业在产品开发和技术创新等方面的努力，包括大学和科研机构所从事的基础研究，包括对教育和人才培养的投资，包括政府对技术学习的政策支持。为了帮助理解技术能力对于技术进步乃至经济发展的重要性，我们在创新研究领域的国际主流文献的基础上，对技术能力的特性及其生成和发展的条件作一个简要的概括和分析。

1.2 技术能力的性质

技术是什么？一般人的最初反应可能会是把技术与有形的设备和装置等同起来。虽然技术可以包括有形的设备和装置，但其更重要的要素是包括诀窍、方法、程序以及经验（包括成功的和失败的）在内的一组特定的知识（包括解决问题的实用知识和理解这些做法可行的理论知识）（Dosi，1982）。既然技术的主要成分是知识，那么技术知识的性质是什么？从表面上看，技术知识体现在产品和设备之中，也存在于教科书、论文、专利说明书、图纸、操作手册等信息载体上。但事实上，大量的技术知识是缄默知识（tacit knowledge），即“只可意会不可言传”的知识（Nelson and Winter，1982）。上述理解可以帮助区分技术和技术能力两个不同的概念：虽然产品和设备等人工制品体现了技术，但比这种技术更重要的是能够把这些产品和设备设计、制造出来的技术能力。

技术能力是能够有效使用技术知识的能力（Kim，1999）。构成技术能力基础的知识不同于可以随着设备和信息载体而流动或传播的知识，因为它们是缄默性的和组织性的。换句话说，技术能力是由组织所掌握的知识、技能、诀窍、方法、程序和经验。区分技术和技术能力对理解技术进步的特点非常重要。在有关中国经济发展战略的问题上，一些人认为，中国可以通过购买外国设备或引进外资（包括跨国公司在华设厂和设立研发机构）来获得技术。但事实上，上述途径只能带来技术信息，却不会带来技术能力，因为技术能力是组织内生的，其重要成分是只能来自经验的缄默知识，所以存在公开流动的技术信息与能够利用这些信息的技术能力是两回事。为了帮助理解为什么这种观点是错误的，下面对技术能力的特性做一个概括。

1. 技术能力的获得是组织性的和经验性的

就个别组织来说，技术能力首先体现在组织成员的知识和技能上；其次，个人的知识和技能在组织中不是随意分布的，而是“嵌入”一个技术系统中（包括厂房、设备和工具等有形资产以及程序等无形的组织系统）；再次，这个系统的知识创造和控制过程由一个管理系统指导；最后，任何一个组织还存在影响上述三个方面的价值观和行为规范（Leonard-Barton，1992）。在这样的组织关联中，技术能力是组织的知识、技能和经验的集合，是在一个有关知识的使用和创造过程中生成的。

技术在任何时候都应该被理解为由一组特定的实际做法和一组围绕这些做法并解释它们为什么可行的通用知识所组成（Nelson，1992：60）。与此相对应，技术包括两种性质的知识：通用（或显性）知识和缄默（或隐性）知识。通用知识是原理性的，也是可以用语言和文字符号来表达的，所以围绕着某种技术的通用知识总是存在着传播和扩散渠道，并因此而使技术在一定程度上具有公共产品的性质。但同一种技术还包括缄默知识及其衍生出来的各种诀窍（know-how）和操作细节。获得缄默知识的途径是经验，即只能从实践中学习而来。

组织学习是一个社会的和集体的过程，它不仅需要个人之间的模仿，而且需要对理解和解决复杂问题的共同努力，需要遵循共同规则的沟通和有协调的搜寻。从这些活动中产生的知识储存于组织的惯例和运行程序之中，惯例则代表了成功解决特定问题的互动模式，并存在于团体行为之中。由于这种集体行为的复杂性，嵌入惯例之中的知识大都是“缄默知识”，即组织成员并不完全意识到操作的细节知识，而且感到很难或不可能把这些细节知识全部用语言表达清楚。组织惯例执行组织的记忆功能，即一个组织的知识储存于该组织的惯例之中，而一个组织所积累起来的惯例作为一种组织机制，使个别成员能够理解来自其他成员和工作环境的信息流，使他们做出符合组织整体行动需要的个人行动。组织惯例在任何时点上都决定了组织能做什么或不能做什么，所以是组织能力的载体。技术知识是组织知识的组成部分，并通过组织惯例被组织所掌握。因此，对技术的掌握表现为组织的技术能力。这种能力只能由工作组织内生地发展出来，而没有任何组织之外的力量和过程可以替代（Nelson and Winter，1982）。

对于以科学为基础的技术领域（如化工、电气设备、航空航天、半导体等），技术进步不可能仅仅依靠从使用技术的经验中获得的技能，还需要依靠由受过正规训练的科技人员所组成的团队通过“研发”（R&D）过程才能设计出产品和工艺。但即使是在这种正规的研发中，技术知识的重要组成部分仍然是缄默的，仍然必须通过研发的经验来掌握。所谓经验性的重要意义在于，创造的能力只有通过创造的实践才能被掌握。

为了储存和利用来自经验的知识，研发过程一直存在把缄默知识编码化（codification）的努力。例如，在现代汽车企业中，普遍存在着通过以技术文档为形式的数据库来积累产品开发经验的做法。这种经验数据的积累无疑在相当程度上把缄默知识编码化了，但仍然没有改变缄默知识的性质或降低其重要性。事实上，现代汽车企业积累经验数据的主要目的是用来验证计算机辅助设计的可行性，所以理论的推导永远代替不了实验。尽管技术进步越来越多地采取正规研发过程，尽管产品开发的经验数据越来越多地被系统化，但技术能力的来源仍然离不开技术使用、改进和研发（产品开发）的经验。

2. 技术能力的增长是累积性的

技术能力的生成和发展是企业在一个相当长的时期里遵循一组连贯政策的累积性结果。由于其知识基础是经验性的，所以技术能力的增长离不开通过技术和产品的研发（和生产）过程所进行的学习。技术学习是以解决问题为导向的，因为对缄默知识的掌握、对科学原理的理解以及对新技术知识的发现都离不开解决问题的过程。这种过程的结果往往就是创新，所以学习和创新是同一个过程的两面（Cohen and Levinthal，1989）。

市场需求对创新和技术进步具有重要影响（Schmookler，1962），但技术知识的供给和增长并不是市场需求的简单结果，而是有着自身的发展规律（Mowery and Rosenberg，1979）。企业现有知识基础的强弱在很大程度上决定着创新的有效性和效率（知道能量守恒定律就可以排除去做对“永动机”的无谓探索，就是这个意思）。由于创新过程的本质特征是为解决问题而进行的搜寻（search），所以对于技术范式不发生根本改变的渐进创新来说，较强的知识基础可以使对问题区域的搜寻更加集中。对于激进创新来说，较强的知识基础可以使创新者更准确地意识到现有技术的限度，从而更快、更有目标地进入新的技术领域进行搜寻。此外，包含许多元件的复杂产品（如飞机和汽车），即使在彻底更改整体设计时也并不需要更新所有的元件，所以过去的知识积累可以大大降低创新的不确定性和风险。因此，现有的知识基础越强，就越有可能发展出新知识（Nelson，1982）。

创新和有效的技术学习要求组织必须具有吸收外部技术知识的能力。这种“吸收能力”（absorptive capacity）的决定因素有二：现有的知识基础和技术学习的努力强度（Cohen and Levinthal，1990）。现有的知识基础影响着学习的方向，使组织能够理解并应用相关的外来知识。技术学习的努力强度则指组织成员在解决问题上付出的努力程度，它往往通过对R&D的投入而扩展组织的知识结构，从而使组织能够解决更加复杂的问题。因此，技术学习的实质是通过解决问题把接收到的外部知识信息内化为组织的能力。如果一个组织没有通过自己的研发活动（即自主研发）进行技术学习，外部技术知识的信息流就不会对这个组织产生多大的意义，所以吸收外部知识能力的强弱仍然取决于企业通过研发进行技术积累的经验和努力。

每一轮的产品和工艺开发过程会随着新产品和新工艺投入生产而结束，但从这种过程中获得的新知识却以惯例的形式在组织中积累下来，成为下一轮技术和产品研发的知识和技能基础（Helfat and Raubitschek，2000；Zollo and Winter，2002）。由于过去的学习影响未来的技术进步方向、过去的经验加强现存的知识和技能储备，所以技术能力的发展是累积性的。明天技术的产生往往来自创造和使用今天技术的经验，所以一个企业在今天一个特定技术领域获得的优势很可能会导致明天在同样或相邻领域的优势。一个企业从技术进步上得到回报的长期保证正是这种动态发展的技术能力，而不是对某项特定发明的持久控制。问题在于，一个企业要不断重构已经拥有的知识和技能基础，需要不断对技术和产品的开发进行投资（Teece，Pisano and Shuen，1997）。

技术能力的累积性特点决定技术学习及其获得的知识和能力是高度特定的，即产品特定、企业特定和工业特定。个人和组织不可能同时在多个领域进行学习，也难以轻易地跃入一个全新的领域，而只能沿着特定的轨道积累知识和能力。高度特定意味着技术能力一般来说是无法从市场上买到的，只能在长期过程中被发展出来。同时，为了使产品能够被生产出来并送达到消费者手上，创新者必须拥有或能够控制制造、分配和售后服务等环节的互补资产才能赢利（Teece，1986）。企业特定的资源/能力往往具有难以模仿、难以替代的特性，所以是企业竞争优势的重要源泉（Wernerfelt，1984；Prahalad and Hamel，1990；Barney，1991；Peteraf，1993）。对于任何经济体系来说，除了在特定产品市场上不断演进的企业，没有其他个人和组织能够掌握这些特定的知识和技能，所以这些必须以企业为组织载体的特定知识和技能才是国家技术能力的重要组成部分。

3. 技术进步是网络性的

持续的技术进步不是个别人和个别企业努力的结果，需要涉及许多个人和许多企业之间的互动。首先，生产复杂产品需要具有上下游供应关系的许多不同企业参与。例如，半导体集成电路的发展大大推动了计算机的发展。其次，新技术得到应用往往需要互补技术的发展。例如，激光只是在光纤被发明出来之后才得到广泛应用。最后，任何一个环节的技术瓶颈都会产生技术变化的需要，而任何一个技术突破都会在其他环节或领域产生新的技术需求或提供新的技术手段。因此，技术进步是一种网络现象。

技术进步过程中，不时会出现非连续性的激进变化（Abernathy and Utterback，1978；Utterback，1994）。例如，内燃机车代替蒸汽机车、半导体晶体管代替真空电子管、个人电脑代替打字机、数字技术代替模拟技术，等等。这种技术变化经常导致有些企业失败，也因此而给新进入的企业带来挑战在位者的机会（Tushman and Anderson，1986；Henderson and Clark，1990）。正是因为存在这种现象，所以有些人认为后进国家有可能利用技术变化的机会实现“跨越式”发展。但是，如果把对于个别企业来说是非连续性的技术变化置于由多个企业所组成的网络之中，就可以看出这种变化对于由多个企业和多个部门所组成的网络来说仍然是连续性的和累积性的。

例如，美国在信息工业上的技术领先地位有着深厚的历史根源（Chandler and Cortada，2000）。第二次世界大战后发明的电子计算机是在战前的技术基础上发展起来的，关键的方面包括对电的科学理解、用来解决复杂数学问题的新工具以及用于计算装置的复杂元件的制造等（Chandler and Cortada，2000：第 6 章）。这些技术的发展有其需求条件：19 世纪末到 20 世纪初美国大企业的成长及其管理革命（Chandler，1977）引发了对计算器、制表器、复印机等信息处理机械和技巧的需求，并为办公场所大量使用后来的计算机奠定了基础。就互补技术来说，贝尔实验室于 1948 年发明的半导体晶体管技术本来是独立于计算机发展的，但当半导体集成电路发展起来之后，后者就在某个阶段（60 年代初）替代了早期计算机所使用的电子真空管，并以微处理器（CPU）的形式在个人电脑时代成为决定计算性能的关键技术。独立的软件工业是随着计算机工业的“模块化”而出现的。大量使用计算机引发了对联网通信的需要，而对计算机联网通信的研发则导致了互联网的出现。从个别技术和个别企业的角度看，所有这些变化都是非连续性的激进变化；但从整个美国经济来看，所有这些变化的动力和需求与供给的互动过程都发生在由半导体、计算机和电信等领域所组成的技术进步网络之中，而且具有很强的历史连续性。

技术进步的网络现象曾经几乎完全发生在国家边界之内，因为上下游的供应关系、生产者和使用者之间的互动、知识的传播和经验的分享、人才的培养和流动都更容易在一个具有相同经济体制、法律、语言和文化的共同体中发生和实现，何况技术和工业的发展受到国家政策工具（税收、财政、金融，等等）的影响。网络性说明技术能力不仅存在于个别组织之中，而且存在于按一定关系所组成的网络之中。例如，在从大型主机到小型机再到微型机的技术变化过程中，计算机工业的主导企业多次兴衰交替。但是，这个工业的主导企业直到不久前始终都是美国企业（Mowery and Nelson，1999）。因此，网络现象对于理解国家技术能力十分重要。

在近 20 年的全球化过程中，技术进步的网络开始跨越国界，产生了“全球生产网络”（global production networks）的概念。一方面，控制全球生产网络的是来自发达国家的所谓“旗舰”企业（flagships），而这些网络的扩展有可能摧毁发展中国家原有的生产体系；但另一方面，国际化网络又为发展中国家提供了吸收外部知识的国际接口，并提供了进入国际市场的机会。一个发展中国家能否借助国际化的网络提高技术水平，关键仍然在于自身能否增强技术能力，以改变自身在国际化网络中的不利地位，寻求更好地利用外部知识的途径。

4. 国家技术能力的发展是系统性的

技术进步的网络性主要发生在国家边界内，本身就说明国家技术能力（national technological capabilities）的存在是真实的（Nelson and Wright，1992）。更重要的是，技术进步需要包括政治、经济和制度等因素在内的国家体系的支持（Nelson，1993）。

在任何国家的技术进步过程中，企业都发挥着中心作用。这不仅是因为大多数创新是由企业完成的，而且也是因为企业的作用不可替代。企业的重要作用是由技术进步的特点所决定的：第一，技术进步如果能够对经济发展产生作用，就必须采取产品形式（Mowery and Rosenberg，1998）。道理显而易见，技术如果不转化为或被结合进产品，则既不可能产生经济回报，也不可能普及。第二，技术进步过程充满了不确定性（Rosenberg，1996）。无数事例证明，没有人能够在任何技术创新的起点预见到结果，所以对任何已有的技术都存在着多种不同的改进方向和方法。

新技术刚出现时一般都很粗糙，其特性和应用范围无法马上得到理解；新技术得到应用的可能性不仅取决于对发明的改进，而且取决于对其他互补发明的改进；新技术的最终效果不仅仅取决于技术本身的性能，而且取决于识别出特定的市场需求并以合理的成本来满足这些需求。即使是高技术工业，其创新的主要内容也往往不是发明，而是力图在一定的成本约束下设计出可以达到一定性能要求的产品或工艺，而这种工程设计能力是非常复杂和昂贵的工作。因此，从一个科学突破到最终产生新产品或新工艺之间存在着一个漫长的过程，而正是在这个过程中的不断的改进，才使新技术最终对经济发展产生作用（Mowery and Rosenberg，1998）。在这种条件下，只有具有市场经验和掌握大量特定细节知识的企业才能做出符合商业潜力的判断，并以其拥有的设计、制造、营销和管理等互补能力开发出新产品或新工艺。而企业之所以必须是竞争性的，是因为技术进步在不确定条件下的多种方向的选择最终要经受市场的考验。因此，企业的战略、对技术学习的决心（抱负水平）、管理能力甚至组织文化都对技术进步产生作用。

但技术进步同时还依赖一个提供通用知识的体系，它包括通过人才培养和基础研究来生产、储存和传播公共知识的大学，以及出于国防和其他社会目标而对基础研究和工业 R&D 进行资助的政府。形成这样一个知识生产的基础结构，不仅需要从事技术开发的专业人员和专业机构，而且需要复杂的组织和制度体系。

现代工业使用的技术主要是以科学为基础的技术（science-based technologies），所以技术能力的发展需要经过专门的研发过程，而不能再像早期那样可以从生产经验中自动获得（Bell and Pavitt，1993）。这种趋势导致“有组织的工业 R&D”对个人发明家的替代，而企业内设 R&D 机构则是其基本形式。以德国化工企业为先驱，有组织的工业 R&D 起源于 19 世纪 70 年代，当时物理学和化学的发展为利用以科学为基础的技术（电力、化工和内燃机）获取利润提供了巨大潜力。而到 20 世纪的前二三十年间，企业设立 R&D 机构的这种组织形式在美国得到最广泛、最充分的发展，成为美国工业技术力量的源泉。

支撑有组织的工业 R&D 的不仅有企业，还有大学。德国大学和德国化工企业的合作首开产学紧密联系模式的先河。其后，本来就具有实用传统的美国大学模仿德国模式，使美国产学的广泛结合达到空前规模（Rosenberg and Nelson，1994）。大学和企业之间结合的需要是由科学和技术之间的复杂关系所决定的。这种关系首先表现在从事工业 R&D 的人员必须是经过正规高等教育训练的专业人才，所以科学和工程类的大学文凭成为企业雇用研发人员的入门券。但与许多人的想象相反，并不存在科学自动产生技术的线性关系。在某些领域，如电力和无线电，科学的发展的确引导了技术的发展。但在其他领域，却是技术突破在先，而科学的发展在后。热动力学的发展来自从理论上理解蒸汽机工作原理的努力；化学工程不是化学，而是化学与机械工程的某种结合；半导体技术的突破导致固体物理学的发展；在航空领域，也是先有飞机上天，才引发空气动力学的发展；而像计算机科学、冶金学等，则很难称之为本来意义上的科学。科学越来越少地是揭示知识的独立过程，而越来越多地成为对开发和生产产品过程中的技术进步的响应。一句话，科学和技术已经交织在一起了（Nelson and Rosenberg，1993）。

除了市场体制、风险资本和知识产权保护等制度因素，政府的政策也对技术进步具有重要作用。例如，美国拥有世界上规模最大、水平最高的科技研究基础结构，而它的形成离不开美国政府在100多年时间里的不懈努力。美国以科学为基础的研究和工业只是到第一次世界大战时才接近欧洲水平。美国政府在R&D投入方面的作用曾经微不足道，但第二次世界大战改变了这一切。从二战后到90年代中期的50年间，美国联邦政府的投入占美国全部R&D支出的一半到三分之二。二战前政府资助的R&D活动基本上是由公共部门的机构承担的，但是在二战后，大部分政府资助的研究都由非政府组织来承担，特别是对大学研究的资助创造出一个巨大的基础研究体系。1995年，来自联邦政府的开支资助了全美国35%的R&D活动，而联邦政府所资助的活动36%以上由私营部门承担，公共部门承担的只占27%；其中，美国58%的基础研究是由联邦政府资助的，而由公共实验室所承担的份额只占9.1%（Mowery and Rosenberg，1998：30－31）。

这些结构性变化促成了第二次世界大战后美国创新体系的一个重要发展，即新的、小的企业成为新技术商业化的重要力量（耳熟能详的惠普、英特尔、微软、思科等就是这种企业的代表）。美国高科技企业的发展在近年来导致一种流行的看法，即小企业更有利于创新。但被普遍忽略的是，由大企业的R&D机构、政府资助的大学研究所和公共实验室所组成的科技研究基础结构是美国高科技企业兴起的前提条件（Mowery and Rosenberg，1998）。

美国政府对R&D的直接作用不仅体现在对技术知识供给的投入上，而且体现在需求上，政府采购的一个重要作用是为新技术的应用提供市场。在美国半导体工业发展的早期，其产品几乎没有民用市场，全部是由国防部采购的。巨额国防采购一方面为新的高技术企业提供了最初的市场，另一方面促进军事技术向民用产品的溢出（Mowery and Nelson，1999）。今天遍及全球的互联网技术起源于美国国防部对计算机通信的研究项目（Abbate，2000）。这一切都促成了诸如“硅谷”这样的新结构的出现和发展。此外，欧盟几个主要国家的政府直接支持是“空中客车”能够成长起来的重要因素。

从发达资本主义国家的历史经验中概括出来的这些理论主题说明，技术能力的发展不仅需要市场竞争的压力和利润诱因，而且需要有意识地对技术学习进行投资。先进国家在技术能力上的“比较优势”不是自然禀赋造成的，而是通过长期的技术学习积累后天形成的，这个过程从来就没有离开过政府的推动。

1.3　能力是竞争优势的源泉

由资本主义所主导的世界经济从本质上讲是竞争性的，所以决定一个国家在世界经济结构中的位置的根本因素是技术能力，因为能力水平决定了一个国家从事经济活动的类别。由于技术能力的发展是经验性的、累积性的、网络性的和系统性的，所以一个国家的技术能力不可能在短期内发生迅速变化，而国家之间的技术能力差异不仅仅反映了要素禀赋的差异，更重要的是反映了在长期技术积累上的差异。改变技术能力的困难性使先进国家和落后国家之间存在着能力壁垒，这是世界经济等级结构长期存在的主要原因，也是先进国家在世界市场上保持对落后国家竞争优势的源泉。

自从英国工业革命把制造工业从传统农业和初级产品生产中彻底分出来之后，不同类别的经济活动在全球贸易中所表现出来的不同经济意义就越来越显著：从事“高端”经济活动所获得的收益要超过（往往是大大超过）从事“低端”经济活动（Reinert，1995）。在各国进入“现代”世界的早期，“高端”和“低端”经济活动是以工业与农业以及初级产品生产来划分的，而西方工业化国家和大多数穷国的分野（即现代世界经济等级结构的确立）就是从这里开始的。不同收入水平国家所组成的等级结构与竞争性市场同时并存，本身就说明国家竞争力是一个真实的问题。

世界经济的发展是动态的，由于各国的竞争和技术变化，“高端”和“低端”经济活动的划分也随着经济增长中的部门变化而变化。根据经济学中的长波理论传统，“高端”经济活动集中于驱动经济增长的“领导部门”（leading sectors）。这些部门的特点是：产量和生产率的增长潜力大、需求弹性大、技术进步速度快、研发投入高、技术知识和诀窍的专有性强、规模经济效益明显、品牌效应明显，所以导致高利润、高工资和高进入壁垒。在英国工业革命时代（18 世纪 70 年代到 19 世纪中期），棉纺织、炼铁、煤炭和以蒸汽为动力的机械（铁路、轮船）是领导部门；在所谓的第二次工业革命时代（19 世纪 80 年代到 20 世纪 30 年代），炼钢、石油、汽车、化工和围绕着电力的供应与应用的工业是领导部门；从 20 世纪 70 年代至今，信息通信、航空航天、生物制药、医疗设备和信息密集的服务业等是领导部门（Freeman and Loucã，2001）。

但在今天的全球化条件下，“高端”和“低端”经济活动的划分比按工业划分要更复杂。事实证明，“高端”经济活动仍然大量存在于传统工业之中，如意大利皮鞋和服装、法国葡萄酒，等等。所不同的是，许多传统工业的价值链在全球生产网络中发生了分离，即发达国家的企业掌握着品牌管理、产品设计、核心元件供应和营销等产生高附加值的环节，而生产制造等低附加值的环节被越来越多地转移到发展中国家（Ernst，2002）。但问题的实质是一致的：在这种波浪式的技术变化和经济发展过程中，一个国家在世界经济中的价值分配地位取决于该国企业能否不断在“高端”经济活动（领导部门和价值链高端环节）中占有一定的份额。

在管理学理论中，所谓“竞争优势”是指一个企业能够持续获得超过平均利润率收益的盈利能力。实物生产率——如粮食亩产量、人均钢产量——不是衡量竞争力的指标，因为在开放市场条件下，可替代程度高的产品生产得越多，价格就越低，甚至会积压，使生产者血本无归。相反，竞争力表现为企业的产品或服务在性能、质量和成本等方面能够为消费者带来难以替代的价值，而品牌效应就代表社会对这种价值的承认，如英特尔的 CPU、奔驰汽车、索尼的电子视听产品、波音飞机、自己不做一针一线的耐克运动鞋，等等。某些企业之所以能够获得竞争优势（即持续的较高盈利能力），是因为它们具有难以替代、难以模仿的能力。按照同样的逻辑，竞争力的问题可以上升到工业层次和国家层次，因为企业的竞争力最终影响一个国家的竞争力。按照 OECD 的定义，国家竞争力是一个国家能够生产经受得住国际竞争并提高国民收入水平的产品和服务的能力（Reinert，1995）。这个定义非常清楚地表明，竞争力必须以盈利能力而不应该以实物生产率来衡量，所以一个国家竞争力的主要源泉是该国的技术能力。

“比较优势论”的荒谬性就在于，在这样一个以能力壁垒（表现为竞争力）来决定等级结构的世界经济体系中，落后国家不可能仅仅通过专业化于“低端”经济活动就使自己富裕起来。仅仅靠劳动力便宜的“比较优势”来参与全球分工不能带来竞争力，因为“低端”产品和“低端”经济活动是最容易被替代的，而且它们本来就较低的盈利水平呈现长期下降的趋势。一个国家生产的初级产品越多，实物生产率越高，反而可能会越穷。第二次世界大战以后的几十年间，“南方”（发展中国家）相对于“北方”（发达国家）的贸易条件恶化及其随之而来的争论，反映的正是这个问题。

中国在经济现代化进程中是一个落后国家，处于世界经济等级结构的下方。因此，中国经济发展的实质是改变自己的结构地位，所以必须把发展技术能力置于重要地位。不发展技术能力，中国的工业就只能从事具有高度可替代性的“低端”生产活动，虽然耗费越来越多的资源，却只能得到越来越少的利润。一些人以为：中国穷，不应该搞研发；由于技术会自动扩散，所以购买现成的技术反而节约研发费用，而且依靠外国企业在华设厂或设立研发机构就会为中国带来技术。但他们混淆了技术和技术能力之间的区别，看不到技术能力只能是组织内生的。

作为落后国家，中国要发展，就必须学习和利用外国技术。但只有在发展技术能力方面不断努力才能做到这一点，因为吸收外部技术知识的能力取决于企业自身进行研发的经验和努力程度。历史证明，在先进国家产生的技术知识最终会扩散，但是扩散的方向和速度在世界各国之间却是非常不平衡的。技术的转移和模仿需要昂贵的成本，因为技术转移的有效性并不仅仅取决于是否存在技术输出方，更重要的是取决于技术接受方是否具有相当的能力，并保持技术学习的努力强度。正是由于技术知识的性质及其转移和扩散的特点，所以自主创新才在任何条件下都具有不可替代的重要性。

在以英国工业革命为开端的世界现代经济发展过程中，在大多数国家成为落后国家的同时，确实有一些国家实现了对领先国家的赶超，例如美国和德国对英国的替代，当然也有一些国家从较发达的状态退入落后国家的行列（例如阿根廷等拉美国家）。第二次世界大战后的成功赶超国家以日本、韩国为代表——仅用了几十年的时间就实现了在世界经济等级结构中的爬升。但这种爬升的推动力并不仅仅是资本积累的提高，而是来自改变了产品结构和产业结构的高强度技术学习和技术能力的发展（Nelson and Pack，1999）。

日韩模式的一个重要特点是国家在技术学习过程中发挥了超乎寻常的作用。这种作用的形式并不是表现在由政府替代企业的技术学习，而是表现在政府采取积极措施来鞭策、支持和保护本国企业的技术学习，甚至在企业的技术学习过程中直接贯彻国家的意志。例如1973年，韩国政府“命令”只能组装外国汽车的本国汽车企业必须进行自主开发，从而迫使这些企业提高技术学习的强度（Kim，1997）。

为什么在成功的赶超国家中，主要由企业所进行的技术学习需要国家的政治意志？原因就在于，当存在能力壁垒时，后进企业在进入被先行者所主导的产品市场时必定面临着风险，而且壁垒越高，风险越大。风险来自能力发展的长期性和困难性，也来自先行者的压制。由于存在风险和不确定性，注重边际收益的自由市场机制并不支持以技术学习为目的的投资。落后国家实现赶超的实质是获得技术能力，而要达到这个目标就必须克服因市场机制有利于强者所造成的壁垒，所以只有在政府发挥作用的条件下才能使企业克服这种壁垒。但政府作用如果有效，又要注意绝不能替代或压抑市场竞争。日本解决这个悖论的方式是在保护国内市场的同时维持企业之间的高度竞争；国内市场更加狭小的韩国解决这个悖论的方式是鞭策企业出口，使其经受国际市场的竞争考验。总之，正是通过政府和企业的共同作用而实现在技术能力上的爬升，才使日韩能够跻身于发达国家行列。

本报告所讨论的大飞机项目代表了中国在技术结构上爬升的意愿和努力。我们以上所概括出来的理论框架，可以帮助读者从发展技术能力的角度去理解大飞机项目的意义、历史教训和战略决策的原则。

第二章
从大道理看中国在发展大飞机工业上的历史教训

大飞机项目涉及国家重大利益，是国家的重大决策。正是由于这个项目关系重大，所以其也具有较大的风险。面对未来的风险，分析和总结历史经验，是降低不确定性和避免战略决策失误的重要方法。因此，本报告不像其他论证那样以未来预测作为决策的主要依据，而是以过去的历史教训作为主要依据。

中华人民共和国的航空工业已经有 50 多年的历史，具有仅次于美国、俄罗斯的产业规模，全行业有 50 多万就业人员，34 个部级研究所、50 个厂级研究所和 100 多个大中型企业，6 个国家级重点实验室和 38 个部级重点实验室，以及世界上最大的风洞试验基地之一①。

但是，这个曾经开发出像运-10 这样的大型客机的航空工业，却在民用飞机领域走了 20 多年被称为“屡战屡败”或“屡败屡战”的道路。不理解这个过程的形成因素，就无以判断当前各种争论观点的是非曲直，也无法把握面向未来战略的决策原则。

需要指出的是，任何业外人士一旦开始了解中国航空工业的历史，就会发现 1970 年上马、1980 年试飞成功而又于 1985 年被迫下马的运-10 项目是一个绕不过去的历史事件。运-10 是堪比“两弹一星”的国家重大项目，分析其成败的前因后果是理解中国航空工业存在什么样的问题的一把钥匙。因此，本章以运-10 项目为线索，分析和概括出有关中国民用航空工业发展的三大历史

① 但这股宝贵的力量未能得到合理、有效的配置和利用，大而全、小而全、生产和科研体系分割细碎与低水平重复现象相当严重。

教训。

2.1 第一个教训：运-10下马丢掉的不是一个产品，而是技术能力赖以发展的开发平台

丢掉运-10的教训是什么？

中国航空工业历史上的一块伤疤是运-10。关于运-10，过去有许多恩恩怨怨，现在也有许多争论。但是，几乎所有的争论都只是围绕着产品的优缺点说来说去，却掩盖了更为重要的技术能力问题。例如，对运-10的下马的一种官方解释是："1981年初，民航总局对运-10型飞机研制提出意见，认为该机还有不少重大技术问题有待解决，其中如影响安全和经济性能的全机疲劳试验尚未进行，飞机性能还要通过大量试飞才能验收，机上4大系统还缺乏试验数据，有些机载设备还存在问题，等等，继续研制类似波音707型水平的飞机是否可取，需要斟酌。因此，1985年2月国家决定运-10型飞机停止研制"（姚峻，1998：405）。但从技术能力发展的角度看，这样的解释岂止是非常勉强，其实是不通的，就好像是说：一个刚开始学步的婴儿，因为还没有最后证明其今后是否能够步履矫健，所以不许生存！

从技术能力发展的角度看，运-10不仅是一个机型（产品），而且是中国第一个大型民用飞机的产品开发平台。也就是说，运-10既是当时中国航空技术能力的体现，也是进一步提高技术能力的基础。

任何一种有形的产品都会随着出售给用户而离开设计和生产这种产品的企业，但从开发一种产品的过程中所获得的知识、经验和技能不但不会离开原来的企业或工作组织，反而还会随着连续的产品开发和改进活动不断增长。技术能力的发展不能脱离研发活动的物质对象，所以代表企业研发活动最终成果的产品设计就成为企业技术能力赖以发展的"台阶"或"工作平台"，也就是我们所谓的"开发平台"。

一种产品设计若要成为开发平台，企业就必须对该产品设计拥有知识产

权，因为没有知识产权就没有对其进行修改和再开发的权利，也就不可能使其成为发展企业技术能力的平台。中国航空工业曾经组装过的麦道飞机和中国汽车工业通过合资组装的外国品牌汽车都不是中国工业的产品开发平台，就是因为中方没有这些产品设计的知识产权，也不能对这些产品设计进行修改和再开发。获得知识产权可以有两个途径：或自己设计，或外购产品设计。但外购的产品设计并不必然能够成为购买方的开发平台，因为存在着购买方不能理解、掌握、复制并改进这个产品设计的可能。这恰恰说明，有效的技术转移要求技术接受方必须发展出相当的能力，而努力发展这样的能力的过程也就是自主开发能力生成的过程。这种逻辑说明为什么自主开发对于技术能力的发展和技术进步具有如此重要的意义。

拥有产品开发平台对于技术进步和技术能力的发展具有重大意义。

第一，现有的产品设计体现了现有的知识基础，由于存在这个基础，所以开发者可以在后续的改进中大大缩小解决问题和搜寻新知识的范围，从而大大降低在技术进步过程中无法避免的不确定性。

第二，现有产品拥有现有的客户群，在现有的产品开发平台上开发新产品有利于保证市场的连续性，降低市场风险。

第三，拥有产品开发平台可以选择、试验和集成各种新技术，带动相关技术网络的进步。像飞机这样需要几万种零部件的复杂产品系统需要集成大量的技术，每个亚系统甚至每个单项技术都有自己特定的性质和特定的进步轨道。关键问题在于，如果没有只能由终端产品提供的应用可能性，上游技术的发展就丧失了需求动力。任何技术的进步都是通过解决问题实现的，如果没有应用的需要，也就没有解决问题的动力，甚至连问题本身都无法提出。当今天一些人争辩说，中国做不出产品（如飞机、汽车等）是因为基础技术不行时，我们的问题是：如果不去自主开发产品，谁会去努力开发产品所需的上游技术？相反，如果进行自主产品开发，即使暂时不能掌握所有的技术，那也不仅可以外购，而且必然会产生开发这些技术的动力。由于终端产品是上游技术的应用平台，所以如果没有产品开发平台，就没有整个技术链条的进步动力。

第四，现有的产品平台甚至有利于建立起新的产品开发平台。不仅是因为开发任何新产品都需要技术经验的积累，而且是因为旧平台可以帮助技术人员迅速把握新平台的概念和参数应该是什么，降低一切都必须从头来的成本和不确定性。例如，美国第一次开发喷气式飞机的尝试是把喷气发动机安装在原来使用螺旋桨发动机的 XP－59 上，结果其性能并不比高速螺旋桨飞机更好。但这个试验帮助美国工程师理解了飞机的整体设计为什么需要并如何因发动机的改变而改变。当专为喷气发动机设计出来的 XP－80 飞机问世后，喷气式飞机的优势就立刻显示出来。因此，没有螺旋桨飞机的平台，技术人员就无法迅速判明使用喷气发动机的平台需要具备什么样的特点。虽然新的喷气式飞机开发平台与旧的螺旋桨飞机开发平台相比是革命性的进步，表现为技术跨越（即激进的技术变化），但这个革命性跨越的过程却是连续性的，原因就在于技术的知识和能力只能是累积性发展的。

第五，产品开发平台的存在意味着技术研发活动在组织上的连续性。在使用以科学为基础的技术的工业领域，技术能力来自技术和产品开发活动，而不可能来自仅仅使用技术的过程。此外，技术能力发展的累积性同时决定了产品开发活动的不可间断性。抛弃自主设计的运－10 而去组装麦道飞机，虽然能学到一些生产知识，但却因为没有对产品设计的知识产权而丧失了产品开发平台。丧失产品开发平台意味着在产品开发层次上的技术学习过程中断，必将导致开发团队的解体和技术能力的消逝。

为抛弃运－10 辩解的人总说运－10 是模仿波音 707 开发出来的机型，到 80 年代已经落后。事实上，运－10 不是波音 707。即使运－10 就是波音 707，那问题的关键也不在于它是否比波音 727、737“落后”，而在于运－10 是其下马后中国至今都没有逾越甚至能够勉强达到的产品开发平台。如果中国保留了这个平台，就可以在这个平台上不断改进，其结果必然是：一方面，使产品的技术水平不断提高；另一方面，使开发团队的技术能力不断增长。相反，放弃运－10 平台的结果是中断了中国民用航空工业进行技术学习的过程。在抛弃了运－10 之后的 20 来年里，中国航空工业在民用飞机领域干出了什么？我们以图 3－2－1 来表示中断技术学习的代价。

图 3－2－1 展示了美国波音、欧洲空客和中国运－10 这三个民用干线飞机

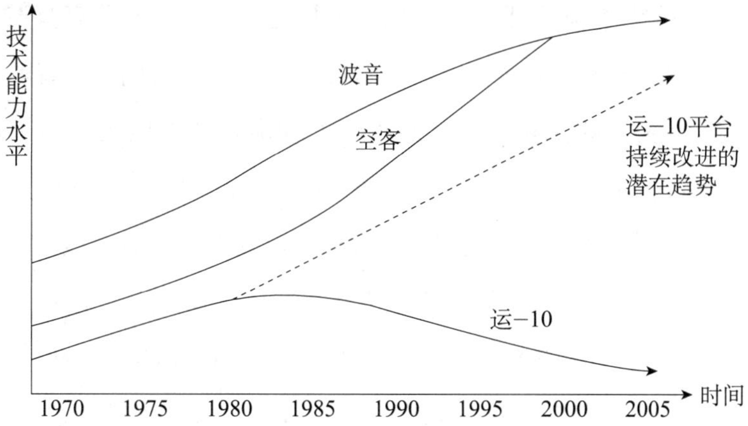

图 3-2-1 运-10、波音和空客三个平台的技术能力发展趋势

开发平台的技术能力发展轨道，以便从概念上帮助理解丢掉运-10 平台的后果是什么。

波音是世界民用（和军用）航空工业的主导企业，但它在民用客机领域曾经是个后进者。1952 年 4 月，波音公司决定开发其第一种大型喷气式客机机型——波音 707，其原型机波音 367-80 于 1954 年 7 月试飞成功。但其并没有马上带来订单。好在波音为预防市场风险，把 367-80 设计为可以兼顾军用运输机的需求。美国空军看中这一点，把喷气式加油机 KC-135 的开发任务交给了波音公司，由其在 367-80 的平台上改装而成。KC-135 连同后来的改进型共生产了 820 架，长期是美国空中加油机的主力机种。1955 年，波音开发出 707。但最初的型号在销售上输给了道格拉斯公司的 DC-8。波音吸取教训，对原设计进行修改，加宽客舱并增强洲际航行能力。改进后的波音 707（180 座）于 1957 年试飞，很快获得市场成功（1959 年，一架波音 707-320 被选为美国总统座机“空军一号”），打破了道格拉斯公司对民用客机市场几十年的垄断。此后，波音公司开发出一系列喷气式客机。波音 727 于 1964 年投入运行，到 1984 年才退出市场。波音 737 于 1968 年投入航线运行，是有史以来最成功的客机机型，迄今，各种改进型加在一起，已经销售了 4 800 架以上。

但波音并不总是一帆风顺。它曾经在开发 747 时经历了一场豪赌。1965 年，波音开始开发 747。开发波音 747 的关键之一是发动机。在向通用电气和英国罗尔斯·罗伊斯公司寻求发动机供应未果后，波音转向普惠公司。由于机体庞大，普惠公司在开发发动机过程中困难重重，要求延期。波音不同意，争吵之下逼迫普惠从现有发动机中挤出更多的动力，结果导致发动机过热和超重。1969年，波音747在试飞过程中，使用了87台发动机，其中完全报废了60台。但波音向用户隐瞒了真相，后来气得运营成本大增的泛美航空公司要起诉波音，并迫使波音每架飞机降价500万美元私了。这期间，波音因不能按时交付飞机差点破产。直到70年代中期以后，普惠公司才解决了发动机的问题，历经近10年磨难的波音747从此雄霸国际航线。波音在80年代又开发了757和767，在90年代公司的战略转向对现有机型的系列化改型。1996年12月，波音兼并了曾经的老大——美国麦道公司。

英国本来在发展喷气式客机方面走在美国的前面，但早期开发的机型（如“彗星”号）连续出现事故，没能获得市场成功。考虑到各国单枪匹马难以同美国竞争，1967年英国、法国和德国联合上马“空中客车”（以下简称空客）计划，开发干线民用飞机。70年代初，西班牙、荷兰、比利时相继加入该计划（1968年英国因空客决定采用美国发动机而不是英国发动机而退出空客计划，后于1979年又重新加入）。空客开发的第一种机型是220座的A300，但它从1974年首次交付使用到1978年之前，一共才销售了38架。1978年春，市场发生变化，燃油价格的飞涨和市场竞争使航空公司迫切需要客容量大、经济性好的机型。于是，A300成为受欢迎的机型，到1979年年底订单已超过300架，公司从此走上坦途。面对这种有利形势，空客再接再厉，从1978年开始开发A310，首次采用超临界翼型。此后又开发了A320，率先采用电传操纵系统。由于A300和A310奠定的良好声誉，A320在首次试飞前就空前地获得了439架的订单。从A300到A320，空客覆盖了中短程、小载客量的干线飞机市场，形成与波音737、757、767和麦道80、90系列的竞争格局，但在中远程干线飞机市场上还是空白。为覆盖这个市场，空客从1987年开始开发A330和A340。1992年，A330首飞。A340于1991年首飞，是空客第一种采用四发动机的机型。2000年12月起，空客开始研制A380，其座位数可达555个，竞争目标是波音747-400。A380已于2005年1月18日下线。30多年的时间里，欧洲空客追上了美国同行，促使了麦道的破产，今天已经压得波音喘不过气来了[①]。

从前面的简介中可以看到，波音和空客在其开发早期阶段产品都不成熟，也都遇到过市场不确定性的困扰甚至挫折。当第一个产品开发出来后，只是通过在开发平台上的不断改进，才最后取得成功（从正式交付使用到获得批量订单都花了四五年的时间）。有了波音 707，才有了波音系列；有了空客 A300，才有了空客系列。相比之下，运-10 刚刚一飞冲天，中国的一些人就指责其技术有问题，说找不到市场，等等，必欲除之而后快。

运-10 是倾全国之力而一举建立起来的大型客机开发平台，代表了中国航空工业技术能力的一次飞跃。在那之前，中国只自主设计制造过 10 吨级的飞机，而运-10 是百吨级的飞机。与 10 吨级的飞机相比，运-10 平尾的面积就达到其机翼面积的 5 倍；前者的机翼上一般有 4 片辅助翼面，而后者机翼上的辅助翼面却需要多达 50 片。以前中国自主设计的飞机上的整体油箱载油量只有 40 公斤，还获了奖；而运-10 的整体油箱却可装载 50 多吨燃油。之所以称运-10 是中国工业的产品开发平台，就是因为，即使是这样的数量级跨越，运-10 也没有照抄，而是创造出来的。

工程创造不可能凭空而来，必须建立在经受过验证的技术基础上。因此，先行者的经验可以而且应该为后进者所借鉴。但是，利用前人经验的最优方式不是照抄，而是根据自己的产品概念进行综合。运-10 项目上马时，大型喷气式客机已经出现 15 年了，当时所有的相关技术都落入运-10 设计者的视野，但他们没有照抄，而是创造性地利用这些技术。例如发动机的布局，苏联图 104 采用的是翼根式，英国“三叉戟”采用的是尾吊式，而美国波音 707 采用的是翼吊式。通过技术分析，运-10 的设计者首先否定了苏式翼根式布局，然后制作出1∶1 全尺寸木质样机对尾吊式和翼吊式两种布局进行风洞试验，最后选择了翼吊布局。这个布局后来成为世界的主流布局。不仅欧洲和苏联/俄罗斯的飞机都改为翼吊式布局，而且进入 21 世纪后新开发的飞机也仍然采用这种布局。又如，飞机最重要的空气动力部件——机翼，运-10 设计者对当时所能得

① 以上对波音和空客历史的简介参见李成智等（2004：第九章）。

到的苏联、英国和美国翼型都进行了风洞试验，最后选择了英国翼型，致使运-10的翼型在空气动力性能上优于波音707。最可贵的是，运-10的设计者本来都是在苏联技术体系下成长起来的，但他们在开发运-10的过程中却一举突破了传统技术轨道的限制，使运-10成为中国第一种按英美适航条例（CAM4b和后来的FAR25部）设计的国产飞机［关于运-10的创新，参见程不时（2004：第十一章］。

通过开发运-10而获得的技术能力上的飞跃仍然是建立在过去经验基础上的。例如，副总设计师程不时回忆说："虽然运-10飞机比我以前设计的飞机大了许多，但仍然有许多相通的东西。一般地说，当出现众多矛盾时，如何保证优先级的问题重点得到解决的思维方法，对小飞机和大飞机都是类似的。我在过去一些机型设计中的经验和思考方法，为在运-10的设计中处理问题带来了很大的方便。我自己同时在运-10设计中一面学习，一面运用自己的所学，使原有的知识得到前所未有的扩大和充实。"（程不时，2004：180-181）设计师的这段话非常生动地解释了过去积累的能力如何帮助了新产品的开发，而新产品的开发又如何推动了新能力的生成。

运-10的开发会聚了当时中国航空工业的各路精英，代表了当时中国航空工业所积累起来的知识、经验和技能。这种积累起来的技术能力是开发运-10的基础；同时，通过开发运-10这样一个需要在技术复杂程度上产生数量级跃升的产品，又导致中国航空工业技术能力实现了一次大规模膨胀。运-10是我国第一款国产喷气式干线大飞机，它的最大起飞重量达110吨、最远航程达8 300公里、最大时速达974公里、实用升限高达12 000米，是截至成文时为止我国起飞重量最大、飞得最远、飞得最快、飞得最高的国产客/运输机。在运-10项目上，采用新设计方法、新规范、新技术、新工艺、新材料，新成品附件的范围和程度都是空前的。例子不胜枚举，这里仅举一例：在设计运-10的过程中，中国技术人员开发出138个计算机应用程序，使运-10不仅成为中国航空工业大面积使用计算机辅助设计的第一款机型，而且也成为整个中国工业使用计算机辅助设计的先驱产品。因此，运-10项目典型地说明了什么叫作产品开发平台，以及为什么这种平台对于技术能力的发展是不可或缺的。

毋庸讳言，运-10 的主要设计任务是设计给国家领导人乘坐的专机，8 000 多公里的航程是按照北京到地拉那（中国当时最远的盟国阿尔巴尼亚的首都）的距离确定的。但即使因此而带有任何“缺点”，那也绝不应该是抛弃运-10 的理由，因为它是中国曾经有过的唯一大型飞机开发平台。运-10 试飞成功后，同年 11 月 28 日英国路透社电讯评价说：“在得到这种高度复杂的技术后，再也不能把中国视为一个落后的国家了。”拥有驾驶波音 707 飞行 2 000 小时经验的美国驻华使馆武官参观了飞机，他对中国设计师说：“凡是熟悉波音飞机的人，站在运-10 飞机舱门前看一眼就可以明白，运-10 不是波音飞机的复制品，机翼构型明显是不同的。”当时，波音公司的总裁对中国设计人员说：“你们毕业了，我们只不过比你们早毕业几年。”该公司一位副总裁在美国《航空周刊》撰文说：“运-10 不是波音 707 的翻版，更确切地说，她是该国发展其设计制造运输机能力十年之久的锻炼成果。”（程不时，2004：195－196）奇怪的是，说运-10 抄袭波音 707 的人不是外国人，甚至不是波音公司的人，而是某些中国人。

运-10 雄姿

正如图 3－2－1 所示，扼杀了运-10，中国就丧失了民用客机的产品开发平台，其结果就是中国民用航空技术能力的长期停滞和倒退。但在同时，波音和空客在各自的产品开发平台上持续改进和创新，技术能力随着产品更新升级而不断提高（图 3-2-1 中二者的能力曲线呈不断上升趋势）。于是，中国的技术能力与美国、欧洲的技术能力差距在过去 20 来年间呈现出剪刀差的趋势，越拉越大。这种不断拉大的差距实际上就是中国再进入民机领域时所遇到的不断抬高的门槛，它是可以用钱来衡量的：投资约 5.4 亿元人民币开发出来的运-10 因缺 3 000 万元的经费不得不下马，而今天在讨论上大飞机项目时，多数人的估计都是要花 300 亿元和 10～15 年的时间（即使考虑通货膨胀率，差距也是惊人的）。如果运-10 不下马，即使迄今为止 1 架也卖不掉，这笔钱也足以在过去 20 来年间保住运-10 平台，使其不断改进。如果历史是这样走的（如图 3-2-1 中虚线所示），我们今天还用得着为缺乏可改为预警机和加油机的机型发愁吗？现在用这笔钱从头干，即使干出来了，也无非是像运-10 那样一个原型机，也无非是重建一个中国曾经拥有过的产品开发平台，但要至少再多花上 10 年。依此类推，中国的干线客机再拖上 10 到 20 年以后上马，那时的项目经费可能就要突破 1 000 亿元了。运-10 项目上马时，中国在航空工业技术上与国际先进水平有 15 年的差距，今天再上大飞机，则有 50 多年的差距——这就是中断技术学习和能力发展过程的代价！

能力萎缩的代价特别体现在运-10 的发动机上。在运-10 研制过程中，为了配套，上海一家工厂（上海航空发动机厂前身）在测绘美国普惠 JT3D 型涡轮风扇发动机的基础上，最终制造成功用在运-10 上的发动机。在运-10 试飞期间，为安全起见，由运-10 装载波音 707 使用的普惠发动机，而把仿制的发动机装在波音 707 上试飞，效果很好。北京航空航天大学一位 70 多岁的航空发动机专家在回答中国需要多长时间才能生产出大飞机的发动机问题时说，不用 50 年，但需要 30 年。说罢，他话锋一转说："当年上海居然把普惠发动机给造出来了，真是太不容易了！"据他说，当年上海造出来钛合金带尖的涡扇叶片，30 来年后的今天整个中国航空工业都是无法做到的。但令人痛心疾首的是，上海造发动机的技术能力已经彻底消失（厂房和设备早已拆除，人员流散）。如果能够在那款发动机的产品开发平台上不断改进提高，我们今天还用得着再争论中国造出发动机是要花 30 年还是 50 年吗？

有人嘲笑那款发动机是仿制的，好像他们今天有本事能造出来似的。那我们看看仿制喷气发动机的国际范例。（涡轮）喷气发动机是由英国和德国分别在第二次世界大战前夕发明的，并在战争后期装上飞机投入实战。美国只是在1941年才与英国签订协定，仿制英国喷气发动机。同年10月，英国把一台未装配的发动机和一系列图纸资料提供给美方指定的通用电气公司，并派了一个技术小组协助美方仿制。即使有了这样的帮助，美国通用电气公司仿制的发动机及其改进型也是直到1944年初才赶上英国发动机的性能水平。苏联在二战前也开始研制喷气发动机，但直到战争结束也没有研制出来。二战后，苏联利用缴获的德国资料和设备，在德国技术人员的帮助下很快仿制出了喷气发动机；1947年又通过贸易谈判从英国购买了几十台喷气发动机并开始仿制。1949年，由克里莫夫设计局仿制的尼恩发动机投入批量生产，装备在米格15战斗机上。了解一下喷气发动机技术的扩散过程，某些中国人还有什么可说的？

关键不在于是否仿制，而在于是否进行技术学习。当通用电气仿制英国喷气发动机时，美国政府让威斯汀豪斯公司也研制喷气发动机，但却没有告诉该公司关于通用电气仿制的事，目的是希望该公司在没有任何借鉴的条件下产生新思想。1940年，美国政府决定成立“飞机发动机研究试验室”，1943年建成两座地面试验台，1944年又建立高空模拟试验台。各种设计方案都在这里进行基础试验，它对美国喷气发动机从仿制到自主设计起到重要作用。苏联人在仿制喷气发动机的过程中，下功夫学习外国技术。他们把德国工厂连人带设备搬到乌拉尔和古比雪夫等发动机工业基地，把俘虏的德国技术人员集中起来，命令他们提供技术知识、经验和管理方法。由于定了型的产品往往是设计中对各种技术制约因素进行妥协的结果，所以简单复制已有的产品不容易理解原来设计的方法和原则。为此，苏联人甚至要求德国设计人员把产品重新从头设计一遍，以帮助苏联人从复原过程中掌握技术诀窍。同时，苏联坚持边试边仿的原则，不管是德国的还是英国的发动机，在仿制前总要由中央空气流体动力学研究院和中央发动机研究院以及各设计局进行大量的试验研究，力求学到更多的知识。通过这种高强度的技术学习，苏联花了5年多的时间完成了从仿制到自主设计的过渡[①]。美国人仿制英国喷气发动机时，有英国技术人员带着图纸和技术资料来手把手地教；苏联人仿制德国喷气发动机时，则有德国俘虏复原设计过程来手把手地教。相比之下，上海当年只凭着自己对原产品的逆向工程就造出能够使用的发动机，其中的技术学习能少吗？

通过上述分析可以清楚地看出，运-10的下马标志着中国大型客机开发平台的丧失，而事实也证明中国民用航空工业的技术能力由此而陷入萎缩状态。单纯从产品的优缺点角度来讨论这个问题，只能是推脱责任的做法。抛弃运-10是自毁长城的行为，是一个永远不能忘却的历史教训。但是，为什么要这样自毁长城？问题就出在有人总是要反对自主设计和自主开发。

2.2　第二个教训：分歧的根本点是依赖外国设计还是自主设计

20年来的根本性战略问题是什么？

围绕着要不要上大飞机以及如何上的问题，决策的相关各方已经争论多年了。目前有关的争论主要体现在四个方面：（1）有关飞机大小的“干支之争”（先上支线飞机还是先上干线飞机）；（2）有关发展大飞机平台的“军民之争”（先从军用运输机开始还是直接上客机）；（3）有关生产选址的“东西之争”（项目放在上海还是陕西）；（4）有关航空工业发展道路的“自主开发与合作合资之争”。这些争论如此纷繁，难免使决策者有点雾里看花的感觉。其实，混乱产生于这样一种情况：许多人虽然声称是在讨论大飞机的发展战略，但其实是在讨论战术问题。因此，澄清思路的关键是区分清楚哪些是战术问题、哪些是战略问题。

从运-10下马到今天为止的20年间，中国民用航空工业发展的根本性战略

---

① 以上对喷气发动机技术扩散的简介见李成智等（2004：第七章）。

问题究竟是什么？事实给予的答案其实很简单，就是要不要走自主设计的道路。从这个战略基点出发，对上述各种争论进行梳理分析，就会发现：主张先上支线飞机的主要理由是中国目前还干不了大飞机，所以应该先易后难；主张先上军用飞机的主要理由，除了怕民用挤了军用的想法外，更重要的是可以仿制俄罗斯的伊尔-76；主张把项目放在西安的主要理由是那里已经拥有军机平台，仍然是想走仿制俄式飞机的路。因此，持续了20多年的有关中国民用航空工业发展之路的种种争论，在本质上无非是依赖外国设计还是依靠自主设计的两条路线之争。

回顾历史，运-10的下马标志着自主创新的发展道路遭到否定，中国民用航空工业从此走上一条把希望寄托在外国技术上的道路。运-10刚刚试飞成功，三机部（航空部）就有了替代运-10的合资计划。1981年2月11日，三机部以三飞（1981）179号文向中央财经领导小组上报《关于运十飞机进展情况和下一步安排的请示》，提出替代运-10的方案是引进美制DC9-80飞机。但因民航总局不要DC9-80而未能立项。以后，又由上海飞机制造厂从1985年开始执行与美国麦道公司合作组装25架麦道82飞机的项目。

当时仍然有人主张运-10的平台不应该被抛弃，提议在运-10的基础上发展一个新干线机型（据说是类似波音737吨位的运-16，装载两个发动机）。但当这个项目报上去后，当时的国务院领导表示“此事不必再议了”（指的是已经开始合作组装麦道82了，其他不要想了）。于是，自主设计的道路被彻底堵死。麦道82是中国第一个整机合作项目，截至1994年共先后交付35架给航空公司使用，其中5架返销美国环球航空。

鉴于麦道82合作只是一个单纯组装外国飞机的项目，航空部于1986年年底提出一个通过国际合作来“开发”干线飞机的计划。当时，中方分别向波音、麦道和空客三大公司发出项目建议书，波音、麦道很快响应，但空客没有回音。1988年，中方先与波音进行了为期4个月的联合可行性研究。但由于麦道82组装项目的牵掣，最后中方还是决定与麦道合作，这就是1995—2000年合作生产麦道90的项目。麦道90项目被称道的是其国产化率达70%，并获得美国FAA生产合格证（PC）的延伸。但这种没有自主知识产权的“国产化”

实际上弱不禁风：1996年年底，波音兼并麦道公司后，于1997年在全公司范围内关闭麦道90生产线。1998年，经国务院同意，中方要求把原定生产的20架麦道90减为2架。于是，打通的麦道90生产线只生产了2架就草草收场，致使麦道90项目血本无归。项目尚未完结，波音就通知中方销毁所有的技术资料与图纸。

组装外国整机之路走不通，就走零部件转包生产之路。据说这样可以学习技术，走全过程，培养零部件体系，从而拥有整机生产能力。这种想法幼稚之处在于，没有意识到加工工艺技术和零部件生产与总体设计和系统集成完全是两码事。此外，波音和空客对转包生产控制十分严格，布局分散，任何一个国家都不可能通过转包学到全套部件技术。"为了学技术"就必须不断接受新的部件工作包，往往在前一个转包没有上规模收回成本的时候，就不得不开始接受下一个转包。结果，中国的转包生产入不敷出。转包最多只能解决部分生产人员的吃饭问题，根本谈不上振兴我国客机工业。

在整机组装和转包生产的国际合作之路都无济于事后，合资合作的"试错"项目又从干线飞机转向支线飞机。在1992年国家承诺拨款100亿元后，航空工业部门提出100座的AE100项目，谋求与国际知名商用飞机公司的合作，通过获得外国技术支持来开发中国的飞机平台。但在中方采取甘当"小学生"的态度后，选定的合作对象空客公司要价却越来越高，甚至在商务谈判中每谈一次都要收取"技术转让费"（因为要向"小学生"们介绍应该怎样造飞机），最后因为久拖不决，不了了之。100亿元的拨款在花掉一小部分后被国家收回。

在AE100项目失败的刺激下，中国航空工业第一集团公司从2000年开始执行自主总体设计的ARJ21（原计划70座，后加到80～90座）的新支线项目，计划到2006年飞机下线。此后，德国道尔尼、加拿大庞巴迪和巴西三家公司都提出与中方合作。最后，中国航空工业第二集团公司与巴西达成协议，在哈飞合作研制支线飞机。

以上就是自运-10下马以后的20来年间中国民用航空工业发展的简单情况。其发展趋势是：项目的座级越来越小（运-10是187座，麦道82是147座，麦道90是150座，AE100是100座，ARJ21原定70座），但代价却越来越高（运-10实际投资约5.4亿元，麦道82项目盈亏持平，麦道90血本无归，AE100预算100亿元，ARJ21预算50亿元）。这完全印证了图3-2-1的逻辑。

自主设计是发展大飞机的关键战略环节

中国民用航空工业20来年的失败之路提出一个重要的问题：为什么依赖外国技术、回避自主设计的道路走不通？一些人说，因为中国的技术基础不行，这种技术不行，那种技术也不行，所以不能造出飞机。我们姑且把这种说法形象地称为“砖头论”，其基本观点是：如果你不具备所有的砖头，大楼就建不起来。但“砖头论”仍然不能回答前面的问题：为什么依靠外国的设计和砖头，大楼还是没有建起来？为帮助理解为什么“砖头论”是错误的，以下对飞机的设计技术进行一个简短的分析。

事实上，对于像飞机（特别是大型客机）这样高度复杂的产品，其产品开发的关键不是对某种单项技术的掌握，而是综合各种技术的能力。这种“综合”集中体现在飞机设计的总体方案上[①]。但在航空工业，总体方案指的是飞机型式（机型）的总体方案，所以飞机设计的起点还不是总体方案，而是型式的选择。选择飞机型式实际上就是形成产品概念的过程，其实质是对产品设计所要达到目标的规定。很显然，产品概念不完全是由技术决定的，而同时取决于对产品所承担的任务的定义（任务的参数包括载客数量、航程等）。更一般地说，对于面向竞争性市场的产品而言，产品概念必须包括对市场需求的考虑，或者说产品概念是技术的市场概念。

总体方案是实现型式选择的技术方案，而实现这个技术方案的过程就是飞机的设计过程，它分为三个阶段。第一个阶段是总体设计阶段，即总体方案的设计阶段。这一阶段主要确定飞机主要部件的尺寸、主要的性能、主要的技术。飞机总体设计的关键环节是空气动力布局、结构布局、机身机翼外形和部件系统布局等。该阶段需要大量的风洞试验。第二个阶段是技术设计阶段。这

① 总体方案一旦确定，整架飞机全寿命成本的95%以上就被确定了。

一阶段就要对总体设计的每一部分的部件打样设计，即要把每个分系统的大体布局和设计定下来，如动力系统、操作系统、电气系统、空调系统、燃油系统等。第三个阶段是细节设计阶段，在此阶段要绘制出所有可供生产的图纸。要求对每个部件都了解，每个技术要求都要写出来。

在由这三个阶段组成的研发过程中，以人/时指标衡量的工作量是一个逐渐上升的曲线。第一个阶段工作量消耗较少，但技术含量高，主要由高级设计师来完成（各系统的专家也会参与总体方案的讨论，从本专业的角度提出对总体设计的要求）。到技术设计阶段，工作量增大，因为需要每个专业领域的专家参与设计。第三个阶段的工作量是最大的，包括大量的图纸绘制、总装制造、试飞等。

理解飞机的设计，有两点需要把握。第一，飞机的设计是工程综合[①]，而综合意味着为达到设计任务（产品概念）的要求进行“妥协”（compromise，或译为权衡）。当飞机的总体方案定下来之后，次级的技术方案实际上具有多种组合。不同的组合方案没有绝对的优劣（即绝对的唯一性），只是根据产品的目标对不同的布局和结构强度特点、不同的部件系统接口规范进行选择，遵循的是优先级算法，然后对组件、材料、技术做出选择和权衡安排。重要的是，一个机型的优劣不是由单方面因素（布局结构、材料技术、部件组件）所决定的，而是由总体的系统性能决定的。因此，飞机设计过程中最重要的技术能力不是把哪个部件、哪个细节做得最好，而是从总体目标和总体布局出发，懂得选择什么、妥协什么、牺牲什么，懂得如何协调不同的系统、部件的空间资源分布。最关键的是，飞机总体设计师知道飞机的最终设计点在哪里，只要保证了那些设计点，就能够实现总体方案的要求，飞机就可以安全、高性能地“一飞冲天”[②]。

第二，飞机的设计分为选择型式和确定参数两大步骤。两个步骤缺一不

---

① “在国外文献中，飞机设计有时就直接称为飞机综合（Aircraft Synthesis）”（程不时，1994）。

② 有人用非主要承力部位结构性超重否定运-10总体结构强度的精确度，就是以砖头的质量来否定大楼的设计，目的无非是否定自主设计。

可，但顺序不能颠倒。参数设计是在型式选择确定后，进一步考虑整机、系统、部件的具体结构细节，以提高设计质量为目标筛选最优化的技术，也就是开始把设计精力转向实现物理结构。进行参数选择和设计时，并不是由可靠性组、重量组、强度组、疲劳组、适航组等设计小组各自为政，而是要按照总体方案不断沟通、磨合并及时改进。对于参数选择过程中碰到的具体问题，要不断反馈到总体设计处进行权衡，再决定具体的问题解决方案。这是因为，飞机的设计是“牵一发而动全身”，因某部件系统细节设计变化而增加一点点重量，就可能要求全面改变气动布局、结构布局、翼形、材料、技术并重新协调各系统之间的接口标准来“消化”。

由此可见，如果把飞机比作大楼，那么建起大楼的顺序并不是从一块一块的砖头开始垒，而是从大楼的设计开始，然后再选择砖头。也就是说，是大楼的设计决定选用什么样的砖头，而不是用现有的砖头垒出什么样的大楼。砖头是可以替代的，因为还可以用木材、水泥板、空心砖、竹子等材料，但大楼的设计不可替代，因为建大楼必须有设计，而设计只能由产品开发者自己创造，所以飞机不是“砖头”垒出来的。

“砖头论”产生的根源是对自主设计的不信任和恐惧，也经常被用来贬低甚至否定自主设计。但“砖头论”忽略了型式选择和总体设计的重要性，拘泥于技术物理实现的细节，好像飞机上的每一个系统组件、每一个细节技术、每一块具体材料，甚至从铆钉、夹模具、数控机床到机翼机身、发动机动力系统、电航系统等，都必须自己掌握，否则就造不出大飞机。在这种思维主导下，就把问题越想越细、越想越狭窄、越想越复杂，最终就是取消自主设计，认为必须依靠外国的设计。

“砖头论”无视设计是航空工业最高端的技术能力，总是惯于以一块砖头的优劣来否定建大楼的可能性。设计之所以是最高端的技术能力，不仅是因为设计本身就很难，而且是因为设计是利用所有现有技术和带动新技术开发的根本环节。飞机的设计建立在对现有技术进行综合的基础上，即一方面可以利用经验验证过的技术元素，另一方面则通过工程综合创造出新的系统。创造新的系统会对新的技术元素产生需求，同时也为验证新技术提供了试验平台。

正因为产品开发的实质是创造，所以设计是产生知识产权的关键环节。知识产权有两类：一类是各种单项技术的知识产权，另一类是整个产品（飞机）的知识产权。但两类知识产权对技术能力发展的意义却存在根本不同。拥有产品的知识产权，产品就可以成为开发平台，而企业就可以自主选择各种单项技术，包括外购自己没有知识产权的单项技术。但在相反的情况下，企业只能是组装别人产品的生产者，无权对产品设计进行任何修改，更无权为产品选择单项技术。因此，拥有产品知识产权的企业/国家可以自主利用别人的技术，但不拥有产品知识产权的企业/国家就不能自主利用别人的技术。由于仅拥有单项技术的知识产权并不足以开发产品（产品是多项技术的集成），而产品又是企业竞争的中心所在，所以拥有产品的知识产权比拥有单项技术的知识产权更重要。

自主开发上游技术当然重要，但在技术能力发展的顺序上，自主开发终端产品更重要。这是因为，终端产品是上游技术的市场，没有在终端产品层次的开发，就不会产生对上游技术的需求。在这种条件下，即使上游技术产生突破，也不可能发展起来，因为其既不可能产生经济收入，也不可能得到改进。以中国汽车工业为例，有些为走合资道路辩解的人称，只要把零部件工业培育起来，就可以开发整车了。这是谬论，因为今天中国的现实是：如果你不与外国整车企业的原配套厂商合资生产外国设计的零部件，你就根本不会被允许进入其配套体系，所以中国的一级零部件供应企业只能在中国的整车开发企业出现之后才可能出现。有些否定可以自主开发大飞机的人也说：如果没有发动机技术，怎么能自己造大飞机？但要反问一句：如果不开发大飞机，谁会去开发大飞机所用的发动机？就算你开发出来了，波音和空客会用吗？那你还不是死路一条？运-10下马后，中国造大飞机发动机的能力不是消失殆尽了吗？

放弃自主设计，去依赖外国设计，中国航空工业就放弃了高端技术能力的发展。在合作组装外国飞机的过程中，中国企业只能学到局部的制造技术，却学不到最重要的设计技术。更重要的是，这样做就等于把自己的技术学习过程拱手交给外国人去控制，最后容易因为对方翻脸而满盘皆输。明白了这些道理，就会明白为什么一旦走上抛弃自主设计去依赖外国设计的道路，中国民用航空工业会接踵失败。

几个争论的实质问题到底是什么？

有了上面的分析，就可以比较容易地理解几个主要争论的实质是什么。下面简要分析一下这几个争论的实质。

1. 有关飞机大小的“干支之争”（先上支线飞机还是先上干线飞机）

自从运-10下马后，历次讨论上民用飞机项目时，航空工业部门都会出现一种强烈的主张，说开发民用飞机应该从支线飞机做起，再过渡到干线大飞机。这种主张在这次有关大飞机项目的讨论中仍然存在。

航空界没有人否认干线飞机是民机产业的主导产品①，但一直有人主张把支线飞机当作发展民机产业的切入点。表面上的理由会让外行人觉得有点道理：中国现在做不了大型民用飞机，即中国既没有开发大型民用客机的能力，也没有国产飞机的市场。但当国家决定必须发展大飞机时，这些人就稍微退点儿步说：那就先做小飞机再学做大飞机，先做支线飞机再学做干线飞机。其实本质未变。

这种表面理由经不住一个事实的拷问：中国不是曾经开发出能够一飞冲天的运-10了吗？即使从开发大飞机的技术学习角度来说，从运-10平台开始学不是也比从支线飞机开始学要更容易、更快、更有效吗？讲到市场，如果在飞机还没有开发之前就断定自主开发的大型客机没有市场，只能说是心存恐惧，却没有证据说不会找到市场。因此，这种理由是站不住脚的。那真正的原因是什么？

其实，力主先上支线飞机的真正原因不是自主开发干线飞机要比自主开发支线飞机难多少，而是相较于可能会与国际寡头正面相撞的大飞机，支线飞机的合作合资项目更容易谈，更容易取得国际适航证，更容易购买外国技术，更

---

① 干线飞机一般指100座以上、最大航程5 000公里以上的客机。目前世界上最大的干线飞机是刚刚下线的欧洲空客A380，有555座和15 000公里的航程。

容易使某些领导在任期内取得“政绩”[①]。由此可见，认为“大飞机当然比小飞机难”，我们技术差、资金少做不了大飞机等说法都是借口，真实的原因是：做支线飞机可以更容易回避自主开发、更容易依赖外国技术。上 ARJ21 项目时，有人已经认识到自主掌握产品开发平台的重要性，但仍然将其主要意义看作有利于全球采购、全球配套（ARJ21 飞机的动力、环控、航电、液压、燃油、空调等 20 大系统基本上采用国外产品）。理解这一点有助于解答一个往往让人不解的困惑：上干线飞机并不影响同时上支线飞机，但为什么国家每次开始酝酿上大飞机时，立刻就有人把项目往支线飞机上拉呢？其中的奥妙就在这里。

评判“干支之争”的意义还要明确一个问题：即使掌握了开发小飞机的技术能力，也不就会轻易地发展出开发大飞机的技术能力，因为两者之间的技术性质有很大的不同。从理论上讲，大飞机不是小飞机的简单放大，因为许多空气动力现象和结构力学特性要受相似率[②]的制约。两者之间的主要区别如下：

（1）在气动布局方面，大飞机与小飞机的最大区别是，大飞机需要空中可调平尾来平衡飞机，因为大飞机载重舱要明显增长，其重量分布与小飞机有极大差异。此外，为了解决后掠式机翼起落、飞行中的下反问题，大飞机要采用小飞机上根本不需要的人工增稳装置。一般小飞机机翼只需要 4 个活动控制面（两个内侧襟翼、两个外侧副翼），而大飞机需要 50 个以上的活动控制面。只有大飞机的设计才会涉及这些控制面所需要的结构、操纵机关、颤震缓解等复杂技术。

---

① 力主上支线飞机的一个原因是，只有军工产品经验的专家对研制 70～100 吨起飞重量的干线民用飞机有恐惧感。但其中有些人后来又提出要“研制”200 吨的运输机，原因还是在于有伊尔-76（170 吨）可以抄。

② 所谓相似率，是说在结构上，比如一个物体就在一个有限受力面上，物体尺寸放大 1 倍，该物体的体积和重量是线性尺寸的 3 次方；受力面也放大 1 倍线性尺寸，但受力面积变化是线性尺寸的平方；用原来 4 倍的承力面积去承受原来 8 倍的重量，应力呈 2/3 次方增加。例如：一根杆挂一只球，如果放大 1 倍，承力杆的面积放大的是线性尺寸的平方，面积是原来的 4 倍；但球体的体积和重量却是半径的 3 次方，重量是原来的 8 倍。同样的结构型式，放大以后，杆的承力就是用 4 倍的面积去承受 8 倍的载荷，应力呈 3/2 次方增加。

（2）就机翼结构布局来讲，飞机在高亚音速条件下巡航，需要采用大展弦比后掠机翼。大展弦比后掠机翼因为尺寸大，所以要牺牲一定的结构刚性。因此，大飞机必须采用柔性机翼原则，在设计中必须更多考虑气动弹性的影响，充分估计机翼制造的型架外形与实际飞行外形的可能差异，机翼的承力型式也必须使用整体壁板等结构技术。这些都是小飞机结构设计中不可能遇到的技术问题。

（3）大飞机系统布局和关键组件技术相当复杂。大飞机一般适合采用高涵道比涡轮风扇发动机，因为其排气速度低、推进效率高、经济性好、油耗小、噪音小（刘大响、陈光等，2003：88）。此外，大飞机的设计包括安置在机翼内的整体油箱，要装载几十吨的燃油；包括占机身全长的气密舱、大功率液压系统和电气系统、大容量增压空调系统；包括防结构疲劳、防雷击、防颠簸和水陆安全迫降等各种安全措施；还包括客舱设施和生活设备，等等。为了使承载极大重量的大飞机安全着陆，有效缓解着陆冲击对机体和地面的冲击，大飞机起落架设计完全不同于小飞机（大飞机的起落架要设计成带车架的多轮式，甚至多个主起落架支柱、缓冲机构的支柱和摇臂混合式、缓冲过程中油针变剖面式，等等）。最后，对大飞机的试飞技术、强度和静力等试验的要求远远高于对小飞机的要求。

当然，支线飞机中有的属于小飞机，有的属于大飞机①。但通过上述对比要说明的是，大飞机具有特定的设计问题，构成了特定的技术领域，因此，开发干线飞机的技术能力不会从开发支线飞机的能力自然延伸而来，而必须通过开发大飞机的过程发展起来。

2. 有关技术路线的“军民之争”（先上军用运输机还是直接开发大型民用客机）

“先军后民”的观点主张，开发大飞机应该先从军用运输机开始，这样可以避免市场风险，然后再在军用运输机的平台上改型出民用客机。需要指出的

---

① 国际上通用的适航标准按飞机大小分为两个：一个是 FAR23 部规格，适用于 20 座以下的轻型飞机（小飞机）；一个是 FAR25 部规格，称为运输类飞机（大飞机），适用于 19 座以上的飞机。

是，目前“干支之争”的重要程度已经让位于“军民之争”。原因不是不想坚持支线飞机路线，而是这个主张在国家表明要上大飞机项目的时候已经难有可为。但“军民之争”不过是变换了形式，除了某些方面担心民用挤了军用之外，其实质与“干支之争”是一样的。

与“先支后干”一样，“先军后民”的理由也是似乎表面上有些道理，却掩盖了一个关键问题：现代航空工业的发展趋势是军用运输机和民用客机之间在技术上的差别越来越大。下面分析一下两者之间有什么差异。

其一，产品设计的技术性能要求不一样。军用运输机强调适应战场作战要求的短距起降，所以发动机剩余功率大；关心飞机速度但不关心耗油量，不太关注经济性和舒适性，一切都为了战争的需要。与此相反，民用客机强调舒适性、经济性，低噪音、低耗油等。这些不同的性能要求导致了布局的结构性差异。例如，大型军用运输机（包括伊尔-76）的机身离地面较近，并且都是采用上单翼（即机翼布置在机身上方）。为什么？因为机身离地面近，有利于装卸货物和部队登机、离机；但因为军用运输机必须能够使用条件恶劣或简易的机场，所以如果不把机翼布置在机身较高的位置，机翼下的发动机就会过于接近地面，容易在飞机起落时因吸入沙石而受损。与之相反，民用飞机一般都采用下单翼，这样机翼不会遮挡旅客的视野，而且由于机翼的遮盖，可以降低传入机舱的发动机噪音。如此大的结构差异必然导致一个悖论：如果不改变军用运输机的总体布局，它就永远不会成为在民用航空市场上有竞争力的民用客机；但如果按这个目标改，那从军机平台上改型的难度和工作量不会比从头开发民用飞机更小。

其二，就设计标准而言，客机的安全标准比军用运输机要严格得多。客机强调“安全寿命”和“破损安全”（在国内，运-10首次采用了这个概念设计飞机结构），现在又有了“损伤容限”标准，其设计的首要原则就是保障生命安全，并且为了实现经济性而必须在材料技术等很多方面妥协。与此相反，军用运输机为了战争需要而牺牲其他性能，在战时一般没有达到飞机寿命和自然破损极限就会被报废，所以没有“安全寿命”的概念。对于军用运输机而言，安全起落6万次（客机的设计标准）没有意义。此外，大型化是民用客机的发展

伊尔-76

趋势（出于经济性考虑），而军机不一定要无限制的大型化，400座级以上的大型化对于军机没有更实质的意义。

其三，两种产品的经营机制完全不同。第一，产品概念的形成机制不同。军用运输机的产品概念（设计任务）由其主要用户——军方提出或规定，不需要开发/生产企业自己去冥思苦想。但民用飞机的产品概念必须由开发/生产企业根据自己对市场的判断决定，所以面临的不确定性较大。第二，赢利模式不一样。军品的研发和生产费用由国家全包，利润按实际成本加5%计算，按照计划生产而不用面对市场竞争。相反，民机必须面对市场竞争，研发和生产投资的风险极大。第三，产品成功的衡量标准截然不同。军机需要解决的是有没有的问题，是产品问题；而民机需要解决的是能不能通过出售产品而自我持续的问题，是产业化的问题。因此，军机生产和民机生产对企业在竞争战略、管理行为、组织结构和价值取向方面的要求是完全不同的。

综上所述，由于军民两者之间的技术和经营差异及其不断扩大的趋势，“先军后民”的技术路线只能增加大飞机项目产业化的困难，而大飞机项目成功的最终标准恰恰就是实现产业化。具有讽刺意味的是，“先民后军”的技术路线反而比“先军后民”更有利于技术的军民分享。事实上，大型民用客机可以改装为预警机、指挥机、加油机等特种军用飞机（它们之间的布局差异不大)，而军用运输机是不可能改装成在民用航空市场上具有竞争力的民用客机的①。

既然如此，那为什么还要争“先军后民”？其中的奥妙不在于技术，而在于部门利益。原因有二：第一，“先军后民”的技术路线可以回避自主设计，因为中国航空工业已经购买了俄式军用运输机伊尔-76的平台，而且航空军工生产企业更熟悉苏联/俄罗斯的标准体系。但这是非常危险的。苏联第一款喷气客机是图-104，它是从中程轰炸机图-16（中国轰-6的原型）改型的（李成智等，2004：179），结果这种从军机改型的路线使苏联/俄罗斯的民用客机长期在国际市场上没有竞争力。

第二，“先军后民”可以保证航空工业传统管理体系的“一统江山”。这个体系一直以军工生产为主，从军用运输机开始上，大飞机项目自然就不会脱离现行的体制。但如果提到大型民用客机，就会唤起人们对运-10的记忆，而运-10是在航空工业管理体制之外开发出来的项目。因此，为了使大飞机项目的“肥水”只落在自留地里，就要千方百计让这个项目从军用运输机做起。

3. 项目选址的“东西之争”

项目选址主要是指总设计单位与总装厂的选址。大飞机项目放在什么地方，关系到由谁来承担项目，同时关系到当地的经济利益，所以存在着复杂的争论，它们可以分为三个层次。

第一个层次之争发生在两个航空工业集团之间。无论是一、二集团下面的哪个厂所获得了大飞机项目的立项，都会坐上中国大型运输机的头把交椅。由于项目研制会给设计单位和生产单位带来经济效益，帮助它们提高技术水平，并带动当地经济和科技发展，所以各个单位及当地政府均全力以赴争取大飞机项目。中国航空工业有过研制或生产较大的客机/运输机经验的企业有上飞（上海)、西飞（西安）和陕飞（汉中)，前两个属于一集团，后一个属于二集团。

一集团在飞机设计实力方面比较强（西安603所和成都611所都通过歼击

---

① 如果硬说军用运输机就因为能载人所以就能改成民用客机，那还改什么？干脆就用卸下武器装备的轰炸机得了。

KC-135为F-22空中加油

波音767加油机

以A330客机为基础研制的A330空中加油机

运-10改装预警机方案（模型）

机项目锻炼并成就了一批飞机设计人员），但目前在大型运输机制造方面却几乎是空白。不过，由于西飞已经拥有伊尔- 76（160～170 吨）的平台，所以如果西飞上大飞机项目，可以在伊尔- 76 的平台上研发。同属一集团的 603 所

（位于西安阎良）与西飞的想法还有区别，它提出要在伊尔平台上改用超临界机翼。现属一集团的上海飞机制造厂虽然有转包生产经验并组装过麦道 82 和 90 机型，但从运-10 下马后就没有生产过整机，而且设计过运-10 的上海飞机设计研究所（640 所）在设计力量上已有所弱化。

二集团旗下的几个飞机制造厂都没有自主设计的能力，目前只有 182 厂（陕飞）有生产大型运输机（运-8）的能力，但它位于山区，招揽人才比较困难。针对一集团的建议，二集团提出用与 150 座级干线飞机吨位（60～70 吨）接近的安系列军机平台，再加上与乌克兰的技术合作，来发展大飞机。

第二个层次是陕西与上海之间的地区之争。一集团的西飞和二集团的陕飞都位于陕西省境内，所以只要大飞机项目放在本省，陕西省并不在乎项目属于哪个集团。上海则希望大飞机项目落在上海，以便有利于上海产业结构的升级，并实现其成为中国航空航天制造基地的梦想。

第三个层次之争是潜在的，但更具有颠覆性，即让大飞机项目突破两个航空集团的体制，在上海成立独立的企业或集团来实施。值得注意的是，如果国家采纳这个提议，大飞机项目就不会走“先军后民”的路线，而且由于在大飞机项目上走合资合作的道路不太可能，所以这个选择是最有可能走上自主设计之路的。

总之，围绕大飞机项目的争论虽然纷繁复杂，但始终离不开一个根本点，就是自主设计和依赖外国设计的两条技术路线之争。因此，国家决策人面对诸多争论做出战略决定时，应该以对这两条路线的选择作为决策的标杆，因为这项选择会使对所有问题的决策都有了依据。至于应该做出哪项选择，历史经验已经给了一个教训：中国民用航空工业走了 20 来年的失败之路的根本原因是在自主开发上三心二意，甚至否定自主设计。

2.3 第三个教训：失败的根源是组织和体制

从运-10 下马的原因说起

中国 20 来年的民用航空工业的发展是一个失败，用业内人士普遍的用语来形容，是“屡战屡败”或者“屡败屡战”。但很多人不愿承认，走上这条失败之路恰恰就是从抛弃运-10平台开始的。那么，为什么要抛弃运-10？有一种解释说，运-10是“四人帮”搞的项目，所以运-10下马是政治原因。然而，第一，虽然当年上海的确是被“四人帮”把持，但他们可没本事自己决定上这个重大项目。实际上，上运-10项目并且放在上海是毛泽东提议的，立项是周恩来批准的，项目的协调是叶剑英负责的。第二，就算“四人帮”插手了，那当年他们插手的可并不只有运-10项目。与运-10同时期的还有上海航天项目，后者不但没有被抛弃，反而成为今天中国的骄傲。如果真是以这种方式来仇恨“四人帮”，为什么不把在70年代前建成的南京长江大桥给拆了？因此，运-10项目与“四人帮”的“联系”不可能是它被抛弃的真正原因，而只可能是个借口。

运-10的下马离不开高层领导人的决定，这用不着讳言。从1976年“四人帮”垮台到80年代初期，国家领导人、政治路线和政策方针都经历了剧烈的变更。运-10试飞阶段的许多政府领导人都是经历了“文革”迫害而重新恢复工作的人，他们理所当然会对“四人帮”充满怨恨，同时也不可能十分了解在“文革”期间上马的运-10项目。回顾历史，我们不能简单地评价当时领导人的决策，因为存在一个关键的问题，即有关运-10的信息是如何传递给他们的。例如，当有一位领导人把运-10说成“王洪文那小子搞的‘波音708’”时，这个说法不可能是他自己凭空想出来的，肯定是有人曾经对他这样描述过。问题在于，如果一方面领导人听到的信息不符合事实，而另一方面这种不实之词又源源不断地被灌输给他们，那么问题就跟体制性的力量有关系了。

有人把民航局指责为扼杀运-10的主要力量。由于民航局曾经明确表示不会购买运-10①，所以运-10的市场前景断绝了。尤其是在1977—1985年期间

---

① 1981年1月8日，民航局向中央财经领导小组提出《对国产运十飞机的几点看法》的报告，提出：“运十型飞机基本上是测绘仿造波音707-720型飞机，改换了机翼，缩短了机身，减少了起飞重量和商载。即使运十飞机达到了波音707型机的水平，也不过相当于60年代初期国外第一代喷气客机的水平。”“运十飞机还有不少重大技术问题有待解决”，“要能投入航线使用还要经历一个较长的时期”，“目前还缺乏足够的资料对其技术经济性能恰当地评价”。

担任民航局局长的沈图于 1987 年因“严重违反外事纪律，以权谋私”而被撤销中央委员职务[①]，更是给了这种怀疑以想象的空间。民航局对运-10 的否定，可能有为大规模购买外国飞机铺平道路的动机，但这种倾向并不比电力部门非要买外国发电设备、铁路部门非要买外国高速铁路系统等这些年经常出现的事例更突出。问题在于，尽管民航局的否定会对最终决策产生影响，但如果国家决策者能够意识到运-10 平台及其技术能力的重要性，完全可以让运-10 继续试验、改进下去，更不可能因为只差区区 3 000 万元的研制经费而被迫将其下马。但到 80 年代中期，由邓小平在 70 年代末提出“科技是第一生产力”论断所引发的自主研发热潮，已经让位于引进技术和引进外资的“以市场换技术”热潮。就在运-10 下马前后，中国汽车工业中的“红旗”和“上海”两个品牌的产品开发平台也被抛弃了。在这种大势下，一个自主开发的运-10 平台乃至本土技术能力的发展都在决策者的视野中变得无足轻重。

和平让人麻痹，麻痹让人分不清芝麻和西瓜。直到 1991 年的海湾战争，被美国空中力量所震惊的中国有关方面才又想到大飞机的重要性。但为什么在国家重视大飞机以后的十几年中，民用飞机工业越输越惨，而运-10 仍然被冷冻至今？这种疑问不能不让人把目光转向另一个当事方，即中国航空工业的行政主管部门。

航空工业主管部门对运-10 项目的一贯仇视

运-10 项目起源于毛泽东和周恩来的提议。1968 年早些时候，周恩来总理建议南方一个飞机厂发展像伊尔-18（4 个螺旋桨发动机的运输机）这样的载客飞机，但没有得到当时主管飞机制造的三机部的回应。1968 年冬天，轰-6 试飞成功之后，周恩来再次建议把轰-6 改造成一种民用飞机，仍然没有得到三机

① 《中国共产党第十二届中央委员会第七次全体会议公报》（1987 年 10 月 20 日）确认 1987 年 7 月 14 日中共中央政治局关于撤销沈图同志中央委员职务的决定，《中央纪律检查委员会向党的第十三次全国代表大会的工作报告》（1987 年 10 月 30 日）中提到“原中共中央委员、国家民航局局长沈图严重违反外事纪律，以权谋私”。

部的回应。1969 年，毛泽东视察上海时询问上海是否可以制造飞机。1970 年 7 月，毛泽东又一次到上海时，再次指出：上海的工业基础这么好，可以搞飞机嘛。于是，在周恩来两次建议无效，毛泽东再次要求之后，上海造飞机的问题提上议事日程。毛泽东讲话之后，空军司令吴法宪（当时空军是飞机工业的主管部门）马上要求三机部落实毛泽东和周恩来的意见。中共中央于 1970 年 8 月发出文件，决定上马运-10，项目的代号由此定为“708 工程”（也是运-10 被讥讽为波音 708 的由来）。1970 年 9 月，中央在听取空军和上海汇报设计思路时决定，运-10 项目在业务上归口三机部，但由以王洪文为首的上海市当局主持领导。当月，从 172 厂、空军第一研究所和 605 所抽调的 100 多名设计师全部到达上海。10 年后的 1980 年 9 月 26 日，运-10 在上海试飞成功，研制费用总计 5.377 亿元人民币（其中，研制费 3.34 亿元，基建费 1.747 亿元，上海市提供流动资金 0.29 亿元）（吴立波，2004）。

70 年代初，在向中央汇报运-10 总体方案的会议上，李先念副总理和叶剑英元帅等领导当场批准了这个方案。在领导宣布散会时，想不到一位三机部民机局的副局长站起来说：“领导的这个决定是错误的，这样走会耽误 10 年。”但会议已散，无人理睬他。[①]

1980 年筹备运-10 试飞时，一位航空部的副部长到上海听取汇报。他对上海市航办副主任王允祥说：“这飞机不能飞，飞不起来。”但王回答说：“我是中国的第一批飞行员。我飞过多次航线，我能判断什么飞机能飞、什么飞机不能飞。我认为，运-10 可以飞。如果飞不起来，我甘愿接受批评；但如果飞起来了，怎么办?”那位副部长说：“如果飞起来了，我就……”接着将手横在自己脖子前做了一个砍头的动作。结果不久，运-10 就一飞冲天，而那位副部长没有履行诺言。

运-10 试飞前，一位刚刚就任的航空部副部长到上海组织全国专家进行技术审查。这位副部长来自基层，审查运-10 是他上任后的第一个任务。他在审

---

① 这个例子是当年参加了这次汇报会的一位老设计师提供的，他记不清年月了，但肯定是在 1972—1974 年间。

查结论会上说："来上海前，听到关于这架飞机的种种传说，感到主持试飞的任务不好办。但是来了以后，实际看到的情况，与我以前听到的完全不同。在你们工作的基础上，我可以签字，同意试飞。"（程不时，2004：188）这件事进一步说明，航空部是诋毁运-10的主要信息源。还有疑问么？

从上面几个例子可以看出，航空工业的主管部门自始至终就是反对运-10项目的。为什么一个工业的主管部门会如此仇视一个本工业中让国人值得骄傲的项目？原因只有两个：第一，运-10项目是在航空工业部的体制外进行的，这不仅在一般意义上触犯了计划经济体制下一个行业主管部门对本行业的垄断权力（所谓"条条"），而且触犯了一个心胸特别狭隘的部门的禁脔。第二，运-10走了一条自主开发、自主设计的道路，而航空工业主管部门的主导思维长期以来就是反对自主开发的。当然，这两个原因是说不出口的，所以就给运-10戴上了"四人帮"的帽子。不喜欢自己的垄断权力受到触犯比较容易理解，因为这是中国行政主管部门的通病（航空部属于病入膏肓程度）。但为什么一个工业的主管部门会如此反对自主开发和自主设计呢？要回答这个问题，就要分析这个工业发展的历史路径及其对产业文化的影响。

航空工业管理体制的组织逻辑

中国航空工业是在苏联援助下奠定基础的。"一五"计划中，苏联援建的156个重点项目中有13个是航空工业项目（姚峻，1998：200-201）。当时的做法是：在中国迅速复制苏联的生产工厂，按照苏联图纸生产苏联设计的飞机。一般来讲，高度技术密集型的航空工业是以设计为龙头的，即使在实行中央计划体制的苏联也是如此。苏联的航空工业是以中央空气流体动力学研究院和中央发动机研究院为基础研究中心，以各个设计局为产品设计中心，由设计局管辖试验工厂，产品定型后才交给大批量生产工厂。出于当时的历史原因，中国航空工业的建立是从生产工厂开始的，而且复制的还不是与飞机研发相联系的"主制工厂"，而是苏联的大批量生产工厂。由于中国与苏联签订的"航空工业合作协定"中没有由苏联支援中国飞机设计的内容，所以苏联只教了中国如何生产，而没有教给中国如何设计。

中国航空工业的设计力量形成于 1956 年。当时，在科学规划会议之后，全国掀起“向科学进军”的热潮，有关方面决定中国航空工业要打破按照苏联图纸仿造苏式飞机的局面，建立自己的飞机设计力量。于是，当时的主管部门航空工业局决定成立直属的第一飞机设计室，依托当时最大的飞机工厂——沈阳飞机工厂，由其代管，计划以后再迁回北京（程不时，2004：56）。

先建立生产体系再发展设计体系的历史路径产生了长远的组织惯性，就是重生产、轻设计的传统。20 世纪 50 年代的中国面临着美国的威胁，迫切需要装备飞机。这种压力不可能不使航空工业主管部门把工作重点放在尽快大量生产飞机上。又由于生产的飞机是苏联设计好的现有机型，所以主管部门当然就会轻视设计。从组织上说，以生产为重点，就会更多地从生产部门提拔行政领导干部，加上几十年中屡屡不信任知识分子的气氛，所以设计人员在航空工业中处于没有多少发言权的地位。这种组织惯性一旦形成，就使建立设计中心的设想和努力失去动力。

例如，第一飞机设计室原来被设想为航空工业的设计中心，由徐舜寿①任室主任，黄志千②和叶正大③任副主任。我国早期自主设计的几个著名机种——歼教-1、初教-6、强-5 等——全都是在这里提出方案并开始设计的。但到 50 年代末，航空工业行政部门从强调现有机种的“专业化分工”出发，将设计机构配属专门生产某种机型的工厂——这实际上是把“设计”仅仅看作生产的第一道工序（提供图纸），甚至提出了设计为生产服务的口号。这种做法实际上取消了设计，而把技术力量用在维持生产苏联飞机上。于是，第一飞机设计室没能按计划迁回北京，而是划归原来依托的沈阳飞机工厂。由于该厂专门生产歼击机，所以又把设计室所有与歼击机无关的项目转走。于是，本来具有航空

---

① 徐舜寿（1917 年生）毕业于清华大学机械工程系航空工程组，1946 年赴美国留学；1949 年春，受哥哥徐迟和姐夫伍修权的影响，投奔解放区参加革命，成为新中国飞机设计事业的主要创始人。他于 1968 年 1 月在西安主持新型飞机设计期间被迫害致死。

② 黄志千曾经在英国参加过喷气式飞机的设计，60 年代在国外因飞机失事遇难。

③ 叶正大毕业于苏联莫斯科航空学院。

技术发展全景视野的第一个飞机设计中心就这样消失了。

当时，飞机工厂中有苏联专家，出现问题就去找苏联专家，如果苏联专家也解决不了，就把问题反映到苏联，最后由国外发来一个处理意见。技术信息流的总汇实际上是在国外。中苏关系恶化后，苏联专家撤走。由于没有设计机构，工厂各个部门各司其政，整个工厂解决技术问题的机制像医院的门诊部：病人来看病，外科病找外科，内科病找内科，五官科病找五官科；整个技术问题的处理，没有一个经过统一规划的体制来保证。这种状况经过很长时间才逐渐有所改变。

20世纪60年代初，苏联中断技术援助后，中国必须更多地依靠自主研发，而当时的工业部门忙于恢复在"大跃进"中遭到破坏的生产秩序，顾不上技术研发工作。有鉴于此，1960年12月，中央批准聂荣臻元帅的建议，把有关国防工业的研究力量集中起来，成立航空、舰艇和无线电电子学3个研究院。1961年6月，在划拨航空工业局所属的6个研究所、空军的4个单位和哈军工有关专业的基础上，航空研究院即国防部第六研究院（以下简称六院）正式成立，建制属国防部，由国防科委领导。本来按照航空工业发展规划，中国应该在1962年以后开始仿制米格-21飞机，但由于在"大跃进"中仿制的米格-19存在严重质量问题，1961年8月国防工业委员会决定推迟米格-21的仿制，让工业部门集中于米格-19的返修、重新试制和零备件生产。但在技术上，则由六院对米格-21飞机进行"技术摸底"。六院的主要技术成就是熟悉和掌握了米格-21的技术，并在这个基础上成功地自行设计了歼-8（姚峻，1998：253-257）。

但六院成立不到一年，航空工业局就提出重新调整科研体制、把六院划归工业部门的要求。1962年3月，罗瑞卿总参谋长召集会议讨论此事，会上争论激烈，分歧很大。罗总长决定暂时搁置，"再看两年"。同年7月，国防工业部部长又向中共中央书记处和中央军委上报《关于调整国防工业研究设计体制的意见》，要求由国防工业部收回19个研究院。1963年9月，国防工业部按专业分开，成立航空工业部，代号为三机部。1965年初，六院与三机部合并（姚峻，1998：256）。"文革"期间，航空研究院（即六院）从1967年起被军方接管，但科研体制基本未变。

1973年年初，叶剑英受周恩来委托召开航空汇报会，他在最后总结发言中指示：三机部和航空研究院要实行“部院结合，厂所挂钩”。他要求三机部和研究院共同组织一个党委，统一领导，研究院负责人要进入三机部党委，任副书记；研究院要把科研统统管起来（周日新 等，1990：118）。当年8月，国务院和中央军委决定，按“部院结合，厂所挂钩”原则将航空研究院划归三机部。但三机部并没有让航空研究院成为部级的科技研究中心，接管研究院不久就决定把飞机、发动机、材料、工艺等11个研究所从研究院划出，除与工厂结合的外，各所的领导关系由研究院划归部直接领导（姚峻，1998：370）。很显然，这种做法有利于行政部门对科研系统的控制，符合以生产为主、科研为辅的传统权力关系，却把航空研究院给架空了。

1977年吕东任三机部（航空工业部）部长后，航空研究院再度受到重视，今天应用在中国新一代军用飞机上的许多技术就是在那个阶段开始立项研发的。但吕东离开后，航空工业部于1982年6月利用机构改革的机会索性将航空研究院撤销，其科研管理工作划归航空工业部的科技局，但在与国外合作交流时，仍然沿用中国航空研究院的名义（姚峻，1998：669）。80年代后半期，航空工业部再次成立航空研究院，但性质、范围都不同于以前，仅仅包括一些有关基础研究和工艺的研究所，到1993年因部领导之间的矛盾而再次被撤销。

直到今天，中国航空工业仍未走出半个多世纪之前奠定的体制。这种体制的关键特点就是从来没有以研发和设计作为整个工业活动流程的龙头，或将其置于中心地位。重生产、轻研发的倾向必然导致偏重生产现有产品或仿制现有产品，并因此而轻视设计和创新。公平地说，重生产、轻研发的航空工业管理体制曾经为新中国立过汗马功劳：在五六十年代那样困难并遭受外部威胁的时期，这个工业一下子就生产出上万架飞机，为国防做出巨大贡献。但同样公平地说，大批量生产苏联设计的飞机的传统不仅导致重生产、轻设计的狭隘心理和价值观，而且导致这个工业的当权者们在改革开放年代被外国技术吓倒，几乎丧失了自主设计的信心。于是，在难以引入市场竞争机制和新进入者的条件下，航空工业逐渐形成一种长期积淀的“产业文化”，其根本特点就是不相信自主设计。

仿制生产的技术文化

长期仿制现成产品的经验以及重生产、轻设计的倾向逐渐塑造出了一种仿制生产的技术文化。这种技术文化的一个后果就是怀疑中国人能设计飞机，而强调照抄外国产品。虽然不是所有的工程师和技术人员都接受这些观点，但这种价值观体系更多地得到行政领导的支持，对决策具有重要影响。这里以几个例子加以说明。

中国航空工业中长期存在飞机设计中的“原准设计法”和“综合设计法”之争。中国开始生产的几种主要机型都是从苏联引进原准机，当时的技术工作重点是解决如何批量生产苏式飞机的技术问题。在这个过程中形成了所谓的“原准设计法”（当时苏联专家在培训中国技术人员时教的就是这种方法），即设计飞机必须要有原准机来抄袭。其实，这种“原准设计法”根本就不能算是飞机的设计方法，不过是为复制苏式飞机而采用的一种特殊技术方法。但这样一种在特殊阶段才有意义的特殊做法，却被一些人当作飞机设计应该普遍遵循的法则，甚至有人提出“凡是与原准机不一致的地方就是出问题的地方”，而且强调要“一丝不苟地抄”。

与“原准设计法”对立的是“综合设计法”。中国飞机设计事业的奠基人徐舜寿一直提倡“综合设计法”，主张“熟读唐诗三百首”（即熟悉多种不同的飞机，从中取舍新设计的工程措施），即根据飞机的任务需要（产品概念），从世界航空技术总库中挑选合适的手段，独立自主地进行新的“工程综合”，来形成自己的设计（程不时，2004：65－66）。所以，第一飞机设计室设计的歼教-1和强-5选择的都是美英式的两侧进气方案，而不是苏联米格的传统机头进气方案。“综合设计法”更行之有效的原因是，设计是一个从总到细的过程，而不是一个由常规操作堆砌起来的从细到总的过程。设计不是一般的常规任务，设计的性质是创新。设计要从设计任务出发，然后分解到很多下延层次的要求，最后通过细部的具体操作汇总为一个新的整体。严格工程设计必须要有工程经验，必须在经过验证的技术基础上才能综合，这是正确的。但“原准设计法”把经验来源看作唯一的，只能照抄，不能综合，就是错误的。

尽管“综合设计法”在中国的飞机设计实践中远比“原准设计法”优越，但却是后者而不是前者更多地得到行政领导的支持。当然，“原准设计法”的地位得到巩固还有客观原因。1958 年起，航空工业局飞机设计室和哈军工分别自主设计歼击机（东风-107 和东风-113），但在“大跃进”的热潮中，有关方面未经充分论证就修改原定设计任务，大大提高设计的速度和升限，致使由沈阳飞机厂承担的研制工作无法完成。1960 年，有关方面不得不决定停止研制，而把工作集中在整顿歼-6（米格-19 的仿制机型）生产的质量上（姚峻，1998：245）。歼-6 是当时中国空军要装备的主力战机。“大跃进”期间，工厂大搞群众运动，生产中经常违反工艺规范，有工人看到螺丝钉的螺纹是斜纹，为了图快就给车成平纹，结果诸如这样的小“改进”，使飞机出现不少质量问题。当时生产出来的几百架歼-6 被空军拒绝接收而出不了厂。贺龙元帅来检查，气得在工厂办公室用手杖戳得地板“嗵嗵”直响，大声叱责：“你们这是干什么，是怎么搞的!”① 这段因为蛮干而得到的教训产生了“一朝被蛇咬，十年怕井绳”的效果，加深了人们关于自主设计行不通、生产飞机必须“原准”而且要一丝不苟地“原准”的信念②。

仿制技术文化的另一个成分是以“系统分析法”取代“系统综合法”的倾向。工程设计包括系统分析和系统综合两部分工作，都很重要，但它们之间又有根本不同。分析以现有系统的存在为前提，并不产生新系统；分析的结果具有唯一性的特点，因为系统确定后，它的各种特性也就确定了；分析过程一般不可逆，即分析可以得到系统的某些特性，但分析却一般不能从给定的特性逆向求出系统；此外，分析是专科的，如空气动力分析、结构强度分析，等等。

① 程不时（2004：127）提到此事，但没有指出名字。对照姚峻的记录（1998：245），戳地板的应该就是贺龙元帅。

② 这当然是从一个极端跳到另一个极端的错误：严格按照图纸和工艺规范进行生产在任何情况下都是正确的，但这与需要有创造性的设计是完全不同的两回事。混淆对执行工艺规范的要求和对设计的要求，恰恰反映了以生产的观点对待设计的倾向。

相比之下，系统综合是创造新系统的创新过程，是设计的本质。综合的目的是在无限的可能中找到满足产品目标的设计。设计的非唯一性导致设计的主体性，即设计主体拥有自主解决问题的自由度，由设计者根据知识、经验、理解甚至直觉和灵感进行创造、判断、权衡和决策。所以，设计是产生知识产权的核心环节。分析已有的成功产品对于新系统的综合是必不可少的，系统分析对于设计的优化也是必不可少的，但分析绝不可能代替设计本身，因为设计是创造性的综合。

由于中国航空工业长期以生产外国设计的飞机为主，自主设计飞机的经验较少，所以专业从事系统分析的技术人员要比从事系统综合的人多，对技术路线的影响也更大。但如果以系统分析方法来取代设计思维，就会产生误导。例如，如果认为设计也像分析一样具有唯一性，那就会认为如果功能一样，设计出来的系统当然也就一样；于是，要设计高亚音速客机，所设计的就应该是已经存在的那种飞机。又如，设计出来的新系统必须通过分析（计算或试验）来证明它确实满足了要求，但如果以为分析可以替代设计，就会以从某个局部计算出来的参数值来否定系统的目标。于是，以系统分析的思维方式来讨论设计（系统综合），就更容易得出中国只能抄袭外国飞机而不可能自主设计的结论。在有关大飞机项目的争论中，就有一些技术权威也以系统分析的思维方式否定中国可以自主设计飞机。

此外，由于整个管理体系偏重生产，而工厂生产的飞机又大多是外国设计的，所以中国航空工业的技术工作偏重工艺，形成“生产—工艺—设计”的轻重优先顺序。再加上生产苏式军用飞机，所以中国航空工业因习惯而更加偏爱苏联/俄罗斯的标准体系。这些因素都强化了中国航空工业的仿制技术文化。

这种仿制技术文化的一个倾向就是不信任自主设计的产品，例如初教-6的经历。初教-6是第一飞机设计室在沈阳开始设计，以后转到南昌完成的。当初教-6在南昌成功试飞之后，航空部门仍然主张生产技术性能更差的苏式雅克18A，就因为它不是由中国人设计的。后来，空军副司令员薛少卿少将调到航空工业局当副局长，他对这些无谓的争论十分不满。这位军人出身的领导拍案而起，质问：“为什么不能用中国人自己设计的飞机?”初教-6这才于1961年成为第一种投入批量生产的中国自主设计机型。1980 年，初教-6 终于被航空工业部授予“质量金奖”，到后来连续生产 40 多年，共生产了 2 600 多架，并出口到国外①。

又如中国自主设计的对地攻击机强-5。强-5 是由第一飞机设计室于 1958 年开始设计的，1959 年实行“专业分工”后转到南昌完成设计。在研发过程中，航空工业行政部门为了集中力量生产按苏联图纸制造的苏式飞机，撤销了对所有自主设计飞机型号的支持，致使强-5 的研发力量几乎被撤空，只剩下总设计师陆孝彭（留英工程师，后来被推选为中国工程院院士）带着几名助手亲自给飞机打铆钉。后来，经空军将领多次强力支持（姚峻，1998：259），强-5 项目得以继续进行，样机于 1965 年试飞成功。经过改进后，强-5 于 1970 年开始批量生产，少量装备部队。这种机型在 70 年代末的中越边境冲突中大显神威，获得军方的高度赞扬，然后才开始大批量生产。强-5 于 1985 年获国家科技进步特等奖，直到今天仍然活跃在国防战线上（程不时，2004：99－102；姚峻，1998：365）。

在运-10 的研制过程中，也仍然存在着两条技术路线的争论。例如，在发动机的安装方式上，仿制派不顾所有的技术分析和试验数据，强烈要求走图-104 路线，采用翼根布局，最多只能退到尾吊布局，但绝不能采用翼吊布局，说这是“美式”。甚至有专家主张放弃运-10 的总体方案，走测绘仿制外国飞机的路线（程不时，2004：178－183）。虽然存在这样的争论，但运-10 是在航空工业主管部门的管辖之外进行的项目，所以设计师可以有更大的发言权来

---

① 2001 年，原创设计师程不时被由 200 多架初教-6 的美国机主所组成的协会请到美国参加他们的年会。在欢迎宴会上，当程不时在答谢致辞中谈到初教-6 并非像某些人误传的那样是模仿雅克-18，而是一架彻头彻尾的中国飞机时，全场起立热烈鼓掌。这些美国人盛赞初教-6 是一架好飞机，并请程不时乘机随他们编队飞行。有意思的是，许多美国人拥有的初教-6 机身上仍然保留着中国人民解放军的红五星标志。

程不时是被一位拥有初教-6 的波音飞机机长找到的。当美国人把已经退休十几年的程不时当作贵宾请到美国时，他们是把一架好飞机的设计师当英雄看待。对比之下，设计师的名字在中国通常是不为人知的，甚至受到人为的压制，邀功请赏的往往是某些对业务不通的行政领导。这也算是解释什么是“技术文化”的一个注脚。

根据科学和技术分析进行选择。结果，运-10的开发没有抄，而是走了一条自主创新的道路。

航空工业的产业文化如此特点鲜明，还可以从一个例子看出：据一位老工程师的回忆，90年代上半期，在航空主管部门讨论民用飞机的一次会议上，两位即将退休的民机局副局长向与会者分发了他们总结自己多年经验的文章，其主要观点就是两个“凡是”——“凡是中国设计的飞机都是失败的；凡不是中国设计的飞机都是成功的。”可见产业文化之根深蒂固。

不同的组织原则有多重要？

中国民用航空工业在运-10一飞冲天之后所走过的历程证明，迄今为止的失败不是技术的失败，而是体制的失败。这个历史教训说明，大飞机项目要想在将来获得成功，就必须突破传统体制，实行新的组织原则。为帮助理解为什么不同的组织原则如此重要，我们举出几个不同工业的例子加以对比说明。

先看看航天工业。与航空工业相比，同属军工的航天工业具有两个基本不同点。第一，中国航天工业的发展起点是国防部第五研究院的建立。也就是说，航天工业是先有设计然后才有工厂，工厂始终附属于研发和设计。第二，航天工业不可能从国外购买现成的技术和产品，也就绝了依赖外国技术的念头。正是由于任何产品都要靠自己干，所以通过长期不懈的努力反而发展出来不比国外差的技术能力。几十年下来，中国航天工业在导弹、卫星、运载火箭、载人航天等领域硕果累累，成为中国的骄傲。1992年，航空工业系统和航天工业系统分别获得100亿元的国家拨款。对比之下，航空工业因AE100项目的失败而让国家把钱收了回去，但航天工业却用这100亿元和后来追加的80亿元，于2003年10月把神舟五号载人飞船成功送上天（100亿元用于“神舟”飞船、运载火箭以及中国载人航天工程等七大系统建设，另外还用了80亿元建设酒泉卫星发射中心的部分设施、航天员训练中心、北京航天中心等），使中国成为继苏联、美国之后世界上第三个能够独立自主开展载人航天工程的国家。

可能有人会说，航天工业属于纯粹的国防工业，不直接面对竞争性的产品市场，有其特殊性。那就以两个竞争性工业的例子来说明相同的道理。**第一个例子是中国电信设备工业**①。80 年代初，中国电信技术处于非常落后的状态，而国际主流技术已经进入数字程控交换的时代。为了发展通信事业，中国不得不依赖进口，一时间中国电话网所使用的程控交换机曾全部被号称“七国八制”（七个国家的八个企业，制式都不一样）的进口产品所主宰。为了替代进口，邮电部也计划开发程控交换机，由当时邮电部第一研究所和第十研究所担纲。但即使是仿制也如此之难，以至于有些专家得出结论：中国人做不出程控交换机——其逻辑与今天航空工业的一些专家称中国做不出大飞机如出一辙。但此话说出不久，业外的解放军信息工程学院（位于郑州）便开发出中国第一套万门数字程控交换机，即著名的“04 机”。

以邬江兴为首的解放军信息工程学院研发团队原来是从事计算机研究的，参与了 1968 年经周恩来总理批准立项的 905 工程——一个为军队配套而研制计算机的大型项目（直到 80 年代初都是中国最大、最先进的计算机研究项目）。由于属于总参三部，所以军方的计算机研究在“文革”期间没有受到多少冲击，科研队伍比较稳定。百万大裁军后，解放军信息工程学院的计算机研究项目于 1983 年下马。研究人员把目光投向通信领域，于 1986 年开发出 1 024 门的准数字程控交换机。他们的产品受到邮电工业总公司的注意，于是后者向解放军信息工程学院投资 300 万元，委托开发 2 000 门数字程控交换机。在研制过程中，研究者们后来决定干脆就直接开发万门机。

为什么邮电部的专业研究所开发不出来的产品被业外的军队学院给做出来了？直接的原因在于双方不同的计算机技术能力。数字程控交换机实际上大量使用计算机技术，与传统的交换技术相比已经发生明显变化。邮电部研究所的专长是传统交换技术，所以研发数字程控交换机需要学习计算机技术，但交换背景的人学计算机很难，几乎等于重学一个专业，更关键的是难以跳出传统思维。相反，解放军信息工程学院团队的背景就是计算机，从计算机学习交换只

---

① 以下有关电信设备工业的资料来自正在由路风主持的一项研究。

是为了应用，相对容易得多。更重要的是，业外的背景反而使他们不受一些传统思维的束缚，所以“04 机”使用了许多非常巧妙的方案。

与运-10 的经历非常相像的是，“04 机”出来后，作为行业主管的邮电部不但不高兴，反而极力打压。1989 年 11 月，在邮电工业总公司为了立项而在北京举行的一个专家论证会上，绝大多数人对“04 机”持否定态度，说它不是交换机，是计算机。1991 年 10 月，解放军信息工程学院完成产品测试后请求鉴定，但邮电部以没有经过立项批准为由不给鉴定（部里后来惩罚了总公司擅作主张的行为）。然而，“04 机”比运-10 飞机要幸运得多。由于是“军转民”的突出项目，“04 机”如此遭到邮电部的压力引起军方不满，促使军方高层施加压力，让邮电部尝了一回“秀才遇到兵”的滋味。在后来邮电部勉强同意的验收测试中，专家评审的结论是：“04 机”达到 20 世纪 80 年代末的国际先进水平。但邮电部系统的一些人对邬江兴一直耿耿于怀，邮电界的院士也使足力气阻挠他当院士，以至于堪称中国数字程控交换之父的邬江兴直到 2004 年才当上院士。

“04 机”研制成功的一声炮响，鼓舞了一批中国企业进入通信设备制造工业。在“04 机”于 1992 年进入市场后的几年中，华为、中兴和大唐相继开发成功万门数字程控交换机（华为和中兴的程控机都与“04 机”技术的自然扩散有关系）。在不到 10 年的时间里，中国企业在电话程控交换机市场上走过了一条从低端产品市场向上爬升、由农村包围城市，最终主导中国市场的道路。

但巨龙却在这个过程中衰落了，原因仍然在于组织和体制。巨龙公司是由解放军信息工程学院加上邮电部所属的 4 个电话设备工厂和电子工业部所属的 3 个工厂共同出资组建的。技术的源头是在解放军信息工程学院，而工厂没有多少技术能力，只想拿来现成的产品多生产。也就是说，巨龙是一家在技术、生产和营销上没有一体化的“企业”。几家工厂生产同一个技术来源的产品，在市场上“自相残杀”，导致了质量和服务方面的缺陷。更重要的是，巨龙不能随着市场的需求变化不断开发新产品，技术进步的进度落在竞争对手的后面。

相反，深圳的华为（民营）和中兴（半国营）原来都是小贸易公司。但这两个企业对技术的追求不折不挠，坚持以市场为导向的自主开发。正是在自主开发程控交换机所发展出的技术能力的基础上，这些中国通信设备制造企业才进入了移动通信和网络设备制造领域。今天，华为拥有2万多员工，其中接近50%是从事研发的，而生产人员不足10%（中兴也是类似的模式）；每年投入研发的资金超过销售收入的10%。华为的产品已经大踏步进入欧美主流市场，华为也成为中国罕见的能与几个国际巨头比肩而立的高技术企业。

第二个例子是中国轿车工业。中国轿车工业的主要企业从80年代中期开始相继走上合资道路。当时的想法是通过合资引进外国的先进产品技术，然后通过零部件国产化，最后实现自主开发。然而，20来年下来，尽管政府的行政部门为了保护这些企业而长期严格限制其他企业进入轿车工业领域，但这些企业仍然只会组装外国品牌的产品，没有自主开发的能力。原因在于，合资企业只能生产外国设计的轿车，却不进行产品开发，而没有产品开发的实践，当然也就无法发展出产品开发能力。如此，尽管这些大企业都建有技术研发机构，但企业的生产经营活动却并不是以产品开发为中心的，其技术工作也只能是主要为生产现成的产品服务。

中国自主品牌的轿车只是在一批“体制外”的新企业进入轿车工业领域后才出现。以奇瑞为例，其从一出生起就是以产品开发为龙头的，原因很简单：对于这种没有任何人可以依赖的企业，进入市场就必须以拥有自己的产品为起点。这种成长路径使自主开发企业形成了与合资企业极为不同的组织原则：企业的竞争战略、生产制造、市场营销都是围绕着产品开发进行，所以产品开发成为企业高层领导最关心的工作（产品概念都是由企业高层领导决定的），而研发人员具有较高的地位和待遇。

与生产外国产品的合资企业相比，奇瑞正是因为以自主产品开发为龙头，所以产生出获取技术的饥渴和进行技术学习的强大动力。不过七八年的历史，这个新企业已经在产品开发技术能力上超过了几个长期得到国家支持和保护的大集团。奇瑞已经有4个车型在市场上销售（另有3至5款车型将于2005年年内上市），委托外国公司并参与设计过程开发出3个拥系列的发动机，甚至已经自行开发出发动机的电子管理系统，还通过合资扶持了十几个高技术的供应商。一个拥有不到 8 000 名职工的制造企业就有 2 400 多名设计、研发和工艺技术人员，而且已经吸收了 20 至 30 位在国外汽车企业工作过的海归博士。奇瑞已经向中东和东南亚地区大规模出口，并将于 2006 年开始进入欧美市场（路风、封凯栋，2005）。

中国电信设备工业和中国轿车工业中的技术进步案例说明，传统体制下的既得利益者是创新的最大敌人。这两个竞争性工业和航天工业的经验还同样说明，自主开发和创新型企业所需要的组织原则和结构非常不同于只能加工制造外国设计产品的企业。这几个航空工业之外的例子进一步说明一个普遍的道理：技术进步不是一个纯技术的问题，而是一个组织性和体制性的问题。

于是，我们可以回到航空工业的一个重要问题上：既然中国民用航空工业近 20 年的技术发展几乎是停滞的，那么为什么在那之前的运-10 能在技术上获得成功？其实就是因为一个简单的事实：运-10 是在中国航空工业 50 多年的历史中，唯一在航空工业行政主管部门直接管辖之外予以执行的项目。从技术上讲，运-10 项目成功的关键不在于上海当时是由王洪文所控制，而在于项目由上海协调的做法使运-10 的设计和研制走出了航空工业行政主管部门及其仿制技术文化的束缚，所以中国的设计师和技术人员才能够进行一系列的创新（例如，以工程综合设计法采用宽体机身、发动机翼吊等代表了民用客机发展方向的技术，以及按美国适航标准设计，等等）。如果当时上海的领导人不是王洪文而是别的什么人，只要他们不违反中央的战略意图（谅也无人敢对抗毛泽东和周恩来），运-10 也能成功，因为这个项目的一系列技术创新是中国的设计师和技术人员做出来的。这个事实证明，即使是在“文化大革命”那样的历史阶段，体制上的突破也能够对技术进步产生巨大的作用。因此，中国民用航空工业要想在 21 世纪打翻身仗，就必须在体制上取得突破。

第三章
不是结论的结论：发展大飞机战略决策的原则应该是什么？

总结历史教训的目的不是要追究谁的历史责任，而是为了使今后的决策不再重复错误；不是为了过去，而是为了将来。今天，国家有意再次上马大飞机，却面临一个困惑：业外各方纷纷主张上，而本来是受益者的业内却一片推诿。分析中国民用航空工业走过的曲折道路，既不是为了屡败屡战，更不是为了屡战屡败，而是要找到失败的根源，吸取教训，在决策中避免错误，以使中国民用航空工业从此屡战屡胜。为了这个目的，我们在以有关技术能力的理论框架对三大历史教训进行分析的基础上，对大飞机项目的决策原则提出四项建议，以供决策者参考。

3.1　国家要首先明确大飞机项目的战略目标

航空工业是战略性工业，不仅关系到一般意义上的经济发展，而且关系到中国在关键领域的技术能力爬升，关系到国家安全。大飞机项目是振兴航空工业的一项重大举措，在战略上非常重要。重要到什么程度？——重要到绝不能由航空工业主管部门自己来决定怎样发展的程度。所谓“重大专项”，指的是由国家提出、资助并为实现国家战略目标而实施的项目。这种项目的战略目标只能由国家决定，否则就无法有效实施。对于大飞机项目，当务之急是要明确战略目标，即国家最终要达到的目的到底是开发军用运输机还是大型民用客机。

以任何方面的逻辑分析，国家的战略目标都应该是开发大型民用客机。航空工业几十年来的争论焦点不是军用飞机，而是大型民用飞机（从毛泽东和周恩来的时代就开始了!），而历次引发上不上大飞机争论的导火索都是中国要不要开发大型客机的问题（2003 年温家宝总理在北航的讲话提到的是“大型客机”）。尽管如此，当国家表明发展民用航空工业的决心之后，却仍然出现了先上军用运输机的提议和辩解。问题的关键在于，有人以讨论战术问题的方法来讨论战略问题，其目的是动摇国家决策人的决心，修改国家的战略目标，并按照自己的私利来重新定义项目的目标。

面对目前的纷争，国家决策者应该毫不含糊地把大飞机项目明确定义为开发大型客机。在存在“干支之争”“军民之争”“东西之争”和自主设计与仿制之争的条件下，明确这个战略目标立刻可以使决策者分辨战略优先的选择。

“先军后民”的技术路线不利于开发大型客机的主要原因有三：

（1）从军用运输机开始，就会增加大飞机项目产业化的困难。大飞机项目成功的标志不是能造出几架样机，而是能培育起自我持续的民用航空工业。这就决定了大飞机项目必须面向民用航空的市场。在今天的条件下，军用运输机和民用客机的技术差别已经越来越大。在市场条件的约束下，从军用运输机演变为客机会使产业化遇到更大的困难，甚至可能是致命的。因此，即使大飞机项目要实现军民两用的目标，那么实现这个目标的技术路径也应该从开发民用飞机开始。

（2）“先军后民”的技术路线很有可能会改变国家的战略目标，因为它把实施开发大型民用客机战略目标的过程拦腰截为两个阶段。这样一来，只有第一个阶段（造军用运输机）的目标和责任是明确的，但第二个阶段（开发出民用客机）的目标和责任全都留给任人想象的遥远未来。与此相对应，造军用运输机的目标是容易达到的，因为有现成的伊尔-76 可以抄，但从这里如何发展出能够产业化的大型客机就成为无法考核而谁也不用承担责任的任务。因此，走这条技术路线，在纳税人的钱砸进去之后，可能还是会使国家战略目标落空。

（3）“先军后民”的最大危险就是把大飞机项目重新纳入传统体制之中。现行体制下的航空工业一直是以军用飞机为主，所以“先军后民”的技术路径不可能使大飞机项目脱离现有的体制，而20年来的历史经验已经证明，这种体制是阻碍中国民用航空工业发展的最大因素。就体制来说，“先军后民”从一开始就会为大飞机项目埋下失败的祸根。

反对“先军后民”的技术路线说的是民用飞机，并不涉及军用飞机领域。军用飞机当然重要，国防需求当然重要，但完全可以把民用与军用两者分开来讨论。上民用飞机项目不必影响单独的军用运输机项目，而能够产业化的民用大飞机则必将对国防做出不可替代的贡献，为什么非要把民用大飞机的战略目标纳入已经开始实施的军用运输机项目中？这不是要把国家的战略目标纳入一个部门或团体的目标之下，又是什么？因此，只有把两者分开，才能避免有人以军用飞机来否定民用飞机。

目标明确是任何项目得以成功的重要条件，由此就可以把握决策的优先级选择。运-10能够开发成功的重要原因之一是毛泽东和周恩来对项目的目标定义得清清楚楚，就是造大型客机，所以才会有技术上的一系列突破。如果他们当年是和航空工业的主管部门商量着办，那就绝不会有运-10，顶多是个苏式运输机的复制品。因此，如果今天国家决策者心里想的是大型民用客机，就应该尽快明确这个目标，并且绝不动摇，不给任何人以任何机会来修改这个目标。涉及国家战略目标的问题只能在国家层次上讨论决定，战术问题只能在战略问题决定之后才能讨论（这与产品开发的顺序是一样的）。机身上的舱门从哪里开等是战术问题，绝不应该用来讨论是否应该造大飞机的问题。对于以战术问题扰乱战略决策的企图，国家决策者要保持清醒的认识。

明确目标之所以如此重要，不仅是因为在技术路线、项目选址等方面的正确决策只能根据战略目标来决定，而且是因为目标明确就可以对承担责任者进行考核，不给畏难厌战者和化公为私者以任何推卸责任的借口。大飞机项目是一个涉及几百亿元公共投资的国家项目，绝不容许任何个人和任何组织把自己的私利置于国家目标之上。如果国家下达的任务是造出原子弹，难道可以堆起两万吨TNT炸药拉响导火索就算达到目标①？因此，只有从一开始就明确大飞

① 中国第一颗原子弹的爆炸当量相当于两万吨TNT炸药。

机项目的目标是发展民用客机，才能使民用航空工业的发展不再重蹈 20 年来失败的覆辙。

3.2 充分认识到技术能力的宝贵性，在培育大飞机的技术能力上要意志坚定，长期不懈

目前对大飞机项目的论证一般都是从市场机会开始。但如果从战略高度思考大飞机项目，那么这种对“市场机会”的预测并不能成为重要的决策依据。过去十几年中，中国民用航空的需求增长是爆炸性的，花了几千亿元购买了 1 000 多架外国飞机和其他设备，然而中国的民用航空工业面对这样的“市场机会”又能干些什么呢？问题的关键是，中国民用航空工业根本不具备能够抓住这种市场机会的技术能力。

与一般工业产品不同的是，发展设计和制造大飞机的技术能力需要很长的时间，产业化也需要很长的时间。相比之下，市场需求一定是经常出现波动的，现在预测 10 至 15 年后的市场需求数量不可能是准确的。但是，只要中国的经济继续成长，中国对飞机如此之大的需求就会继续增长。说明这一点的目的是指出，问题的关键不是 10 至 15 年后的市场需求数量究竟是多少，而是中国民用航空工业的技术能力发展，所以战略决策应该牢牢把握住这个重心。

中国的民用飞机市场现在被波音和空客占据着。中国航空工业能不能打破这种“双寡头”的垄断是决策各方都必须考虑的，所以一些人的目光总是集中在两个寡头不能顾及的市场缝隙上（这也是先上支线飞机后上干线飞机的主要理由之一）。但是，问题的关键不在于这两个寡头未来能够为中国飞机留下多少市场空间，而仍然在于中国的航空工业能不能掌握相应的技术能力，生产出达到相应性能水平的产品。20 年来中国工业的发展经验已经证明，一旦中国工业在某个领域接近发达国家的技术能力水平，就会产生无可置疑的竞争力，因为中国的产品总是比发达国家的产品便宜。但这种成本优势不是因为静态的比较优势，而只有在具备了技术能力发展的动态因素后才能获得。因此，后发国

家可能具有的赶超优势不是来自单纯的劳动力便宜，而是来自以较便宜的劳动成本发展出接近发达国家水平的技术能力。但在这个组合中，劳动力便宜是常量，技术能力的成长才是变量。讲清这个简单的道理，就会明白为什么主张中国不要搞技术开发的“比较优势论”是胡说八道，就会明白国家政策应该努力的方向是在哪里。

与80年代不要运-10的民航体制相比，今天中国民用航空体制已经发生根本性变化，即已经具有相当程度的市场竞争。在市场竞争条件下，航空公司必须考虑成本，因为只迷恋外国产品而不计成本的航空公司只有破产一条路可走。如果中国民用航空工业能够提供高性能价格比的飞机，就会从波音和空客手中夺取市场份额。总之，只要中国经济继续成长，市场机遇就会永远存在，关键是有没有能力抓住这些机遇。

技术能力的宝贵性也可以从过去国际合作的经验中看出。中国的运-10试飞成功后，波音和麦道都主动提出愿与中国合作，所以才有当年的麦道82组装项目。但当中国自己抛弃了运-10之后，波音和麦道的面孔就变了。这怪不得人家，怪只能怪自己为什么连“两条腿”走路的道理都不懂。

由于技术能力如此重要，所以国家在培育设计和制造大飞机的技术能力上要有坚定的和长期不懈的意志。国家的战略目标不仅仅是得到一两个产品，更是要建立起可持续的产品开发平台，最终获得技术能力。从这个目标出发，产品早期的水平不是关键，关键是能不能持续改进并最终实现产业化。只要明确这个战略重点，就不会因为短期的缺点和弱点而动摇长期的意志和既定的目标。

也正是因为如此重要，所以开发大飞机的战略目标要由国家决定，而不能让航空工业自己决定。就组织过程来说，技术学习和能力发展的直接动力来自抱负水平的变化。换句话说，一个组织的抱负水平如果不提高，这个组织就没有提高现有技术能力的动力。在市场竞争中，导致企业改变抱负水平的重要原因是企业在绩效达不到预期水平时所产生的危机（路风、封凯栋，2005：143）。但以军工生产为主的航空工业目前缺乏市场竞争机制的鞭策，所以通过由国家规定重大项目的机制可以提高这个工业的抱负水平，鞭策并支持其在技术能力上爬升。

需要注意的是，培育这种技术能力所需要的时间会大大超过每一届政府领导人的任期，所以大飞机项目如果按照领导人的“政绩工程”来办则必败无疑。根据这种特性，可以考虑如下措施：第一，以法案的形式规定项目的目标、实施原则和政策支持的义务；第二，选准负责领导实施项目的主帅，以法案的形式给予他或他们较长时间的任期。大飞机项目虽然不会成为“政绩工程”，但国家领导人的远见卓识必将被历史所铭记。

中国上大飞机项目必将触动国际既得利益集团的神经，中国政府绝不要低估美国和欧洲政商合谋扼杀中国民用航空工业的动机。美国人和欧洲人比许多中国人更明白：一旦中国开始建立大飞机的开发平台，问题就不再是中国产品刚出现时的水平是低还是高，而是中国的技术能力一定会通过这种平台成长起来。欧美政商会通过市场压制、WTO 条款等各种手段来阻挠甚至扼杀中国的大飞机项目。应对的方法可以逐渐摸索，关键在于中国政府要立场坚定，在发展本土技术能力的问题上绝不动摇。所谓“扼杀”，并不一定总是明目张胆的，也可以通过“糖衣炮弹”来实现（例如组装麦道飞机的“合作”），包括诱惑某些目光短浅的领导人以使项目偏离自主开发的技术路线。外国人不是要扼杀你的产品，而是要扼杀你的能力，达到这个目的既可能用硬刀子也可能用软刀子，绝不要心存幻想。

3.3 坚持掌握自主知识产权，夺取技术发展的制高点

怎样才既能够抵御硬刀子又能够抵御软刀子呢？其实并不难，只要坚持一个基本原则，就是必须掌握飞机设计的自主知识产权。中国加入 WTO 之后的经验已经证明：不掌握产品的知识产权，中国的企业、工业乃至国家都会在全球化的竞争中处于不利地位。中国汽车工业和民用航空工业 20 年来与外国企业合资合作的经验也同样证明：不掌握产品的知识产权，就只能组装外国产品，不仅遭受盘剥，还学不到真正先进的技术。

要掌握知识产权就必须进行自主产品开发，而自主产品开发必然导致技术能力的增长。如前所述，一旦中国工业的技术能力水平接近发达国家，较低的劳动力成本就会使中国的产品具有竞争力。自主设计可以大幅度降低成本。不仅如此，外国产品与中国的市场需求特点之间总是存在不适应性，而中国企业在理解本国市场的需求特点方面总是具有优势。由于自主设计要求自主形成产品概念，所以掌握设计的技术能力就能够把自己对市场的理解转化为产品的性能特性，从而产生竞争优势。

自主开发的战略环节是产品开发，所以我们并不反对利用国际技术资源，甚至不反对购买外国的专利技术和零部件。但本报告前面已经证明，能够利用外来技术的必要条件是对自己的产品拥有知识产权，而知识产权只能通过自主设计才能获得。坚持自主设计可以使中国航空工业掌握高端技术能力、占据技术进步的制高点，成为各种资源的集大成者，而不是为别人提供“边角料”的配角。

中国航空工业的规模仅次于美国和俄罗斯，但人均产值小得可怜。造成这种状况的原因有许多，但最根本的是缺乏拥有自主知识产权的产品。没有这样的产品，中国的航空工业就只能从事低端的生产活动，就只能为别人去加工零部件，就不可能产生竞争力。开国领导人的目标是建立独立自主的航空工业，而决定能不能独立自主的关键是设计、是产品开发，而不是转包生产，所以前辈们才会披荆斩棘地建设起那样大规模的风洞试验基地，才会设立那么多的院校和专业。如果没有拥有自主知识产权的产品，这个规模庞大的工业体系就不能发挥潜力，而只会成为负担。因此，振兴中国航空工业的关键战略环节是加强自主设计和自主产品开发。

出于历史的原因，中国航空工业习惯于仿制，创新能力不强。但越不做，能力就越差，就越害怕，如此循环，形成一种低水平的“均衡状态”。上大飞机项目是打破这种“僵持”局面的好机会。它以国家的政治决断来提高航空工业的抱负水平，迫使其进行高强度的技术学习；同时以公共资源和政策来支持这种技术学习。这个过程不仅可以增强技术能力，还可以逐渐增强国人对自主设计、自主创新的信心，使中国的航空工业走上振兴之路。

中国人应该具有发展独立自主航空工业的信心。世界上没有几个国家能够拥有大飞机工业，原因不仅在于技术，还在于市场。大飞机技术门槛高，意味着巨大的前期沉没投资，而回收投资并盈利需要相应的销售规模。因此，在全球大飞机市场已经被波音和空客主宰的条件下，任何其他国家再想进入大飞机工业领域都是困难重重的。但中国拥有几乎是独一无二的机会。在今后的几十年内，中国市场的规模和成长动力将是无与伦比的，这就为中国发展大飞机工业提供了难以在世界上再找到第二家的客观条件。具有这样的条件和机遇，放弃设计等高端技术活动而去从事转包生产，即使从经济效益的角度也是说不通的，而大飞机项目的意义就是要发展出相应的技术能力来抓住这样的机会①。

3.4 大飞机项目成功的必要条件是突破现有体制的局限性

在具备上述三个条件之后，大飞机项目的成功还需要一个必要条件，即项目的组织执行只有突破现行体制才有可能成功。为什么？根本的原因在于大飞机项目成功的衡量标准不是做出样机，而是产业化，即能够以竞争性企业的组

---

① 中国人有没有掌握航空技术的天赋呢？未来不知道，但历史可以证明。1903 年，由美国莱特兄弟发明的世界第一架飞机试飞成功，但直到 1908 年才改进到足以接到美国政府的订货的程度。1909 年 9 月 21 日，旅美华侨冯如（1884—1912）就在美国奥克兰试飞成功了中国人制造的第一架飞机。英国一家报纸对此报道说："在航空领域，中国人把白人抛在后面。"冯如后来携带两架自制飞机回国，投身孙中山的民主革命，1912 年 8 月在广州做飞行表演时因飞机失事身亡（姚峻，1998：15－16）。现在的航空工业巨无霸波音公司，成立于 1916 年（创始人威廉·波音原来是做木材生意的商人），而公司聘任的第一任总工程师是个中国人，叫王助（麻省理工学院的硕士毕业生，1893—1965），他设计的 C 型水上飞机大获成功，为波音淘了第一桶金。王助于 1917 年年底回国，1941 年时任中国航空研究院副院长（程昭武等，2002：142）。不仅如此，中国人在世界航空科学界的辈分还很高。奠定现代空气动力学理论基础的科学家是德国的普朗特（1875—1953），被公认为世界航空理论的"祖师爷"；普朗特有一个来自匈牙利的学生叫冯·卡门（1881—1963），于 1934 年移居美国，为美国喷气动力技术、远程导弹、卫星和星际航行做出巨大贡献，他有一个著名的中国学生叫钱学森。普朗特还有一个来自中国的女学生，叫陆士嘉。陆士嘉回国后，先后在清华大学航空系和北京航空学院任教，是运-10 副总设计师程不时的老师。拥有这样足以自豪的历史，为什么今天的中国人反而没有信心呢？

织形式通过出售产品而自我持续。因此，大飞机项目必须由一个把产品开发、总装和营销三个关键环节一体化的企业来执行；而如果要组建和培育这样一个企业来执行大飞机项目，就必须突破航空工业现有的管理体制。

航空工业现行体制的局限性在哪里？在过去的十几年中，航空工业的管理经历了一系列的演变：航空工业部（有几年是航空航天工业部）→航空工业总公司→中航一集团和中航二集团。尽管经历了这样的演变，但这种体制仍然是从原来的“主管行政部门→工厂/研究所”的传统体制直接继承过来的。之所以说这种体制并没有根本性的改变，是因为设在北京的两个“集团”本部仍然是行政机关，而企业仍然是从计划体制继承下来的大工厂；工厂和研究所仍然是“两张皮”，它们之间的协调也仍然需要依靠上面的行政机关。

两个中航集团都是行政性公司，这种体制的一个弊端是无法分清企业的边界在哪里：设在北京的“婆婆”并没有本事去开发大飞机，而真正从事设计、制造和营销大飞机的单位又没有决策权。实际上，在这种体制下，不但集团总部并非真正的企业，而且下属的“企业”也不过是大工厂，并不是集设计、总装和营销于一体的高技术企业。如果在这种体制下上大飞机项目，大飞机的设计、制造和营销都不可能是一体化的，必然分别由若干研究所和工厂承担，于是就必然步步都需要行政机关的大量协调。所以，不但企业决策会受到行政“婆婆”的过多干预，而且行政层次过多使国家难以考核项目的执行，出了问题可以互相推诿，难以确定责任。

对于大飞机项目来说，目前正在组织开发 ARJ21 的项目公司（中航商用飞机有限公司）形式并不可行。这个项目公司是在保持现有体制不变的前提下，成立一个直属航空一集团的项目公司，负责组织隶属于航空一集团的各个独立的工厂和研究所来实施项目。实际上，ARJ 项目的设计任务全部由上海运-10 的班底（640 所）承担，总装任务则由上海飞机制造厂承担。项目公司并没有设计和制造飞机的能力，这些能力都为独立的研究所和工厂所有，所以整个项目的运营实际上依靠一集团的行政协调。这种形式存在弊病：技术能力是在行政分割的条件下发展的，所以会受到阻碍。如果大飞机项目由任何一个航空工业集团承担，很可能就会采用这种组织形式，但这种形式很难处理复杂的技术问题，以及应对技术和其他职能领域的协调，不利于能力的发展。

执行大飞机项目的单位必须拥有一个长期稳定的领导班子。如果这个班子是由某个行政机关来任命，则企业领导人的更换势必任意多变。因此，执行大飞机项目的领导班子应该由党中央和国务院直接决定。如果这样，也就不需要两个航空集团的行政体系参与项目领导班子的人事任免了。

两个集团的实体组织从诞生至今都属于军工体系，其组织原则、管理体系和技术文化都不适合民用飞机市场的竞争。特别是航空军工生产习惯于苏联/俄罗斯的设计规范和技术轨道，难以实现民用飞机所需要的技术突破。就像国外对工程设计的一种说法所言："被设计出来的系统，在主要方面往往具备设计它的系统的特点。"因此，由独立于这个体制之外的组织来执行，有利于大飞机项目的技术创新。突破现行体制并不必然意味着把两个航空工业集团都排斥在大飞机项目之外。它们可以以入股的形式或其他各种方式参与大飞机项目，但绝不能让大飞机成为由这两个集团分别或共同负责执行的项目。

关于项目的选址应该以能力基础为主要依据，所以项目应该放在上海，因为上海是唯一开发和生产过大型民用飞机的地方。但同时必须明确大飞机是国家项目，而不是上海市的项目。过去一个时期，上海在自主创新、自主开发方面的记录乏善可陈，也没有出现过全国知名的企业家和竞争性企业。尤其需要警惕上海方面以任何形式向外资开门，所以不能给上海地方政府对项目的行政干预留下多少空间。大飞机项目放在上海，将给上海经济的发展带来长远的利益，这是上海支持这个项目的足够理由。

突破现行体制的关键是组建一个按照现代商业原则和现代企业制度运行的公司来执行大飞机项目。具体说，这个企业应该遵循几项原则：

第一，独立决策的管理层。所谓"独立决策"，是指在国家战略目标和任务的框架下，公司拥有充分的自主决策权。公司不对航空工业的行政部门负责，也不对上海市负责，只对国务院或其他中央权力机构负责。完全可以考虑选拔一位空军将领来做主帅，给他 10 年的时间。这个项目需要军人的品质和作风：忠于祖国，视完成上级下达的任务为生命，视困难如家常便饭，在各种纷争面前敢于果断决策，对中国空中力量的发展有切肤之痛，等等。

公司的任务分为两个阶段。第一个阶段是完成重大专项的任务，是完成国家任务，即接受公共资金的投入研制大飞机。由国家决定这个阶段的期限，规定公司的任务，并规定国家在这个阶段应该承担的义务和提供的政策支持。但即使是完成国家任务，公司也必须从一开始就按照国际标准把财务会计、法律事务等方面的机构和规则建立起来。第一个阶段的任务完成后，公司在组织上不需要任何变动就立刻成为独立运营、自负盈亏的企业，直接进入商业运营（产业化）阶段，即第二个阶段。

第二，公司的设计、总装、营销活动一体化。所谓一体化就是说，设计、总装和营销必须是公司的有机构成部分，这些部分与公司总部是行政关系而不是“法人”之间的关系（企业分为几级法人的体制是中国为适应国企现有结构的特殊做法，从来不是世界通行的企业制度，也不是中国最有竞争力的企业的做法）。

大飞机项目一定要以产业化为目标，所以大飞机的研制不能采取传统体制下的做法：由研究所设计，再拿到另一个独立的工厂去生产。那样的组织形式不利于大飞机的产业化，因为它不利于技术和管理能力的生成和发展。各种职能活动的一体化可以使公司集中协调企业所必需的所有活动，统一决定企业内部的组织机构的设置和人事任免。在人事制度方面，除由国家任命的高层领导外，从一开始就实行合同制、聘任制和岗位责任制。

因此，即使项目放在上海，也不能沿用上海航空工业集团的现有体制（具有法人资格的研究所和工厂相互独立），而必须对其进行重组，甚至连原来的名字都不能用。重组的关键意义在于要以新的流程来建立和管理企业。

第三，公司的内部流程必须以产品开发（飞机设计）为龙头，真正实行高技术企业的组织原则。保证执行这种组织原则的关键措施是明确企业领导人对国家所负的责任：首先是开发出大飞机；其次是实现开发项目的产业化，即以产品参与市场竞争。按这些目标实行分阶段的责任制，并按规定的程序严格考核。这样做的目的不仅是为了开发出产品，而且是为了使公司能够成为竞争性企业。

第四，公司的目标是开发出拥有自主知识产权的大飞机。在此目标下，公司可以通过自己的战略建构（飞机总体设计）吸收、利用和整合国内外的各种技术资源，可以雇用外籍华人和外国雇员。但是，在规定年限内（如完成国家任务的第一个阶段）绝不允许外资染指，其目的就是避免外资对中国技术学习过程的任何控制。在新企业成长起来，立于不可能被外部势力打败之地后（即进入第二阶段后），再由有关决策方根据当时的情况决定是否通过上市对外资开放。

所有这些组织原则都是为了从一开始就按照竞争性企业的模式来执行大飞机项目，目的是为了保证其产业化的成功。通过产业化过程，大飞机项目将把市场竞争机制引入航空工业，将以新的形式对基础研究产生需求，将带来新的技术扩散的机制，将借助新的市场需求把大量闲置的科研手段和试验设备重新利用起来，将以新的经济方式把大量的配套企业带动起来，从而为将来航空工业的深化改革创造条件。大飞机项目将不仅从产品上，而且从对科研生产能力的利用上、从行业经济运行机制上，对国防工业的发展做出重要贡献。中国过去 20 年来的经验证明，任何一个工业中如果出现了竞争性企业，这个工业的技术进步就面貌一新，国家对基础技术的支持就有了着力点。因此，大飞机项目将成为振兴中国航空工业的关键一步。

最后需要提的一个问题是大飞机项目本身的技术路径。本报告作者坚信，让运-10 复飞是开发大飞机的捷径。一些人不愿意承认或极力否认的是，运-10 仍然可以重上蓝天。让运-10 复飞并不是一定要恢复一个产品（是否对运-10 改型可以由专家论证），而是要恢复大飞机的产品开发平台。运-10 曾经 7 次飞抵拉萨，它的空气动力布局和结构布局仍然是合理的。有人说运-10 太老了，但 B-52 已经飞了 50 多年，至今仍然是美国战略空军的主力轰炸机种，而且计划还要再飞 40 年。难道运-10 比 B-52 还陈旧吗？此外，这些人不是嘲笑运-10 是模仿波音 707 吗，而今天美国仍然有 550 架由波音 707 原型机改装的 KC-135 空中加油机在服役。

让运-10 复飞，就可以在非常短的时间里使中国民用航空工业获得能够开始积累大飞机技术经验的平台，唤醒被尘封了 20 年的能力记忆。运-10 平台完全可以在某些部分加入新技术，如可以在原有的平台上改进翼形，使用代表目前国际先进水平的超临界机翼。即使运-10机型不可再用，但以运-10平台为基础开发新的机型平台也比从头开始要有效得多，因为可以在运-10上做大尺寸的各种试验。尺寸大与尺寸小对空气动力有着明显的影响，所以风洞试验代替不了在实际机型上所做的试验。如果没有这么一个开发平台，即使有好的机翼也是试不出效果来。

把运-10弃之不用，中国从头开始就又得花10～20年才能有大飞机的开发平台，然后才能开始积累相关经验。如果重新造一架飞机，大量的精力和时间其实是用在低水平的重复上。例如，一架大飞机上有上万个铆钉，从头做就得重新设计每个铆钉的布局，而这些问题在运-10上早已解决了。重新从头造飞机，花上10～20年，得到的结果与运-10是一样的。当年否定运-10的原因之一是运-10没有拿到适航证、没有做疲劳试验、试飞时间不够（100多小时）。但从头造一架新飞机，也得从头开始试飞，也需要做疲劳试验，也得等着拿适航证。也就是说，10～20年后的新飞机所要碰到的问题就是运-10在20年前遇到的同样问题。抛弃运-10从头来，难道连铆钉还要从头设计吗？记住本报告反反复复说明的一个理论主题：技术能力的发展是累积性的。

运-10复飞的障碍不是技术，而是人为的阻挠。中国航空工业的一些人否定过运-10，所以运-10重上蓝天将证明他们的错误。但从国家战略利益出发，国家决策者根本不用理睬这些人的脸面，中国民用航空工业20年来的“业绩”已经给出了应该让他们靠边站的足够理由。如果让这些人靠边站，中国航空工业只会飞得更高。

让运-10复飞是为自主开发、自主设计和自主创新平反，是带有政策转向的重要信号。如果运-10重上蓝天，就会激励年轻一代的中国航空科学家和工程师再创辉煌：如果他们的前辈在25年前就让中国的大飞机一飞冲天，他们还有什么理由向国人、向他们自己解释，是他们——而不是他们的前辈——无力让中国的大飞机振翅高飞？运-10复飞将对中国人民产生巨大的鼓舞和振奋作用。所有否定过运-10的人不要忘了，运-10是中国航空工业的历史良心，也是这个民族的历史良心，它是不可能被忘记的，早晚都会被中国人民平反。本报告就愿意充当运-10的历史证言者。

结语

上大飞机项目的意义远远超过项目本身，它作为中国经济发展的一个历史转折点，标志着中国工业发展从依赖外国技术转向自主创新、从沉溺于低端经济活动开始奋起向高端爬升。中国民用航空工业在四分之一世纪中走过的道路充分证明，技术能力是经济发展中最宝贵的生产要素，而自主产品开发是获得并发展技术能力最有效的途径。中国过去的发展道路取得了无可否认的成就，也付出了无可否认的代价。在为了长远的发展和解决当时急迫的问题而不得不付出代价之后，只有在已经具备了条件的历史关头果断地转变经济增长方式，努力使中国经济在技术结构上爬升，实现产品和产业结构的升级，过去付出的代价才没有白费，前辈们为建立国防工业所付出的青春和生命、民众们为国家财富积累所付出的辛勤劳动才有意义。

大飞机项目如果成功，就会振兴中国的航空工业及其一系列相关的工业，就会在包括服务在内的相关领域创造出大量高收入的工作岗位，拉动20年来萎靡不振的有关航空的科学和工程教育，使中国的工业技术水平在一个具有标志性意义的领域一举超越日本、韩国这样的国家。不仅如此，大飞机项目的成功还会使中国的空中力量发生质的飞跃（试想中国空军突然具有远程预警能力和远程打击能力时可能发生的变化），使中国在军事上更安全、在捍卫领土完整方面更加有效。因此，由大飞机项目所推动的航空工业技术能力的跃升，将不仅足以使中国在世界经济中的地位发生结构性变化，而且将为保障中国的政治独立和国家主权提供强大的手段。这是一个强国之项目。

但是，本报告并不坚持认为大飞机项目非要现在上。如果这个项目不能充分贯彻根据国家长远利益而确定的战略目标，不能坚持走自主设计的道路，不能突破传统体制的束缚，就不应该上，因为那样只会浪费公共资源，只能是延续曾经走过的失败之路。对于中国航空工业的发展来说，时间已经耽误不起，但人为导致的失败将更为可怕。请国家决策者明鉴。

第四篇

走出中国的主导技术轨道：关于中国自主电信标准的报告*

* 本报告完成于2005年8月，原标题《给新技术以应用机会》。

任何新技术的发展，从最初的突破到最终的普及，都需要一个以产品形式进行持续改进的过程，而这个通常漫长的过程实际上构成技术进步和创新的主要内容。但是，中国的自主创新在实践中遇到的一个主要障碍，就是以不成熟或不可靠为理由，不让中国企业开发的新技术得到在应用中持续改进的机会（前面讲的运-10就是一个典型例子）。这种情况尤其经常发生在产品只有通过运营商才能进入市场的工业领域（如铁路、电信、航空、电力，等等）。

下面的报告以技术进步的基本规律为理论根据，分析为什么应该以政策手段让中国企业开发的电信标准获得应用机会。电信是典型的具有“网络效应”的工业（概念的解释见正文），所以系统标准是这个领域技术发展的制高点。从90年代后半期开始，中国企业陆续开发出无线接入标准SCDMA和第三代移动通信标准TD-SCDMA。但是，这些新技术在进入市场的过程中却遇到重重阻力。尤其是在中国政府发放3G（即第三代移动通信）牌照之前，出现了大量对TD-SCDMA的诋毁，企图阻止它进入市场。

为了说明在应用中改进对于技术发展的重要性，报告追溯了SCDMA从实验室走向市场的过程。信威公司开发的这个通信系统具有独特的技术性能优势，曾在2001年获得国家科技进步一等奖，但其进入市场的过程仍然充满了曲折。如果不是大庆石油管理局的通信公司出于特殊的原因而成为第一个宝贵的先锋用户，SCDMA很可能早就夭折了；如果不是在应用中坚持不懈地改进，这个系统也不可能成熟起来。虽然经历了这样多的磨难，但SCDMA的成长经验仍然证明，只要获得应用机会，中国企业开发的标准就能够通过持续改进而表现出技术优势，就能够在市场竞争中成熟起来。因此，在中国的3G采用TD-SCDMA之前，没有任何理由事先就断言这个由中国企业开发出来的标准不行。

TD-SCDMA和SCDMA的成长还证明了标准与核心技术发展之间的密切

联系。例如，对于目前中国手机工业遇到的困境，许多人以为问题在于中国企业没有开发芯片，却没有认识到，目前中国手机工业缺乏核心技术（如芯片）的真正原因，是中国没有在第二代移动通信的标准上占有一席之地。由于芯片设计需要了解系统的逻辑路线和可能的技术解决方案，所以掌握标准是能够自主进行芯片设计的必要条件。事实上，只是因为 SCDMA 和 TD-SCDMA 的发展，中国才出现了第一批专业进行电信核心芯片设计的企业。

报告指出，由于具有竞争关系的技术发展涉及国家利益，所以中国政府以政治决断给予中国标准以应用机会是天经地义的。令人欣慰的是，TD-SCDMA 和 SCDMA 现在都已经得到中国政府的明确支持，而这两个通信系统标准的发展——如同所有中国开发的技术一样——也必然对中国的技术进步做出重要的贡献。

导言

20 多年来中国技术进步正反两方面的经验证明，阻碍中国技术进步的主要因素不是中国不能学习掌握已有的技术，也不是中国不能开发新技术，而是放弃学习掌握技术和开发技术的努力。在实践中，放弃努力的一种重要形式就是不给中国自主开发的技术以应用机会。应用机会之所以重要，不仅因为它是保证累积性发展的技术和技术能力得以持续的必要条件，而且因为在应用中的持续改进本身就是技术进步的主要内容。

为了更好地发展经济，中国 20 多年来实行了开放政策，这是完全正确的。但在开放过程中却产生一种偏差，就是以为可以轻易地获得外国“先进”技术，所以用不着去改进和开发自己的“落后”技术。历史经验证明，一个国家如果以“落后”为由，放弃在应用中对自己开发技术进行稳定支持和持续改进，最后必定导致技术能力的全面退化。由于在技术进步过程中总是存在着不同技术轨道之间的竞争，所以不给自主开发技术以应用机会，就必定导致中国开发的技术丧失生存机会。在经济全球化日益深入的今天，我们不能放弃对技术进步的执着追求；而就技术进步而言，开放是为了更好地学习，学习的目的应该是为了实现自主，开放只能是手段。一旦忘记了这个简单的道理，中国的自主创新道路就会严重受阻。

本报告关注点集中在中国的电信标准上。电信产业属于通信与信息（ICT）工业领域，在这个领域中，系统标准对于市场竞争具有关键的战略意义。之所以如此重要，是因为标准决定了本国开发的技术能不能获得市场，以及本国的工业会处在价值链的什么位置上。标准的问题还表明，在技术的发展中，“先进”和“落后”是相对的，比这种线性关系更重要的是技术之间的竞争关系。

没有中国的标准，就没有中国高技术产业发展壮大的可能。

第三代移动通信（3G）标准 TD-SCDMA 和无线接入标准 SCDMA 的出现和发展，标志着中国在 ICT 工业中的重要突破，但它们仍然面临着获得市场应用机会的障碍。特别是，由于 TD-SCDMA 是中国尚未发放牌照的 3G 技术，所以其进入市场的机会更加狭窄。问题的关键在于，中国的系统标准受到歧视不是由市场竞争造成的，而是因为中国电信运营市场还缺乏竞争——中国运营商的垄断因素远远大于竞争因素，而且长期被锁定在外国的技术轨道上。在这种情况下，国家应该以战略性的政治决断形式保证中国的技术标准付诸实施，把支持中国的技术进步和体制改革结合起来，为自主创新开拓更广阔的市场空间。

本报告分为三个部分。第一部分从理论上分析为什么必须让 TD-SCDMA 单独组网。第二部分是一个案例研究，以 SCDMA 无线通信系统的发展经验来说明中国的系统标准是具有市场生命力的，也是具有技术优势的。这两个部分相辅相成：前一个部分可以当作报告的理论框架，后一个部分则为几个重大的理论主题提供了详细的经验证据。第三部分是报告的总结论。本报告最后提出，在面临 3G 组网的关键时刻，国家应该以政治决断让中国的标准获得应用机会。

这项研究由北京大学课题组完成，课题组由负责人路风（北京大学政府管理学院教授）、成员封凯栋（英国苏塞克斯大学科技政策研究中心博士生）和曹崴（清华大学硕士毕业生）组成。科技部调研室梅永红主任、胡钰博士、张炳清教授、张华胜博士、何馥香博士等同志参与了相关调研和讨论，对课题组的研究工作给予了大力支持。本课题得到国家软科学研究计划的资助。

第一章
论为什么必须让 TD-SCDMA 单独组网

TD-SCDMA 是由中国提出并由中国企业主导开发的第三代移动通信（3G）标准，是中国有史以来第一个主干网的通信标准。自从被国际电联批准为三项国际标准之一以来，TD-SCDMA 的开发一直受到中国政府的坚定支持。但是，由于涉及各种复杂的利益，所以围绕着 TD-SCDMA 的采用始终存在着斗争，而斗争的焦点始终集中在是否让 TD-SCDMA 得到应用的机会上。在发放 3G 牌照的前夕，关于 TD-SCDMA 是否能够得到应用的问题已经集中在能否让其单独组网上。

为澄清在 TD-SCDMA 应用上所体现的原则问题，本文首先分析在应用中持续改进对于技术进步的重要性和技术竞争的实质，然后以这两个要点所组成的框架说明为什么 TD-SCDMA 能够成功的必要条件是得到商用机会，为什么得到商用机会就必须单独组网，以及为什么中国政府应该对此做出政治决断。如果中国政府已经下定决心去保证 TD-SCDMA 单独组网，本文的作用就是从理论上说清为什么这样做是正确的；如果还没有决策，本文则希望能够促进决策者下定这个决心。

1.1 在应用中改进是技术进步的基本规律

在过去 20 多年中，有关中国技术进步的一个历史教训就是坚持自主创新不够。在从封闭到开放的过程中，中国存在的技术差距使部分国人产生了一种思维倾向：由于外国技术比我们的更先进，所以可以通过引进技术来代替自主开发。引进外国技术是正确的，但同时放弃了自主开发就是错误的。以中国轿车工业为例，为了引进“先进技术”，放弃了“老红旗”和“上海牌”等“落后产品”，走上了组装外国品牌汽车的道路。民用航空工业是另一个例子，以“落后”为由放弃了自主开发的干线飞机运-10，然后去组装麦道飞机。放弃之后的结果是什么？事实是，放弃了“老红旗”的一汽和放弃了“上海牌”的上汽两大集团迄今无力自主开发一款车型，其产品开发能力还不如新成长起来的小企业；而放弃了运-10的中国民用航空工业迄今无力开发哪怕是更小的喷气客机，现在只能为波音、空客转包生产尾翼等部件，导致几千亿美元的中国民用飞机市场拱手让人。

为什么放弃自己的“落后产品”去引进“先进技术”，其结果反而是技术能力的全面倒退？原因不仅在于外国企业对知识产权的控制会把中国企业压在低端技术活动上，而且在于放弃自主的产品开发就会中断自主的技术持续改进过程，而这个过程恰恰是技术进步和创新的主要内容，是企业技术能力成长的主要源泉。因此，无论引进技术多么重要，放弃自主开发都是违背技术进步基本规律的。

技术进步如果对经济发展产生作用，就必须采取产品形式。技术进步的历史证明，从一项科学突破到最终产生新产品和新工艺之间存在着一个漫长的过程，而这个过程的主要内容是改进（Mowery and Rosenberg，1998）。1903年赖特兄弟搞上天的飞机实际上只是一个“会飞的自行车”，直到1936年DC-3的出现，飞机才成为可靠的商业航空工具；而今天的宽体喷气客机与DC-3之间的性能差距又是巨大的（Nelson and Rosenberg，1993：9）。1947年半导体晶体管刚刚被贝尔实验室发明出来时，《纽约时报》仅仅在内页登了一条小消息，称它也许可以用来为聋哑人发展更好的助听器（Rosenberg，1996），然而半导体技术在后来50年间的巨大发展使其成为席卷全球的信息革命的技术基础。

这些例子反映出的一个事实是，新技术通常是以很粗糙的形式来到世界上的（Rosenberg，1996）。1949年，IBM总裁沃森预言，今后只有几台计算机就可以满足全世界的需要。这不是个人的失误，因为它代表了1950年之前美国科学界和工业界对计算机应用前景的普遍看法。产生预言错误的基本原因实际上离不开当时计算机的“粗糙形式”：第二次世界大战后出现的第一台电子数字计算机（ENIAC）包含了1.8万多个电子管，体重达30多吨，占地有两三间教室般大。在产品是这种样子的时候，当然谁也不会预料到计算机最终会走进千家万户。

这些例子说明，如果科学技术的突破能够对经济发展产生贡献，就必须以产品形式对其不断地改进和改善。事实上，几乎所有技术发明的早期形式或被授予专利时的形式与其最终得到扩散时的形式都是非常不同的，所以新技术能够得到广泛应用（即技术扩散）是由持续改进所导致的；而这种改进之所以必须采取产品形式，是因为大量的问题必须在实际应用过程中才能够被发现并得到解决。正因为在应用中改进是创新的主要内容，所以美国三分之二的R&D投资是花在产品设计、试验、再设计以及对制造工艺的改进上，而不是花在基础和应用科学上（Mowery and Rosenberg，1998：173）。对于创新的主体——企业来说，必须在应用中持续改进决定了技术进步是一个累积性的学习过程，是一个不断试错和解决问题的过程（Rosenberg，1976），所以恰恰又是技术能力的成长过程。

由于技术进步是演进的，所以对于不同企业所掌握的技术而言，“先进”与“落后”是相对的，不能完全由在任何静态时点上的状态所决定，而是更多地取决于这些企业在技术动态演进过程中的改进能力和速度。特别重要的是，技术既然是演进的，就存在着演进方向的问题，即竞争性企业的技术进步存在着不同的技术轨道。技术轨道是指在选定技术问题的思维模式（即技术范式）指导下做出技术努力和解决问题的方向（Dosi，1982），具有很强的排他性。这种现象所揭示的中心问题是：在“科学—技术—生产”的链条上，经济力量与制度和社会因素在任何层次都共同发挥“选择机制”的作用。由于技术演进方向在不同的社会、经济和政治条件下具有多种选择，所以不同的技术轨道是无法用“先进”和“落后”来衡量的，只能以在市场竞争中的有效性来衡量。

以中国轿车工业为例。直到2004年，社会上还普遍存在着对中国自主开发企业能否成长起来的怀疑。但是，2005年本土品牌和外国品牌的业绩分化已经大大减少了这种怀疑：奇瑞上半年的销售量已经超过上一年全年的销量，大有全年翻一番的增长之势；相反，曾经不可一世的德国大众的销量和市场份额明显下降，其在华的合资企业不断传出亏损的消息。究其原因，大众在中国销售的汽车是定位于用公款购买的“官车”，走的是一条技术复杂、成本高昂的技术轨道；而以奇瑞为代表的中国企业所销售的老百姓要的车，走的是一条技术适用、成本低廉的技术轨道。决定这两种技术轨道优劣的衡量标准不是谁的技术更“先进”，而是谁更符合中国市场需求的走向。由于中国汽车市场最近和未来的主要增长源泉恰恰就是私人消费者，所以奇瑞的技术轨道导致更高的增长率。因此，技术的“先进”与“落后”不是技术本身决定的，而是市场决定的。这个道理同样可以解释为什么那些“先进的”“强大的”跨国公司正在向中国的本土企业学习。而那些认为外国技术一定比中国技术先进的国人需要回答这样的问题：宝洁为什么要模仿纳爱斯怎样生产、销售洗衣粉，甚至怎样做广告？为什么诺基亚会去拉下脸来生产折叠翻盖的手机？

虽然正反两方面的例子都证明了自主创新的生命力，但中国的技术进步仍然面临着许多障碍，其中一个重大障碍就是中国的技术得不到在应用中持续改进的机会。这种障碍对于不同的工业有不同的作用形式。对于面向大众消费市场的工业部门（如家电、消费电子产品和汽车等）来说，只要出现自主开发的企业，该企业的技术就可以直接诉诸市场竞争而获得在应用中改进的机会。而对于诸如电信、铁路、航空、电力以及其他重大装备等工业部门来说，生产企业并不直接面向大众消费市场，其产品必须通过相关的运营部门/企业才能进入市场。然而，尽管改革已经持续了 20 多年，这些运营部门或企业却仍然是垄断性的。这些垄断性的运营商往往决定着中国技术的应用机会。这些部门往往以中国技术“落后”为由来引进外国“先进”技术，而垄断使它们不必为成本发愁。由于是垄断的，所以相关领域的中国企业没有其他的市场空间来证明自己的能力。例如铁路部门，为了实现“跨越式发展”，费尽心机要全套购买日本新干线，但这样做的后果必然是摧毁中国铁路机车工业，就像抛弃运-10 的后果就是摧毁中国的民用航空工业一样。

因此，以各种理由不给中国技术在应用中得到改进的机会，甚至根本就不给入门的机会，是中国技术进步的重大障碍。这种行为之所以损害国家利益，是因为技术具有竞争关系。

1.2 技术竞争关系到国家利益

在技术演进过程中，围绕着新产品经常会同时出现不同产品设计（方案）之间的竞争，其实质是不同技术轨道之间的竞争，而这种竞争的结果一般是以出现一个主导技术轨道（主导设计）为转折点的。主导设计是在技术可能性与市场选择相互作用下被广泛接受的产品设计形式，它的出现受多种因素的影响，而不仅仅由技术的优越性所决定（Abernathy and Utterback，1978）。一旦主导设计出现，其他的技术轨道就会遭到市场的排斥。此后，随着产品的标准化，竞争的焦点转向价格和工艺创新。

技术竞争的结果关系到企业的重大利益，决定了企业所开发的技术能不能具有商业价值（在 WTO 体制下，这就决定了企业的知识产权是否具有市场价值），决定了企业沿着自己的技术轨道所发展出来的核心能力能不能转化为产品的市场竞争力。技术竞争还关系到国家利益，因为如果本国企业的技术轨道不能生存，不但意味着本国企业的竞争力受损，而且意味着本国的技术难以向符合本国经济社会条件的方向发展。在技术变化速度加快、信息和通信（ICT）工业渗透以及知识产权成为越来越重要的竞争武器的条件下，这种利害关系在今天的世界尤为重要。

最近二三十年来，特别是因为 ICT 工业的发展，世界高技术产业的发展表现出两个趋势：(1)“网络效应”在越来越多的工业中凸显，其影响的程度和范围越来越大；(2) 由多种互补产品所组成的技术体系日趋复杂，任何个别企业都难以直接控制一个体系中的所有部分，所以个别企业的市场地位同时取决于整个体系的市场地位。具有这些特征的典型工业包括移动通信、互联网、计算机的硬件和软件、数字电视、影碟机、音乐播放器，等等。

“网络效应”或称“网络外部性”，指的是这样一个基本经济特征：消费某特定产品的单个用户，随着消费该产品的用户数增加而获得增加的效用（Katz and Shapiro，1985）。由于使用兼容产品的可以被看成一种（虚拟）网络，所以网络效应可以用另一种说法表述：连接到一个网络的价值取决于已经连接到该网络的其他人的数量（夏皮罗、瓦里安，2000）。例如，由于微软视窗操作系统是最普及的计算机软件操作系统，所以购买新电脑的消费者最可能采用微软视窗，以便能与最大的人群进行数据转换、共享和交流；而消费者群体中的这种网络效应更是被在应用软件设计商群体中类似的效应所增强：为了享有更大的用户基础，更多的应用软件商倾向于开发基于微软视窗平台的应用软件。因此，网络效应使这些工业中的市场竞争形成了一种正反馈机制，即当一种技术产生对竞争对手的优势后，这种优势会迅速放大，强者愈强，而弱者会迅速丧失生存机会（夏皮罗、瓦里安，2000）。随着高新技术工业中体系的日益复杂，相关生产商群体之间的这种网络效应，使得这种技术与市场的特征体现为企业群体之间的竞争。

网络效应大大增强了技术竞争的利害关系。一种技术轨道走上正反馈道路，就会产生"报酬递增"效应：越是得到更多的应用，就越能够得到改进，从而因技术更优越而更加普及（Arthur，1989；1996）。由于消费者从一种产品系统更换到另一种产品系统时面临着转换成本（switching costs），所以如果一种产品系统能够不断扩大用户群，即不断扩大其"安装基础"（installed base），这种产品系统所体现的技术轨道就会对市场产生"锁定"（lock-in）效应（"锁定"效应很容易理解，想一想让大多数PC使用者采用微软视窗以外的另一种操作系统的困难性），从而更可能成为主导设计。因此，即使主导技术轨道从来并非一定在技术上更优越，但其出现也会排斥其他技术轨道。

网络效应还决定了标准的重要性。由于标准通过增进兼容性或互联性而可以扩大某种产品的应用网络，所以新技术的推动者往往通过制定标准来吸引同盟者，并以此引发对自己技术的正反馈（夏皮罗、瓦里安，2000）。这就同时说明，有关标准之争的实质仍然是不同技术轨道之间为获得主导权的竞争（Suarez，2004）。标准的重要性在企业和国家的层次上产生了两个有关竞争的问题：（1）竞争不仅发生在个别企业之间，而且发生在以技术体系为纽带的企业群体之间；换句话说，竞争不仅发生在个别技术之间，而且发生在不同的技术体系之间。(2) 在企业层次上，一个企业可以通过控制技术体系的标准而主导整个体系和产业链（如英特尔的 CPU 和微软的操作系统等），从而通过控制产生利润的关键环节而获得优势（Morris and Ferguson，1993)。因此，在技术竞争从单个产品上升到技术系统的时代，先行者利用对技术轨道的主导权来封杀后进者技术发展的可能性更为严重。标准与高端技术之间存在着生死与共的关系：在标准上没有发言权就没有可能掌握以半导体芯片和基础软件为代表的高端技术，因为无法使自己开发的高技术得到应用机会。这种情况对于中国的含义就是，如果中国的市场被外国企业所控制的技术体系（即采用外国标准的技术体系）所主导，那么中国自己的工业就不可能在层次较高的技术领域获得一席之地。

通信工业（包括运营和设备两部分）是网络工业，但又不同于其他许多工业，因为以公众电信网为载体的服务涉及非常重大的公共利益。由于通信标准具有必须保证互联互通的公共性，所以其往往是采取正式机构制定的标准，而不是采取任由企业推动的事实标准。在互联网已经被纳入通信框架之内并且需要实现全球互联互通的条件下，通信标准的制定需要通过以主权国家为成员单位的国际电信联盟（ITU）所规定的程序。但实现通信标准的公共性又绕不开私有利益：制定标准需要实现标准的技术，而这些技术都掌握在企业手中。这种私有性使制定通信标准的过程充满了斗争，因为任何有实力参与这个过程的企业都力图把自己的专利技术纳入标准之中（Bekkers，Duysters and Verspagen，2002：1144－1145)。

把自己的技术纳入标准给企业带来两个主要的优势。第一，掌握对知识产权的控制。控制知识产权不仅可以带来专利费收入，而且可以成为封杀竞争对手技术轨道的武器。第二，提出和制定标准的过程同时是理解和掌握产品开发技术的过程，是企业以自己的知识积累和组织资源解决技术问题的过程，所以提出标准的企业能够把新技术体系的发展纳入自己的技术轨道，从而更可能在后来的产品竞争中获得优势。

因为关系到本国企业的利益，特别是关系到本国企业能不能主导技术体系的演进，关系到本国的企业群体能不能在技术体系中占据附加值高端，所以标准也涉及国家层次上的利益。第二代移动通信标准GSM在全球范围内的巨大成功源自欧盟建立欧洲统一电信标准的努力，而建立欧洲统一电信标准的动力来自欧盟旨在防止美国ICT巨头主宰欧洲电信市场的政治目标（Glimstedt，2001）。为达到这个目标，1987年欧盟创立了欧洲电信标准研究所（ETSI），把原来互相竞争的几种欧洲标准统一到GSM上，从而获得了对美国和日本技术轨道的优势。

当ITU提出制定第三代移动通信标准时，为了重演GSM的成功，欧盟属下的ETSI本来企图说服ITU来制定以WCDMA为基础的全球统一标准。使这个打算泡汤的主要原因是美国政府的坚决反对，其结果是使美国高通推动的CDMA2000成为另一个标准。为阻击欧洲标准，高通曾经对爱立信发动过知识产权战，声称WCDMA侵犯了高通的专利。可以让中国人头脑清醒一点的是，促使爱立信最后向高通妥协的原因是2000年中国决定让中国的第二大移动通信运营商——联通采用CDMA2000，这个决定是美国政府压迫中国开放市场、中国政府想换取美国支持中国加入WTO，以及高通对中国政府高层公关等几个因素所导致的（Glimstedt，2001：75）。由于担心高通将攫取一大块中国市场，爱立信决定按照高通的条件收购高通亏损的系统设备业务（爱立信由此也变成了CDMA2000的设备供应商），从而结束了与高通的争斗。不幸的是，爱立信花了几十亿美元购买的高通系统设备业务，现在已经倒闭，而爱立信也完全退出了CDMA设备市场。原因在于，爱立信不可能而高通也不让爱立信掌握CDMA的技术。今天，当美国政府施加压力要求中国政府承诺让运营商自主选择通信标准时，中国的决策者们不要忘了，高通的CDMA2000能够成为第三代移动通信标准之一的重要原因就是美国政府的政策。

于是，由不同技术轨道之间的竞争所涉及的企业和国家利益，最终决定了不可能产生最符合全球公共性的统一通信标准。换句话说，要想只有一种达到“天下大同”的共同标准，除非消灭技术竞争所涉及的企业和国家在利益上的差异。ITU批准的是三个第三代移动通信标准，就是承认标准所涉及的利益差异。当然，作为利益差异和全球公共性之间的妥协，三个标准的系统之间可以实现漫游（即某种形式和某种程度的兼容）。但无论如何，这种多个标准的安排仍然为技术竞争留下了巨大的空间，所以经由 ITU 制定的第三代移动通信标准仍然存在着不同技术轨道之间争夺主导权的问题。

有关移动通信标准的竞争并非纯粹是通过自由市场的竞争，而是技术、企业、市场和政治的竞争交织在一起。其实，所有标准的竞争都是如此，用两位美国学者的话说，“除了最简单的非组装产品（如水泥），一个主导设计的确立不是技术驱动的。相反，主导设计是从不同技术轨道的竞争中产生的，这些技术轨道是由怀着各自政治、社会和经济目的的竞争者、联盟集团和政府管制者所推动的。由于任何技术都不可能主宰所有可能的优点，所以主导设计的确立不是通过市场的看不见之手，也不是通过自然选择，而是通过不同的技术变种之间的竞争性/政治性的竞争”（Tushman，Anderson and O'Reilly，1997：9－10）。

1.3　是否将 TD-SCDMA 付诸应用是一个政治性的原则问题

累积性改进对于技术进步的重要性和技术的竞争性可以帮助理解 TD-SCDMA 的意义及其面临的问题。

TD-SCDMA 是中国在电信标准上的第一次突破，经过这些年的开发，目前已经面临可以商用的契机。但是，从被 ITU 批准为第三代移动通信的标准，直到面临商用的今天，围绕着 TD-SCDMA 的斗争就从来没有停息过。在这个过程中，始终存在一股势力，力图阻止 TD-SCDMA 成为一个能够进入市场应用的技术系统。除了压中国尽快上 3G 以使在时间上落后于其他两个标准的 TD-SCDMA 没有生存空间之外，几年来在媒体上还出现过几种对中国政府的建议：在给运营商发 3G 牌照时，让 TD-SCDMA 和其他标准捆绑；以尊重市场为由，要求中国政府承诺让运营商自主选择标准；散布对 TD-SCDMA 技术水平和中国开发企业能力的怀疑。鼓动把 TD-SCDMA 边缘化的主谋当然是外国企业和外国政府，而使这种斗争复杂化的一个重要因素是：由于中国电信运营商长期被锁定在外国技术轨道上，它们反而常常不支持本国技术。

如果接受上述主张或建议，TD-SCDMA 被边缘化几乎是可以预期的，因为这些建议和要求确实针对着 TD-SCDMA 的相对“弱势”：（1）由于 TD-SCDMA 是中国提出的标准，而且与欧美的技术轨道不同，所以其在中国得到商业应用之前不可能在其他国家得到应用。这个事实意味着 TD-SCDMA 系统在中国发放 3G 牌照之前必然缺乏商用经验。（2）TD-SCDMA 是一次跨越式的进步，因为中国在此之前从来没有开发过通信标准（除了与 TD-SCDMA 技术同源的 SCDMA 之外）。这个事实意味着中国的运营商一直依赖外国的技术轨道，而这种锁定效应使它们更容易继续采用外国标准，所以与其他标准捆绑的结果很可能是有其他出路的运营商将 TD-SCDMA 弃之不用。（3）与推动其他两个标准的欧美主流企业相比，承担 TD-SCDMA 开发的中国企业实力较弱，于是就容易煽动起对 TD-SCDMA 和中国企业在技术能力上的怀疑。

首先需要认清的是，TD-SCDMA 与其他两个系统相比，在技术上没有任何落后之处（甚至更先进），无非是不同于其他两个标准的另一条技术轨道。事实上，TD-SCDMA 由于采用智能天线与上行同步等技术而具有频谱利用率高等优势，而且显然组网成本更低。更重要的是，TD-SCDMA 体现了 3G 时代的中国国家利益，不仅是因为中国企业拥有 TD-SCDMA 的核心专利，而且因为 TD-SCDMA 开发过程所导致的一系列突破（如在芯片等关键环节）已经证明了标准对于中国高技术发展的重要性。TD-SCDMA 已经成为一个包含许多复杂亚系统的产品开发平台，使大量产生于中国的新技术得以应用。很显然，TD-SCDMA 如果在未来的商业应用中获得生命力，就会在一系列领域带动中国高技术的发展。

对 TD-SCDMA 的技术怀疑论最站不住脚的是，几年来围绕 3G 的喧嚣已经证明，3G 技术与历史上的任何技术一样，也是演进的。无论是欧洲的 WCDMA 还是美国高通的 CDMA2000，如果按照它们被批准为标准时的技术状态来应用，都不会在目前的市场条件下使任何运营商赢利。这些被一些中国人认为“更先进”的技术系统都需要继续改进，以至于到它们真正能够为运营商带来赢利时，它们都会在技术上与其早期形式具有很大的差异。实际上，欧美为数众多的主流电信运营商一直在等待中国大规模上马欧美标准的3G系统，以便让中国市场成为新技术的试验田，为它们日后的成功商用去“披荆斩棘”“铺石开路”。中国的市场对GSM起过这种作用，而在更早的阶段，当中国于1982年引进日本富士通的F150程控交换机（在福建开局）时，那个机型还根本没有在日本商用过。这些情况无非再次证明本文的主题：实现技术进步的必要途径是在应用中持续改进。但问题在于，中国的市场在为外国的技术主宰和经济盘剥做出过那样大的贡献之后，难道不应该为中国的技术进步也做点贡献吗？

同理，TD-SCDMA也必须得到持续改进才会有生命力。但这里面临着一个死结：一方面，得到商用机会是TD-SCDMA得到持续改进的前提；另一方面，不但其商用机会只有在中国发放3G牌照后才有可能出现，而且这种可能还面临因运营商的阻挠而无法进入市场的危险。TD-SCDMA的“弱点”恰恰来自它是中国在电信标准层次上的一次技术突破。所谓“突破”，就是在原来没有一席之地的技术领域或层次上奋然一跃。正因为如此，这个技术体系缺乏可以依托的市场应用经验和运营商基础（例如WCDMA和GSM之间的连续性）。由于中国的电信服务仍然具有垄断性，而且运营商长期被锁定在外国的技术轨道上，以及由此所导致的对本国技术的歧视，所以运营商更偏向于采用TD-SCDMA之外的两个标准，哪怕前者的组网成本显然更低。在这些结构性条件下，如果让运营商“自由”选择，就无法保证让TD-SCDMA付诸实际商用，很可能使其丧失任何可以通过持续改进而参与竞争的机会。因此，TD-SCDMA面临的问题是典型的后进者面临先行者壁垒的问题。

面对这种局面，让TD-SCDMA获得商用机会需要国家的政治决断，即在国家发放3G牌照时确保让TD-SCDMA单独组网，向至少一个有实力的运营商发放TD-SCDMA牌照，使其全心全意将TD-SCDMA付诸实施。做出这种政治决断的理由是中国的国家利益：绝不能让一个涉及重大利害关系的技术系统在得到应用之前就被扼杀。国家可以采取直接的鼓励手段，对承接TD-SCDMA单独组网的运营商和对提供TD-SCDMA设备的产业联盟企业予以政策优惠，以降低使用TD-SCDMA的风险；也可以采取间接的鼓励手段，重组运营商以创造最有利于采用本国技术的竞争性市场结构，包括坚决分拆因其垄断行为而阻碍中国技术进步的运营商。

通过国家政治决断使 TD-SCDMA 获得商用机会，并不是以行政手段排斥另外两个标准，其实质是矫正被外国技术轨道锁定的中国运营商的垄断行为，并在中国企业与外国企业处于不对称地位条件下为中国技术能够进入市场竞争打开大门。因此，这种政府行为只会增强中国市场的开放性和竞争性。事实上，TD-SCDMA 已经成为一个具有开放性的标准：在中国政府的协调下，TD-SCDMA 的开发是通过多企业参加的产业联盟（到 2005 年上半年为止，联盟内已有 21 家企业），大唐在知识产权和技术诀窍上对其他联盟成员开放，而且这个联盟已经有外国企业通过在中国本土建立合资企业的方式参加。这种开放性同时保证了同一个标准框架下的竞争性：决定联盟成员未来市场前景的主要因素是它们产品的质量和成本。甚至如果大唐因为不能适应竞争而失败，也不会影响 TD-SCDMA 作为标准的生命力。让 TD-SCDMA 单独组网无非是给中国技术和中国企业一个参与市场竞争的机会，也只有在中国的市场中得到应用，TD-SCDMA 才可能被海外市场接受，从而最终成为一种真正的国际标准。

即使得到应用，TD-SCDMA 会不会仍然在市场竞争中失败？在技术的演进过程中，个别产品和技术项目的失败永远是相对的。在电信领域，国际主导企业的产品失败例子比比皆是，如摩托罗拉的“铱星”计划、爱立信的手机业务，等等。但为什么这些经历过失败的企业仍然是巨头？就是因为技术和技术能力的发展具有非常强的连续性，所以投入对一种新产品或新技术的开发，即使失败，也仍然会给开发者留下不经过这个过程就无法获得的知识和经验，从而使上一轮的失败经验成为下一轮创新的力量源泉。因此，一种产品或一种技术系统的市场失败与政策的失败是完全不同的两回事，就好像一场战斗或一场战役的失败与军事路线的失败是两回事一样。中国 20 年来技术进步的经验已经证明，真正的失败是放弃自己的产品开发平台和放弃自主开发的努力，因为这样做的结果必然导致技术能力的退化和消失。从这个道理上讲，开发个别产品和技术的失败也比弃之不用会为中国技术进步做出更大和更实质性的贡献。如果考虑到技术扩散效应，就更是如此。中国通信设备工业最近 20 年历史中最大的失败例子是巨龙公司的失败，但它所发明的“04 机”却导致了整个行业在核心技术上的突破。如果没有“04 机”，中国电信设备工业的发展就不会是今天的样子，甚至华为和中兴也不会是今天的样子。

让 TD-SCDMA 获得商用机会的政治决断不是基于对个别技术得失的判断，而是基于对中国技术进步主要障碍的判断。由于 TD-SCDMA 是中国在电信标准领域的第一块基石，所以即使这个系统在未来的市场竞争中失败，开发和应用这个系统的过程也会为中国电信技术留下未来发展所必需的人才、经验和可以继续努力的产品开发平台。但如果不能得到应用，中国电信技术的发展在标准层次上就会继续是一片空白。如果在 3G 阶段留下空白，中国在 4G、5G 的标准上就会遇到更大的困难。敢于斗争，敢于失败，最终会赢得胜利；不敢斗争，不敢失败，最后就只能是失败，而且是永远的失败。因此，TD-SCDMA 在未来市场竞争中的成败与否不影响让 TD-SCDMA 获得商用机会的政治决断的正确性，但给不给 TD-SCDMA 单独组网的机会却是关系到中国要不要技术进步的政治问题。孰轻孰重，一目了然。

第二章
SCDMA 的技术火种是怎样燃烧起来的?

以持续改进是技术进步的主要内容和技术竞争关系到国家利益为理由，本报告第一部分提出必须通过单独组网而让 TD-SCDMA 移动通信系统得到在应用中改进的机会。在本报告第二部分，我们分析与 TD-SCDMA 同源的无线通信技术系统 SCDMA 是如何在市场应用中成长起来的。SCDMA 发展的经验证明，只要获得应用的机会，中国开发的系统标准就能够通过持续改进而具有技术优势，就能够在市场竞争中成长起来，而且对中国高技术产业的发展产生带动作用。

2.1　星火之源：信威公司、SCDMA 和第三代移动通信标准 TD-SCDMA

与瞄准已有技术的追赶模式不一样，开发自主的系统标准要从新技术的源头开始。但与许多普通人理解的不同，所谓“新技术”很少来自少数天才的突发奇想，而往往只能产生于具有深厚技术知识积累的土壤。此外，要把从基础研究中产生的新技术概念转化为新的产品系统，还需要有对市场前景的理解和协调许多人共同工作的组织，甚至需要一种常人所没有的热情。因此，追溯 SCDMA 和 TD-SCDMA 的技术源头，可以帮助理解开发系统标准的艰辛历程要从哪里开始。

“里应外合”：信威公司和 SCDMA 无线接入系统的开发

1994 年，在摩托罗拉公司半导体部（位于奥斯汀）工作的项目经理陈卫与得克萨斯大学奥斯汀分校的助理教授徐广涵在不断的交谈讨论中，感到如果把新兴的无线通信技术与蓬勃成长的中国市场结合起来会大有前途，于是这两个搞通信技术的中国留学生开始设计一个无线电通信系统的方案。为了开发这个系统，1995 年两人自己掏腰包成立了一个高技术创业公司，取名 CWILL (Chinese Wireless Local Loop，意为中国的无线接入)。

陈卫是在重庆一个与无线电技术素有渊源的“村子”里长大的[①]，而在这个“村子”里长大的还有好几个当代中国通信界的名人，包括李世鹤[②]。受这种环境的影响，陈卫在 7 岁时就曾经做了一个单体管收音机参加全国少儿无线电发明大赛。1982 年，陈卫毕业于重庆大学计算机专业，毕业留校一年后“下海”开办过一个软件公司，1984 年又加入了李世鹤等人创办的全国第一家民营无线移动通信公司，接触到“移动通信”这个崭新的领域。陈卫于 1985 年获得公派到美国留学的机会，后来从伍斯特理工学院获得博士学位。在学习期间，陈卫主要研究数字信号处理与大规模集成电路设计，并参加了美国太空总署哈勃望远镜外空探测卫星计划。他设计的芯片用于采集黑洞脉冲星发出的脉冲，作为卫星的时钟基准，给哈勃望远镜提供导航参考。1990 年，陈卫加入摩托罗拉公司，从事集成电路的设计工作。

徐广涵是上海人，1985 年从上海交大本科毕业后被派赴美国留学，1991 年从斯坦福大学电机系获得博士学位。徐广涵的美国导师是世界上第一个研究智能天线的学者，所以他自己也成了研究智能天线的专家。毕业后，徐广涵在母校和麻省理工学院做了一年研究，并于 1992 年 9 月到得克萨斯大学奥斯汀分校任教，在那里参加了美国军方资助的智能天线研究项目。与身上似乎流着企

① 这个“村子”是重庆大学的教工宿舍区。重庆是中国无线通信技术的重要基地。抗日战争时期，重庆作为后方基地和战时陪都，与外界联系的主要方式是无线通信。当时的国民政府为此培养了大批无线通信人才，并且在重庆的教育界和国防工业界形成了一种良好的学习无线通信的风气。今天，重庆依然是我国培养通信人才的基地，包括重庆大学、重庆邮电学院在内的重点通信院校就有三所，为我国培养了大批通信人才。

② 李世鹤是改革开放后邮电部系统第一批公派出国留学的人员之一，1982 年从加拿大获得博士学位回国时也是第一个由邮电部公派归国的博士。李世鹤回国后在西安邮电部第四研究所工作，1994 年调到北京的电信科学技术研究院任副院长。

业家血液的陈卫不同，徐广涵充满了科学家的气质，虽然他曾经利用手中的教授“权力”，让他的研究生（以中国留学生为主，但也包括美国、印度和韩国的学生）参加了 CWILL 的技术开发工作。

陈卫和徐广涵两个人设想的系统是把智能天线和其他一些先进技术结合起来，开发出一种无线通信系统。当时，智能天线是一种非常前卫的技术，它的物理结构是阵列式的天线（有点像相控阵雷达），然后用软件控制发出可以跟踪终端用户的定向波束，在相同频率的资源下能够增加用户容量，覆盖距离远（覆盖相同距离则可以降低功率而节约成本）。但智能天线技术当时还很粗糙，用于民用通信需要大量的改进工作。此外，为了开发新系统，CWILL 还开发出另一项核心技术——上行同步技术。由这些新技术组成的新系统被命名为 SCDMA（同步码分多址）。

在那些年里，陈卫和徐广涵已经与电信科学技术研究院（1993 年，邮电部邮电科学研究院一分为三，成立电信科学技术研究院、电信科学研究规划院、邮政科学研究规划院）建立了联系。1995 年 5 月，邮电部科技司司长周寰率国内七名通信专家到美国考察无线通信技术的发展状况，他希望在未来能够研制中国自己的移动通信技术。考察团特意到奥斯汀考察了智能天线技术，并对此技术印象深刻。陈卫与考察团成员之一的李世鹤也是老朋友，阔别十年后再次相见，两人发现在移动通信领域有很多共同的话题。此后，电信科学技术研究院和 CWILL 双方经过多次洽谈，决定共同成立一家合资公司。

1995 年 11 月，电信科学技术研究院和 CWILL 合资成立了北京信威通信技术股份有限公司（以下简称信威），由李世鹤任董事长，陈卫任总经理。信威现在的股权结构见图 4－2－1。信威的主要任务是开发以智能天线、上行同步等为核心技术的 SCDMA 无线接入系统。这个项目得到邮电部科技司的支持，后来被列入“九五”科技攻关计划，得到 1 500 万元的资助，也得到过国家计委 1 000 万元的资助。出于人才、科研环境等原因，当时信威开发 SCDMA 的主要技术活动是在美国进行的。电信科学技术研究院派出几十人次的人员到 CWILL“留学”，国内开发经费也通过信威引入 CWILL，而陈卫也开放了 CWILL 所有的技术和成果。由于这种做法超出了合资公司的协议范畴，引起

CWILL 在美国的一些合作伙伴提出异议，各方一度矛盾尖锐。但是，陈卫仍然坚持开放，因为他们几个留学生的目标很明确："依托中国巨大的市场，发展 SCDMA 通信技术。"

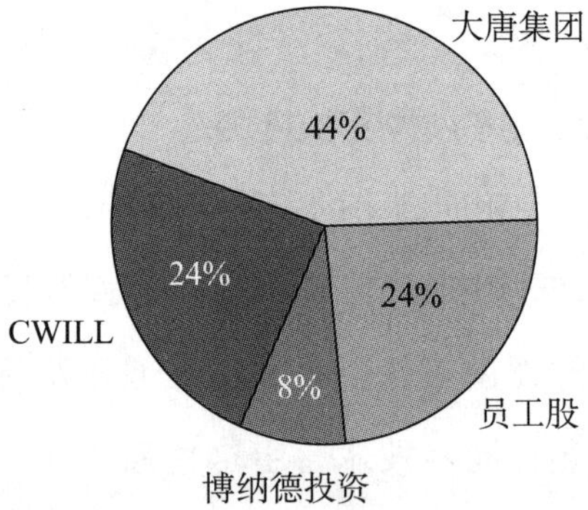

图 4-2-1　信威现在的股权结构

在制定 SCDMA 系统的技术解决方案时，开发者花了整整 3 个月的时间仔细研究高通等企业的专利文本，成功地绕过了高通的知识产权壁垒。高通的律师曾经上门到 CWILL，声称凡是叫"CDMA"的东西就涉及高通的专利。遭到给予充足证据的驳斥后，高通的律师悻悻而去，再没找过麻烦。事实上，SCDMA 具有完全的自主知识产权。目前，信威在 SCDMA 上拥有国家已批准和待批准的核心发明技术专利 61 项（CWILL 早期在美国获得的 6 项专利已经被信威收购）。SCDMA 的研发成功使我国在无线通信领域拥有了重要的自主知识产权，实现了中国电信史上的突破。

信威成立一年后，SCDMA 移动通信系统已经可以演示；又过一年后，可以应用。1998 年，信息产业部发文批准规划 1800M SCDMA 的使用频段，同年成立重庆信威作为生产基地。但这时，尚未拆分出中国移动的中国电信开始大规模铺设 GSM 网络，所以 SCDMA 已经不可能在移动市场得到采用。信威只好转而向中国电信提供固定网络的无线接入。当时，在一些固定线路无法覆盖的地区存在着装电话难的问题，SCDMA 靠着为固定网络和固定终端之间提供无线接入而获得了市场，其收入来源是电话初装费。但 1999 年中国电信取消电话初装费之后，这种商业模式被釜底抽薪，使 SCDMA 在应用过程中遭受到第一次挫折。

第三代移动通信标准 TD-SCDMA 的技术起源

1997 年，国际电信联盟（ITU）向各国征求第三代移动通信标准。电信科学技术研究院的一些领导开始酝酿能不能在 SCDMA 的技术基础上独立提交一个 3G 标准。李世鹤在推动事态的进展和说服各方领导方面起到了关键作用。1997 年 12 月，中国电信界召开了香山会议，讨论要不要提出 3G 标准。经过争论和讨论，主张提出中国 3G 标准的意见逐渐占了上风。

1998 年 6 月 30 日，由电信科学技术研究院代表中国向 ITU 递交了中国提出的 3G 标准（后命名为 TD-SCDMA）。2000 年 5 月，TD-SCDMA 被 ITU 正式接纳为第三代移动通信系统的三大主流标准之一。ITU 实际收到的 3G 标准提案多达 16 个（美国、欧洲和日本的提案占绝大多数），而 TD-SCDMA 作为唯一由中国提出的标准之所以能够被采纳，有几个原因：（1）技术上有特色，特别是具有频谱利用率高的优势；（2）发达国家之间也充满了竞争和矛盾，例如，为了推动欧洲统一标准 WCDMA，西门子提出的 TD-CDMA 被牺牲掉，导致西门子耿耿于怀，后来转而支持中国的 TD-SCDMA；（3）最关键的是中国政府的支持，而各国都因为中国市场的重要性而不愿得罪中国政府。当然，当时走在前面的电信技术大国们可能也没有把 TD-SCDMA 的威胁看得太认真。

SCDMA 的团队在中国 3G 标准的早期制定过程中扮演了重要角色。首先，TD-SCDMA 标准的构思是基于当时 SCDMA 的技术基础。事实上，TD-SCDMA 中的关键技术如智能天线、上行同步等，都来源于当时的 SCDMA 系统，而它们都是使 TD-SCDMA 有别于其他 3G 标准的关键技术①。其次，在编写和制定中国 3G 标准的前期，SCDMA 团队也是主要的力量，而中国向 ITU 提交

---

① 这一点可以从一项 1997 年授权的关键专利看出。该专利名称为“具有智能天线的时分双工同步码分多址无线通信系统及其通信方法”（中国专利号：97104039.7）。这项专利的发明人是：刘辉（当时是徐广涵的博士生），徐广涵，陈卫，李世鹤；专利权所有人是信威公司。

的第一个 TD-SCDMA 标准文本就是由陈卫、徐广涵和李世鹤讨论后合作撰写的。

目前信威开发出来的 SCDMA 的 5 个版本都采用了智能天线、上行同步等核心技术，而且目前 SCDMA 的各种商用解决方案也都采用了时分双工（TDD）的技术路线。因此，TD-SCDMA 和 SCDMA 在技术上是同源的。从信威公司的历史来看，TD-SCDMA 和 SCDMA 的研发团队在 1999 年底之前都有大量的交叉。

1999 年末，当 TD-SCDMA 已经有望成为国际标准时①，大唐电信集团（电信科学技术研究院）方面与信威方面在是否专注开发 TD-SCDMA 的问题上发生分歧。结果是，大唐决定把 TD-SCDMA 的开发工作转移到集团的中央研究院（后来成立了由李世鹤担任副总裁的大唐移动来承担这项任务）。由于当时信威的技术研发人员基本上是由电信科学技术研究院派来的或代为招聘的，所以在开发 TD-SCDMA 的号召下，信威的几十个技术研发人员几乎全部离开而转到大唐中央研究院，只有一个人留了下来。矛盾尖锐之际，陈卫被免除了信威总经理的职务，只好回到美国。SCDMA 和 TD-SCDMA 这两个同血缘兄弟从此分道扬镳②。

在那之后，TD-SCDMA 的标准化工作仍然在继续，但完全是由大唐中央研究院及后来的大唐移动完成的。一个重要的里程碑是在 2001 年 3 月，由全球设备运营商和设备制造厂商参加的标准化组织 3GPP 正式接纳 TD-SCDMA 为第三代移动通信标准。这标志着在移动通信领域，中国不但能够提出技术标准建议，而且能够提出供开发商使用的具体技术规范。此后，大唐开始全面开发 TD-SCDMA 系统，而李世鹤在退居二线之前，一直是这项工作的主要技术负责人。

---

① 在 1999 年 10 月底于芬兰赫尔辛基举行的 ITU-R TG8/1 第 18 次会议上，TD-SCMDA 的标准提案被写入第三代移动通信无线接口技术规范的建议中，并被国际电信联盟接纳。

② 这里所指的“SCDMA 和 TD-SCDMA 分道扬镳”也主要是指两批致力于系统开发的人员在产品开发方向上的分道扬镳，因为严格说来，TD-SCDMA 本来就是并仍然是 SCDMA 技术平台上的一种发展。

2.2　“大灵通”的崛起之路：技术的火种在市场点燃

用新技术开发出能够在市场上成功的产品来，一般都需要一个漫长的改进过程，即以产品的形式或以产品化为目标对新技术进行持续改进。看上去这是个悖论：产品要成功，就必须以产品的形式对技术进行改进；也就是说，产品在成功之前就必须能够得到应用的机会。其实，这不过是说明先锋用户或领先用户对于创新的重要性（von Hippel，1988；Lundvall，1988）。当新技术以产品形式出现时，不管多么粗糙，往往都具有某些特殊的性能，所以总会找到需要这些性能并为此付出较高价格的先锋用户。例如，美国半导体工业发展的早期根本就找不到民用市场，几乎完全是靠联邦政府的国防采购所支撑的（美国的计算机和软件等工业或多或少也经历了同样的路径）（Mowery and Nelson，1999）。

与先进国家相比，后进国家“自发”地产生先锋用户要困难得多。主要的原因在于，在存在来自领先国家的产品时，后进国家的用户存在着对本国新技术的不信任，特别是因为这些新技术在早期阶段往往比较粗糙。对于直接面对大众消费者的工业来说，中国企业有可能利用低成本优势走一条颠覆性的道路。但对于必须通过运营商才能进入市场的工业来说，中国企业就会面临更大的障碍。回顾SCDMA找到先锋用户并且在应用中成长起来的经验只是想说明，给中国的新技术以在应用中改进的机会对于中国的技术进步有多么重要。但这个经验同样证明，一旦获得这样的机会，中国开发的技术就会发展出优势。

1800M SCDMA（“大灵通”）的10年艰苦历程

回顾信威公司开发SCDMA的10年历史，用他们自己的话来说，是经历了一个“三落三起”的过程（见图4-2-2）。除了1999—2000年的那次人员分流，决定“三落三起”的重要因素都是市场应用机会，而这种机会总是由电信管制的变化造成的。谈到自己企业的历史，几乎每一个员工都会认为“大庆会战”对于信威来说，是一个至关重要的历史事件。

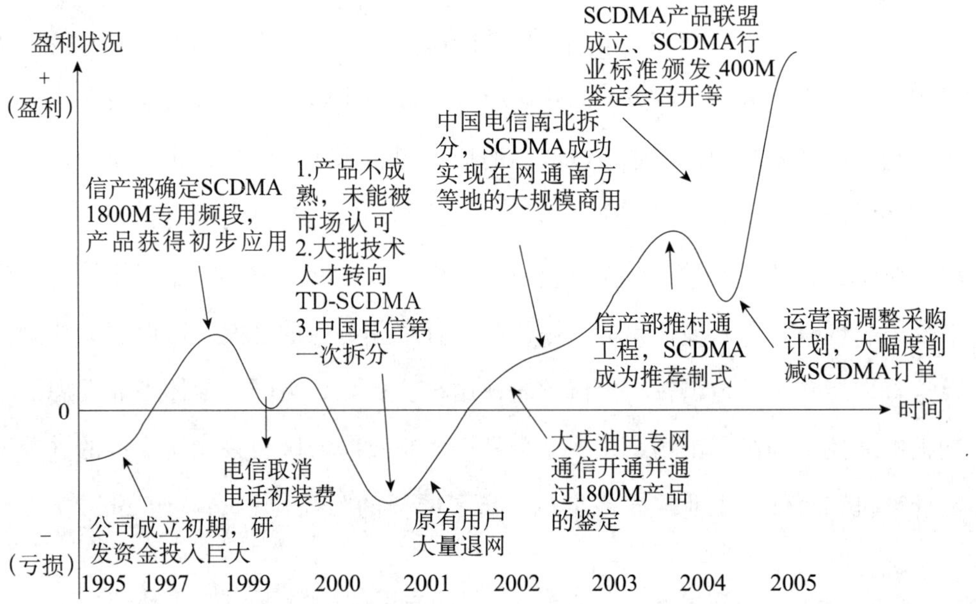

图 4-2-2 信威 10 年历程的“三落三起”

2000 年年初，信威跌到谷底：领导班子的不稳定和技术骨干的分流导致更多的人员流失，公司一度只剩下 20 多个人。就公司业务而言，由于产品质量还存在缺点，原来的用户大批退网，与大庆签订的油田专网项目合同也面临无法完成的危险。在大唐集团领导的劝说下，陈卫于 2000 年 3 月再次回国担任信威的总裁①，并从 CWILL 带回 5 名技术骨干②。公司又从外部招聘来了一批包括来自中兴和华为的技术专家，重新起步。

从 2001 年开始，信威招聘了大量大学毕业生，包括硕士生和博士生，甚至还有一些尚未毕业的硕士研究生也参加到了信威的研发工作中来。在这些新“信威人”中，新加盟的国内专家带来了较为丰富的管理经验，“海归”则对延

---

① 同时，董事长改由电信科学技术研究院副院长杨毅刚担任。

② 5 人都是中国留学生。其中 4 人后来出于种种原因又回到美国；还有 1 人留了下来，现在担任公司的副总。

续信威在 SCDMA 上的研发起到了重要的作用。但对于信威来说，在研发力量上最关键的变量是企业自身所培养的研发人员的迅速成长。新来的年轻人不但在人数上占了公司的很大比例，在研发中也发挥着越来越大的作用。一批年轻人在各个技术部门中成为骨干和负责人，甚至连信威目前的总工程师，也是那时在博士毕业之后直接来到信威工作的。而使这样一个年轻团队能够迅速成长起来的关键是“大庆会战”的锤炼。

在信威重新起步的这个时候，大庆油田专网项目几乎成为 SCDMA 在困境中的唯一希望。大庆油田专网项目源自当时大庆石油管理局通信公司（具有在当地运营的权利）想要利用本地无线接入技术做一个本部门辖区内使用的专网无线电话系统[①]。当时，垄断移动通信市场的运营商中国移动全面采用欧洲的 GSM 系统，而垄断固网无线接入市场的运营商中国电信则全面采用日本的 PHS（“小灵通”）系统。在这种市场条件下，大庆石油管理局通信公司是个奇怪的用户，怪就怪在在这个有人稍微表现出一点爱国精神就会被某些人跳出来指责为“狭隘民族主义”的年代，大庆人居然誓死不用日本产品，宁肯用还不成熟的 SCDMA 布网，也不用“小灵通”。在 1999 至 2000 年之交信威陷入危机时，信威当时的负责人提出解除与大庆油田的合同，反而是大庆方面坚决不同意——大庆通信公司经理愤怒地说：“搞这样一个方案，你们知道包含了我们双方多少的心血?!”据陈卫本人讲，这也成了他再次回国负责信威工作的一个强大的情感动力。根据参与这项工程的信威工程师讲述，大庆方面之所以没有选择当时已经在全国逐步铺开的 PHS，是基于东北曾被日本侵略的历史原因，但这样想了就敢于付诸实际行动的果断，难道和“铁人精神”的传统没有关系吗?

大庆油田专网项目同时也是对于信威的一项重大挑战。第一，当时 SCDMA 正经历从无线固定接入（移动性非常有限，终端使用座机，即目前所称的

---

① 大庆石油管理局通信公司于 1999 年 4 月与信威签订了建设固定接入网（即 SCDMA R1 版本）的合同，同年 11 月双方又签订建设便携式无线市话（即 SCDMA R2 版本）的合同。但在合同执行中，信威实现了版本升级，最后建成的是综合无线接入网（“大灵通”），属于 SCDMA 的 R3 版本。

R2 版本）向具有一定移动性的 R3 版本（终端使用手机）过渡，却一下子就要用尚处于实验室阶段的新技术建立起大庆油田这样规模的网络。第二，信威公司刚刚完成公司组织上的重构，新招的大量年轻人极缺实地工作经验，连一些技术人员自己都不敢确信网络真的可以建起来。

2001 年 3 月开始的“百日会战”成为信威历史上具有里程碑意义的一段历史，而实际上“会战”最终完满结束是 2003 年春节之后的事情。由于人员有限，当时信威已经把几乎所有的研发人员都投入到了大庆项目中。这个项目是在相当艰苦的情况下开展的。大庆的冬天自然条件恶劣，冰天雪地，技术人员们一天到晚几乎都是在测试车上度过，奔波于各个基站之间，在每一个基站爬上爬下。总经理陈卫也不例外，却因此而明白了一个道理：棉衣是挡不住那里的寒风的。他曾先穿上好几件毛衣，再穿上棉军大衣，但刚一爬上高塔，就觉得寒风从后背穿入，从胸前吹出。而信威的几个工程师曾经于冬天在一个塔上连续工作了 8 个小时。由于经费不足，当时没有足够的笔记本电脑用于测试和计算，公司挤出钱买了两台二手的笔记本电脑；而一位年轻的研发人员则向朋友借了一台没有电池的笔记本电脑，他再拖上一台发电机，在测试车上狭小的空间和发电机的轰鸣声中工作。这群年轻人就是在这样的工作环境中度过了 2001 年的所有节假日。

大庆油田专网工程给信威的新团队带来了不少难题，但也使整个技术系统得到了持续快速的改善，并锻炼了队伍。信威必须在大庆网络上第一次做出商业化运营的 R3 版本网络来，这就要求他们对原有的 R2 版本基站进行大量的改进①，在整个网络系统中增加塔放，并着手开发一款新的终端。实际上，虽然大庆专网的 SCDMA 网络在 2002 年建起来了，但系统开始试运行后的结果并不理想：不仅话音质量差（收听到的声音频率偏高，即声音显得尖），而且存在多用户之间的互相干扰，致使核心技术的优势根本体现不出来，大庆的群众

① 虽然在技术路线上，R3 的基站保留了原有版本的技术思路，但是性能要求的提升和原来 R2 版本所需部分硬件的停产，致使 R3 版本的基站不仅仅在局部上要进行改进，同时还要对整个架构进行修改。

用户对此颇有意见。

尽管 SCDMA 的技术性能在理论上具有优势，但在实际应用中所产生的问题之多是在实验室环境中无法想象的，而所有这些技术问题的解决几乎都发生在大庆油田专网的工地上。例如，基站系统的 MDM 板（信号处理）与 VCC 板（语音处理）之间通信的问题及其所导致的噪声问题，是两个年轻人通过在现场重新编程、当场调试解决的；通话中的回声问题，同样也是通过在现场对声码器（语音压缩解码的软件）进行改善更新、优化算法解决的；而在理论上能够自动偏移的智能天线，在大庆的气候环境中却由于温度的原因使得天线馈线经过一段时间会产生 10 度角的偏差（这种情况是在书本里和实验室里绝对不会碰到的），信威的技术人员为此开发出了一个校准通道，其使得研发人员可以在半夜 2 至 3 点无人使用电信服务的时候停止网络服务，通过控制较准通道来校准偏角。为了不影响网络服务，这个校准通道后来又逐步发展成为一个需要短暂停止服务的自动校准系统。最后，经过几年的努力，信威的技术人员终于开发出了一个完全无须停止电信服务的自动校准系统（此项技术已经申请了专利）。当信威的技术人员在 2003 年春节期间再次到达大庆油田专网的营业厅时，大庆人已经对他们刮目相看了。随着在实战中对整个系统技术的认识加深，信威的年轻技术团队逐步成长起来，一些年轻员工在 2003 年逐渐成为研发团队的主力①。

但对 SCDMA 系统的改进仍然没有停止。随着大庆油田专网的用户越来越多（目前大庆油田专网已经有 20 万用户，而大庆当地只有 64 万居民），网络越来越复杂，又不断产生了一些新的问题，需要信威的研发人员去一一解决。例如，在用户和网络规模达到一定程度之后（2003 年下半年），又产生了被信威的技术人员称之为“注册风暴”的问题，即当某个基站发生意外故障而停止工作时，该基站管辖区内的用户终端就会在短期内迅速向相邻某个基站请求注

---

① 课题组访谈的一位女工程师是 2001 年到信威实习的硕士生，被卷入了“大庆会战”。虽然她现在已经是信威研发中心一个部门的负责人，但办公室里仍然摆了许多只有“小女生”才会喜欢的饰物和小玩意。

册，从而造成该基站从ACC账号收集控制到VCC信道控制端的拥堵。由于VCC端口有限，所以短期内的拥堵造成了大量终端自动反复注册，最终造成恶性循环，系统必须经过相当长的时间才能达到新的正常状态。针对这个问题，信威的研发人员通过实地集体论证，分析了整个系统的瓶颈，进行新的数学建模并在软件上改进；在网络布局上则增加基站；在系统上则开展了“401项目”，对系统结构进行改善并增加系统功能，最终彻底解决了这个问题。

上面提到的这些例子其实只是SCDMA在产业化道路上所解决的大量技术问题中很小的一部分。通过在市场应用中发现问题和改进技术之间的不断互动，SCDMA历经两年多的时间终于完成了从实验室技术到可用产品的蜕变。2003年9月21日，由信息产业部主持的“SCDMA综合无线接入系统生产定型鉴定会”在大庆举行，正式建议将“SCDMA无线本地环路系统”在城市无线接入和农村普遍电信服务领域推广使用。由于市场定位与“小灵通”（PHS）相似，这个系统后来被俗称为“大灵通”。至此，“大庆会战”才真正以胜利告终。随后，SCDMA手机生产线在重庆子公司建成，并开始大规模生产。信威开始崛起。

2003年，信威在宝鸡为中国网通的南方网络组网，这是1800M SCDMA第一次进入公众电信网。这个宝贵的市场机会是由电信运营商重组带来的。2002年，中国网通从中国电信拆分出来。这次拆分采取了“南北分网”的做法，即拆分之前建设的通信网络按地域一分为二，南方的归中国电信，北方的归中国网通。拆分导致了竞争：由于中国电信和中国网通都具有全国运营的牌照，所以中国电信需要在北方重新布网，中国网通则需要在南方重新布网。由于拆分前的原中国电信在无线接入领域采用了“小灵通”，所以当中国网通在南方组网时，就必须选择“小灵通”之外的无线市话系统（因为新的中国电信拥有当地的“小灵通”网，再建“小灵通”是无法竞争的），于是其主动选择了SCDMA。仅此一例，也足以证明拆分垄断运营商对于中国技术进步的重要促进作用。

进入公网领域之后，运营商一般只愿意接受成熟的技术，因而对信威产品的要求非常苛刻。这种苛刻的要求甚至比对任何一家外国供应商还要严厉（因为中国的运营商存在着不信任本国技术的顽固意识），例如，信威的终端产品需要接受在一张报纸大小的空间内同时能够接通几十个电话的“疯狂实验”，而且绝不可能允许信威的技术人员像在大庆那样在校准过程中停止电信服务。由于地理环境的不同，建网也会遇到新问题。在宝鸡，信威的技术人员发现，在一片开阔地中，往左右多走几步，信号的信噪比差别就特别大，所以必须根据当地实际情况对网络进行优化。不过，经历了“大庆会战”的信威技术人员对自己产品的每一个细节都已经了如指掌，再没有什么问题可以难倒他们。在解决了大范围组网的诸多难题后，1800M SCDMA 成功登陆公网。

宝鸡组网之后，SCDMA 还进入了成都市场，这是一个更大的网络。在“成都会战”中，由于网络规模更大，高层建筑、立交桥多，导致无线信号在空间传播的特性随着空间的变化而改变，“同频”现象开始出现——在特定区域会出现由于接收到同样频点的基站信号而无法识辨的情况，还伴随有不同用户之间带宽抢占、相互干扰的问题。信威的技术人员通过增加基站、优化系统结构等方式在实地解决了这些问题。“成都会战”的胜利结束标志着 SCDMA 系统已经可以进军大城市，与 GSM、PHS 等外国系统标准展开正面竞争。

1800M SCDMA 能够迅速抢占市场，企业拥有的系统技术能力是关键。这是因为，在不同的地区组网都可能遇到当地运营商和用户的特殊需求，而只有具备了系统技术能力，供应商才有可能根据市场的需要对产品进行改进。信威的总工程师给我们举了一个例子：一般来讲，跨地区交界的用户使用移动系统最大的一个困扰，就是由于终端接收信号的不正常切换而造成过多的漫游话费。而在信威组建的本地无线接入网络中，信威却可以针对用户的需求对系统做出改进，通过信号跟踪的方法避免“不正常”切换的产生，为用户解决问题，同时也为自己的产品争取了更多市场。因此，在早期看来是极为艰难的技术积累过程，最终给 1800M SCDMA 带来的是强大的市场竞争力。

从大庆到宝鸡再到成都，1800M SCDMA 在市场的洗礼中逐渐壮大，并发展成了中国第一个用户达到百万的无线通信事实标准。目前，SCDMA 已经在很多南方城市大规模建网。建网的规模越大，系统可能遇到的新问题就越多，不同的地理环境和不同的用户需求都可能对信威的技术人员提出新的挑战。但每一次技术问题的成功解决都使 SCDMA 系统更加成熟和稳定。SCDMA 的市场占有率就是在这样一个过程中迅速提高。根据信威的官方数据来源，截至 2005 年 7 月底，SCDMA 建网省份已达 22 个，网络覆盖地市级区域 116 个，放号规模达到 207 万户。预计 2005 年年内，信威和产业合作伙伴还将共同向市场投放 300 万部 SCDMA 终端。目前，SCDMA 在全国范围内的建网规模已经达到 800 万线，预计 2005 年底将突破 1 000 万线。为了适应市场的需求，信威公司以及 SCDMA 产业联盟企业加大了生产力度，其中，信威公司可实现年产基站 2 万套、终端 300 万部，SCDMA 产业联盟已具备年产基站 6 万套、终端 1 000 万部的产能。今年，信威公司在 SCDMA 产品上的产值将达到 30 亿元。

2000 年之后的几大战役为信威锻炼出了一支年轻的、有战斗力的团队。在这个过程中，年轻团队的开发流程、开发工具也不断正规化，与国际接轨。同时，随着信威项目的不断推进和信威在业内声誉的提升，这支队伍也在飞快地扩张之中（见图 4－2－3）。2003 年是信威管理手段发展上的一个转折点，一方面是因为大庆油田专网的成功终于使得企业得以渡过在经营上的难关，另一方面是因为年轻人的技术能力开始成长，此时来自华为、中兴等企业的技术骨干将他们的技术开发管理经验逐步地扩散开来，公司开始在开发手段和管理手段上引进新的技术，不断正规化和流程化。作为一家专注于系统标准研发的企业，信威在 2003 年开始成立“总体办”，负责在系统层面对研发目标、研发方法、研发方案与研发手段的选择。2005 年，这一部门转型为一个专门的“系统技术部”，以有效地实现对系统技术的整合，从而有利于越来越庞大的研发队伍的专业化分工。目前企业研发所使用的平台工具软件 Sourcesafe、Project 等已经与国际接轨，而在自开发专用开发软件上也已经基本完备；技术管理的专业化（由专门的技术管理部负责）、文档化也已经基本完成，一种对研发经验、技术知识进行有效的积累、扩散，将其在企业内部传播的机制正在逐步形成。

2004 年 8 月，SCDMA 产业联盟正式成立。发起者包括信威、大唐科技股份、深圳普天凌云、TCL 通信设备、夏新电子、创维移动、中国振华科技、康佳集团、海信集团、广州金鹏通信以及联想集团等 11 家包括通信设备与终端制造的厂家。以后又有上海贝尔、锐迪科微电子、武汉虹信等各个产业环节上的企业加入。

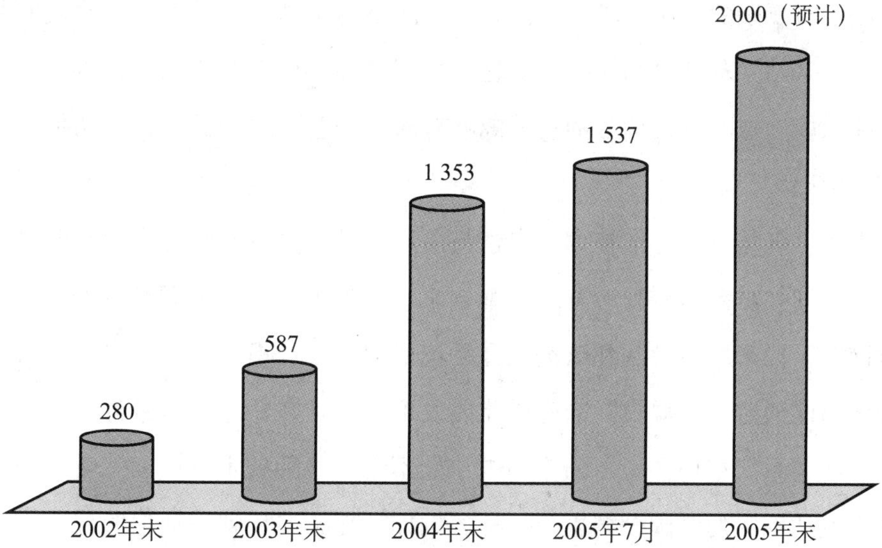

图 4－2－3　2002—2005 年信威员工数量的增长（单位：人）

在实践中不断改进是系统标准技术进步的必由之路

从信威短短 10 年的历史可以看到，通过应用实践不断改进是系统标准技术进步的必由之路；换言之，如果没有通过应用而逐步摸索的过程，那么再好的技术也不可能成功。几大会战在信威的历史上之所以如此重要，不仅仅是因为其使企业走出困境，更重要的是其使企业的技术能力在不断解决技术问题和其他问题的应用过程中成长起来。

高速发展的通信网络，不仅仅融合了越来越多的不同技术，而且随着网络的不断扩大、用户需求的不断变化，网络本身也日趋复杂，这是通信技术的本质属性。应用空间的复杂性则从另一方面提高了电信网络的复杂程度。例如，高楼、立交桥、大山、大河、树林、开阔地、运动的汽车等空间特定的因素，都会影响电信信号的传播。从总的趋势来看，用户容量越大、需要的服务越复杂、空间环境越多样，出现新问题的概率也就越大——而具体问题是什么则又是另外一个“问题”。从本质上来说，正是由于电信网络的复杂性，技术问题的产生更多地体现为一种“概率事件”，而非一种“确然事件”。这种概率随着环境越复杂而越大，所以出现的问题绝对离不开环境本身。而在实验室里是绝对无法模拟复杂的应用环境的。例如，当网络越来越多时，多个基站之间相互干扰、从基站到基站之间切换的变化等情况，在实验室是无法模拟的——实验室往往只能通过单基站信号的衰减或者有限几个基站之间的干扰与切换来模拟真实的情况。

因此，电信系统标准技术的完善与发展，必须通过不断的实验和测试来逐步解决，往往需要历经政府发放试验频率、小型测试网、大型测试网、商业试运营网等阶段来不断检测和改进。但无论如何，大规模商业应用中所涉及的特定问题只能通过“大规模”的应用才能发现，而且在特定环境条件下所产生的特定问题也只能在该环境下的应用中才能察觉。这种技术发展和完善的轨迹对于西方发达国家的跨国公司也是一样。例如，在第二代移动通信时代获得巨大成功的 GSM 标准，从它被推向市场以来就一直在不停地完善、修改，最近的版本直到 2002 年前后才最终稳定下来（而这种稳定依然带有开发方基于对市场的判断逐步把注意力和市场开拓行为放在新一代技术上的原因）。西方推出的一些技术，虽然也有一定的商业化推广，但最终也没有能够成为在技术上和商业上成熟的技术标准。因此，无论是从信威的“中国经验”还是从国外技术发展的经验看，通过不断扩大的网络应用来不断完善、改进，都是任何电信系统性技术标准发展的必由之路。

另外，从企业本身的角度来看，正是通过在市场上不断摸爬滚打，不断地发现问题、解决问题，信威公司才逐步摸索出了一套规范的技术研发流程。这一阶段从“大庆会战”的“实验室”方式不断发展，到 2004 年上半年基本上已经总结并转型成为一套现代化的开发流程。

SCDMA 于 2001 年 2 月获得国家科技进步一等奖，同年 8 月又获信息产业部信息产业重大科技发明奖，2005 年 3 月再次获得国家科技进步二等奖。每次获奖的理由当然是技术的先进性，但 SCDMA 在应用中改进的艰难历程提醒我们：中国有多少获奖的“科技进步”项目实际上是没有用处的，其中包括得不到在应用中改进的机会而夭折的！因此，让中国开发的技术得到在应用中改进的机会是一件多么重要的事！

正因为如此，我们最后仍然不得不再提大庆石油管理局通信公司，因为这个先锋用户对于 SCDMA 能够发展起来起到了如此关键的作用。事实上，大庆石油管理局通信公司经理郭书昌也曾经承担了巨大的“风险”。由于坚持采用这个系统，而且在系统还不能正常工作的时候就预付了款项，郭书昌本人曾经被怀疑有“不法行为”，并受到审查，两次差点丢了“乌纱帽”。但这笔两三千万元的预付款（分期支付的）对于信威和 SCDMA 来说却是救命钱。自主创新之所以比依赖外国技术要困难，原因就在于要承担风险，但我们的体制却至今没有为容忍创新的风险而做好准备。不能不指出，大庆石油管理局通信公司的行为是一个例外而不是常态。20 年来有多少中国的技术和技术机会被扼杀，难道决策者不应该深思吗？

大庆人最终迎来了可以自豪的时刻。2005 年 7 月 25 日晚，大庆地区发生了一次地震。一时间，当地的 GSM 系统和固网系统都因无法应对话务量激增而瘫痪，只有 1800M SCDMA 网络畅通无阻。在那个容易引起恐慌的时刻，“大灵通”不仅成为当地居民与外界联系、互报平安的唯一手段，而且成为大庆石油管理局指挥抗震救灾和保障生产运行的主要通信工具（新华社报道了这一事件）。事件发生后，大庆石油管理局通信公司经理郭书昌曾打电话给信威负责人，对“大灵通”在危机时刻的优异表现表示祝贺。但他和他的通信公司不也是参与缔造了 SCDMA 的英雄吗？

2.3　在市场点燃的技术之火一定会越烧越旺

技术一旦通过产品形式得到改进就会赢得市场，而有了市场，企业就有了可以继续投资技术开发的收入来源；另外，企业的技术能力是在持续的技术开发和改进中生成的，而累积性成长起来的技术能力必然导致企业的多产品扩张（Penrose，1959；Chandler，1962，1990）。因此，一旦产品开发平台和能力发展平台建立起来，信威的 SCDMA 技术之火就只会越烧越旺。

“村村通”选择了中国标准：自主技术系统的优势

在 1800M SCDMA 无线市话系统的基础上，信威又开发了 400M SCDMA

无线接入系统。400M SCDMA 是在 1800M SCDMA 无线接入系统的基础上通过改频而开发出的一种适用于农村电信业务的新系统。目前，这个系统已经成为“村村通电话工程”（又称“村通工程”）的首推解决方案，在很多农村地区得到应用。

“村通工程”是信息产业部在“十五”计划期间旨在为农村地区提供电信普遍服务、帮助农村地区跨越数字鸿沟而启动的一项政府工程，它的目标是到 2005 年年底要使全国至少有 95%的行政村通电话。由于多年来还没有通电话的地区一般都是人口较少、偏远落后的农村，所以采用传统的固网接入方式成本过高。而近些年发展迅速的无线接入被普遍认为是一种更好的选择。

2003 年 9 月在大庆召开 1800M SCDMA 鉴定会前后，信息产业部就开始与信威商讨把 SCDMA 系统用于村通工程的可能性。除了 SCDMA 具有性能好、组网成本低等原因之外，当时信息产业部还面临一个必须应对 CDMA450 的迫切问题。CDMA450 是在美国高通的 CDMA 平台上衍生出来的无线接入系统，属于 3G 技术（具有视频功能）。虽然这个产品是由华为经高通专利授权而开发出来的，但它进入市场却从属于高通一贯使用的造成事实标准的战略。这种采用了 450MHz 频段的产品从来没有得到过中国政府主管部门的正式许可，但由于一方面高通企图在中国市场上扩大安装基础，另一方面一些中国运营商企图以此来迂回获得 3G 牌照，所以该产品就不宣而战地进入市场。如果它蔓延开来，就等于高通在中国政府的 3G 政策出台之前就已经在中国布设 CDMA 的 3G 网络，影响未来的市场走向。此外，中国的 450MHz 频段是为一些政府和军队等重要的专用通信系统预留的。因此，CDMA450 在中国市场的蔓延将严重破坏中国政府的战略部署①。

当信息产业部将寻找村通工程技术手段的目光落在 SCDMA 上时，本来计划分配给它的是 450MHz 频段，信威也根据这个计划进行准备。但 2004 年 2 月，信威突然接到通知：这个频段将改为 400MHz。由于原定在 5 月要对新系统进行测试鉴定，所以系统改频的时间只剩下 3 个月，而通常设备商产品改频

---

① 可用于村通工程的另一项技术选择是 GSM 接入网，但采用这种技术将大大抬高成本。

需要 9 个月的时间（摩托罗拉的系统设备改一次频需要两年）。从用户接收到的产品说明书来看，改频只是一个频率应用上的不同，然而在技术上，却意味着在整个系统的各个环节都必须做出相当的调整。例如，在 SCDMA 系统使用的天线阵中，8 根天线之间的距离是按照波长计算的，一旦频率变化，天线阵布置必须跟着变化，与之相关联的是从发射到算法的各个环节都必须做出相应的调整。面对这样的挑战，信威研发团队再次充满激情地投入战斗，以通过开发 1800M 系统而锻造出来的技术能力在短期内解决了所有问题，到 5 月就使 400M SCDMA 的试验系统实现了通话。但信威终究绕不过去一个坎，就是在投产前必须等待 3 个月的元器件供应周期①。就在等待元器件的期间，中国电信对还没有采用正规元器件的 400M SCDMA 试验系统进行了测试，认为性能不好。此前，由于“大灵通”的出现而影响了“小灵通”的市场，中国电信本来就对信威心怀不满，这下抓住把柄，于是不顾信息产业部的禁令，转而去铺设 CDMA450 的网（这是图 4-2-2 中信威第三次跌落的重要原因之一）。

与 CDMA450 相比，虽然 400M SCDMA 没有数据传输功能，但频谱利用率更高、成本更低、覆盖范围更广。2005 年 2 月，信息产业部在陕西榆林召开“400MHz SCDMA 农村无线接入系统生产定型鉴定会”，通过对该系统进行的 278 项测试，通过了产品的生产定型鉴定。

实际上，进入农话市场也是信威一贯的战略重点，它从 1998 年就开始关注将 SCDMA 应用于解决农村通信问题。所以一旦农话市场出现机会，信威能够迅速做出反应。在系统解决方案上，频率变低后，基站的覆盖面积更大、信号绕射能力更强，可以更好地适应农村偏远地区人口分散、地形复杂的特点，而且系统的建设、维护费用也远低于传统的有线环路系统。举例来说，一个基站的覆盖半径可以达到 55 公里，如果一个县的用户量达到几百个，有的县建设一个基站就可以覆盖所有的村，而且对于一般山区一两百米高的山峰，信号都可以绕过去，所以 SCDMA 系统在农村地区应用具有极好的前景。虽然

① 由于国际上在农村无线接入设备上通行 450MHz 频段，所以用于该频段设备的元器件都是现成的，但改为 400MHz 就必须等待元器件供应商的重新设计。

400M SCDMA 和 1800M SCDMA 在技术平台上是一脉相承的，但针对中国广大农村不同地区的不同情况，信威在系统结构上进行调整，设计了多种组网形式，如单 BSC 系统、LSCC 多组网等，从而更好地实现为农村地区提供高性价比电信服务的目的。

在产品上，信威结合中国农村的实际进行了一系列创新。例如，信威考虑到了农村用户的特殊需求，在电话终端加载话费立显功能，可以每次通话后计费，不仅方便了农民邻里之间的电话使用，甚至使农民可以直接将终端带到集市上，以公用电话的形式创收（因为是无线接入，所以电话终端可以在覆盖区随意挪动）。这样的产品设计就较好地解决了农村地区打电话难和电话利用率不高之间的矛盾。信威在系统上也增加了新的功能，例如，加载了农村地区自然灾害、紧急事件的通讯预警系统等，并为农村政务提供 64Kb/s 无线数据服务的系统产品，等等。可以说，400M SCDMA 系统根据农村市场特点的二次创新同时创造了市场效益和社会效益。

村通工程给了信威一个机遇，但能抓住这个机遇靠的是信威长期积累起来的系统技术能力。对于政府决策者来说，最重要的是要认识到，信威的经验证明自主创新和自主技术能力对于中国的经济社会发展有多么重要。

外国技术标准难以按照中国的市场需求（尤其是农村市场需求）来调整其系统功能和成本结构。中国之所以有“村通”问题的存在，除了因为我国农村收入水平低和缺乏基础之外，更重要的是因为原有的电信标准在成本结构上无法满足这些市场的需要。成本结构不仅仅取决于供应商的价格战略，也与其系统的技术解决方案密切相关。在实现普遍服务的思路由“地面”（固定有线电话）转向“空中”（移动或者无线接入）之后，“村通”之所以仍然是瓶颈，正是由于原有 GSM 和 CDMA 系统的成本居高不下，所以在偏远农村地区实现通话对于运营商和用户来说都不经济。此外，有的外国标准本身就不适应中国农村市场所需的系统功能，例如 PHS（“小灵通”）的基站覆盖面积小，在城市中只能达到数百米的距离，即便在农村地区由于用户密度小而覆盖面积有所扩大，也绝不能与 400M SCDMA 数十公里的基站覆盖范围相提并论。外国技术标准难以满足中国村通市场的需求还有产业链方面的原因，即由于一项标准

（或者说技术系统）涉及产业链上的大量厂商（从系统设计到芯片和终端），而这些厂商大多都是国外厂商。即便是中国运营商有意对系统进行改频或者系统性能上的改变，但一方面整个系统技术的主导权、控制权都在国外厂商手里，另一方面，无论是中国运营商还是个别国外厂商都难以组织起整个产业链，从而针对中国市场的特定需要而联合予以改进，所以对外来标准的任何改动都会很困难。450M CDMA 在信息产业部三令五申在全国范围内（除西藏）禁止使用之后迟迟无法改频，就是这样的一个例子。

SCDMA 在"村通"项目上的快速发展说明了两个道理：第一，只有产生于中国的系统标准，才能为电信普遍服务的目标提供符合本国市场需要的解决方案，才会根据农村市场的需求设计出多种不同的组网方案，并开发出这些组网方案中的所有设备。自从诞生之日开始，SCDMA 就是在整个国家的电信频率规划框架之内发展的，所用频率巧妙地切入 GSM 的保护频带之内，从而既利用了资源，又遵循了国家整体信息化战略的发展。400M SCDMA 能在这么短的时间内就完成改频，并开发生产出全部配套产品，也只有掌握系统技术的企业才可以做到。如果没有信威这样拥有专利、标准以及产品开发能力的中国企业，实现"村通"就仍然要使用其他国外标准和技术。那样的话，不仅政府对无线电频率的全局规划必然被打乱，而且运营商也将会在"建网—营运"的成本收益和普及电信服务的义务之间踌躇不前。偏远、不发达地区的农民什么时候、按什么价格、获得什么样的服务用上电话，还将会是另外一种局面。

第二，信威在"村通"项目上的迅速进步，建立在信威已经有了 1800M SCDMA 成功建网经验的基础之上。前面的经验使信威的技术人员对 SCDMA 系统的技术特性和无线接入产品的市场需求都有了更深的认识，提高了开发新产品的能力。这证明了本报告反复强调的主题：只要有实践应用的机会，本土技术和本土技术能力就可以不断进步。

目前我国的经济发展不平衡，数字鸿沟一直都是必须要面对和解决的问题，而"村通"只是在面对数字鸿沟的过程中遇到的众多问题的其中之一。通信网络作为一个复杂的系统，会因为不同的物理空间、不同的需求特征而呈现出一些不同的特点和发展趋势，所以不仅农村市场会呈现出本土特点，而且任何通信网络都会随着复杂性的增加而逐步呈现出本土特点来。外国提出的技术标准，往往也是基于其本国的市场特征和需求特征。因此，在采用外国标准时，很多本国市场运营中所出现的特殊情况只能通过运营商的“网络优化”来应对，如增加直放站、增加基站，等等。这种手段尽管有效，但必将增加建网成本，同时也增加了网络的复杂性。解决“村通”问题的经验告诉我们，中国的信息化过程的关键因素是发展出基于中国市场特征的技术建构（以及与之相关的成本结构），而要达到这个目标，只能依靠本土企业的创新。

SCDMA 向宽带技术挺进

经过市场的锤锻，1800M SCDMA 和 400M SCDMA（两者都属于 SCDMA 的 R3 版本）已经成熟，这为 SCDMA 系统开发平台的进一步完善奠定了坚实的基础。信威目前正在开发属于 SCDMA R4 和 R5 版本的 McWiLL，它是继 SCDMA 无线本地环路接入系统之后针对高速数据传输的需要而开发的一种无线宽带城域网接入系统。McWiLL 仍然基于 SCDMA 的技术平台，沿用了时分双工（TDD）的传输模式和智能天线、上行同步等核心技术，因而具备了 SCDMA 系列产品频谱利用率高、覆盖范围广的一般优点。但同 R3 版本的 SCDMA 相比，McWiLL 采用了多载波传输、软件无线电、自适应调制、联合检测、SWAP＋无线空中接口协议等技术（智能天线和软件无线电被国际通信界公认为第四代移动通信关键技术），有效地解决了原有 SCDMA 技术的数据带宽瓶颈。因此，McWiLL 能够在移动环境下提供更高速的数据传输①。R4 版本的 McWiLL 主要针对的是数据传输服务，目前已经获得了试验频段分配，并在

① McWiLL 的研发实际上也是经历了漫长的过程。1999 年末，陈卫回到美国后，就开始领导 CWILL 转向宽带无线接入技术。但他于 2000 年 3 月再次回中国担任信威总裁后，CWILL 也逐渐四分五裂。当时大约 70 人的研发团队一分为二：一部分到西雅图，加入了由微软投资的一个公司，开发宽带技术，并从 2001 年起参与 WiMAX 的开发，但后来因为没有成功，公司倒闭；另一部分由徐广涵带领到了达拉斯，与美国合伙人成立了 Navini 公司，使用 CWILL 的技术许可进行宽带无线接入的开发。信威开发 SCDMA R4 版本的头两年是与 Navini 合作的，信威的发展最终感染了徐广涵，他于 2004 年末辞去美国的职位，回国担任信威的首席科学家，现在正在主持 SCDMA R5 版本的开发。

广州和重庆铺设了试验网络（其中，重庆网已经开始商业运营）。通过安装专用网卡、笔记本电脑、PDA 等移动终端设备，McWiLL 可以在网络覆盖范围内实现上行 1Mbps、下行 2Mbps 的全移动宽带接入数据传输①，用户可以轻松享受互联网浏览、高速数据下载，乃至通过 VoIP 方式实现的视频、语音通信服务。R5 版本的 McWiLL 目前正处于样机研发阶段，它除了在技术性能上比起现有的 R4 版本将有较大提升之外，市场定位也将不仅限于数据传输，而且根据 B3G（后 3G）要求设计出一种融合语音通信和数据通信的全移动电信网络标准（见图 4－2－4）。

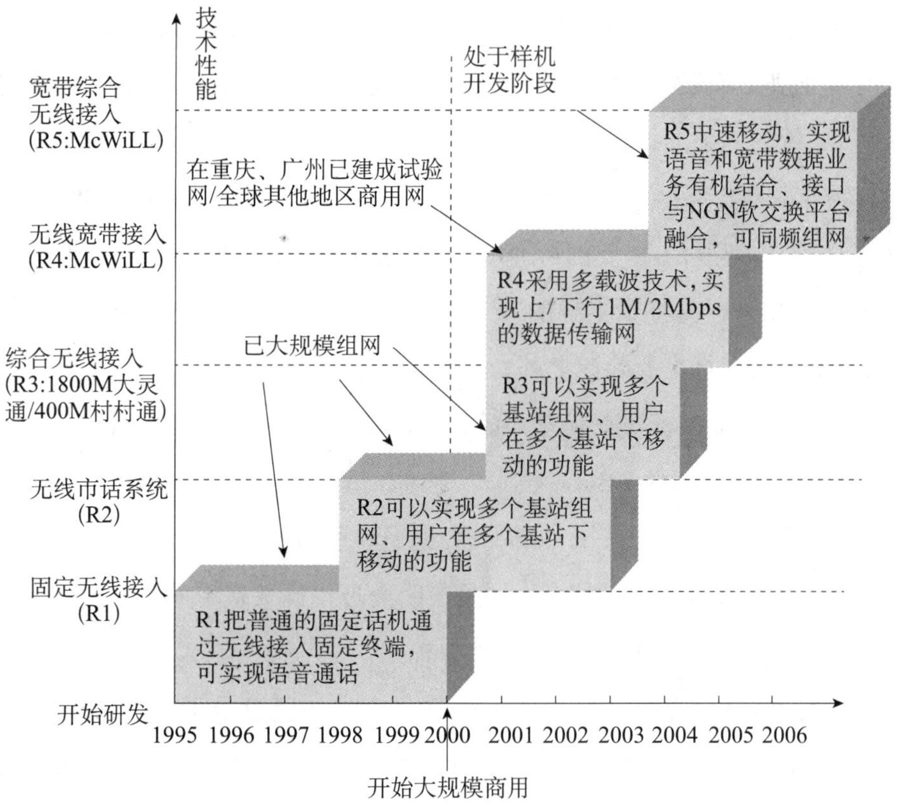

图 4－2－4　SCDMA 系统平台的演进

① 相比之下，目前 TD-SCDMA 版本理论上能够提供的带宽是 1.28Mbps（2005 年 7 月份完成的测试是保证其具备移动环境下 384Kbps 的传输能力）。其他两个 3G 标准同样也是这样的水平，而且理论上的频谱利用率还不如 TD-SCDMA。

McWiLL 所针对的无线宽带城域网领域是当前全世界高新技术竞争的一个焦点，其重要性不言而喻。回顾近 10 年来移动通信和互联网技术对人类生活以及经济、社会发展的深刻影响，就不难想象，以这两项技术为基础发展起来的无线宽带技术将会有怎样的应用前景。一旦这项技术得到发展，凭借其巨大的潜在市场，将完全有可能对 ICT 行业进行一次新的“洗牌”。因此，各国 ICT 行业巨头都已经将目光瞄准了这一领域，以各种产业同盟、技术论坛等形式，试图在该产业全面提速之前在技术路径上（体现为专利和标准）把握主动，形成新一轮的先发优势。虽然目前无线宽带领域规模市场还未形成，商业模式也有待进一步探索，但围绕技术标准的竞争已经相当激烈。从世界范围看，当前各种面向未来的无线宽带传输技术可谓百舸争流。除了国际电联 3G 标准的增强型技术之外（例如 WCDMA 的增强标准 HSDPA，它的目标就是在原有 3G 系统的基础上提供 14Mbps 左右带宽的数据传输），从 IT 行业逐渐兴起的各种互联网技术也开始由有线互联向无线互联发展。这一体系的很多标准都来源于位于美国的一个国际性的专业技术组织：电子电气工程师协会（IEEE）。近年来，英特尔主导的 Wi-Fi（802.11）和 WiMAX（802.16）都是基于 IEEE 的协议标准。除此之外，一些公司在掌握了关键技术的基础上也提出了自己的无线接入标准，例如 Flarion Technologies 公司的 Flash-OFDM 技术、ArrayComm 公司的 i-Butst 技术，等等。值得一提的是，最近高通公司花 6 亿美元收购了 Flarion Technologies 公司。这项收购的含义有两点：一是表明高通终于认可了多载波宽带技术；二是表明通过控制关键专利，高通准备在宽带技术领域重演它在 CDMA 上的技术垄断。

信威所致力开发的 R5 版 McWiLL 在研发之初就设定了较高的技术目标。它的各种技术参数都不亚于 HSDPA 和 WiMAX 等标准，有些方面甚至更强（R5 版的上下行带宽将分别达到 12Mbps 和 24Mbps，移动速度为 80km/h）。信威的 McWiLL 可以说是目前在无线宽带接入领域，在标准层面上唯一能够参与国际竞争的中国技术，仅就这一点而言，它存在的意义就非同寻常。毋庸讳言，由于这类技术极强的网络效应，和任何一种面向未来的无线通信标准一样，McWiLL 失败的风险是很大的。但同时也应该看到，McWiLL 虽然要面对

WiMAX 等强大对手的竞争，但如果将这些技术的发展现状以及主导企业的情况做一比较就会发现，McWiLL 与其他标准相比在技术先进性、技术路径的选择以及产业化速度上都是具有优势的，这些优势来源于信威在技术能力上长达 10 年的积累以及 SCDMA 产品在市场化过程中获得的宝贵经验。

如果要看清 McWiLL 的技术路径，首先应该将它与未来将在同一领域竞争的其他技术做一比较。正如前面提到的，目前面向未来的无线宽带标准（分为无线接入标准和移动性标准两种）大都属于 ITU 和 IEEE 两大阵营，在两大阵营内部也各自存在着几种相互竞争的标准。McWiLL 除了与 TD-SCDMA 本属同源之外（但也走了不同的技术路径），与其他的技术基本没有直接关系。如果将 McWiLL 与 HSDPA 等 3G 增强技术相比较的话，后者的优势在于语音功能相当成熟，而且能够通过现有的 3G 网络直接升级，实现宽带数据业务。但缺点是这些标准相对封闭，起步较晚。在数据传输方面，这些增强型标准的产生很大程度上就是由于 3G 各项标准在数据服务（带宽）上能力不足。相比之下，SCDMA R5 版本的前身 R4 就是一项专门提供数据服务的标准，已经在两个地方组建试验网络和商用网络，而且目前国内其他一些地方的运营商已有了要上的打算。就建网进行测试与商用这一点来说，McWiLL 已经早早开始起步。SCDMA R5 版本则致力于建立一项综合语音和数据业务的混合网标准。

另一方面，McWiLL 与 WiMAX 的技术路径也不同。WiMAX 是一个名义上非营利性的技术论坛，它的主要目标是推动 IEEE 802.16 标准的应用，凡是达到该标准相关技术指标且满足互通互联要求的设备均可以获得 WiMAX 认证，它的主导企业是在全球拥有规模庞大产业联盟的英特尔，中国企业中兴、华为也是 WiMAX 论坛的成员。WiMAX 的核心技术走的是 IEEE 互联网技术路线，该组织成员的专利技术共享性更高、灵活性更大，而技术变化的速度更快。WiMAX 联盟虽然目前声势很大，但它也存在一些难以克服的问题：首先，参与的企业过多，各种技术、利益协调的成本必然上升，这势必会影响技术的商业化速度；其次，WiMAX 迄今没有任何大规模组网的经验，仍然处于概念阶段（WiMAX 的商业化运营目前预计要到 2007 年才能开始）。而且由于各国政府对无线电频率的管理，WiMAX 从诞生之初就面临着频率分配问题的困扰。

与 WiMAX 不同，McWiLL 走的是一条依托于市场形成事实标准的道路。虽然目前阶段信威公司在独立开发 McWiLL，但这样做却可以明显加快产品的市场化进程，R4 版本已经商业组网就是最好的证明。虽然只有 R5 版本的 McWiLL 才可以在技术性能指标上真正超过 WiMAX，但一直处于在应用中持续改进状态的 SCDMA 系统仍然具有不可低估的经验优势。此外，一些专家指出，WiMAX 采用的语音技术并不适合语音通信（WiMAX 所实现的 VoIP 通话效果一般）。英特尔虽然是芯片行业巨头，但它从来就没有在语音服务领域的技术经验，将来会面临许多问题。而信威多年来一直在语音通信领域发展，积累了大量相关设备开发和市场经验，R4 版 McWiLL 又让企业开始进入数据网络领域，这两方面的经验让信威拥有了得天独厚的优势。因此，McWiLL 完全可能在应用上走在 WiMAX 的前面。总之，信威在战略上选择了依托市场形成事实标准的有效途径；而在战术上，McWiLL 产品市场定位明确，走了一条兼顾语音、数据的中间路线。这些对于形成下一代无线通信标准而言，都是非常有利的。

McWiLL 将来有两条发展路径可以选择。如果这项技术在无线城域网领域继续挺进，对于中国企业在 ICT 产业把握主动就具有重要的战略意义。定位于无线城域网就意味着 McWiLL 要和 IEEE 体系内的 WiMAX 正面竞争，从上面的比较可以看出，McWiLL 完全有可能在竞争中胜出。在这里必须指出的是，IEEE 的标准绝非具有必然的权威性，它所体现的仍然是相关主导企业及其同盟者的商业利益，英特尔推动 IEEE 802.16 标准的根本目的就是为了扩大其芯片的销售。而更能说明这一问题的是 IEEE 体系内还有另一个面向无线城域网技术的标准 802.20，它的主导企业是刚被高通收购的 Flarion Technologies 和其他公司。据说这一标准在移动性上更胜一筹，但实际上它和 WiMAX 面对的是同一个市场。即便都在 IEEE 的框架内，两个标准的支持者也绝对是泾渭分明，这其中的原因恐怕只能用商业利益来解释。如果 McWiLL 能够加快产业化速度而尽早成为事实标准，则其不仅自然会得到运营商的认可（得到国际技术组织的正式认可并非企业推动一项技术的必要条件），而且最重要的是到那时候中国企业将可以在 ICT 行业占据产业链的顶端。

另外，如果 McWiLL 走 3G 增强技术的发展路线，那么它对于中国的 3G 战略将具有重要意义。3G 技术是在不断演进的，在目前国际电信联盟的 3G 技术体系必须与宽带数据传输加以结合的关头，McWiLL 恰巧“后发先至”，就所能提供的带宽而言，从技术指标的定义上就超越了 3G 原有的技术指标。McWiLL 技术在标准上的“后发先至”以及在局部网络上的测试和商用试运营经验，为我国提出 TD-SCDMA 的增强型标准提供了一种宝贵的选择。同时，信威目前所推出的任何 SCDMA 解决方案，都与 TD-SCDMA 一样是基于原有的 SCDMA 平台，并且 R4 与 R5 版本恰好采用了多载波技术和 OFDM 技术——这正是目前我国 3G 增强型标准的发展方向。因此，从技术的角度看，如果 McWiLL 加以适当调整，完全能够成为 TD-SCDMA 的增强型技术，从而与 HSDPA、CDMA2000 1xEV-DO 等其他面向宽带数据服务的 3G 增强标准展开竞争。所以，无论 McWiLL 下一步如何发展，它的成长都将会对中国 ICT 行业产生不可估量的作用。

最后还要强调，McWiLL 的发展也将为中国的信息安全做出重要贡献。当采用外国系统标准（例如 GSM）时，我国要想保障信息安全、实现信息控制（例如军事用途或安全部门用途），唯一的办法是向本土厂商订购特殊的终端设备，并在其中增加特殊的保密模块。但是，这种方法难以保证在空中传输过程的安全性（因为网络设备与系统技术密切相关，很难通过增加模块来实现控制），所以得到的安全性最多也只能是“信息本身的安全性”，却完全不是“信息系统的安全性”，因为信息系统是否能够正常工作的决定权和关键知识都在系统技术的提供者手里。引发了中美之间贸易摩擦的 WAPI 所采用的方法是在英特尔的 Wi-Fi 系统上加载保密模块，所以遭到美国的阻挠。如果采用中国的标准 McWiLL，类似 WAPI 这样的加密技术就可以直接融合进系统设计，而且可以根据不同网络（如公众网、军网、政府网）来设置不同的保密功能。这种前景不仅可以彻底从系统上解决信息安全问题，而且会置包括美国政府在内的外国政府于无缘插嘴的地步。简单地说，如果 WAPI 标准所借助的中国无线通信系统标准在本土市场上成为主导技术轨道，那么任何想进入中国市场的外国无线通信产品就都必将“自觉自愿”地接受 WAPI 标准。这将大大增加中国政府对外谈判的战略砝码。

2.4 走出中国主导技术轨道（标准）的战略意义

SCDMA与第三代移动通信标准TD-SCDMA共同代表了中国通信工业在系统标准层次上的技术进展，标志着中国在这个领域中的技术进步已经从追赶型转变为赶超型。当处于“追赶型”模式时，追赶者的战略目标是缩小与先进者的差距，实现追赶的途径是不断通过包括引进、技术许可、模仿和反求等方法进行产品开发以掌握先进者的技术，追赶者的主要竞争武器是在技术能力增长过程中的低成本。但是，追赶模式存在着根本性的局限：尽管在追赶过程中往往会有许多创新，但由于追赶者的技术轨道是由先进者所主导的，所以二者之间的差距可以缩小，却永远无法消除。在ICT工业领域，系统标准就是追赶模式所无法逾越的最终差距，也是追赶者可能被领先者再次甩开的威胁来源①。

相比而言，在“赶超型”模式下，赶超者的战略目标是绕过先行者的壁垒而进入技术前沿，实现赶超的途径是走出不同于先进者的自主技术轨道，而一旦自己的技术轨道在一定范围内（例如本土市场）成为主导，赶超就会得到实现。当然，与追赶者相比，赶超者必须掌握新技术的源头，虽然这并不意味着只有自己做出所有的重大发明才可以走自己的技术轨道。更重要的是，由于必须从更接近技术源头的地方开始，所以赶超者必须经历时间更长、更艰苦的产品化过程。赶超者走出主导技术轨道的过程比先行者更艰难，是因为后进者的技术发展面临着先行者的壁垒和压制，包括市场的不信任（通常表现为品牌效应）。但“赶超”比“追赶”的意义更加重大，因为“赶超型”模式将使自己的技术发展不再受外国技术轨道的主宰，而且具有更加广阔的市场前景。

虽然SCDMA和TD-SCDMA走了两条不同的发展路径，但它们已经显示

---

① 这种情况正在不断发生。例如，当中国DVD工业凭着技术能力的提高和低成本制造逐渐主导了DVD影碟机的生产时，日本企业就开始开发蓝光DVD标准，以图凭借新的系统标准再次甩开中国企业。

出对于以核心技术为主要内容的本土产业链发展的重要作用，不断证明了系统标准对于中国高技术发展的重要性。因此，支持中国的系统标准成为主导技术轨道是政府应尽的责任和义务。

系统标准是追赶者的最终技术壁垒

中国通信设备工业曾长期落后于国际先进水平。在上个世纪四五十年代，整个国际的通信手段尚处于固网机械或机电交换以及电报的时代，通信技术本身并不复杂，所以中国的通信设备水平在那个时代尚可与国际看齐。但中国通信工业与国际水平的差距从60年代开始被迅速拉开，而且在90年代之前一直存在被逐步拉大的趋势。60年代是程控交换技术和数字技术出现的阶段，而这些技术也决定了系统标准越来越重要，所以中国在新技术及其运作方式上的落后是技术差距拉大的主要原因。随着技术和经济的发展，通信网络的广度与复杂度不断增大，对互联互通的要求也日渐提高，系统标准作为协调通信网络中不同厂商设备信息交换的关键环节也越来越重要。但我国在很长的一段时间内，并没有认识到标准问题的重要性，甚至中国的通信标准委员会也是在2003年才成立的［此前的中国无线通信标准研究组CWTS（China Wireless Telecommunications Standards）是一个非正规的组织］。失去的时间正是国际通信新技术以及通信标准迅速发展的阶段。

中国通信工业在固网通信的程控交换机时代与第二代移动通信时代都进行过技术追赶，但差距始终存在。在程控交换机时代，中国通信工业还处于部门管理体制下，政府各部委对企业支持的力度很大，无论是前期的技术消化吸收，还是对企业开发项目的投资，抑或对关键技术的联合攻关，都对国内产业的迅速起步起到了重要的作用。其中，在程控交换机时代的7号信令的联合攻关是一次重要的攻关项目：7号信令是解决不同厂商的产品之间实现互联互通问题的关键协议。当时，邮电部联合几大部委组织会战，掌握了7号信令的处理方法，这对中国程控交换机的整体发展起到了重要的作用。

中国通信工业的第一次重大突破是1992年解放军信息工程学院开发成功

HJD－04万门数字程控交换机。这个历史事件的意义在于，“04机”不是跟踪仿制出来的，而是开发团队在深厚的计算机技术基础上，采用了极富创造性的技术方案开发出来的。在这项创新的影响下，大唐、华为、中兴和金鹏相继开发成功大规模数字程控交换机。中国企业在90年代中期的崛起打破了中国市场的“七国八制”格局（从七个国家的企业引进了八种制式的交换机），使得以线数为单位的程控交换机在中国市场的价格快速下降，导致了一场通信革命——中国在短短几年内就实现了电话的普及。

与本报告主题直接相关的是，中国通信企业在程控交换机市场的崛起离不开当时的市场条件。从80年代后期起，“分权让利”的改革和引进先进技术的热潮使中国的电信设备市场演变为一个高速成长但管理分散的市场，各级电信局都有采购权；同时，完全开放的7号信令标准使各个厂商的交换机都可以在各个层次接入通信网络。这种竞争性市场条件给了中国电信设备企业以巨大的机会。在早期，由于核心网络已经被外国设备占据，以巨龙、大唐、中兴和华为为代表的中国企业不得不从边缘市场向核心市场迂回，从C5级市场（农村网和本地网）开始，逐步向C3-C1级市场（长途网）渗透。这条“农村包围城市”的道路之所以能够走通，就是因为中国电信设备市场的开放性和竞争性使中国企业能够找到切入点和生存空间。今天，中国品牌的程控交换机已经基本上占据了中国新增的市场（包括跨国公司都主动退出这个领域），但如果当时的中国电信设备市场是高度集中、高度垄断的，那么中国今天就不会有华为和中兴这样的企业。

但是，在程控交换机阶段取得突破的中国电信设备工业在移动通信阶段再次遇到壁垒。原因有几个方面：首先，中国在移动通信技术上远远落后于国际先进水平，意味着中国企业需要时间进行追赶；其次，移动通信设备市场远比固网设备市场集中，而且移动通信系统的市场锁定（业内称之为“跑马圈地”）效应要大得多，意味着对后来追赶者的市场壁垒更高。

在第一代移动通信（模拟制式）的时代，中国厂商所扮演的角色只是仿制者，而且只是局限在无线网络终端（“大哥大”）的仿制上。在这一阶段，由于核心元器件的技术与生产都掌握在国外主导厂商手里，所以这一产业在国内当时并没有充分发展起来[①]。第一代移动通信的仿制，由于中国厂商尚未掌握核心技术而没有成规模地发展起来。

在第二代移动通信（2G）时代，中国电信工业却被挡在了本土市场之外。原因就在于，中国电信工业在这个阶段的技术突破集中于在外国标准之下的产品开发（追赶模式），而不是在标准层次上的开发。图 4-2-5 可帮助理解问题所在，第二代移动通信 GSM 系统呈如下的一种结构：MSC（核心交换）→BSC（基站控制器）→BTS（基站）→MS（终端）。

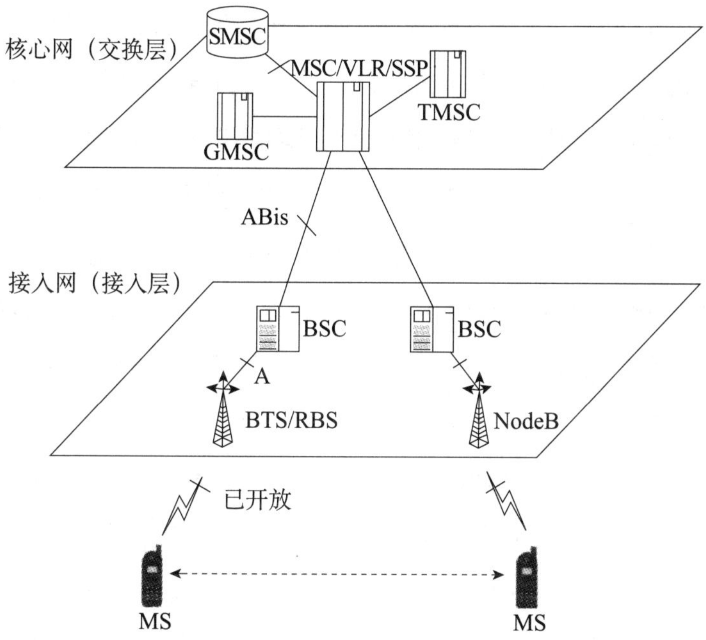

图 4-2-5　GSM 组网简单示意图

（1）MSC 与 BSC 之间的接口称为 ABis 接口。虽然 ABis 接口是一个国际标准接口，但在 2000 年之前，中国大陆市场上所有进口设备的 ABis 接口在硬件上都是封闭的。只有在 2000 年之后，当时信息产业部以市场进入为条件作强制性要求，才勒令所有外国厂商开放了 ABis 接口。（2）BSC 和 BTS 之间的

① 如李世鹤曾经仿制过国外的“大哥大”产品，进口了 5 000 套配件。而国外竞争对手摩托罗拉得知消息之后立即宣布其“大哥大”的价格低于国内对零部件的进口价格。

接口称为A接口，这种接口在数量上繁多（因为BTS占据了系统的主要部分）。作为一种空中接口，它们体现了空中通道的构建模式以及数据信息流的传递模式等，但在标准上是一种企业标准，至今仍然由各个企业封闭着。(3) 从基站BTS到终端设备MS之间的空中接口虽然高度开放，但也只能保证各厂商所生产的终端设备都能在同一通信标准的网络下使用。

与可以通过公开的7号信令把不同厂商的设备插入网络的固网阶段相比，第二代移动通信系统具有相当的封闭性。移动通信网络的采购往往采用先布网、后加密扩容的程序，即BSC的采购往往主要在早期进行，在扩容阶段则通过不断地增加BTS来实现。运营商一旦采用某个厂商的设备布网，在扩容时还要采用同一个厂商的设备。移动通信系统的特点还导致运营商的采购集中化。例如，到1999年，中国电信已经用GSM把国内3 000多个县城覆盖了，其扩容又是一条从城市到农村的道路（因为扩容的内容主要是增加BTS）。

事实上，以大唐、华为和中兴为代表的中国企业在第二代移动通信设备的开发上实现了更快的追赶，却由于移动通信系统的特殊技术性质而难以进入市场。1992年6月，国家计委和邮电部将数字移动通信技术研究（GSM）项目的攻关任务下达给邮电科学研究院（大唐集团的前身），到1998年正式推出GSM商用系统。随后，华为、中兴也都开发出GSM设备。但因为不同厂家产品之间的A接口无法互通，所以作为后进者的中国企业无法把自己的产品接入中国运营商已经采用外国设备构建的网络中，迫使中国企业又不得不重复一条从边缘到核心的道路。尽管华为、中兴后来在GSM的边际网和智能网领域获得突破并夺取了重要市场①，尽管中国企业的进步迫使进口设备的价格大幅度下降，但中国企业在第二代移动通信设备市场的总量始终很小。到2000年，中国企

---

① GSM边际网实际上是中国企业提出来的概念，是指覆盖城市郊区、县城、乡镇、风景点和公路、铁路等交通线的GSM网络。通常这些区域是移动用户少、话务量低而要求覆盖范围广、投资大却见效慢的地区。华为、中兴根据市场特点开发出外国企业难以做出来的设备（如可以露天安放的小基站），最后夺取了80%的边际网系统设备市场。智能网是指网络能提供某些具有智能的服务。GSM系统本来没有智能网，但随着新业务的增加，需要有与交换机分离的功能部分对这些业务进行集中控制。2000年后，华为、中兴相继开发出短消息服务中心，并由此而发展出叠加在GSM网络设备上的智能网，从而获得了这个市场70%～80%的份额。

业在手机、基站和移动交换机的市场占有率分别仅有5%、4%和9%。

中国通信设备工业在第二代移动通信阶段遇到的困境从反面凸显了系统标准的重要性，意味着中国通信技术的追赶必须从单个产品技术上升到系统技术的层次上。如果中国企业不成为标准的制定者或者参与者，则不仅在知识产权方面，而且在产品开发和市场方面都会受到严重制约。

抽象地说，无论是固定通信系统中的7号信令，还是第二代移动通信中的A接口，都体现为通信系统逻辑架构的一种技术实现。换句话说，系统标准的内在含义充分反映了整个系统的设计者（标准提出者）是如何在各层之间实现自己的整体方案的，例如某层与某层之间如何搭建数据交流的通道、反馈机制如何建立，等等。对于核心技术提出者，或者说标准提出者而言，这些关键技术与关键接口是一个把构思付诸现实——寻找到切实可行的技术实现方案的过程，而所有这些方案都会以专利的形式被保护起来。

对于没有参与标准制定过程的追赶者来说，产品开发既可以说是一个技术攻关过程，也可以说是一个宛如猜谜的艰难技术探索过程——因为开发者必须首先是弄明白标准制定者在整个系统的技术结构和逻辑结构上是如何构思的。即使能够开发出产品来，也面临着标准制定者收取专利费的问题。这种在技术上的“先—后”“难—易”逻辑反映在市场竞争中，自然就体现为进入市场的“先—后”“难—易”顺序。这就不难理解：为什么在固定通信、第一代和第二代移动通信市场中，中国企业往往只能从模仿、组装开始，成为每一个市场的后进者，并且处于产业链附加值的低端。这既与我国的经济实力的发展阶段有关，但更直接地是由“系统技术”主导“产品”、“研发”主导“生产”的逻辑决定的。

这里需要回答一个问题：为什么没有在第二代移动通信核心网市场上取得重要成功的华为和中兴，却都在第三代移动通信设备的海外市场上取得重要进展？我们的判断是，这与持有标准的外国企业目前采取较为宽松的知识产权政策有关。第一，目前WCDMA和CDMA2000正处于争取成为主导技术轨道的早期竞争阶段。在这个阶段，公认的竞争策略是：以少收或不收专利费的手段来推动标准的普及，促进安装基础（installed base）的扩大（夏皮罗、瓦里安，

2000)，当市场锁定效应产生之后再收紧知识产权控制。实际上，中国DVD工业陷入专利费困境的轨迹就是这样的。第二，可以验证这个命题的证据是GSM的竞争战略。GSM没有收专利费，原因不在于标准主导企业放弃了对知识产权的控制，而在于它们采用了不开放接口的战略，即通过封闭系统来锁定市场，以求获得最大的产品市场份额。目前，GSM的高赢利阶段已过，其技术已经相当普及，所以目前GSM联盟正在准备向手机生产商收取专利费。第三，在第三代移动通信阶段出现了中国提出的标准TD-SCDMA，它在中国市场的前景尚未清晰，外国企业不会在这个时候提出苛刻的专利费要求。华为、中兴都是中国的优秀企业，拥有极强的产品开发能力，同时也通过不断的产品创新而具有在外国标准中追加专利的能力，但它们毕竟还没有在系统标准上的开发。从逻辑上讲，一旦TD-SCDMA被废弃，而中国市场被锁定在外国标准上，外国企业必将收紧知识产权政策，那时华为、中兴将遇到现在还无法充分感受到的困难。

因此，只有在系统标准上取得突破，一个国家才能在ICT工业的核心技术和核心产业环节上获得优势。就通信设备工业而言，这种重要性体现为通信的系统标准与核心芯片设计、底层控制软件开发等重要技术环节之间密不可分的联系。由于只有系统标准的提出者才能完全掌握该标准的设计逻辑和算法逻辑，所以如果缺乏与系统标准设计者的密切知识互动，想要挺进核心技术环节的企业就只能通过一个反向工程来“揣测”、模拟如何实现系统标准设计者的逻辑架构，但这是一道很难跨越的门槛。

虽然以90年代初研发成功大规模数字程控交换机为起点，中国通信工业在追赶国际先进水平上取得很大成就，但长期以来我国在通信设备领域还没有培育出本土的核心芯片设计企业①，所以在基站芯片和手机芯片等领域都依赖于外国供应商。之所以出现这种局面，除了受半导体工业基础条件的制约，更

① 最近中兴与华为集团内部出现了自己的芯片设计企业，课题组未能对这两家芯片企业进行实地调查，但有两点值得在这里进行说明：(1) 根据行业专家介绍，中兴、华为的芯片企业，主要是基于这两家企业长期对业界的跟踪，在根据生产设备的长期经验积累下来的对系统的认识的基础上，对现有系统进行在芯片层面上的开发；(2) 从理论上来说，通过反向工程长期摸索而进行的系统开发，往往与通过正向过程所进行的系统开发是两种不同的途径。

重要的原因是通信芯片设计企业很难在远离标准制定过程的条件下成长起来。

一个典型的例子是中国手机工业最近几年的大起大落。1998年之后，中国手机企业通过外观设计创新（如折叠翻盖、镶嵌饰物、五颜六色，等等）、低成本制造和市场营销创新在本土市场上实现了突破，其产品的市场份额不断扩大，甚至在2004年的上半年一度冲至50%的高点。但中国企业却一直无法摆脱技术“空芯化”的弱态，甚至迄今能够在手机的三层软件结构中做到第二层软件设计的企业都凤毛麟角。由于在技术上依赖外国供应商，当跨国公司迅速学会了中国企业在外观设计和市场营销等方面的看家本事时，中国企业却在每次技术演进的转折期（例如从黑白转向彩色显示、铃声上的转变、显示技术的提升、附加摄像头等装置、摄像像素提高，等等）都要落后于跨国公司3至6个月才能推出相应的产品，终于导致本土品牌手机的市场份额从2004年下半年开始了触目惊心的回落。媒体普遍把中国企业的溃败归咎于缺乏核心技术，但大多数人却不知道，中国企业是很难在外国企业主导的系统标准下实现核心技术突破的。如果外国企业开征使用GSM标准的专利费，中国手机企业将进一步受到打击。

在系统标准上的突破就是在高技术产业发展上的突破

掌握系统标准、走自主技术轨道的重要性也正在被中国在标准上的进展所证明。只是在TD-SCDMA的产业联盟逐步发展起来之后，中国电信工业才第一次拥有了核心芯片设计企业①，手机终端制造厂商才第一次有可能与上游的芯片设计商和设备制造商互动研讨手机系统的开发。目前，TD-SCDMA联盟的展讯、天碁、凯明（由大唐、普天、德州仪器、诺基亚、LG、迪比特等企业建的合资企业）、重邮信科都已经成功开发出手机芯片。3G阶段的趋势很清楚：欧美将继续在CDMA2000、WCDMA芯片领域保持优势（目前95%的CDMA芯片供应是由高通垄断），而中国芯片唯一能够突破并具有优势的就是

---

① 根据一些业内专家的介绍，甚至对于整个亚洲地区的通信业而言，这也是第一次出现本土核心芯片设计企业。

TD-SCDMA 领域。

同样，1800M SCDMA 系统的手机原来使用的是外购的通用芯片。从 2003 年开始，信威与大唐微电子筹划启动 SCDMA 专用芯片项目，计划在系统的各个层面用二者合作设计的专用芯片代替通用芯片。随着市场规模的扩大，信威从 2004 年 5 月起联合大唐微电子公司、中关村的锐迪科公司和上海捷顶微电子公司开发“大灵通”手机的专用芯片。正是由于掌握系统标准所导致的系统设计和性能指标定义等能力，这个联盟仅仅用了半年的时间就开发成功了“大灵通”手机专用芯片。目前，信威已经向大唐微电子和锐迪科分别下了 100 万片基带芯片和射频芯片的订单，这是中国自主开发的芯片在无线电通信领域第一个上百万单位的订单。“大灵通”手机使用专用芯片后，元器件数目从原来的 404 个减少到 233 个，使手机的体积更小，更省电，还提高了可靠性。专用芯片项目的起步，使得潜在的合作伙伴可以便利地在芯片上进行二次开发，便于专利控制与保护，因而为组建产业联盟奠定了技术基础。

很显然，系统标准制定者的出现，使得本土企业有机会在产业发展的早期就认识到整体系统（尤其是与其产品相应的）的逻辑路线与可能的技术解决路线，这无疑为专业厂商发展自己的核心技术、形成自己的解决方案提供了重要的帮助。本土企业有机会通过知识、信息的互动，通过企业之间在产业合作关系中的协作，跨越在追赶时期人为设置或本质存在的技术壁垒。这正是技术发达国家（标准提出者）能够长期通过把持核心技术、核心部件的设计而获利，而技术追赶者（标准跟随者）尽管可以提高最终产品的组装水平、生产量，却在向高附加值产业环节挺进的道路上困难重重的原因。芯片工业在设计上的突破，必然能带动市场上芯片制造的增长；同时，芯片制造业与芯片设计者之间的互动协助，也正是制造业快速发展的关键所在。

我国企业在通信的系统技术和标准上的突破，给整个产业链所带来的积极意义还远不仅体现在芯片工业。现代通信设备业是一个多元技术融合的产业，与之紧密结合的产业包括软件业（嵌入式软件）、检测仪器、终端设备、各种半导体制造工艺、材料科学等；而终端设备产业又包括手机芯片设计、芯片制造工艺、手机面板设计、手机各层软件、手机外观设计等。通信设备企业通过与系统标准技术研发商开展知识共享、交流、互动，可使我国整个工业获得在产业高端的“据点”，从而为整个产业向附加值高端进行结构调整带来可能。这一突破，不仅使得中国厂商可以在产业初期打破原有的绝对技术壁垒和相对技术壁垒（即人为设置的技术障碍），在产品上挺进核心网络，更关键的是，它是中国通信设备工业在芯片等一系列关键元器件上迅速提升的“发动机”，能够促使整个本土产业链产生质的飞跃。

由此可得的一个推论是：本土企业在系统标准技术上的突破，是我国整个通信设备工业实现产业结构调整，向高技术、高附加值环节全面挺进的一个关键。而这个庞大产业的崛起，将为我国的高科技人员提供大量的就业机会——这一点必须强调，因为一个国家产业竞争力的提升，必将是以人的技能，尤其是以组织和团队形态出现的人的技能为基础的。只有本土系统技术发展起来，才能为本土高科技人才提供在技术上系统化的、在形式上企业化（团队化）的就业机会，从而形成我国产业结构转型、能力提升的基础。这种“造血”功能，是组装制造业永远不能提供的。而通信设备制造业作为我国在 ICT 领域目前发展较好的产业，也将能通过多元的技术融合，通过半导体、电子技术这些领域技能的增长，向其他 ICT 工业扩散。因而，我国在通信系统技术上的突破和在这个产业上的能力提升，对于中国整个产业格局的转变，都是具有不容忽视的意义的。

在系统标准技术上进行研发的企业，不仅仅在产品上与从模仿制造起步的企业存在不同，而且在企业行为上也存在不同。如在信威整个的研发流程中，“系统设计”占据了提纲挈领的重要地位，系统技术部门通过对系统目标、系统方法、系统方案的控制和发展，把握企业技术发展的方向；系统设计师的工作是定义产品系统，而不仅仅是实现市场上别的产品已有的既定功能。因而，信威和大唐移动这样的系统设计企业的崛起，为中国通信设备制造业乃至整个 ICT 工业培养了最早的一批面向市场的系统设计者。

我们在本报告第一部分指出，技术是演进的，所以技术进步的主要内容是在应用中的持续改进。同理，通信标准是永远处于演进过程的技术系统，其演进动力来自对提高频谱利用率以及增加服务种类的需求。就不同时期的系统技术而言，在演进过程中可能会产生技术范式之间的跃迁，即在时间上相邻的两种技术方案的整个技术思路都发生根本性的不同，例如移动通信中从模拟通信（第一代移动通信）到数字移动通信；但同样也有可能在特定阶段，市场上占主导的技术标准的演进具有较强的连续性。就 3G 而言，国际各方已经形成的共识是：它必须是一个演进的技术体系，所以 ITU 已经要求提出增强型的 3G 标准[①]。3GPP[②] 的时间表是在 2005 年 11 月份完成各国增强型标准的提交，标准化的工作最终要在 2007 年完成。目前关于增强型 3G 技术以及 B3G（后 3G）技术的讨论在国际电信界已经成为新的热点，例如 HSPDA 等。而我国也在近期开展了对增强型技术的讨论，并逐渐地主要由各个科研单位提出了多载波和 OFDM（正交频分复用）两种技术解决路线[③]。

3G 已经被公认为演进技术体系，这个事实要求中国的决策者站在更高的视角看待战略问题：第一，“增强型 3G 技术”或“B3G 技术”这些概念的提出，意味着 3G 作为连续演进的标准将在相当长的时间内主导移动通信市场。在这种条件下，如果中国在 3G 时代不选择中国的系统标准，而任由其他两种标准的技术轨道主导中国电信运营业的发展，那么中国必将再次度过一段相当长的本土电信系统标准“真空时期”。这个空白期对未来中国系统标准的发展只能是负面效应大于正面效应，所以必须抛弃任何“如果在 3G 阶段不行还可以在 4G 阶段干”的幻想。

---

① 之所以在全球 3G 都没有获得普遍成功的情况下，3G 的增强型标准呼声就很高，其原因除了各方利益团体的计划性推动之外，更多的是来自市场的压力。市场的压力一方面是由于现有的 3G 标准主要定义的都是 90 年代末的“先进技术”——与当前人们所期待 3G 能提供的服务相比已经露出疲态（ICT 整体技术的快速发展以及用户需求的增长造成了这种情况）；另一方面是受到了其他技术范式越来越大的竞争压力，例如以英特尔为代表的 WiMAX 技术路线。

② 3GPP（Third-Generation Partnership Project，3G 伙伴计划），即国际厂商对 3G 技术进行认可与协调的组织。中国的 TD-SCDMA 和欧洲所提出的 WCDMA 属于这个 3GPP 组织；美国所提出的 CDMA2000 则属于另外一个类似的组织——3GPP2。

③ 目前对我国增强型 TD-SCDMA 方案的提出，除信威之外，国内主要是以高校和科研院所（包括大唐）提出的为主，而以企业提出的为辅（提出系统内某些细节的解决方案，例如中兴、华为等。但由于这些企业并不是以系统技术为研发起点和终点，所以起码其在现阶段都还难以具备在系统标准上突破的能力）。

第二，只有采用中国的标准才能为中国在技术系统上的演进带来主动性。依赖外国标准，不仅无法对产品的升级换代进行源代码级的研发，而且运营商要进行任何系统转型都必须通过国外系统开发商才能够实现，而这几乎是难以实现的。例如目前在国内的 PHS（“小灵通”）技术，占据了部分中国将用于 3G 的频率，但由于系统的改频将涉及它的系统设计商、芯片设计商、设备设计商等各个方面，导致对方根本就很难有足够的动机为了国外市场而专门进行研发改动——哪怕在技术上，这种改动绝对称不上是难关。而反观技术本身，只有国内标准才能提供这种自主演进的可能。例如，信威就能把自己目前所有的系统频率都控制在 GSM 的保护频带之内（与政府的频率规划绝不冲突），并且在具体的解决方案上，在大庆的 SCDMA 网络面临大容量需求的时候增设 LMCC 作为整个网络的中枢，并在“农话”中设计了单 BSC 系统和 LSCC 组网系统，针对城市高端用户的数据需求而发展 McWiLL 系统（同样基于 SCDMA 平台），很好地体现了这种演进性。

因此，中国必须在 3G 阶段采用 TD-SCDMA 标准。由于 3G 的演进性质，所以 TD-SCDMA 也必须演进①。正如本报告第一部分所指出的，由于必须等待国家的 3G 决策，TD-SCDMA 迄今还没有得到在市场应用的机会，所以还无法证实自己的市场生命力（实际上，WCDMA 和 CDMA2000 也都还没有真正证实自己的市场生命力）。但从我们上述的分析可以清楚地看出，如果 TD-SCDMA 得不到在市场应用中持续改进而发展起来的机会，中国电信工业在核心芯片设计、基础软件开发等领域刚刚成长起来的一大块本土技术能力都将随着系统平台的废弃而凋零。这不同样说明自主系统标准对于中国技术进步的重要意义吗？

由于 TD-SCDMA 还没有机会在市场应用中证实自己的生命力，所以力图将其边缘化的各种势力一直以散布对它的怀疑来阻挠它的应用。恰恰在这个问

① 与其他两个国际标准一样，TD-SCDMA 的设计是基于上世纪 90 年代末的技术预期和市场需求——而那个时候的数据服务，例如互联网，还主要是拨号上网的 ISDN 技术，带宽只能达到几 K 至几十 K。

题上，SCDMA 的 10 年市场之路为澄清是非提供了有力的证据。SCDMA 的历史意义不仅在于它的技术可行性，更重要的在于它在市场上存活下来、发展起来，并且已经在中国无线市话和农村无线接入市场上显示出巨大的潜力。这个经验证明，中国自主开发的系统标准是具有市场生命力的，所以与 SCDMA 技术同源的 TD-SCDMA 也同样可以具有市场生命力。TD-SCDMA 目前所缺的，无非是一个在市场应用中得到持续改进的过程。

虽然都是系统标准，但 TD-SCDMA 和 SCDMA 走了两条不同的路径。前者以未来的第三代移动通信市场为目标，通过国际电信标准组织的正式程序被认定为国际标准之一，然后开发整个系统的设备，等等。后者则定位于边缘的固网无线接入市场，以市场变化为技术研发的导向，通过不断的市场应用走事实标准之路。两条路径受到两个系统标准的技术性质（一个是整个移动通信系统的标准，另一个是局部无线接入的标准）的影响，因为市场应用的机会不同而各有其必然性。尽管不同，但两条路径都反映出中国系统标准的重要性，都反映出中国系统技术进入市场的困难，也都反映出中国政府必须在推动中国技术轨道方面有所作为。

两条不同的路径及其背后的技术多样性为中国的 3G 战略提供了难得的机遇：TD-SCDMA 并非孤军奋战，而是拥有一个同血缘的兄弟。作为目前国内最有市场经验的系统技术，SCDMA 的宽带无线接入技术 McWiLL 恰恰可以成为 TD-SCDMA 增强型版本的技术选择，共同构成无线通信领域完整的标准体系，使中国具备更自主地进行国家通信结构布局的能力。两个系统的成长都需要政府的支持，中国政府有能力协调两者的关系，推动它们成为中国通信市场上的主导技术轨道。

第三章
结论：以政治决断让中国的技术标准获得应用机会

本报告以理论逻辑和经验证据反复证明了一个主题：给中国的新技术以应用机会是推动自主创新的一个关键战略环节。这个问题之所以重要，因为市场是技术进步的必要条件——不仅技术只有进入市场才能获得使技术研发持续下去的收入来源，而且技术本身也只有以产品的形式在市场应用才能得到持续改进。就本报告所集中分析的电信标准问题来说，具有经济意义的标准不是指写在技术文本上的规范，而是在市场竞争中成为主导技术轨道（主导设计）的系统。关注标准的应用机会问题，就是关注一个标准从技术文本上的规范成为市场主导设计标准的过程。没有这个过程，中国开发的所有标准都只能是实验室的“玩具”，而中国的标准战略就永远是一句空话。基于这个主题以及 TD-SCDMA 和 SCDMA 发展中所暴露出的问题，我们最后得出三个结论。

3.1　中国的市场必须为中国的技术进步服务

中国的市场对于中国的经济发展和技术进步是一项宝贵的战略资源。就消费者人数来说，中国市场是世界上最大的国家级市场，而且其经济规模 20 年来也一直在高速扩张。这样一个市场的价值是能够既为中国企业的技术能力和组织能力提供成长的空间，也为源于本土创新的新技术和新工业提供发展的可能性。

但是，本国的市场资源并不见得总是能够为本国的经济发展提供条件。从第二次鸦片战争（1856—1860 年）直到 20 世纪的前 30 年，中国市场是世界上最开放的市场——因为中国在不平等条约下只能征收全世界最低水平的关税，而且曾经丧失了关税自主（1929 年恢复）。这样一个规模巨大而又开放的市场曾经为英国、美国和日本等国的工业化做出巨大“贡献”。但是，中国自己却在鸦片战争之后的近 100 年间沦落为一个贫穷落后的国家。甚至在 20 世纪初中国出现了现代工业之后，中国的市场也没有能为中国的工业化和技术进步提供足够的服务——中国民族资本主义工业在 20 世纪前半段的遭遇证明了这一点。本国的市场不能贡献于本国的经济发展，其原因在于政治，而不是经济，所以中国革命的发生和中华人民共和国的建立是历史的必然。

中国的市场如果在开放的条件下能够贡献于中国的技术进步，必须具备两个要素：

第一，市场开放只能是在中国主权框架下的开放，而中国市场体系的培育在任何情况下都必须处于中国政府的行政、法律和政策框架之下。现代市场经济是在民族国家的政治框架下形成的，这种政治框架至今仍然以主权国家为单位。主权、行政、法律和政策的框架是保证中国市场具有促进中国发展的战略含义的政治前提，任何认为开放就是“政府什么都不管”的想法是错误的，只能导致任人宰割。在这个框架下，政府可以通过影响需求来拉动新技术和新工业的发展。在中国政府能够直接影响采购决定的重大装备领域，对中国企业产品的采购政策必须从保护和促进本土技术能力发展的意义上来考虑。

第二，中国市场在各个工业领域都必须形成竞争性结构。直到今天，在中国的经济管理工作中仍然保留着浓重的传统计划经济思维，经常以避免重复浪费为由限制竞争。值得深思的是，限制竞争的做法经常是与依赖外国技术奇特地结合在一起的。同时，给予外资优惠而置中国企业于不公平竞争地位的政策同样阻碍了中国的技术进步。实际上，关于竞争和技术进步之间的重要关系早就在理论上得到确认：为什么看上去存在大量“重复浪费”的资本主义市场经济体制，在长期技术进步的效率上超过了不允许这种“浪费”的中央计划经济体制？原因在于，技术进步是演进的，其过程充满了不确定性，所以一种允许存在多样性的竞争体制不会扼杀任何只能事后才能证明其潜力的技术路径（Nelson，1996）。中国 20 多年的经验同样证明，竞争性企业在竞争性市场的成长是自主创新的基本动力。中国家用电器工业的崛起是在形成竞争性市场结构之后实现的。数一数今天这个工业的领头企业，其中有几个是当年的“定点企业”？中国汽车工业是另一个例子：20年来保护“三大集团”垄断地位的结果是导致整个中国汽车工业都奇特地与外国企业的技术垄断结合在一起。直到近年来逐渐形成竞争性市场条件，中国汽车工业才实现了以自主开发为主要内容的技术进步。

上述两个要素是互相联系的：中国市场如果不处于中国政府的管制框架之下，就不会是一个竞争性的市场，必然遭到垄断企业的操纵。中国的改革开放过程正在遇到垄断的问题。就国内来源而言，在计划经济时代并没有垄断的问题，因为那时也没有竞争的问题，整个经济的运行服从国家的直接协调。垄断问题是在从计划向市场过渡的过程中产生的。由于市场化的过程还没有完成，中国出现了一方面有着经济利益动机、另一方面又继承着行业管制权力并享受着不许民营资本进入特权的“企业”，特别是在包括电力供应、铁路和电信服务等在内的运营部门。就国外来源而言，跨国公司利用技术和财力的优势来遏制本土企业的竞争，本身就是它们竞争战略的本能。如果英特尔、微软都曾在欧洲国家和日本等国遭到反垄断调查和起诉（微软在本国也曾经遭到反垄断起诉），那么它们在中国市场上的行为是否具有垄断倾向还是一个需要怀疑的问题吗？

中国电信市场的垄断特征是垄断运营商与外国企业的技术垄断非常奇特地结合在一起，所以中国在这个领域中的技术进步更加危险。数一数在中国各大电信运营商的领导班子里，有多少从信息产业部“下凡”的官员；相比之下，在中国电信设备企业（不管是民营的还是国营的）的领导班子中，又能找到几个从信息产业部“下凡”的官员？仅仅这一个例子就足以说明，在中国电信工业中，运营商和设备商之间存在着什么样的不平等关系。来自中国电信市场的大订单曾经数次挽救过陷入危机甚至濒临破产边缘的跨国公司，如爱立信、朗讯、北电等企业。中国的电信市场还曾经充当过外国技术获得改进的试验场：富士通的F150数字程控交换机是因为中国把它作为“先进”技术而引进才得到在应用中改进的机会；GSM只是在中国采用之后才在世界上其他地区大规模推广开来；连GPRS（2.5G的GSM）的大规模组网也是从中国开始的，而这些网络投入费用高昂，所以中国无形中再次扮演了外国系统技术在商业化运营方面具有世界意义的“小白鼠”角色；PHS作为一个类似“无绳电话”的落后技术系统，却在中国大行其道，投入运营的网络规模几乎是日本原产地的10倍之巨，等等。如果中国没有做出技术上的努力倒也罢了，但早在90年代末就在第二代移动通信技术上取得突破的中国企业，由于外国企业的技术壁垒，只能获得本土市场的一点点份额，这其中难道没有垄断因素作祟?

运营商的垄断结构及其对国家创新能力目标的忽视，是造成中国电信设备企业技术进步与本土市场脱节的重要原因。因此，对于电信运营的任何改革措施都必须以打破垄断、造成竞争性市场结构为基本原则。只有这样，中国的技术才能有得到应用的机会和发展的空间。中国市场具有规模优势，而大规模市场对于主导技术轨道的形成具有决定性作用。因此，中国市场是中国技术进步的战略资源，利用好这个资源的关键步骤就是给中国技术以在应用中改进的机会。

3.2 中国的标准战略要从支持TD-SCDMA和SCDMA做起

本报告已经不厌其烦地分析了系统标准对于中国工业特别是在ICT领域中技术进步的重要作用。对于标准的重要性，近年来中国政府和中国社会都很重视，甚至提出了实施“中国标准战略”的计划。但在实践中却不理想，以至于TD-SCDMA和SCDMA这样重要的系统标准在出现后，仍然面临着如此之多的障碍。如果不根据具体案例提供的线索去克服这些障碍，中国开发的标准就会不断遇到同样的问题。因此，实施中国的标准战略只能从支持TD-SCDMA和SCDMA做起。

支持中国标准的基本方式是保障其进入市场的机会，而解决这个问题的根本途径是打破运营商的垄断。例如，目前只有中国电信和中国网通拥有SCD-MA无线接入的牌照。当这两个运营商不愿意在上海组建“大灵通”网时，铁通却非常希望能够在上海组网，但苦于没有牌照而不得其门。同样，如果松动垄断，让 TD-SCDMA 有机会在局部区域组建试商用网络，也会大大加快它的成熟步伐。中国的垄断运营商总喜欢说：我们是企业，希望在选择标准上享有自由。但它们从来不说自己享受着多大的垄断权利，更不会说自己在无偿占用着不可再生的国家频率资源。如果中国政府按照西方国家的做法征收频率占用费，中国的运营商就必须每年从自己的利润中向国库缴纳至少 400 亿元。说它们是无责任的自由竞争者，谁相信呢？

当中国政府直接支持标准时，应该执行开放性的标准战略，即政府通过频率发放所支持的系统标准必须能带来整个产业链上的全局意义。通信工业中最稀缺、最关键的资源是频率，频率的分配、使用都是排他性的，而频率又是毫无争议的国家资源，因而政府的战略和态度将对系统技术研发企业产生至关重要的影响。这种客观现实不仅再次强调了政府战略的重要性，同时也提示了政府战略在“战术”层面上的重要性。

通信设备市场是一个“排他性”极强的市场：对于消费者来说，电信服务具有典型的、强烈的“网络效应”；而对于设备制造商来说，它们的顾客是数量非常有限的运营商，所以运营商的选择对系统标准的生存具有直接的作用。正是因为电信市场的特性，所以政府必须执行一种开放性的标准战略。这种开放战略对于运营商层面来说，是要坚决打破垄断，促进竞争性市场结构的形成；对于系统设备开发企业层面来说，则是要推动系统性标准知识在本土产业联盟中的共享、扩散和互动，促成从“系统技术突破”到“产业群体突破”。只要站稳这个立场，政府就可以而且应该使运营牌照的发放从属于支持本国标准的国家战略。

目前的发展情况证明，自 2002 年底以来形成的 TD-SCDMA 联盟是政府这种支持政策的一个成功范例。该联盟在 TD-SCDMA 发展相对滞后的基础上，在成立之后仅仅 2～3 年的时间内，就基本上实现了对整个产业的覆盖，形成了从核心网设备到接入网设备、到芯片、到商用终端、到仪器仪表等领域的一系列企业。导致这种结果的原因是在联盟成立之初建立的制度框架，使大唐集团在专利上的共享[①]和源代码级的知识交流互动对联盟的发展起到了促进作用。这种政策对国内产业产生的拉动作用，是只支持个别企业发展的效果所无法比拟的。

中国政府同样应该支持 SCDMA 系统标准的发展，而且同样应该在尊重和保障创新者收益权利的条件下采取开放标准原则。

在目前的条件下，中国政府支持 TD-SCDMA 和 SCDMA 的重要一环是由政府出面协调 TD-SCDMA 和 SCDMA 的融合，即前者采用 McWiLL 作为增强型技术。这种融合首先符合两个系统标准各自发展的需要：一方面，TD-SCDMA 必须提出增强型技术标准，但现在还没有比 McWiLL 更合适的技术，所以这样做可以解决 TD-SCDMA 继续演进的问题；另一方面，这样做也会使 SCDMA 系统进入主流移动通信市场（即 McWiLL 进入 3G 频段），获得更大的发展空间。需要协调的无非是两方面的利益关系问题。只要处理好兄弟俩分家时没有处理好的问题，兄弟之间就有再度携手的可能。

但更重要的是，这样做符合国家 3G 的战略利益。根据媒体报道，在“WiMAX 中国 2005 研讨会”上，信息产业部科技司的官员提出 WiMAX 与 TD-SCDMA 融合，推动二者共同发展的想法。这恰恰说明围绕着 TD-SCDMA 的斗争是严肃的。如果 WiMAX 真的成为 TD-SCDMA 的增强技术，那么 TD-SCDMA 作为中国标准的战略意义就大大降低了。英特尔推动 WiMAX 的真正目的不是这个系统的发展本身，而是扩大英特尔的芯片市场，即英特尔的芯片将主导 WiMAX 的系统。出于这种目的，WiMAX 标准在表面上看来是非常开放的，吸收了包括中国企业在内的众多企业，还披上了国际标准的外衣。但是，中国政府不应被迷惑。如果由英特尔芯片主导的 WiMAX 系统成为主导技术轨道，中国的芯片工业不是又被排斥在无线通信市场之外了吗？在这种条件下，如果中国政府继续支持 TD-SCDMA，则一项外国标准就搭上便车，获得

---

① 根据加入顺序先后的不同，TD-SCDMA 产业联盟有不同的专利授予协议。对于核心成员而言，几乎是做到了免费授予；即便是对于联盟内的其他企业，收费也是在非常低的水平上。联盟内的知识流动几乎都能达到“源代码级”，这是跨国公司绝对不可能做到的。

中国 3G 频段的市场；如果不再支持，那么中国标准的死亡不但无碍外国标准的生存，而且外国标准还会因为中国没有标准而在中国市场上更加运作自如。因此，如果采纳信息产业部官员的这种“融合”建议，则无论 TD-SCDMA 成败与否，英特尔都将坐收渔利。

正是因为面临这样的威胁和斗争，SCDMA 系统发展的战略意义才得以凸显。但目前面临的问题是，中国电信工业中只有 TD-SCDMA 和 SCDMA 两个已经或面临产品化的系统标准，如果连这两个刚刚冒头的幼芽都不能得到支持，何谈中国的标准化战略？TD-SCDMA 的技术优势不容否认，但其完全有可能因为中国垄断运营商和外国公司的合谋而被挡在市场之外。同样，McWiLL 完全有可能在技术性能上超过 WiMAX，但也完全有可能被既得利益集团边缘化。正是因为存在这种阻碍中国技术进步的体制性因素，所以当务之急是需要国家领导层的坚定政治决断，实现 TD-SCDMA 在主流电信网中单独组网，甚至优先组网。

3.3　政治决断要求在政治层面上做出决策

政治决断是在政治层面上根据国家战略利益做出的决策。在经济领域的问题上，当预期到“市场”的自发行为或局部利益主导下的决策会影响国家利益时，就需要政治决断。TD-SCDMA 的应用之所以需要政治决断，是因为这个中国技术进步重要项目进入市场应用的机会受到一种错综复杂的利益结构的阻碍。如果没有来自这种结构之外的政治力量的作用，中国开发的技术就会夭折。呼吁这种政治决断的目的不是干预市场本身的作用，而是保证市场的竞争性。本报告通篇讨论的都是“市场应用的机会”问题，而不是市场应用的结果问题，就是从理论上为市场竞争的作用留下了广阔的空间。

在涉及国家战略利益的经济问题上进行政治决断是任何主权国家的惯例。俄罗斯决定在远东铺设输油管道的走向是政治决断，而不是纯粹由企业和部门做出的经济决策；美国不让中海油收购优尼科也是政治决断，因为其根据是美国政客想象中的战略利益，而不是优尼科股东的利益；中国大陆对台湾地区农产品实行零关税也是政治决断。这样的例子天天都有。因此，在这个开放时代是否还需要对经济问题做出政治决断，还是一个问题吗？

政治决断的关键是在政治层面上进行决策，使关系到国家战略利益的决策不受局部利益的左右。中国的“两弹一星”等一系列重大项目就是政治决断，当毛泽东主席说“核潜艇一万年也要搞出来”时，当主管国防科技工作的张爱萍将军说“再穷也要有一根打狗棍”时，他们“做不做”的决策根据是国家的战略利益：如果不做，中国的国家战略利益就受到重大威胁。因此，这件事在战略决策上是没有商量余地的；至于技术和财力可行性的问题，只能包括在有关政治决断的考虑之中，并不构成独立的问题。

因此，政治决断只能由国家领导人承担决策的责任。虽然今天已经不是“两弹一星”的年代，但国家领导人仍然会不断面临从经济和技术领域产生的涉及国家战略利益的问题。给不给中国开发的技术以应用机会是一个要不要自主创新的原则问题，所以不存在是否需要与运营商或者下层政府官员商量的余地。商量只可能存在于如何具体执行的技术层面上。如果不这样做，就是推卸领导责任。

必须对 TD-SCDMA 的应用做出政治决断，是因为这个问题涉及国家的战略利益。TD-SCDMA 是第一个由中国提出并由中国企业主导开发的电信主干网系统标准，对于中国的标准战略具有里程碑式的意义。同时，SCDMA 系统发展的经验证明，只要获得应用机会，中国开发的系统标准是能够具有市场生命力的。断定 TD-SCDMA 涉及国家战略利益，不是根据运营商的眼前利益，不是根据部委的利益，甚至也不是根据大唐和信威等中国设备制造企业的利益，而是根据中国高技术产业能否发展的利益，根据中国的经济增长方式能否实现根本转变的利益，根据中国的自主创新道路和创新型国家目标能否实现的利益。

面对 21 世纪的世界，中国必须学会在开放市场条件下实现技术进步。目前，中国的技术进步正在进入第三个阶段。第一个阶段是计划经济时代，以国家的力量动员全部资源，在一穷二白的条件下，主要依靠“自力更生”建立起工业基础和科技基础。在这个阶段，中国的技术进步虽然取得了重大突破，但出于体制性原因，经济发展的效率较低，技术进步也难以为继。第二个阶段是改革开放时代，通过放开搞活，引入市场竞争机制。在这个阶段，我们更大程度地利用了国际资源，推动整体科技水平的上升，但由于忽视了自主创新，中国的经济发展越来越依赖外国技术，致使中国大量的经济活动被压在产业链的低端环节上，由此而引发资源紧张、环境恶化和社会不公等严重问题。中国正在进入的第三个阶段是要实现在开放市场条件下的技术进步。在这个阶段，中国要走一条开放市场与自主创新相结合的道路，通过更多的自主创新实现自主创新能力的提升，以更好地参与全球竞争、更好地利用全球资源，实现经济结构调整和经济增长方式转变，进一步提高国家竞争力。这是一个挑战，也是中国实现和平发展的必由之路。因此，在开放条件下加强自主创新应是中国在新世纪实现技术进步的主旋律。

标准之争是只能发生在开放市场条件下的问题，并不存在于封闭经济时代。而中国要在标准层面上取得进展，就是在开放市场条件下坚持自主创新的典型努力。标准之所以重要，是因为它关系到中国的高技术能否获得市场空间。如果中国的标准能够在市场上站住脚，就意味着中国的技术轨道能够获得生命力而摆脱外国技术轨道的主宰，也就意味着中国可以进入技术的前沿或高端领域。因此，一旦中国的技术标准获得市场生命力，中国就会在高技术领域实现提升，而一旦中国在技术特别是高技术领域获得长足进步，中国就会在经济发展、社会进步、国家安全等方面获得难以战胜的力量源泉——特别是因为这种技术进步是通过开放市场竞争而实现的。这是面向开放的战略，而不是面向封闭的战略。最近一两年间，中国推动自主标准的努力已经引起了美国一些人的恐惧和喧嚣，甚至被污蔑为“技术民族主义”，其恐惧的根源就在这里。但是，正如爱国主义是“美国民主”的政治合法性来源一样，爱国主义也是中华人民共和国的政治合法性来源。因此，中国人民和中国政府在力求自己国家发展壮大的问题上不应有任何“模糊”和“内疚”。TD-SCDMA是中国政府在标准问题上所遇到的一次重大考验，是具有标志性的历史意义的。因此，在保证TD-SCDMA单独组网的决策上，在支持中国自己的技术标准上，中国政府应该旗帜鲜明。我们真诚地期待着，给中国技术以更多的在应用中改进的机会。

第五篇

本土创新、能力发展和竞争优势：中国激光视盘播放机工业的发展及其对政府作用的政策含义*

---

* 本文发表于《管理世界》2003年第12期。本研究属于国家自然科学基金资助项目（项目批准号：70172004）。我们首先感谢所有接受了我们采访的人士，他们是中国激光视盘播放机工业的创造者和见证人，为中国的技术进步和经济发展做出了杰出的贡献。感谢下列人士对我们调研安排的帮助：信息产业部经济体制改革与经济运行司副司长张旭明、该司原副司长林元芳，常州市常务副市长毛伟明，广东省物价局副局长马壮昌，安徽省科技厅厅长唐承沛，原国家经贸委处长王焱侠。国务院信息化工作办公室秦海博士、原国务院体改办经济体制改革与管理研究所高世楫博士、清华大学经济管理学院访问教授和联合国大学新技术研究所兼职高级研究员顾淑林、清华大学公共管理学院博士后张胜，以及学界朋友黄一义和冀书鹏，为本文初稿提出了宝贵的修改建议，在此表示感谢。感谢清华大学公共管理学院研究生封凯栋在本文形成过程中的重要建议和贡献。最后特别感谢《中国社会科学》退休编辑孟宪范先生，她对本文初稿的编辑意见明显提高了最后定稿的质量；虽然本文由于我们坚持文章的完整性而没有能够在该刊发表，却给了我们一个机会来向长期坚守学术道德和专业精神的孟先生和她的同事们公开表达我们的尊敬。本文可能包含的错误，完全由作者负责。

中国工业在总体上处于技术落后的状态，那么中国企业能够创新吗？下面的文章以中国激光视盘播放机（VCD/DVD）工业的发展为经验证据，对这个问题给予了肯定的回答。VCD工业是中国第一个完全依靠市场机制发展起来的工业，自始至终充满了惊心动魄的竞争和戏剧性的故事。也许有很多人并不知道，世界上第一个数字视频的激光视盘播放机（VCD）是一个中国企业——安徽万燕——通过与国外技术合作创造出来的。当这项创新引发了一个工业的崛起之时，创新者却在市场竞争中失败了。不仅如此，这个“草根”工业的崛起还颠覆了由政府组织技术引进而建立起来的录像机工业，而后来曾经红遍大江南北的VCD明星企业——爱多——也最终归于倒闭。尽管有过这么多的失败，但这是一个成功的工业，它的发展使中国领先于所有的发达国家而率先进入数字视频时代，并且产生了一批以新科为代表的优秀中国企业。曾经有许多人以为，由国际主导厂商推出的DVD会让中国VCD工业死无葬身之地，但中国企业却挟其在VCD阶段积累起来的能力，迅速过渡到DVD工业，并且在短短几年内就席卷了世界市场。在DVD时代，中国企业遭遇到了高额专利费的困境，于是触发了中国在开发高清晰度影碟机标准上的努力，并点燃了今天正在上演的高清标准之争……再没有一个工业能够像中国激光视盘播放机工业那样，把十几年来中国工业发展所遇到的所有问题都如此生动地集中反映出来。

本文在分析了这个工业发展的过程后指出，由于新产品开发必须基于对市场需求的理解，所以处于技术相对落后状态的中国企业仍然能够针对中国市场的特殊需求结构进行创新。在这个工业发展起来后，中国企业虽然不得不依赖外国企业供应的核心元件，却在终端产品市场上战胜了外国品牌，原因仍然在于基于市场需求结构特点的创新。这些经验生动地说明为什么中国的市场为自主创新提供了无限的机会。通过对中国企业之间竞争绩效差异的比较，本文证实，决定企业持续竞争力的关键是技术能力和组织能力的发展。因此，基于本土市场需求特点的产品创新以及企业在技术学习和能力发展上的努力，才是技术相对落后国家的企业能够在开放市场条件下获得竞争优势的原因。

以这个工业的经验为证据，本文批评了认为中国工业发展应当遵循“比较优势”的观点，指出这种观点的实质是要求政府放弃工业政策和技术政策，但它在解释工业竞争力源泉上却乏弱无力。中国激光视盘播放机工业在DVD阶段所遭遇的被征收高额专利费的困境，突出说明了中国工业发展在技术结构上面临的制约。突破这种制约不仅要求中国企业努力在技术上爬升，而且要求中国政府采取积极的技术政策和工业政策，因为在全球化条件下的市场机制既不能有效地解决通用技术知识的供给问题，也不可能公正地分配来自技术知识的收益。只要在技术学习和能力发展方面同时具备企业层面上的战略远见和国家层面上的政治决心，中国工业的崛起就是不可阻挡的。

导言

工业竞争力的源泉是什么？回答这个问题，关系到如何认识中国经济发展中技术和工业结构变化的基本动力，对思考中国企业的战略和政府政策具有关键意义。

一些经济学家把比较优势看作工业竞争力的决定因素，认为“产业结构和技术结构的升级……是一个经济中资源禀赋结构变化的结果”（林毅夫、蔡昉、李周，1999：9），因此，“欠发达国家政府应该以促进要素禀赋的结构升级为目标，而不是以产业和技术结构升级为目标，因为一旦要素禀赋结构升级，利润动机和竞争压力就会驱使企业自发地进行技术和产业结构升级”（林毅夫，2002：270）。但这种分析把解释工业竞争力、技术和工业结构变动的变量仅仅局限在宏观经济层次上，完全忽视或压抑掉诸如技术学习、组织能力等企业和工业层次上的变量。由于抽象掉经济变化过程，比较优势论既不能解释“要素禀赋结构”升级的源泉是什么，也不能解释“企业自发地进行技术和产业结构升级”的机制到底是什么，反而在解释经济变化的动力上有倒果为因之嫌[①]。

---

① 比较优势论的基础是近200年前的李嘉图古典贸易模型。这个模型以自然资源、天气、劳动力等要素禀赋为分析单位，认为一国总能根据比较优势从国际贸易中受益，从而实现各国整体的效益最大化。20世纪前期，Heckscher和Ohlin的工作奠定了比较优势理论在传统国际贸易理论中的主导地位（简称H-O理论），其要点是：在不同国家同种商品之生产函数相同的条件下，比较优势产生的根源在于各国或区域生产要素相对禀赋的不同，以及不同商品生产在要素使用密集型式上的差别。因此，不仅国际贸易可以增加各国的福利，而且各国应当生产、出口那些密集使用本国相对充裕要素的产品，而进口那些密集使用本国相对稀缺要素的产品。但是，使H-O理论成立的假设非常苛刻，例如两国在生产中使用的技术相同、规模报酬不变、不完全分工、需求偏好一致、市场完全竞争、要素在国内充分流动而在国际不流动、贸易平衡，

本文采取“动态能力”的理论立场[①]：工业竞争力不是“要素禀赋”的自然结果，而是发生在企业、工业和国家层次上的学习过程（包括创新、模仿以及组织和制度的变化）的结果。在历史上，要素禀赋结构（无论如何定义）对任何一个国家的早期工业发展都产生过影响。但发达国家之所以能够成为发达国家，是因为它们的“比较优势”基础早就通过创新和学习过渡到以科学为基础的工业上。不仅如此，技术学习的努力程度和有效性还是解释发展中国家的经济绩效发生巨大分化的决定性变量（Bell and Pavitt，1993）。因此，要素禀赋结构并不必然决定技术和工业结构；相反，由组织层次变量（以及制度和政策变量）所决定的产品和工业结构变化才是经济增长的基本动力。为了理解技术学习和能力发展对于中国经济发展的意义，我们在演化经济学和动态能力企业观的基础上概括出由两个基本理论前提所构成的框架。

第一个前提是：一个工业的竞争力由该工业中领头企业的竞争力所决定（Chandler，2001），而企业竞争力的根本源泉是组织能力（Penrose，1959；Prahalad and Hamel，1990；Teece，Pisano and Shuen，1997）。组织能力的发

等等。实际上，学界对比较优势理论一直存在着强大的质疑。一些学者认为，基于比较优势原则的国际贸易从一开始就是不利于不发达国家工业化发展的。从20世纪70年代开始，新国际贸易理论在经济学中逐步发展起来。以克鲁格曼等人的工作为代表，这种理论通过引入一系列分析工具，力图揭示在存在“报酬递增”机制与“不完全竞争”条件下非要素禀赋的贸易动力。这种创新的根据在于经济发展的工业基础变化，用克鲁格曼的话来说：“传统贸易理论认为，世界贸易都是小麦模式的贸易；而新贸易理论则认为，世界贸易中部分是飞机模式的贸易”（克鲁格曼，2001：“本书概要”第1页）。在这个基础上，Gomory和Baumol（2000）又做出一个重要的补充。他们在引入高进入成本、技术学习与规模效应等因素后，证明国际贸易可以具有多个均衡结果，而不同均衡之间的差异则反映出各国之间“固有的”利益冲突（即“对一国来说最佳的结果往往对它的贸易伙伴不利”）。因此，即使是在正统经济学自身框架之内，新的理论进展也使古典贸易理论的信条——比较优势可以自动导致贸易各国效用最大化的唯一均衡——逐渐丧失了理论根据。关于遵循比较优势原则的政策对发展中国家的危害，见本文结论部分。

① “动态能力”理论泛指一个活跃在经济学、战略管理、技术创新和企业史等领域的流派。这个理论流派以熊彼特传统（强调创新是经济发展的基本动力）为主要源头，其主要学者的共同立场是从强调经济和技术变化的动态演进性质出发，对正统经济学的静态均衡分析持批评立场；他们尤其从组织的层次上寻找解释技术进步和经济发展动力的变量，把知识和能力看作工业竞争力的主要源泉。近年来流行于国内的“核心竞争力”（核心能力）和国家创新系统之说即源于这个理论流派。

展潜力首先取决于企业的组织形式和结构。根据钱德勒的研究，当以科学为基础的技术在19世纪晚期出现后，生产组织向管理型大企业的过渡创造了西方工业强国的组织能力基础，由此而发展出的组织能力是企业和一国经济持续竞争优势的源泉和持续经济扩张的动力，决定了企业和国家的兴衰（Chandler，1990）。同样，日本以及韩国的赶超也是以大企业成长所主导的技术进步为动力（Kim，1997）。

给定战略与结构，组织能力的生成和发展来自组织学习（Zollo and Winter，2002），是企业在一个相当长的时期遵循一组连贯政策的累积性结果（Dierickx and Cool，1989）。组织学习是一个社会和集体的过程，依赖于对理解和解决复杂问题的共同努力（Nelson and Winter，1982）。从这些活动中产生的知识（以缄默知识为主）储存于组织的惯例和运行程序之中，惯例则成为组织能力的载体。能力只能由工作组织内生地发展出来，而没有任何组织之外的力量和过程可以替代。

技术进步与组织能力的发展密不可分，因为“技术”并不仅仅是以物质形态存在的“人工制品”（artifacts），也包括被组织所掌握的诀窍、惯例和程序。自从以科学为基础的工业出现以来，R&D（研发）活动的制度化（以企业自设R&D机构和大学与工业的密切联系为标志）与现代多单位大企业发展互为因果，成为技术创新的基本动力（Schumpeter，1942；Mowery and Rosenberg，1989）。这种结构导致“核心技术”的出现：一方面，企业在激烈的市场竞争中倾向于在各自领域中发展高度专门化的特殊技术能力；另一方面，企业通过R&D使自己的核心技术不断得到新的发展和新的应用。即使是新企业和新工业的产生，也离不开这个基础结构。正是这种动态发展的技术能力，而不是对某项特定发明的持久控制，才是企业从技术进步上得到回报的长期保证（Nelson，1990）。因此，“核心技术”和“核心能力”成为两种高度相关的现象（Leonard-Barton，1992；Prahalad，1993）。如果将技术定义为把自然资源转化为经济价值的手段，技术进步（以及围绕技术进步的组织变化）就是经济增长的最终源泉（Solow，1957；Nelson，1996），而企业及其组织能力就是技术进步的载体。

第二个前提是：技术进步不是直线式的，而是充满了不确定性的演进过程（Rosenberg，1976，1996；Nelson and Winter，1982；Ziman，2000）；这个演进过程深受市场需求的影响，而各国市场的需求结构即使在全球化条件下也具有不同特点，所以不同国家的企业组织能力存在着不同的发展路径。

Dosi（1982）以“技术范式”（technological paradigms）和“技术轨道”（technological trajectories）的概念来分析技术演进的机制。技术范式是在选择出来的科学原则和材料技术的基础上，解决选定技术问题的“模型”或“模式”，可以形容为一种“世界观”。技术范式具有很强的排除效应，它使工程师及其所在组织的技术努力和想象集中在相当确定的方向上，而无视技术发展的其他可能性。技术轨道是指在技术范式所规定的范围内解决问题的“正常”活动的模式，代表了在由技术范式所规定的外部边界之内的一组可能的技术方向。Dosi以这个框架所要说明的中心问题是：在“科学—技术—生产”的链条上，经济力量与制度和社会因素在任何层次上都共同发挥“选择机制”的作用。在基本技术方向的选择上，这些因素影响技术范式的确立。在技术范式所规定的范围内，这些因素影响企业进行学习和创新的技术轨道的走向。因此，不同国家的企业在同样的产品领域也有可能走出不同的技术轨道。

技术进步只有采取产品形式才可能产生经济收益（Mowery and Rosenberg，1998）；而只有产生经济收益，技术进步过程才可能持续，所以技术的“先进性”必须最终由市场决定。对技术演进具有重要影响的市场需求结构在世界范围内并不是同一的，而是具有明显的民族国家特点，并且这种特点带有明显的路径依赖特性。美国国防部所创造出来的特殊需求对美国半导体、计算机和软件工业的早期发展具有决定性的影响，为这些工业后来长期处于领先地位奠定了能力基础（Mowery and Nelson，1999）。Lundvall（1988）认为，创新所需的知识来源于生产者与用户之间的互动。由于这种互动在一个国家系统中更有效，而且技术知识和能力难以在国际间转移（导致发达国家和贫穷国家的差别），所以创新体系具有国家边界，并受到政府的行为和政策的影响。市场结构也会影响企业组织形式和结构的演进，钱德勒就把现代大企业首先在美国产生并得到充分发展的初始动力归结于美国大陆级市场的发展（Chandler，1977；1990）。

把上述两个前提综合起来看，中国经济发展水平要不断提高，就必须依赖于中国企业的能力发展，但如果没有在技术学习和其他方面的不断努力，包括要素禀赋结构在内的任何外生因素都不会自动导致企业能力和工业能力的升级。同时，虽然发达国家企业由于先行者优势而对中国企业拥有强大的能力壁垒，但至少在理论逻辑上存在着技术和工业结构非线性发展的可能性。由于企业能力发展的累积性质，选择了不同技术轨道的企业并不能轻易地变换轨道(Dosi，1988)，所以坚持技术学习和能力发展的中国企业有可能通过走出独特的技术轨道而获得竞争优势。

通过分析中国VCD/DVD播放机工业的发展经验，本文是澄清中国工业竞争力源泉问题的努力的一部分[①]。中国VCD/DVD工业起源于中国企业根据本土市场需求特点所进行的产品创新。尽管这种创新利用了外国企业所开发出来的基础技术，而且中国企业的生产也始终依靠外国企业所提供的核心元件技术，但由于发展出包括系统设计能力和制造能力在内的出色产品技术，中国企业的产品却先是在本土市场上、继而在世界市场上表现出无可置疑的竞争力。意义更为深远的是，一批竞争性的中国企业通过积极参与这一轮的技术变化而成长起来，成为未来技术进步的学习平台。

本文的中心论点是：中国VCD/DVD工业的竞争力不是由比较优势所自动带来的，而是由基于本土市场特点的产品创新、由中国企业在激烈市场竞争中的技术学习和能力发展所锻造出来的。这个命题的政策含义是直截了当的：只要坚持技术学习和能力发展，中国企业就能够利用特定的市场条件发展出竞争优势。同时，这个工业目前在知识产权上受到的压制既证明基于比较优势原则的经济发展战略一定会遇到瓶颈，也证明中国能够以低成本利用外国技术的假设是一种幻觉。突破对中国工业发展的结构性制约，不仅需要中国企业技术能力的继续提升，而且需要中国政府采取积极的技术政策和工业政策。

① 仅仅一个工业的经验材料不足以回答所有上述问题，但对一个工业的详细经验研究仍然可以为澄清一些重要问题提供无法否认的证据。我们将通过对更多工业的经验分析来回答这个问题。

第一章
本土创新和中国 VCD 工业的崛起

1.1　理解本土创新的可能性

以本土创新为发端的 VCD 播放机（俗称影碟机）工业是中国工业发展史上一个罕见的案例。中国在大多数消费电子产品上都是跟随发达国家，依靠模仿和引进技术进行生产。但是，当发达国家电子视听主流产品从磁带录像机向 DVD 过渡时，中国企业却首先将被视为中间技术的 VCD 商品化，走出了一条独特的工业路径。为了帮助理解中国企业如何进行产品创新、如何发展出竞争优势以及为什么仍然受到结构性制约，我们首先提供一个 VCD/DVD 播放机技术结构的概念框架（见图 5－1－1）。

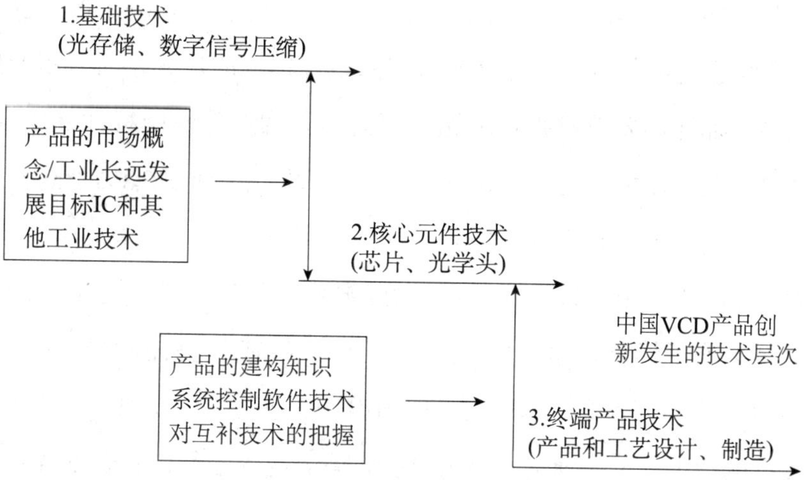

图 5－1－1　VCD/DVD 播放机的技术结构

如图5-1-1所示，按照从原理到应用的顺序，VCD/DVD播放机所涉及的技术可以被看作一个分为三个层次的层级结构（hierarchy）：（1）这个结构的最高层次是光存储和数字信号压缩的基础技术；（2）中间层次是光盘播放设备的核心元件技术，主要是机芯（由读取光盘信号的光学头、微电机、伺服芯片等元件组成的亚系统）和解码芯片；（3）最底层则是终端产品技术，包括产品设计、工艺设计以及产品的制造技术。

由这个事后的静态框架所凸显出来的关键问题是：这三个层次技术之间的关系性质是什么？按照直线模型，上一个层次的技术应该依次决定下一个层次的技术。以此推论，中国企业由于处于这个技术结构的最低层次，所以只能成为掌握高层次技术的外国企业的组装厂。但如果真是这样，那为什么不掌握基础技术和核心元件技术的中国企业仍然能够进行产品创新并在产品市场上获得竞争优势？

问题的关键在于，在形成终端产品的动态过程中，各个层次技术之间的关系是互动的（如图5-1-1中左侧两个矩形方框所示）。虽然较高层次技术决定较低层次技术发展可能性的范围，但较高层次技术却不能代替较低层次技术本身，因为各个层次的技术都具有相对独立的知识和能力来源。基础技术决定了光盘的标准和解码方法的标准，也决定了制成光盘播放机的可能性；但制成具有市场价值的光盘播放机，不仅需要产品概念，而且需要涉及其他领域的技术（电子、机械和光学等）。更重要的是，虽然核心元件技术是决定产品性能的关键因素，但掌握这些技术却不能代替对产品系统本身的把握，因为制造出具有市场潜力的产品还需要能够把产品市场概念转化为产品性能特性的建构技术，更不用说产品的市场成功还需要管理、生产和营销等一系列能力。这种互动关系使中国企业有可能找到产生优势的环节。

根据Henderson和Clark（1990）的经典研究，每一种（组装）产品从内容上看既包括若干元件，也包括把这些元件连接成为整体的建构（architecture）。成功的产品开发要求两种类型的知识：一种是元件知识，或关于元件核心设计概念的知识；另一种是建构知识，即关于把各个元件整合并连接成为一个整体的知识。他们由此把创新分为四类：激进创新（产品的元件和建构都发生变化）、渐进创新（元件和建构都没有根本变化）、模块创新（元件改变而建构不变）和建构创新（元件不变而建构变化）。这种区分有助于理解落后国家企业进行创新的可能性，因为不同的技术知识对市场需求特点的敏感度不同。

Christensen 和 Rosenbloom（1995）指出，产品的使用系统构成生产这种产品企业的价值网络（the value network），是企业与其顾客、供应商和竞争对手进行互动的关联环境（context），所以对企业有关市场机会的看法和响应技术变化的能力具有深刻影响。由于这种效应，当技术和市场发生变化时，在原有价值网络中处于主导地位的企业往往会忽略新价值网络（即新的使用系统或市场）的出现，而寻求市场空隙的新进入者则会根据新价值网络对产品性能特性（performance attributes）的不同要求（大小、重量、速度、形状、耐用程度等及其重要性的不同排序）重新定义产品的建构。虽然采用新建构形式的产品在初期往往性能较差，但随着技术的改进，它们总是会在性能上达到并超过原有产品的水平，从而使之逐渐侵入主流市场而最终替代掉原来的产品，这就是后来被 Christensen（1997）所进一步详细阐述的“颠覆性创新”（disruptive innovation）①。

但 Christensen 和 Rosenbloom 只是在同一类产品的细分市场层次上使用“价值网络”概念，我们则把这个概念扩大到跨越国家边界的市场层次上，认为产品的使用系统同时具有明显的国家特征：受不同社会经济条件的影响，不同的“国家价值网络”（the national value network）对同一种产品的性能特性往往具有不同的要求②。由于企业对新技术的经济价值或产品形式的看法深受它们在自己母国国家价值网络中的经验的影响，所以当进入不同国家的市场时，它们会在辨认和适应不同价值网络对于产品性能的特殊要求上遇到组织性的困难；反过来说，本土企业对本土市场的特点更敏感。引入这个概念可以赋

---

①　一般来说，核心元件决定产品执行特定功能的效率，即性能，表现为速度更快、输出功率或存储量更大、清晰度更高，等等；但建构定义产品的性能特性，即决定产品需要哪些功能或不需要哪些功能，或者以什么样的形式（如体积、形状以及这些维度的各种组合）提供某种功能。

②　例如，由于道路条件、服务设施、消费者习惯甚至法律体系不同，美国和中国的市场对于卡车的性能特性就可能有不同的要求。

予上述 Dosi 的抽象命题（即社会、经济和制度因素可以影响技术范式和技术轨道）一种具体的作用机制。

以这些概念为分析工具，本文提出：建构创新可能是落后国家企业早期技术学习的有效切入点。第一，元件技术更多地体现在“硬件”上，其本身就是需要长期知识和技能积累的复杂系统，而且往往需要科学知识密集型的材料技术和复杂专用设备的生产工艺，所以发达国家在元件技术上的先行者优势对落后国家构成更大的壁垒；相反，建构技术的要素是把元件整合为一个产品系统的概念和能力，所以更多地表现为“软件”，较少受到现存物质技术系统的制约。第二，元件技术一旦产生，很少变更性能改进的轨道（Christensen and Rosenbloom，1995：235），所以先行者优势的持续性更强。相反，由于国家价值网络的作用，赶超国家的企业更可能在产品的建构上产生新的想法和概念（因为建构直接定义产品的性能特性）。第三，由于建构技术的要素是整合元件技术的能力，所以建构创新允许赶超国家的企业利用发达国家开发出来的元件技术，因而对于建构的新想法更可能得到执行。

虽然落后国家的企业更可能在建构创新上取得突破，但掌握建构知识却意味着在技术学习上的跳跃。一般来说，落后国家企业的技术学习主要是模仿和改进先进国家的技术（至少是在早期），所以往往受到已经确立的“主导设计”[①] 的制约，即落后国家企业的技术学习往往局限于在给定产品建构下的模仿和改进[②]。但建构技术变化不是产品的任何局部变化，而是整个产品系统的

---

① “主导设计”（dominant design）是 Abernathy 和 Utterback（1978）首创的概念，被用来理解技术变化的周期及其对企业发展的影响。根据这个所谓的 A-U 模型，当一项重大的产品创新刚出现时，对产品性能要求的理解往往是模糊的，所以会出现多种多样的产品形式互相竞争。但这种动荡的阶段最终会因主导设计的出现而结束。主导设计是在技术可能性与市场选择相互作用下被广泛接受的产品形式（如从手动打字机到个人电脑的键盘，采用四轮、钢外壳的汽车，等等），实际上包括元件和建构两个方面。它的出现受多种因素的影响，而不仅仅由技术优越性所决定。某种新产品的主导设计一旦出现，对这种产品性能的不同要求就会大大减少并趋于一致（Utterback，1994）。所以，主导设计的出现是新产品趋向标准化的分水岭。此后，竞争的焦点转向价格和工艺创新。

② Henderson 和 Clark（1990）特别指出，在产品的建构确定后，企业的注意力将集中于元件的性能改进上。

变化，所以寻求建构创新要求企业在产品系统的层次上（而不仅仅是在零部件层次上）进行技术学习。这种学习不仅必须包括对元件技术的理解，而且必须包括对产品形式和产品的使用系统之间的匹配度的把握。因此，进行建构创新要求企业能够发展出自主产品概念。只有在早期阶段就积极介入新技术与市场的互动，而不仅仅是跟随成熟产品的技术轨道，落后国家的企业才更可能产生这种技术学习的动力。本文下面的经验分析恰恰证明，VCD产品创新之所以能够实现，就是因为积极跟踪技术前沿的中国企业，在新的数字视频技术浮现的早期阶段，根据中国市场的需求特点形成自主的产品概念，然后以建构技术借用并整合发达国家企业的核心元件技术，设计并制造出一种全新的产品。

1.2　VCD的技术机会

VCD（Video CD）技术始于对光存储技术的开发。20世纪70年代初，飞利浦公司开始研究利用激光来记录和重放信息。1982年，飞利浦公司和索尼公司成功地将记录有数字音频信号的塑料圆盘推向市场，并以CD（Compact Disc）命名，同时推出了CD播放机。

CD只能记录音频信号，不能记录视频信号。关键的困难在于，一旦把活动图像从模拟信号转变成数字信号，数据量会变得非常大，所以解决活动图像信号的数字化存储问题必须发展出压缩和解压缩的技术。1988年，国际标准化组织（ISO）组建由工程师和科学家组成的MPEG标准委员会①，目的是促进数字图像信号压缩技术的标准化。随着技术发展，该委员会于1992年11月颁布MPEG-1标准（由国际标准化组织与国际电子委员会批准）。

在对MPEG-1技术进行改进之后，1994年MPEG又颁布了MPEG-2标准。MPEG-2特别适用于广播级的数字电视的编码和传送，被认定为SDTV（标准清晰度电视）和HDTV（高清晰度电视）的编码标准。DVD（Digital Video

① MPEG是英文“活动图像编码专家组”（Moving Pictures Experts Group）的缩写。

Disc）就是采用 MPEG-2 标准的激光视盘技术。

MPEG-2 数据压缩标准公布以后，国际主导企业围绕新一代激光视盘的标准形成两大阵营。一方是索尼和飞利浦率先推出的多媒体 CD 规格（MMCD）；另一方是以东芝和松下为代表，同时联合先锋、日立、汤姆逊、时代华纳和 MCA 等 7 家公司推出的 SD（Super Disc）规格。这两种规格的图像质量都很好，但互不兼容。经过谈判，两大阵营于 1995 年 12 月 25 日达成协议，产生了统一的 DVD 标准。DVD 的图像清晰度达到 500 线以上，而且采用数字 AC-3 格式 5.1 通道宽频带环绕立体声，是未来家庭影院的最重要的视听节目源。DVD 采用 MPEG-2 标准数字图像压缩技术，可以将活动图像中的 95%的内容压缩，压缩后的图像不会有可觉察到的变化。DVD 还具有高画质、高音质和高可靠性等特点。

有关 VCD 产品创新背景的一个事实是：世界主要的消费电子企业并没有把采用 MPEG-1 技术的产品当作商业目标。自 90 年代初以来，以索尼和飞利浦为首的国际主导企业转向 DVD 的研制。这是由发达国家的市场结构所决定的。直到 90 年代中期，发达国家的家庭电子视听产品仍是录像机（VCR）[①]。录像机在美国的家庭普及率高达 90%以上，录像机的销售、租赁体系非常完备，录像带节目十分丰富。VCD 的清晰度只有 250 线，与录像机差不多。虽然 VCD 的声音质量达到 CD 级，但却不具有录像机的转录功能。因此，在发达国家的市场上，只有清晰度达到 500 线以上的 DVD 才有可能替代磁带录像机。事实上，研制 DVD 的动机主要是想提供与高清晰度电视配套的录放产品。因

---

① 第二次世界大战后的电视机普及导致对录像和重播设备的需要。50 年代初，美国的 RCA、Ampex 和日本东芝开始开发录像机技术。1956 年，美国 Ampex 公司首先发明了用于广播的录像机 VTR，随后 RCA 和东芝也成为 VTR 的主要生产者。60 年代初，索尼、松下和 JVC 在 VTR 技术的基础上开始对家庭用录像机进行开发。以 1975 年索尼 Betamax 录像机的出现为标志，家用录像机（VCR）市场在发达国家发展起来［以上见 Rosenbloom and Cusumano (1987)］。到 80 年代中期，在经历了一场近 10 年的市场争斗后，以 JVC 和松下为首的 VHS 制式联盟战胜了以索尼为首的 Beta 制式联盟，使 VHS 制式成为录像机产品标准的主导设计。此时，日本企业的录像机产量已经超过彩电，录像机成为日本产销量（包括出口）最大的单一消费电子产品，而美国家庭拥有录像机的比例也达到 30%，并继续上升［以上见 Cusumano 等 (1992)］。目前，采用模拟技术的录像机在全球的保有量高达 6 亿台以上。

此，尽管VCD播放系统的原理很清楚，处于技术前沿的外国企业却没有首先形成VCD的产品概念[①]。

1.3　创新的成功

理解中国市场的中国企业家却发现了VCD技术的商业价值。根据发达国家的经验，电视机的普及会造成对家庭录像和重放设备的巨大需求。1993年，中国城镇居民家庭的彩色电视机普及率已近80%，但录像机却因为对于中国消费者太贵而尚未普及（当时市场上还有LD，即大影碟机，但不是家庭消费品）[②]。因缺乏适当产品而造成的这种供给空缺给了VCD技术商业化的市场机会。

1992年4月下旬，安徽现代电视技术研究所（一家民营高技术企业，以下简称安徽现代）所长姜万勐[③]一行4人前往美国拉斯维加斯，参加每年一度的世界广播电视展览会。他们在展区的角落发现，一个名叫C-Cube的小公司的展台正在用一台计算机演示活动图像数字信号的解压缩技术。这项技术引起姜万勐的兴趣。他连续三天到那个展台，终于见到C-Cube的董事长、美籍华人孙燕生。两人一见如故，对数字压缩技术进行了深入讨论[④]。

孙燕生当时最大的问题是为数字压缩技术找到实际应用，姜万勐则一直在考虑数字电视问题。姜万勐敏锐地感到，这种技术意味着可以把活动图像信号

---

① 1993年，飞利浦、索尼、胜利和松下四家公司在卡拉OK-CD标准的基础上，采用MPGE-1压缩/解压缩技术开发出VCD数字激光视盘10，其相应的标准称为白皮书，并分为1.0、1.1和2.0三个版本。但这个标准出现于万燕创新之后，而且很可能是受万燕创新的启发后为争夺知识产权而采取的行动。

② 1993年，中国城镇居民家庭平均每百户拥有彩色电视机79.46台、黑白电视机35.92台，但录像机只有12.18台（国家统计局，1996：56）。

③ 姜万勐1964年入成都电讯工程学院学习，1969年毕业后一直在安徽省电视台工作。1987年，他辞去公职，创办了安徽现代。1988年，安徽现代研制成功电视台用的字幕机，获得市场成功，几年中将原本处于垄断地位的索尼字幕机逐出中国市场。这次市场成功为安徽现代积累了一大笔资金。

④ 孙燕生出生于北京，在台湾长大，后到美国留学，1988年创立C-Cube公司，当时是MPEG成员。

存储在一张比较小的光盘里，创造出一种物美价廉的视听产品。他当即请 C-Cube 公司做出一块数字信号压缩芯片，并相约一年后再见。姜回国后向安徽省有关部门报告了他的见闻，得到鼓励。孙燕生于 1992 年年底做成这块芯片，并于 1993 年年初带到中国进行演示，在北京得到广播电视系统专家委员会的好评。于是，姜万勐投资 1 100 多万美元与孙燕生合作成立公司开发 VCD①，各取他们名字中的一个字，把公司命名为万燕电子系统公司。孙燕生回美国后，要求万燕投资 350 万美元对芯片进行修改。经安徽省有关部门支持，万燕分两次汇去 150 万美元。定型的芯片叫 CL450。

但只有解码芯片是做不出播放机的，万燕为开发出产品进行了一系列的创造性工作。(1) CL450 直接来自计算机中的解压卡，还不是消费电子产品的专用芯片。它只能播放图像（视频信号），不能播放声音（音频信号）。为解决这个问题，万燕给播放机系统加上了另一块芯片。(2) 播放机需要读取光盘信号的光头和光盘驱动系统（机芯）。由于当时没有 VCD 的标准，万燕决定按照 CD 标准进行开发，采用 CD 机芯。为此，万燕曾向索尼寻求过帮助，在被拒绝后转向飞利浦，从其设在比利时的工厂获得了 4 台开放了底层协议的 CD-I播放机（后来又连续追加订货）。万燕在这个基础上制成 VCD 机芯。(3) 播放机作为一个系统还需要其他功能，在无先例可循的情况下，万燕在原型机上加入了屏幕显示（如菜单提示）、卡拉 OK 和录像机具有的一些功能，几乎包括了后来 VCD 的所有标准功能。这样一个复杂系统需要一个强大的中央处理器（CPU）来控制，万燕为此使用了美国苹果电脑公司的 68000 芯片②。(4) 此外，万燕还要开发播放机的机壳、机箱、面板。鉴于当时大陆制造技术的落后，万燕花了 30 多万美元委托台湾的企业开发模具。到 1993 年 6 至 7 月间，播放机的所有部分都已具备，万燕开始对整个系统进行联调，并在这个过程中发展出一套检测技术。

有了播放机，还需要解决节目源问题，万燕为此花 15 万美元买了一台飞

---

① 公司注册资本 1 650 万美元，其中有 30%的技术干股（25%属于孙燕生，5%属于姜万勐）。当时的美元对人民币的汇率为 1∶5.76。

② 在芯片上进行二次开发需要供应商开放嵌入芯片中的软件，这并不是容易事。类似这些问题都是在孙燕生的帮助下解决的。

利浦的专用计算机，然后自己开发软件，制成了世界上第一台活动图像的数字信号压缩机。万燕用这台压缩机把电影压缩为 VCD 节目文件（当时压缩一部电影需要花 80 个小时，万燕共制作了 100 部电影节目），然后刻录成模板，再送到 CD 光盘工厂拷贝成 VCD 光盘。

1993 年 9 月 4 日，万燕公司在北京国际广播电视展览会上展示了世界上第一台名为 CDK330 的活动图像光盘播放机的样机，在现场引起轰动。这个产品被广播电视系统的专家委员会命名为“小型光盘放像机”（简称小影碟机）。10 月份，万燕在新建的厂房里开始组装第一批 2 000 台播放机，一上市便被抢购一空①。1994 年，万燕又生产了 2 万台播放机。这意味着当 MPEG 技术还停留在外国企业实验室时，中国企业就首先完成了它的应用，并证明了其产品的市场潜力。

1.4　创新者的失败

万燕的产品创新是成功的，因为它很快就触发了中国 VCD 市场的爆炸性增长。但这种成功对于创新者却是致命的，因为它同时引发了一股进入的狂潮。仅仅两年之后，万燕就被竞争浪潮挤出了市场。

事后证明，万燕的创新非常容易被模仿。首先，万燕没有为自己的创新产品申请专利。原因是，姜万勐认为中国的体制不能有效地保护知识产权，而申请专利又必须以披露技术秘密为代价。显然，姜万勐是打算通过先行者优势和商业机密的形式来保护自己的技术。这种方式在通常情况下是可行的，但为什么 VCD 技术还是如此之快地扩散了？

问题出在万燕所不能控制的核心元件技术上。VCD 播放机的关键元件之一是 MPEG 解码芯片，而在 1993 至 1994 年间，世界上唯一的这种芯片就是 C-Cube 公司的 CL450。万燕创新成功后，C-Cube 开始开发 VCD 专用解码芯片（据说是应持有 C-Cube 少量股份的日本 JVC 的要求）。经过一年半的开发，

① 这 2 000 台播放机大多被企业买走了，据估计其中四分之一被外国企业买走。

C-Cube 于 1995 年 4 至 5 月间正式向市场供应这种被命名为 CL480 的解码芯片（样品在年初就已经出现），它是 VCD 工业历史上最著名的解码芯片（当时几乎所有的 VCD 制造企业都使用过它）。与 CL450 相比，CL480 的集成度大大提高（意味着可靠性提高和成本降低）。根据业内许多人的看法，万燕失败的主要原因之一就是使用 CL450，而其跟进者却普遍使用性能更好的 CL480。

但这些说法都没有能够说明 CL480 的设计概念是从何而来的。这个问题涉及本文的一个重大主题：核心元件技术的发展离不开产品技术的发展。换句话说，如果没有 VCD 播放机的产品概念，无论芯片设计技术有多先进，也不可能设计出 VCD 的专用芯片。关于万燕创新和 C-Cube 芯片之间关系的一个事实是，孙燕生和姜万勐在万燕公司成立时约定：万燕的产品开发过程要向 C-Cube 开放，以便后者根据产品技术的进展来修改芯片。C-Cube 把万燕有关电路设计的大部分技术方案，包括音频信号芯片和苹果 68000 芯片的 CPU 功能，全部集成在 CL480 上，还使用了万燕开发的检测技术。由于 C-Cube 当时只可能从万燕那里获得 VCD 产品知识，所以 CL480 是在万燕的产品技术方案基础上设计出来的。但是，当 C-Cube 向所有愿意付钱的企业供应 CL480 时，万燕的产品技术却被无偿地扩散了①。

回顾这个过程，万燕最大的失误不是没有申请专利，而是没有在与 C-Cube 的合作中通过签订正式协议来确定自己在新芯片开发中的知识产权。可惜的是，在 CL480 芯片为 C-Cube 赢得的巨额暴利中本来应该有相当份额属于万燕②。

---

① 事隔 10 年，姜万勐承认他当时对这种技术知识的反馈和保护没有意识。在访谈中，他还提到，大约在 1997 年，一家美国芯片公司 MLogic 因推出的解码芯片卖不出去，提出与万燕合作。万燕花了 20 多天，对其芯片进行了相当于 2 万台 VCD 使用经验的试验，才把芯片设计中的问题全部解决。为感谢万燕的帮助，MLogic 愿意以每块 6 美元的优惠价向万燕供应解码芯片，但万燕当时已经难以东山再起了。这个例子再次说明产品技术对核心元件技术发展的重要性。

② 相同的情况很可能还发生在万燕与飞利浦之间。飞利浦的确掌握 CD 机芯技术，但它在万燕之前根本没有产生过研制 VCD 的念头，而 DVD 还只是停留在概念上。当万燕获得 CD 机芯时，飞利浦对万燕方面根本没有当回事，因为其不相信万燕能够成功。但随着万燕不断增加订货，飞利浦发生了兴趣：万燕的产品开发在进展！此后，飞利浦利用万燕有求于它的条件，不断要求了解万燕的进展。飞利浦很可能在这个过程中吸收了万燕开发 VCD 机芯的知识和经验，所以它才能够抢在任何其他外国企业之前向中国企业大量供应 VCD 机芯。

万燕的创新成功之后，多家外国企业和几百家中国企业相继进入中国 VCD 市场，广泛的宣传使中国消费者很快了解和认识了 VCD。同时，大量进入所造成的激烈市场竞争使得 VCD 播放机的价格迅速下降，由最初的 4 000～5 000 元降到 1996 年上半年的 2 600 元左右，到 1996 年年底平均价格仅为 1 400 元。市场需求的增长和其他企业的大量进入互相推动，使 VCD 在中国电子视听市场上迅速出现了空前的繁荣。VCD 产销量由 1994 年的 2 万台急剧膨胀到 1997 年的 1 096 万台，每年的增长速度都呈几何级（见图 5－1－2），使人均收入较低的中国在短短几年内就实现了发达国家通过十几年普及录像机而经历的家庭视听消费革命。

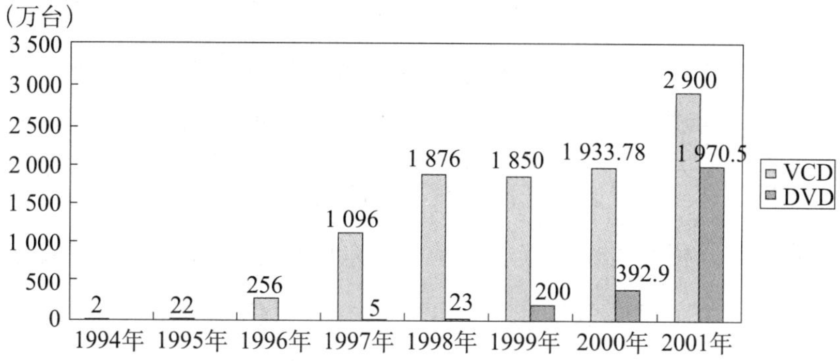

图 5－1－2　中国 VCD 和 DVD 播放机的产销量

注：（1）90 年代后，企业市场意识不断增强，逐步进入以销定产的经营模式，库存很少，不到产量的 10%，中国电子音响行业协会假定产销量大致相同。（2）1994 年至 2000 年，中国 VCD 产销量以国内销售为主。2001 年的产销量以出口为主，全年共出口 1 824 万台，占总量的 63%；内销 956 万台，占总量的 33%；库存占 4%。（3）从 1998 年起的 VCD 统计中包括超级 VCD。

资料来源：《中国电子音响工业协会行业快讯》第 167 期。

然而，创新者万燕却在 VCD 市场的高涨中倒下了。第一，万燕不可能控制这个市场，因为对这种新产品的市场需求大大超过任何一个企业的供给能力。第二，更糟糕的是，由于没有找到从自己的创新中独享收益的方法，万燕既不可能控制 VCD 技术的扩散，也无法从这种扩散中获利。由于市场和技术扩散都不可能被控制[①]，所以万燕从创新中获利的唯一途径就只能是获得足够

① 万燕的领导人显然没有意识到，VCD 市场需求的增长会大大超过万燕的供应能力（姜万勐当初估计中国 VCD 市场可达每年 200 万台），而且 VCD 技术会迅速扩散。

的产品市场份额。

赢得市场份额需要两个互相联系的条件，一是能够提供有竞争力的产品，二是具有达到规模的制造和营销能力。万燕播放机上市的定价为 4 995 元，当跟进者出现后，这个价位显然过高。定价过高是因为开发产品和市场的前期投入巨大，以及采用 CL450 芯片的技术方案成本高。当然，如果万燕具有规模制造能力，它可以根据竞争要求逐渐把价格降下来。根据 Teece（1986）的经典研究，决定创新获利性的两个关键因素是知识产权保护和对互补资产的控制，但由于知识产权保护一般都不那么有效，所以拥有互补资产（指生产、销售和服务的能力）对于把创新转化为产品的市场份额具有关键意义。但万燕脱胎于一个小型研发企业，并没有大规模制造所需要的资产、经验和能力①。即使具有转变为这种企业的潜力，也需要投资和时间。结果，当蜂拥而至的跟进者向市场提供了价格性能更优越的产品时，万燕却被挤到了一边。

但即使受到这种冲击，万燕也不是没有东山再起的机会。创新成功后，地方政府对万燕产生了很高的期待，给予很多支持，但也导致过多的行政干预。1994 年与 1995 年之交，政府方面不顾万燕的资金困难而要求它把 2 万台的生产规模扩大到 6 万台，但许诺的资金却没有到位，致使万燕采购的材料没有一套是全的，无法生产。省里要求万燕选择配套企业不能出安徽，却不问这些企业的产品质量和成本。另外，省里帮助从国家经贸委争取到的技术改造贷款，又因为万燕不是国有企业而批不下来。最后，飞利浦和其他几家国内企业与万燕合资的提议在“肥水不流外人田”的观念下又被政府否决。于是，在 1995 年至 1997 年 VCD 最火爆的 3 年间里，万燕处于瘫痪状态，忍看它所拥有的市场先机成为过眼烟云，最后陷入破产境地。

万燕的失败是悲壮的。悲者，是因为导致它失败的因素并非必然；壮者，是因为它的创新引发了一个中国工业的迅速崛起。

---

① 安徽现代的字幕机是小批量生产的电视台设备，不是家庭消费品。对比之下，本文下面将提到的新科在 1995 年 6 月进入 VCD 工业后的 6 个月内生产了 8.5 万台 VCD，并在第二年猛增到 40 万台。

1.5　从 VCD 工业看本土创新的意义

因 VCD 创新而失败的甚至还有整整一个工业，即中国的录像机工业。比较该工业和 VCD 工业的不同命运，对于理解本土创新的重要意义富有启发。

中国从 1986 年开始通过引进技术发展录像机工业。当时国家统一对外招标，并以招标评审方式选出来 11 家分布在全国 9 个省市的定点企业。这 11 家定点企业分别从日立、松下、夏普、三洋等日本公司引进了整机生产设备和技术，但基本上处于买散件在中国组装的水平。由于录像机对于中国普通消费者来说太贵，所以其大众市场没有形成，企业的生产规模也很小。1992 年年初，机械电子工业部提出了“录像机引进技术、消化、吸收”专项，一反从终端产品组装引进的传统模式，要求集中引进录像机的上游核心元件技术，同时突破录像机的大批量生产技术和产品开发技术，以建立中国录像机工业的生产体系。这个高度纵向一体化的技术引进方案被形象地称为“录像机一条龙”工程。

这个项目受到政府的大力支持。在避免“重复引进”的方针下，政府协调 9 家录像机定点生产企业①联合出资组建中国华录电子有限公司（位于大连），统一对外招标引进技术，并按入股比例进行收益分配。华录最后与日本松下公司签约，合资成立专门生产录像机上游元器件的华松公司，其产品主要供应 9 家定点企业。以国内录像机市场每年 300 万台的需求量预期为依据，中国华录首期工程投资 14.52 亿元，并于 1994 年 6 月建成，其核心项目如机芯、磁鼓、磁头、单晶铁氧体以及核心元件开发中心等于同年 11 月通过国家验收。华录的 9 家股东企业为使用华松公司生产的元器件而分别进行的适应性改造也于 1994 年全部完成，形成了年产 280 万台整机的生产能力。同时，天津通信广播公司与韩国三星合资组建了年产 60 万台的录像机生产线，深圳华强公司与日

---

①　这 9 家定点企业是北京电视设备厂、北京广播器材厂、上海无线电三厂、上海录音器材厂、南京无线电厂、厦新电子有限公司、佛山无线电一厂、成都锦江电机厂、大连华录电子工业公司。

本三洋也建成生产录像机的合资企业。

1994年，中国录像机的产量达到顶峰，全国11家定点企业共生产155万台（其中，华录公司的9家股东企业共生产121万台）[①]，约占当年国内市场销售量的70%。然而，好日子刚开始，就遭猝不及防的市场突变而化为泡影。从1995年起，VCD风行于中国市场，对录像机市场造成极大冲击。在此后两三年间，9家录像机定点企业因产品滞销纷纷转产VCD或停产，而向它们供应上游元器件的华录则逐步陷入半停产或停产状态[②]。

由政府支持的录像机工业历经10年的努力刚刚形成规模，就被起于“草莽”的VCD工业所迅速淹没。这两个工业的不同命运充分说明“比较优势论”解释工业层次现象的局限性，因为“比较优势论”解释不了前者为什么会衰落，而后者又为什么能崛起。VCD数字视盘播放机对磁带录像机的替代是一项重大的技术变化，它导致中国工业结构一次惊人的“创造性毁灭”。围绕技术变化，有两项对比可以帮助理解导致这两个工业不同命运的原因。

第一，录像机工业依靠引进，完全跟随外国技术轨道。录像机是外国的成熟产品，其“主导设计”在技术上和成本构成上都对中国企业形成结构性制约。正是由于对外国技术的路径依赖和自主研发的匮乏，这个工业始终没有发挥出“劳动力便宜”的优势，所以即使是国产录像机也总是对于中国消费者过于昂贵。相反，VCD工业虽然依靠外国的核心元件，却由于掌握自主产品概念和建构技术而走出不同的技术轨道。由于中国企业是在产品形成的早期阶段就大举进入这个工业，所以其不仅没有遇到外国企业的先行者优势壁垒，而且为赢得市场而必须积极参与对产品技术及成本结构的塑造，从而能够更有效地利用本土资源并发展出独特的能力。这是造成VCD播放机很快就比录像机便宜一半的根本原因[③]。

---

① 1986年国产录像机产量只有1万台，1990年为4.31万台，1991年为21.7万台，1992年为54.32万台，1993年为114万台。

② 后来，华录寻求录像机出口和转产DVD机芯，才摆脱了困境。

③ 对许多工业的经验研究说明，产品成本的相当部分（在一些工业中高达80%）在产品设计阶段就已经决定了（Clark and Fujimoto，1991：3）。

第二，录像机工业是在计划体制的惯性下发展起来的，多数录像机企业（包括大多数老的音响企业）是国有企业，不仅自身具有结构性缺陷，也受到过多的行政干预（技术引进和定点生产都处于政府的直接管制之下），所以这些企业对技术变化的反应迟缓。相反，VCD的产品创新和工业发展发生于市场经济改革取得实质性进展之际和政府直接干预之外。大批企业的进入没有受到行政审批、投资限额等限制，进入后的成功与失败由市场决定、由自己负责。难怪成功进入并成长起来的大多是民营企业，而VCD工业也成为中国第一个没有一分钱国家投资就发展起来的工业。计划与市场经受技术变化的不同结果证明，只有竞争性企业才能促进技术进步。

因此，VCD替代录像机的“创造性毁灭”不仅仅是新技术对老技术的替代，也是自主研发对被动引进的替代、竞争性市场对行政管制的替代、开放对封闭的替代。

第二章
中国 VCD 工业竞争优势的起源

万燕创新所引发的大量进入使 VCD 工业从一开始就处于激烈的竞争之中。迅速模仿万燕创新而首先跟进的是外国企业，包括韩国的三星、现代，日本的东芝、索尼、松下、JVC，欧洲的飞利浦等知名厂商，其中三星的动作最快、最猛。早在万燕机出现于大众市场的 1994 年，外国品牌的 VCD 播放机就攫取了中国市场 90%的份额（其中最大的赢家是三星）；即使在中国企业开始大量进入的 1995 年，外国品牌的 VCD 播放机也占了中国市场三分之二的份额。

中国企业的进入浪潮从 1995 年开始，当年就达到 90 多家（主要的企业包括新科、万利达、爱多和先科），1996 年猛增到 220 多家（步步高、厦新、金正、长虹、康佳等企业于 1997 年进入），还不算众多无法统计清楚的小组装厂[①]。中国企业进入的巨大势头迅速冲垮了外国企业的市场地位。1996 年，外国品牌的市场份额突然崩溃，而且再没有恢复。中国企业从此主导了 VCD 工业的发展（见表 5－2－1）。

在如此短的时间内发生如此戏剧性的逆转是很容易令人困惑的，特别是考虑到中国企业全都依靠外国供应商来获得机芯和解码芯片等核心元件。那么，什么因素决定了中外企业之间在产品市场上的竞争绩效差异？

进一步看，虽然中国企业在总体上主导了 VCD 工业，但它们之间的竞争绩效仍然存在着巨大的差异：进入 VCD 工业领域的大多数中国企业在短短数年之后就被迫退出，甚至像爱多这样曾经风云一时的主要企业也以触目惊心的

① 据中国电子音响工业协会不完全统计所得。实际上，政府与行业协会都不掌握准确的数字。

失败而告终；与此相比，新科、步步高、金正等企业不仅通过 VCD 阶段成长起来，而且成为目前在世界 DVD 市场上具有竞争力的企业。这就提出与上述问题互相联系的另一个问题：什么因素决定了中国企业在竞争绩效上的差异？

表 5-2-1　　中国品牌与外国品牌在中国 VCD 市场所占的份额

年份	国产品牌市场份额（%）	外国品牌市场份额（%）
1994 年	10.0	90.0
1995 年	33.8	66.2
1996 年	78.1	21.9
1997 年	87.3	12.7
1998 年	92.8	7.2
1999 年	93.0	7.0

资料来源：《中国电子音响工业协会行业快讯》第 145 期。

回答这两个问题对理解中国 VCD 工业的竞争力源泉至关重要，而寻找答案的关键点在于，真正的解释变量必须同时能够解释这两种差异。劳动力便宜似乎能够解释中外企业之间的竞争绩效差异，却无法解释中国企业之间的差异，所以不可能是真正的解释变量。下面对 VCD 工业竞争过程的分析将会证明：中国企业之所以在中国 VCD 市场上迅速获得对外国企业的竞争优势，不仅因为其产品价格较低，而且因为其产品的性能更好。正是因为这种竞争优势的主要源泉在于产品技术，而不仅仅是劳动力便宜，所以只有重视能力发展的企业才能成长起来。

2.1　进入 VCD 工业领域的技术路径和能力成长

中国企业的产品具有毫无疑问的价格优势（其中包括关税的作用），但如果外国企业保持着产品的技术和质量优势，依赖外国核心元件的中国企业仅仅靠价格优势并不足以像雪崩一样压倒外国企业（如同在所有其他消费电子产品领域被证明的那样）。实际上，导致外国品牌市场地位迅速衰落的决定性因素是中国企业的产品不仅价格较低，而且在性能上超过了外国产品，即中国主要企业生产的 VCD 播放机具有比外国产品强大得多的纠错能力。

纠错能力成为决定 VCD 播放机消费者价值的主要因素，是由当时中国 VCD 市场的特点所决定的。当 VCD 开始普及后，迅速扩大的中国光盘市场实际上是以盗版光盘为主。盗版光盘的基本特点是质量差、参差不一。但由于盗版光盘对普通消费者来说既便宜（是正版光盘价格的 1/10～1/5）又容易买到，所以其泛滥流行成为中国市场的现实。虽然这个特点由于当时的条件而具有偶然性，但问题的实质在于中国市场的需求结构永远具有自己的特点，而在性能特性上更符合这种需求特点的产品能够具有更强的竞争力。

盗版光盘的流行使纠错能力成为中国消费者选择购买播放机的主要因素，而较强的纠错能力使中国产品对外国产品具有性能上的优势。当中国企业在产品的性能、价格和售后服务上都呈现出优势时，外国产品市场份额的迅速崩溃就不难理解了。但这里又提出一个问题：为什么中国企业能够开发出具有较强纠错能力的播放机？要回答这个问题，必须理解 VCD 的产品技术方案和企业的技术路径选择。VCD 播放机的通用技术方案如图 5－2－1 所示：

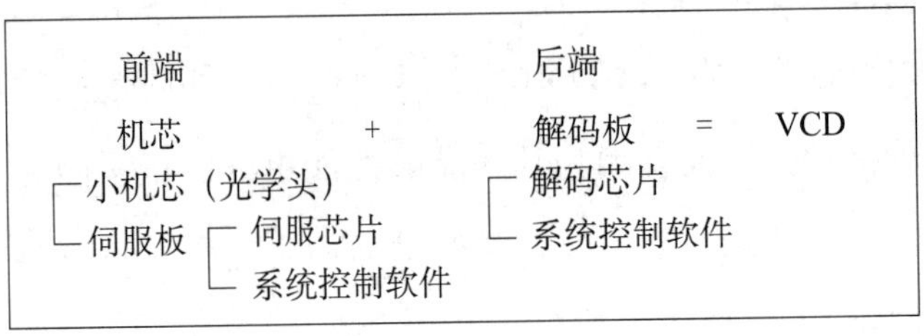

图 5－2－1　VCD 播放机的通用技术方案

产品技术方案和技术路径对于产品竞争绩效的影响可以从三星的经验看出。由于元件技术上的连续性，各企业生产 VCD 播放机的技术方案[①]最初都深受 CD 唱机技术的影响。眼见中国 VCD 市场浮现，三星迫不及待地选择了一个

① 技术方案指的是核心元件的选择及其各种组合，所以其影响产品的建构设计。

捷径进入，其技术方案就是在CD唱机机芯上加装C-Cube解码板而成，即CD＋解码器＝VCD。这样的VCD实际上是简单的拼装机，在产品亚系统之间的接口上存在技术难点，容易死机。不仅如此，三星播放机是一个封闭系统：除了不得不外购的解码芯片外，光学头、伺服芯片和机芯全部采用三星自己生产的。但三星的元件在性能上逊于中国企业所大量采用的飞利浦和索尼元件，导致整机的性能较差。虽然三星因先行者优势而一度在中国VCD市场上领先，但由产品缺陷所导致的质量问题却日益引发消费者的不满，最终遭消费者抛弃而退出市场。三星播放机的失败根源在于没有形成适当的产品概念并采取相应的产品建构。

虽然依靠外国核心元件技术，但中国企业采用这些技术的不同方式仍然反映出三条明显不同的技术路径。第一种是打包方式。中国VCD市场兴起后，飞利浦与美国C-Cube公司结成战略联盟①，向中国VCD企业提供整体技术方案，即由飞利浦公司提供机芯、伺服板以及伺服板上的系统控制软件，由美国C-Cube公司提供解码板，包括解码芯片和相应的系统控制软件（负责机芯、伺服板和解码板之间的稳定连接及产品功能设计）。这种打包方式的特点是接口简单、集成性好，下游组装企业只要买来机芯、解码板及外围元器件进行组装就可以了。在这种方式下，企业容易在短期内快速生产VCD，但因完全依赖国外上游厂商而难以形成自己的技术能力。

当VCD迅速火爆起来时，国内几百家生产厂商中90%的企业都采用这种打包方式。典型的是广东珠江三角洲的一批小企业。依靠有利的市场条件和外国上游厂商提供的核心元件，组装VCD的小工厂在这个市场经济发达的地区如雨后春笋般地冒了出来：只要买来机芯和解码板，然后加装电路板、机壳，就组装出VCD播放机，再贴上仿冒的牌子，就卖了出去。随之出现的配套企业使这个方圆不出25公里的地区聚集了供应线路板、机壳、开关等配件的企

① 抢先向中国VCD企业供应机芯的是飞利浦。1994年，飞利浦在上海投资建立了VCD机芯生产基地。但因为当时对外资企业在中国内地直接销售有限制，在上海生产的机芯都是先出口到香港，再绕道进入内地市场的。索尼一开始对中国VCD市场没太注意，以至于落在后面。

业。"床板工厂"遍布珠江三角洲，仅花都市就有上百家 VCD 企业。因为它们的产品以假冒伪劣著称，后来人们对靠假冒组装生产的 VCD 统称为"花都机"。

第二种方式：相对集中的分散方式。其采用飞利浦的机芯、伺服板及其相应的伺服系统控制软件和 C-Cube 解码芯片，企业自己开发解码板的系统控制软件。在这种方式下，企业有一定的技术开发能力，能根据自己设定的产品特点开发出相应的系统控制软件来完成相关的功能设计。这体现在产品功能的发挥和质量的稳定等方面。产品之间的差异表现在系统控制软件上。万利达、爱多、步步高、金正等企业都在这个技术能力层面。

第三种方式：分散方式。其采用索尼公司提供的光学头读取系统（小机芯）和伺服芯片，以及 C-Cube 解码芯片（后来，新科采用美国 ESS 公司提供的解码芯片），而由企业自主开发所有的系统控制软件。由于需要自己把各种元件整合为一个完整的系统，所以这种方式要求企业掌握更强的技术能力。新科是唯一采用这种方式的中国企业。

通过这三条不同技术路径的对比可以看出，除去生产拼装机的投机性企业，当时中国企业的技术能力主要体现在建构技术方面（集中体现在系统控制软件技术上）①。但由于建构技术决定对元件的整合方式，所以其恰恰是定义产品性能特性的主要技术环节。由此可以产生一个推论：中国产品性能优势的来源是，更理解本土市场的中国企业通过建构技术定义出更符合需求特点的性能特性，尽管它们不得不依赖于外国核心元件。从上述对比还可以看出，建构技术能力越强，实现自己产品概念（即体现了对市场理解的产品设计思想）的可能性就越大。这就意味着，在技术学习上越深入的企业越有可能开发出具有性能优势的产品。

于是，对不同技术路径的比较提供了理解中国企业技术能力发展的线索。

---

① Henderson 和 Clark（1990）所定义的建构主要是指在硬件层次上的元件连接方式（如电扇中马达与叶片的物理连接）。但对于信息技术产品而言，软件已成为产品更为重要的连接方式。硬件层次上的连接只能在表面上将元件组合成为一个联合整体，而软件层次上的连接才能使这个联合整体成为一个有机系统。

第一，选择不同的技术路径要求企业在能力（在这里表现为自主整合元件的建构技术能力）发展上付出不同程度的努力；第二，不同的选择影响企业能力进一步发展的方向和潜力；第三，发展技术能力的战略决心越强的企业越能够按照自主产品概念定义产品的性能特性。因此，企业技术能力发展上的差异决定了产品性能的差异。从结果看，采取这三条不同技术路径的中国企业确实在竞争绩效上表现出不同的趋势：在市场竞争加剧之后，首先被淘汰的是采取上述第一条技术路径的企业；在采取第二条路径的企业中，偏离能力发展重心的企业被淘汰，而在能力发展上做出努力的企业则能够具有较强的竞争力；但无论如何，采取第三条路径的新科最终成为技术能力最强的领头企业。因此，产品层次上的差异反映了企业层次上的差异：能力发展决定企业的兴衰。下面以当时中国 VCD 工业领域最大的两个企业在市场竞争中的不同命运来说明这一点，并帮助理解中国企业产品性能优势的起源。

2.2　失败的陷阱

在 VCD 工业中成长起来的企业都是曾经对生产设施、营销网络和管理组织进行了大规模投资的企业[①]。但在市场需求和技术来源似乎不会成为问题的条件下，一些本来具有潜力的企业把注意力集中在包括广告和价格战在内的“市场运作”上，似乎只要善于“市场运作”，企业利润就可以无限地增长。但这样做的企业最后总是因为忽略了能力发展而失败。

这方面的典型例子是曾经风云一时的广东爱多电器有限公司[②]。爱多的前身是广东省中山市的一家乡镇企业。1994 年年底，拥有企业的两位合伙人决定进入 VCD 工业。1995 年 6 月，该企业的工程师靠从香港买来的三块 CL480 芯片制成 VCD 样机。两个月后，企业更名为爱多（IDALL）。同年 12

① 即钱德勒所说的“三重投资”(Chandler，1990)。

② 本文分析爱多的主要资料来源是孙玉红（1999）所写的《风雨爱多：一个企业神话的兴衰始末》。

月，爱多正式向市场推出 VCD 播放机。

爱多的第一批产品质量并不好，主要原因是使用了二手供应商的机芯。爱多果断停止与这种供应商的合作，转而购买飞利浦机芯，这使爱多与那些只图便宜不问质量的投机性组装厂拉开距离。这个行动对爱多早期的成长具有决定性的影响。由于飞利浦在选择供应对象时对终端产品制造企业有管理和质量要求，所以争取成为飞利浦供应对象的努力促使爱多聘请有经验的职业经理人来整顿管理，投资扩大生产设施，并成为 VCD 工业中第一家通过 ISO9000 质量认证的企业。由于在产品供不应求的条件下，获得核心元件几乎是 VCD 企业扩大生产的唯一瓶颈，所以成为飞利浦重点供应对象使爱多获得相当的优势。尽管如此，急于扩张的浮躁使爱多走上以“市场运作”为主要竞争手段的道路。

在 VCD 市场初起的阶段，消费者实际上难以区分众多品牌之间的差异。为影响消费者行为，许多企业都把广告战作为重要的竞争手段。爱多是广告战中的明星。为了尽快打响自己的品牌，爱多于 1996 年重金聘请香港著名动作影星成龙拍广告片，并在同年 11 月以 8 200 万元投标夺得中央电视台 1997 年电子类标板第一名。成龙的“爱多 VCD，好功夫”广告词使爱多品牌家喻户晓。同时，爱多借香港回归之机首次将 VCD 播放机价格降到 2 000 元以下，定价为带有双关含义的 1 997 元。这些措施导致爱多播放机的销售量从 1996 年的 6 万台猛增到 1997 年的 150 万台，销售额从 2 亿元猛增到 16 亿元，市场份额闯入前三名。

通过“市场运作”获得的高速成长使爱多的胃口越来越大。1997 年 5 月末，爱多经过几个月的策划，率先实施大规模降价（称为“阳光行动 A 计划”），其 6 种型号的产品平均降价幅度达 25%，顿时引发了购买热潮和全行业的价格大战。新科立刻跟进，把三碟机降到 1 698 元（与爱多单碟机价格差不多），几天后又降为 1 500 元；万利达也降价 20%。此后，爱多为保持势头，把每台机再降价 200 元。这场大战使 VCD 价格在半年之内降低了近 45%，迫使珠江三角洲的小组装厂基本上退出市场；爱多的市场份额则首次超过万利达，成为行业老二。

但事实证明，偏离了能力发展重心的爱多并没有支撑价格领先的实力。降价带来热销，但爱多并没有成本优势，既不能从销售增加上获取更多利润，也不能迅速扩大生产，从而导致在全国范围内的断货。在对其他企业的能力做出错误判断后，1997年9月，爱多又决定每台平均提价250元，企图弥补失去的利润。但出乎爱多的意料，新科和其他厂家都没有跟随提价。结果不仅造成爱多产品滞销，而且给了步步高、金正这样刚刚进入市场就差点被价格战淘汰的新企业以生存机会，使市场格局由新科、爱多、万利达三足鼎立变成了“战国七雄”。

爱多对这次行动的失败进行了分析，但在能力不足条件下的急于求成使决策者找不到“市场运作”之外的任何其他竞争手段，于是结论是：再次降价。1997年11月，爱多发起“阳光行动B计划”，单机最高降价500元，并号称实施为用户提供打折优惠的“千店工程”、免费提供影视资料的“宝典工程”和免费提供世界最新影音光盘的“金碟工程”。作为与B计划配合的广告战，1997年11月，爱多以2.1亿元的天价夺得中央电视台1998年广告招标的标王，并花了上千万元请著名导演张艺谋拍摄了由成龙主演的新广告片。但实际上，B计划中唯一发生作用的是降价，它使爱多的市场份额再次上升，但是资金不足使B计划中途夭折。

从1998年初开始，VCD市场趋向饱和，需求增长明显放缓。但为了成为行业老大，爱多又对新科发起正面进攻。爱多先是企图通过大量采购索尼的三碟机机芯来截断新科的上游核心元件，但不仅没有达到目的，反而造成积压。然后，爱多在全国各大城市的大商场中进行声势浩大的促销活动。但这场代价巨大的商战[①]并没有取得预期结果：爱多在许多大商场夺得第一的位置，但仅仅维持了两个月就又被新科超过；而爱多在地市、县级和一些批发市场的份额却被步步高、金正、先科等企业悄悄地蚕食掉。由于缺乏在技术、产品性能或生产规模等方面的优势，爱多自杀式的价格战很快就难以为继。

---

①　业内人士估计爱多为这场商战付出的成本为1.5亿元。

为了化解在VCD市场遇到的困难，没有多少相应技术能力的爱多又企图向通信、音像、电视机等领域扩张。但不仅大多数产品线并没有获得成功，而且松散的组织结构和领导人的武断行为更加剧了企业的混乱。1998年下半年，爱多陷入财务危机，导致产权所有人之间的争议和决裂。1999年5月，由于欠债不还，公司总部被多家法院查封，随后爱多难以逆转地走向崩溃。

2.3 竞争优势的源泉

中国VCD/DVD工业中无可争议的领头企业是新科电子集团有限公司(Shinco)。这个企业的成长过程充分证明了包括技术能力在内的组织能力是企业竞争优势的主要源泉。

新科的前身是江苏省常州市郊区的一家乡镇企业。70年代末，这个得不到国家投资和产品计划支持的小企业自主选择进入消费电子领域，开始生产半导体收音机。80年代中期，经地方政府协调，它被编为星球总厂（即国营常州无线电总厂）属下的第五厂，虽然企业实际上保持着独立性。得到索尼的技术支援后，星球五厂从1991年起开始生产CD播放机。到1994年进入VCD工业的前夕，这个有1 600多名员工的企业更名为“新科”（更名与星球总厂逐渐衰落有关），其主要产品包括CD播放机、收录机、组合音响等，当年营业额为3.7亿元。

万燕的创新立刻就被新科的领导人注意到了，而且后者立刻做出进入VCD市场的决定。但新科却是在万燕播放机上市17个月之后才向市场推出第一款VCD播放机的。新科的产品之所以没有赶上由外国企业所推动的第一波进入浪潮，是因为新科选择了一条进入VCD工业的独特技术路径。这条路径被证明是有效的，因为从一进入开始，新科在VCD市场份额最大占有者的地位就从来没有动摇过，一直持续到今天的DVD阶段。

在早期进入VCD工业的中国企业中，新科是唯一在消费电子领域具有足够长的历史和经验的制造企业（在老的音响企业中，新科是唯一成功转向数字化电子产品的企业)。多年的市场竞争使新科在定义新产品的过程中形成了清楚的市场概念。在分析万燕播放机时，新科领导人立刻感到产品定价太高。基于对市场的理解，他们认定这样的价位是中国消费者难以承受的，所以在自己的VCD研制出来之前就先把价位极限定在3 000元。同时，在对市场进行调查时，新科的管理者和工程师又发现纠错能力是决定播放机使用价值的主要性能参数。新科以清晰的市场概念为导向，没有从技术本身出发，而是从产品的目标价位和目标性能参数出发去寻找技术方案。但如果这样做，企业就必须对产品的研发投入较多的人力、物力和时间。新科之所以是在万燕产品上市17个月之后才推出自己的第一款产品，就是因为新科为实现自主产品概念而进行了大量的技术准备①。

追求合理价位和性能特性的努力使新科形成了自主技术方案的概念框架：不再把VCD看作CD加解码板的简单拼装，而是从一开始就把播放机作为一体化的系统来设计。虽然新科也要依靠外国企业的核心元件，但其没有直接采用上游供应商的打包机芯系统，而是运用自己的产品概念和技术能力把单独的核心元件整合为完整的产品。

新科追求自主技术方案的努力导致一项重大战略行动，即引入了第二家解码芯片供应商ESS②。在此之前，C-Cube是全世界唯一的解码芯片供应商。该公司利用这种垄断地位攫取超额利润：一块解码芯片的成本只有5美元，却卖75美元，连在香港的代理商都要每块净赚20美元。这使当时国内VCD播放机的价格底线保持在2 500～3 000元的水平。1996年，ESS公司企图进入解码芯片市场，但因无力提供多数中国企业所要求的整体方案而不得其门。为打破C-Cube的垄断对自己技术方案的制约，新科在7月份与ESS达成协议，支持它对解码芯片的技术开发。ESS公司开发出来的第一代解码芯片稳定性不好，但新科不改初衷，从1997年初全部换用ESS芯片。到ESS推出第二代芯片时，

---

① 同时还有等待CL480芯片出世的考虑——新科在1994年末从JVC和索尼那里得知C-Cube正在开发CL480芯片。

② ESS是华人企业家陈兆良在美国硅谷创立的一家企业，当时专门生产电脑芯片和声卡。

质量大幅提高，ESS以其芯片的小尺寸、多功能和较高性能价格比而迅速成为主要的解码芯片供应商，迫使C-Cube芯片从70多美元/块跌至10美元/块。这是驱动VCD播放机价格跌破2 000元关口的重要因素。

采用ESS解码芯片之后，新科的产品技术方案最终成型，即以新科的产品建构技术和系统控制软件技术来整合索尼的光学头、伺服芯片和ESS解码芯片。虽然新科也依靠外国上游供应商的核心元件，但其却因为出色的产品技术而使这种关系具有战略联盟的性质。由于具有对核心元件的较强整合能力，新科成为唯一能够使用索尼机芯的中国企业，所以索尼只有通过与新科合作才能从中国VCD市场获利（索尼播放机在中国市场销售不佳）。索尼的保证使新科在大多数中国企业受制于飞利浦的时候拥有稳定的供应来源。引入第二个解码芯片供应商使新科拥有了更大的优势：ESS与新科签订的协议承诺，推出每项新技术时，由新科优先使用3个月之后才向其他企业供应。此后，新科在美国硅谷成立“超越号”实验室，参与芯片的设计并跟踪技术前沿①。

新科对产品系统的把握能力和整合核心元件的建构能力恰恰就是开发出VCD播放机纠错能力的关键技术环节。纠错能力最早是指在数字音频信号处理器DSP中软件的错误检测和纠正能力（由索尼最早应用于CD唱机）。但对于VCD播放机来说，纠错能力的含义扩展成为系统性能，其强弱可通过播放有划痕、水印、气泡、污点等非常物的光盘，观测图像质量来主观判断。因此，纠错能力是反映VCD播放机系统全面性能的指标，受到很多因素的影响。

从播放机整体系统来考虑纠错性能，新科主要采取了以下几种主要的措施：第一，确立整机任何部分都影响纠错能力的观念，采用播放机一体化的系统设计思想。第二，使播放机高度集成化，主要电路部分采用SMT贴片焊接工艺，从而缩小电路板的面积、降低成本并简化工艺结构。第三，选择最先进的核心元件。在新科的建议下，索尼开发的第五代数字伺服芯片内嵌具有超强纠错能力的软件，达到四重纠错能力（韩国三星VCD的纠错能力只能达到CD唱机级别的二重纠错水平）。同样，新科采用的ESS第四代解码芯片也具有超

① 后来新科又在香港成立实验室，主要从事系统软件的开发。

强纠错能力。第四，也是最重要的，就是发展出独特的系统控制软件。系统控制软件不仅控制元件的工作姿态，而且决定如何最终处理不规则的信号，所以对纠错极为关键。在新科播放机中，控制全机各个部分（包括 MPEG-1 解码器）的 CPU 控制软件是新科自主开发的。在播放机的所有部件中，系统控制软件是最具有企业特定（firm-specific）性质的，因为软件的程序体现了不同企业对产品性能的不同理解，所以也是最难以模仿的。

新科的技术路径同时决定了企业的能力成长路径。从新科的成功可以看出，发展出优良产品技术的必要条件是对市场需求特点的正确理解，充分条件则是坚持不懈的能力发展。进入 VCD 工业时，为了把市场概念转化为产品性能，新科在选择产品技术方案时采取了系统观点，并投入了大量的人力、物力，自主开发系统控制软件，发展出把核心元件整合为自主定义的产品系统的能力。作为一个里程碑，新科在 1998 年初首先把 VCD 机芯伺服系统和解码系统的软件整合为单一系统控制软件，并把伺服板和解码板集成为一块电路板，使产品的系统性达到一个空前完美的境界。这个被命名为“超越一号”的版本是当时世界上最优秀的，超过了索尼和松下的版本，它不仅使新科播放机的速度和纠错能力大大提高，而且使其成本比采用“飞利浦＋C-Cube”方案的播放机低了 100 多元。新科以其出色的产品建构创新而成为中国 VCD 工业的主要创新者之一。

1995 年 6 月后，新科完全依靠自身积累进行了大规模投资[①]，包括引进高精度的 SMT 贴片机生产线、全自动插件机和电脑检测仪，并且发展出过去所不具备的模具开发能力。同时，新科的产品开发能力不断增强，其播放机的纠错性能领先于任何外国品牌和其他国内企业的产品。当 MP3 网际音乐问世时，新科只用了短短的两个月时间就在超级 VCD 的平台上完成了 MP3 的解码，制造出世界上第一台兼容 MP3 的光盘播放机。

新科进入 VCD 工业是以形成自主产品概念为起点，这是开发出符合市场

① 新科是一个在财务上很保守的企业，从来不举债，直到从 2000 年开始大规模出口后才使用银行贷款。

需求特点产品的前提。更重要的是，对实现自主产品概念的坚持必然催生发展技术能力的战略决心。于是，新科以 17 个月的研发所表现出来的这种决心为动力，走上一条以能力发展为重心的道路，其势头驱动新科不断完善产品的技术方案、引入新的核心元件供应商并对生产设施进行大规模投资。这种能力发展恰恰就是新科的力量源泉。在中国 VCD 市场兴起之初，新科播放机是三星播放机的主要克星，是导致后者溃败的主要力量。在 VCD 市场趋于饱和时的价格战过程则证明，新科的降价能力远远超过爱多。爱多挑起价格战后，VCD 工业的主要企业于 1997 年 7 月在广东番禺召开行业会议，呼吁限价并声讨爱多，而在会上唯一公开支持爱多降价政策的企业就是新科。在爱多重新提价之后，新科不为所动，坚持把降价进行到底。因此，VCD 工业的价格领袖不是多次挑起价格战的爱多，而是在价格战中步步跟进的新科。事实证明，新科在价格战中表现出来的竞争力源于由技术优势所带来的成本优势。价格战使爱多陷入财务危机，却没有降低新科的赢利能力。这个过程表明，真正推动 VCD 播放机降价的决定性因素是技术领先企业的能力发展。具有讽刺意味的是，虽然新科的名气从来没有爱多的大（新科没有加入过广告战），但其市场份额却总比爱多的大。中国 VCD 工业的经验再次证明，能够在激烈的市场竞争中生存下来并发展壮大的决定性因素是企业发展组织能力的不懈努力。

第三章
向 DVD 工业过渡的动力

中国 VCD 市场的兴旺和中国企业的主导地位刺激外国企业加速推出 DVD。由于发达国家没有经历过 VCD 阶段，所以 DVD 在国际主导企业的推动下逐步成为世界市场的主流①。面对新技术的威胁，许多人预言 DVD 将完全替代 VCD，而不掌握“核心技术”的中国 VCD 企业将会走向死亡。但是，当时很少有人预料到在 VCD 阶段成长起来的中国企业能够迅速过渡到 DVD 阶段，并把在中国 VCD 市场上获得的竞争优势在世界 DVD 市场上持续下去。

其原因首先在于，DVD 的技术变化对于 VCD 制造企业而言是“能力增强型”的②，所以 VCD 工业的发展大大降低了中国企业进入 DVD 工业的壁垒③。

---

① DVD 从 1996 年推出后，由于受到互补产品、区域码和价格的制约，在中国和世界市场上都经历了一个渐进的推广过程。第一，DVD 必须与 500 线以上的高清晰度彩电配套，否则其显示效果与 VCD 无异。第二，DVD 标准于 1995 年 12 月初步确定之后，美国消费电子制造商协会和美国电影协会强烈要求 DVD 制造企业加装“防止拷贝管制系统”，并在光盘上编注不同的区域码以防止盗版，不同地区的 DVD 互相不能播放。中国单独编码为第六区，与其他任何地区都不通用。但这项措施并不十分有效，而且增加了制造商的成本，所以后来有所松动。第三，DVD 于 1996 年刚刚出现在中国市场时，价格高达每台 9 000 多元（后来降到 5 000 多元），以外国品牌为主。

② Tushman 和 Anderson（1986）把主要的技术化区分为“能力摧毁型”和“能力增强型”两类。能力摧毁型技术变化要求新的技能、能力以及产品开发和生产知识，所以掌握新技术会根本改变企业在一个产品族方面的能力。能力增强型技术变化是建立在一个产品族现有知识基础上对价格/性能的明显改进。这种改进后的技术可以替代较老的技术，但并不使掌握老技术所必需的技能过时。

③ VCD 工业的发展为中国企业培养了一大批管理者和工程师，使他们熟悉了消费电子市场的竞争，积累了在管理、技术和国际贸易等方面的宝贵经验；由于技术和市场的连续性，在 VCD 阶段积累起来的厂房设备、制造设施、质量控制和检测系统、销售网络等互补资产全部可以用于 DVD 阶段。

但中国工业能够在世界 DVD 市场上再次赢得优势并非仅仅依靠这种自然的能力累积，而是中国领头企业通过技术学习在已有的能力平台上再次跃升，发展出能够吸收和整合各种世界前沿技术的“系统集成”，从而使中国企业生产的 DVD 播放机在技术上、性能上都处于世界前沿。

3.1 从建构创新到系统集成

自 1996 年 DVD 由国际主导企业推出后，到 1998 年 DVD 在中国市场已是广为人知。当时中国政府有关部门和工业界形成一种共识，就是有必要提高 VCD 的技术性能以延缓 DVD 市场需求的到来：这种产品既不是采用 MPEG-1，也不是采用 DVD 标准的 MPEG-2，而是采用 MPEG-2 的低级压缩技术。但在制定这样一个介乎 VCD 和 DVD 之间的产品标准的过程中，中国企业形成两个对立的阵营，最后由政府裁决执行兼容两个阵营技术方案的超级 VCD 标准①。这是中国制定的第一个拥有自主知识产权的数字（视听产品）技术标准。然而，超级 VCD 实际上并没有延缓 DVD 的到来。但围绕标准之争而进行的研发活动却进一步增强了中国企业的技术能力，而且由于在短短两年内就增加了 2 000 万台超级 VCD 的保有量，所以增强了中国市场对 DVD 技术轨道的影响。因为向前兼容 VCD 和超级 VCD 成为 DVD 能够在中国市场上销售的必要条件，所以这种兼容性成为 DVD 事实标准的一部分。

事实上，一些中国企业在此之前就已经开始了向 DVD 的过渡。出人意料

---

① 当信息产业部还在推动 SVCD 标准的研究时，先科、爱多、厦新、步步高、金正等企业和 C-Cube 公司于 1998 年 6 月 9 日在上海联合召开产品发布会，抢先一步推出 CVD。这项行动充满了战略意义：如果 CVD 能够因先行者优势而成为标准，那么锁定在 SVCD 上的新科就会被挤出市场。无论这个前景对于中国企业之间竞争的意义何在，它对 C-Cube 来说就是可以排挤掉 ESS 而重新成为解码芯片的主要供应商。此后，新科联合了熊猫、华录、上广电等企业积极游说政府。最后，由信息产业部裁决执行兼容 SVCD 和 CVD 的超级 VCD 标准，并于 1998 年 9 月颁布。标准之争表明，外国核心元件供应商对中国工业的控制力已经动摇。超级 VCD 标准的确立使 C-Cube 垄断解码芯片供应的企图没有实现，并使 C-Cube 从此走上被边缘化的道路（后来被其他企业收购）。超级 VCD 的名称实际上现在已经没有人再用，流行的称呼还是 SVCD。

的不是中国企业最终进入 DVD 领域，而是中国企业在如此之短的时间里呈现出如此之强的竞争力。由于新科在这个过程中再次起到了领头作用，所以我们仍以它为例来说明：在技术学习和能力发展上的不懈努力才是中国 VCD 工业向 DVD 工业过渡的力量源泉。

新科在 1996 年就决定制造 DVD。当时，新科再次从索尼处寻求技术来源，但由于新科的 DVD 技术包含了大量的自主研发，所以新科与提供核心元件技术的外国企业不是单方面的转让关系，而变成双向互动的关系。正如索尼公司一位高级主管所说："前期在进行技术开发和制作时，索尼的光学产品和半导体芯片等部门与新科的工程师进行合作，新科提出需要开发的产品思路，索尼提供光学和半导体解决方案……这次推出的璐明机芯[①]也可用在原来 VCD 和超级 VCD 的平台上。新科提出了这个思路，索尼找到了光学和半导体的解决方案。"[②] 通过这种互动关系，新科是在利用索尼的核心元件技术，而不仅仅是使用索尼的核心元件。

新科进入 DVD 工业领域的能力基础是在 VCD 阶段发展起来的产品技术和制造能力，这些能力包括在市场概念、对产品系统的把握、系统控制软件技术以及产品和工艺设计等方面的大量知识和经验。在 DVD 仍然处于推广时期（意味着产品仍然需要不断地改进），这些知识和经验对核心元件技术的发展十分重要。新科和索尼之间的关系证明了这一点：索尼机芯技术的发展与新科的采用密切相关，因为新科在终端产品方面具有比索尼更多的经验；索尼的核心元件技术不仅从新科的成功中获得了宝贵的市场，而且从新科的产品技术中吸取了大量的知识和经验（DVD 机芯必须向前兼容 VCD、超级 VCD 的概念就是由新科提出的）。索尼愿意帮助中国企业掌握 DVD 制造技术的动机显然是为了推动 DVD 尽快成为主导产品，而保持与新科的合作关系则是因为能够从中获得最大的收益。

---

① "璐明"（lumiere）来自法文，有光明、智慧的含义，是索尼 DVD 机芯系列的名称。

② 璐明机芯 9 月将保证供应——访索尼光学系统总裁富冈政雄、索尼电子器件营业部器件部总经理米山修．中国电子报，1999－08－13.

新科整合外部技术资源的能力在解码芯片上表现得更加明显。ESS 由新科在 VCD 阶段引入解码芯片领域之后，在 DVD 阶段成为 MPEG-2 解码芯片的世界头号供应商（到 2002 年 6 月之前）。新科一直与 ESS 保持着技术合作关系，并通过设在美国硅谷的“超越号”实验室参与解码芯片的开发，其主要作用也是从产品的系统要求出发，提供思路和概念以引导芯片开发的方向。由于设计和生产解码芯片需要高度专业的技术，所以没有任何一家 DVD 企业能够自行供应这种核心元件（日本的索尼和东芝生产 DVD 也都曾经使用 ESS 解码芯片）。这就意味着新科与世界其他主要的 DVD 企业在获得解码芯片方面处于平等的地位。

我们把新科所体现的、以产品创新为导向而能够整合外部技术资源的能力定义为“系统集成”（system integration）[①]。强调系统集成的作用并不意味着轻视掌握核心元件技术的重要性，而是强调在技术变化迅速和不可能掌握所有技术的条件下，有能力吸收、利用和整合外部技术是技术相对落后国家的企业能够开发和制造出具有国际竞争力的产品的有效途径。简单地采用外部技术并不等于系统集成。从新科的例子看，区别依附外部技术和系统集成的关键变量是企业在产品开发上的自主性，即系统集成的企业是产品的系统设计者和产品创新的主导者。这就意味着它与上游核心元件供应企业之间的关系是双向互动的，而这是能够根据自己的产品概念来整合外部技术的必要条件。新科在 DVD 市场的竞争优势说明了这一点。

新科于 1999 年 8 月向市场推出自己的第一代 DVD 播放机。以此为契机，新科与其他几家中国企业组成 DVD 联盟，并以低于飞利浦、索尼、先锋等外国品牌千元以上的价格强劲上市，造成外国品牌在中国市场的份额全面缩减。2000 年，新科投资 3 亿元建成 DVD 的大规模制造基地。从 2001 年 9 月到 2002 年 5 月，新科以 DVD“普及风暴”为主题，连续推出千元以下的普通机型和稍超过千元的高档机型，带动中国 DVD 市场价格的大幅度下降。2002 年，新

---

① “系统集成”所反映的思想是近年来有关技术创新文献中的一个主题（Lansiti and West，1997；Lansiti，1998；Best，2001）。

科在中国 DVD 市场上以超过 25%的份额高居榜首，而外国品牌的份额总共不到 11%。

在 DVD 阶段，新科播放机的产品性能再次呈现出优势。新科 DVD 从一上市就具有超过国外任何品牌的兼容性，不仅兼容 CD 和 VCD，而且兼容超级 VCD 和 MP3 等格式的光盘（国外品牌不兼容后两者）①。在以自己的机芯替代索尼璐明机芯之后，新科播放机从 2000 年开始，在原有的基础上进一步兼容 CD-R 和 CD-RW（用于电脑的可录式光盘），使新科播放机与互联网接通（通过光盘下载 MP3），并从 2002 年初开始兼容柯达 Picture CD（即柯达数码相册，经柯达公司认证）。同时，新科播放机相继采用双解码、逐行扫描等技术，体型趋向超薄和微型化，结构增加防尘、防震功能，等等。更重要的是，新科播放机在纠错能力上继续领先于外国品牌，在兼容各种光盘的不同播放状态下，具有同样的超强纠错能力。由于 DVD 光盘记录信息的密度大大高于 VCD，所以同样的损坏在 DVD 光盘上破坏的数据量数倍于 VCD。事实证明，DVD 的这种特性使原来特定于中国 VCD 市场的纠错能力成为播放机在世界 DVD 市场上的重要性能指标，从而使新科 DVD 在世界市场上也具有独特的竞争优势。

新科继日本企业之后于 2000 年开发成功移动 DVD。移动 DVD 不仅体积大大缩小，而且配有高清晰度 TFT 彩色液晶显示屏，不用与电视机连接即可自行播放图像。在移动 DVD 基础上，新科在 2002 年 7 月的北京国际汽车工业展览会上推出车载 DVD，并于 2003 年年初推出全球卫星定位系统的车载 DVD。新科的多款移动 DVD 在纠错能力、光盘兼容能力以及各种电视制式的自由转换功能上领先于任何外国品牌，而价格只有外国品牌的 30%～50%。除此之外，新科还开发出了世界上最小型化的掌上影院 DVD 和最大屏幕的移动 DVD（这款装有 8 英寸液晶显示屏的移动 DVD-1810 在 2002 年 10 月第 22 届香港国际电子展上荣获科技创新金奖）。截至 2002 年，新科是世界上能够制造移动

---

① 这种兼容性来自产品概念，而产品概念又来自对中国市场性质的理解。由于中国是唯一经历了 VCD 阶段的主要市场，所以中国市场具有各种光盘并存的复杂性，这一点有助于理解本土市场的战略意义。

DVD的5个企业之中唯一的中国企业（其他4个企业是日本的索尼、松下、夏普和先锋），并且在产量上勇夺世界第一。

到2002年年底，新科的职工人数已达1万人，年销售额达到60亿元人民币（其中出口额2.92亿美元[①]）。由于DVD的市场是世界性的，所以中国企业的产品性能优势和成本优势导致大量出口，而新科也已成为全球三大DVD制造企业之一（其他两强为索尼和汤姆逊）。2002年，新科生产了60万台移动DVD，其中大部分是在美国售出的，把名列第二的松下（20多万台）远远甩在后面。为抓住美国市场对DVD需求迅猛增长的机会并摆脱专利费困境，新科在2003年全面转向以生产移动DVD为主（同时连续推出包括9英寸屏幕播放机在内的多款新产品），其在美国市场的销量呈连续翻番势头，并因而大幅度提高了利润率[②]。

从上述趋势看，新科DVD已成为集多种技术之大成的产品。世界上没有任何一家企业能够拥有所有这些技术，而能够把它们整合在自己产品上的出色表现，反映出新科通过自主产品概念和系统设计与上游核心元件技术供应商进行双向互动的能力。随着新科技术能力的不断提高，这种双向互动关系最终使外部核心元件技术的供应结构变成开放性和竞争性的。就在刚刚推出自己第一代DVD之际的1999年9月，新科与一家台湾芯片企业MTK（联发科技）在香港签订协议，合作开发用于机芯系统的伺服芯片，其目的是为了开发出新科自己的机芯以替代璐明机芯[③]。2000年4月，新科开发出DVD机芯（这是开发成功移动DVD的关键之一），此后逐渐不再使用索尼的机芯系统，而只使用索尼的光头。目前，新科已改用日本三洋公司的光头，因为三洋在光头技术上已超过索尼，而且不生产DVD。更富戏剧性的是，MTK最终开发成功把伺服和

① 新科于1998年获得自营进出口权，但真正形成规模的出口是从2000年开始，当年出口额为3 800万美元；2001年的出口额为1.76亿美元。2001—2002年，新科连续两年赢得江苏省自营外贸企业创汇第一名。2003年，新科销售额将突破70亿元人民币，出口额将突破3.5亿美元。

② 为保护企业的商业机密，这里不提供具体数字。

③ 想替代璐明机芯的主要动机是新科在那时就已经看出这种机芯的缺点（不能兼容CD-R，而且结构复杂）。这个事实表明，新科的产品概念是独立的，而且走在核心元件技术的前面。

解码集成一体的芯片，在2002年夏季推出后造成ESS解码芯片市场份额的全面崩溃。而新科以MTK第一个重要用户的历史身份重演了当初把ESS拉上激光视盘播放机舞台的活剧。

至此，中国DVD工业与外国上游技术供应商之间的关系发生了革命性的转变：不再是外国核心元件技术的变化决定中国企业选择产品功能的范围，而是中国领头企业的产品创新引发核心元件技术及其供应商的变化。系统集成使新科居于产业链的龙头地位（见图5-3-1），并因此而成为一个真正意义上的领头企业。新科的产品创新往往导致上游技术的变化，而且这种变化往往导致供应商结构的变化，最后通过上游供应商扩大供应范围而使新技术在整个工业中扩散①。这种趋势在可预见的未来只会更加强劲：新科已经开发出内嵌DVD（或EVD）的高清彩电，其目标是以自己擅长的DVD技术提供节目源，切入尚无数字信号播放的高清彩电市场。此外，新科即将推出装有USB接口的移动DVD（世界首创，不仅可以直接读取数码照相机的存储卡并播放影像，而且可以通过移动存储硬盘播放从互联网下载的影视作品）。同时，着眼于未来市场，新科正在开发DVD录像机，甚至在探索采用不同于MPEG标准的高清晰度视频编解码技术来创造新产品。在这些创新计划的幕后，已经有不同的供应商正在为新科悄然开发新的芯片。

从总体上说，中国企业因为在VCD阶段成长起来的组织能力而影响了世界DVD工业的演进。不但VCD并没有完全被DVD所取代，而且VCD工业的发展造成了中国市场对DVD产品性能的锁定效应：中国是世界上最先发展起来、最普及、容量最大的激光视盘及其播放机的市场，而且保有量仍以VCD为主，所以只有向前兼容VCD的DVD播放机才能在中国市场上销售，而在中国市场上取得明显份额的DVD制造企业能够赢得由规模经济所带来的成本优势。这是中国企业能够把在中国VCD市场上获得的竞争优势也在世界DVD市

① 最近MTK芯片对ESS芯片的替代导致中国主要DVD企业的产品纷纷过渡到单片机（即播放机中只有一块芯片）。这使电路因芯片数量的减少而更加简洁，不仅降低成本，而且提高产品的稳定性和纠错能力。新科是最早完成向单片机过渡的。

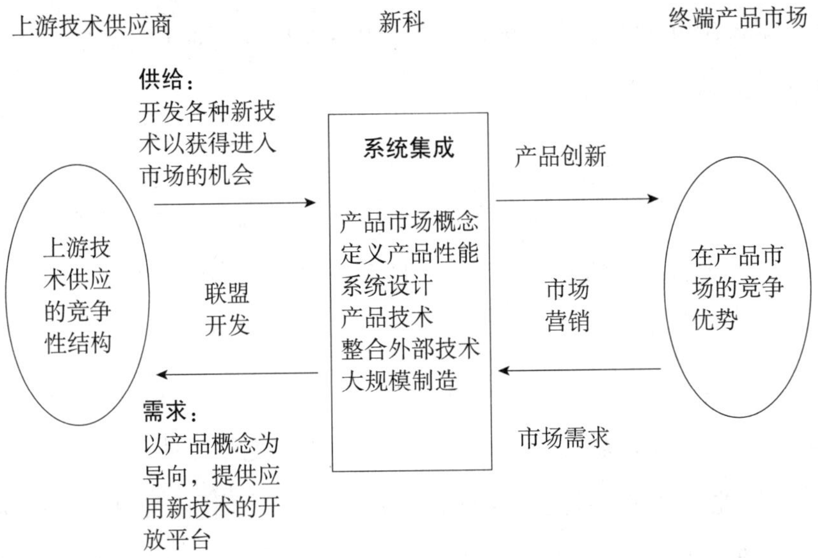

图 5-3-1　新科系统集成的市场地位

场上持续下去的重要条件。不仅如此，中国企业通过体现在系统集成上的研发活动也在塑造世界 DVD 工业的结构和技术轨道。由于 VCD 工业的发展，中国工业不仅没有在 DVD 阶段陷入像录像机阶段那样被动依赖的局面，而且掌握了产品技术的中国企业以其低成本制造能力把外国企业本来定位于高端的 DVD 硬是给做成了价格便宜的大众消费品。中国企业从 1999 年开始大量进入 DVD 工业领域后，不过短短三年间就在中国 DVD 市场上再次赢得主导地位，而且大量出口。2002 年，中国企业生产的 DVD 超过全世界产量的 50%，光盘播放机的出口金额超过 35 亿美元①。

3.2　成就与制约：中国 VCD/DVD 工业的历史地位

系统集成能力体现了中国 VCD/DVD 工业取得的成就，也充分反映出本土

① 根据中国电子音响工业协会提供的数据，2002 年中国出口影碟机 7 544.93 万台，出口金额 35.7 亿美元。其中，VCD 出口金额 8.71 亿美元，DVD 出口金额 26.99 亿美元。在 DVD 出口总量中，外国企业在华工厂出口 1 002.36 万台，占 25.5%，其余均为中国企业制造。

创新和能力发展的意义。但这个工业仍然面临着结构性制约。为理解这个工业能够继续发展的条件是什么，我们对其成就和局限做一个简要的分析。

理解中国 VCD/DVD 工业竞争优势起源的关键问题是：个别企业的产品创新为什么或如何能够导致整个工业的竞争优势？把这个问题换到新科成长的角度来问就是：为什么像新科这样一个在收音机、录音机、组合音响、CD 播放机等产品阶段都始终重视技术学习的企业，只是在 VCD/DVD 阶段才在技术能力上产生跃升？正是从这个环节上可以清楚地看出本土创新对于中国工业发展的意义。在几乎所有的黑白家电工业中，中国企业都是从依赖进口零部件组装成熟产品开始技术学习的。但通过这种学习途径来掌握产品技术需要花费很长的时间，因为在给定的产品建构下组装元件并不容易使企业掌握把元件整合为系统的知识，而且容易使企业受外国核心元件供应商的控制。相比之下，VCD 本土创新给了中国企业一个历史性的机会，使它们能够在一种新产品的“主导设计”尚未确立之前就根据本土市场的需求结构特点来定义产品的性能特性，从而使勇于学习的企业能够迅速从产品的系统层次（而不是元件层次）出发寻求技术方案，并发展出系统设计能力①。因此，以本土创新为起点的中国 VCD/DVD 工业之所以能够迅速发展出竞争优势，是因为由万燕创新所引发的

① 根据 Clark（1985），产品设计的中心任务是取得形式（form）和关联环境（context）之间的匹配性（fitness）：而根据 Christensen 和 Rosenbloom（1995），使产品的性能特性（即形式）能够适应价值网络（即关联环境）的要求在很大程度上取决于产品的建构。由于在产品“主导设计”确定之前的动荡阶段，生产者和消费者都处于对产品的认识过程之中，所以产品形式和使用的关联环境都处于演进状态，两者之间的匹配性也处于不确定状态（Clark，1985）。在这种条件下，企业为获得市场份额就需要搜寻，探索能够与关联环境匹配的产品形式，所以需要从产品系统层次上考虑技术方案。受 A-U 模型的启发，韩国学者金麟洙在韩国工业技术学习经验的基础上提出一个追赶国家的技术轨道模型（Kim，1997；1999）：与 A-U 模型的顺序相反，追赶国家的企业首先从终端产品的组装开始技术学习，然后在掌握了生产过程的基础上进行工艺创新，最后再到产品创新。这个模型的确反映了赶超国家以往的经验，但它仍然是一个直线模型，我们从中无法看出有关产品系统的建构知识是如何发展出来的。但无论这两个模型有何缺点，把它们组合起来就为理解本文所关心的问题提供了一个有意义的框架：由于 VCD 的本土创新，中国企业从金麟洙模型中的第一阶段（终端产品组装）一跃而进入 A-U 模型的第一阶段（即主导设计出现之前的阶段），而这个学习条件的突变使勇于学习的一些中国企业迅速发展出把握产品系统演进的能力。

工业动力驱使中国企业跃升到更高层次上进行技术学习，从而更有效地把它们对本土市场的理解转化为产品的性能优势①。

在产品系统层次上的学习是导致系统集成的直接原因。例如，新科发展出系统集成的关键在于从产品系统层次上把握住产品形式和产品使用关联环境之间的互动，并以追求两者之间匹配性的自主产品概念和建构技术来选择和整合外部技术资源。沿着这个路径不断努力，中国领头企业逐渐掌握了系统集成所必需的能力：(1) 对核心元件技术具有深刻的理解，即使不像专门供应商那样能够提供核心元件；(2) 能够对整个产品系统进行设计，并通过大批量生产转化为实际产品；(3) 能够通过在采购量和价格方面的优势为核心元件供应商提供有吸引力的市场。这些能力与产品的市场成功（由产品市场份额所体现）互为因果，使这些企业具有面对多种技术来源的选择能力，从而能够塑造上游技术供应结构。由此所带来的优势就是使处于比较落后的技术—经济体系中的中国企业制造出世界上最先进的产品。

从 VCD 产品创新到 DVD 的系统集成，中国企业与外国供应商的互动一直是这个工业得以发展的必要条件。这个事实反映了全球化条件下的趋势，即元器件、生产设备和技术信息在国际间的高度流动性，同时也说明市场开放可以增加技术学习的机会。但这个工业的经验同样证明，要想有效地利用外国技术资源，中国企业必须能够产生自主产品概念并不断发展自己的技术能力。因此，第一，自主研发和利用外国技术之间不是对立关系而是互补关系；第二，能够有效利用外国技术资源并将其转化为自身优势的充分条件是把握产品和市场竞争的战略建构以及在技术能力上的不断爬升。由此可以得出一个显而易见

① 但必须指出，技术学习环境条件的变化并不能解释新科对技术学习的专注精神是如何产生的。综合新科领导人对市场运作和资本运作的不信任以及在财务政策上的保守等特点来看，这种精神似乎更多地反映出一种带有朴实乡土气息的信念：企业是像土地一样不可替代的实业，必须以长远的观点认真经营。就本文所关心的问题来说，这说明坚持技术学习和能力发展的战略决心并不能够由市场机制所自动带来（所以会出现“爱多现象”），而是受到意识形态的影响。因此，提倡技术学习和能力发展的精神是促进中国经济发展的独立变量。如果以为对“边际成本”和“边际收益”进行账房先生式的计算就能够产生战略远见，那就用不着世界主流管理学文献十几年来洪水一般地讨论发展“核心能力”对于企业竞争优势的重要性了。

的推论：如果缺乏积极学习的本土企业，无论是技术的国际流动性还是外国直接投资都不可能自动导致中国本土技术能力的成长。

于是，我们又回到本文分析框架的两个基本理论前提上：由于技术进步是一个充满不确定性的演进过程，所以规模巨大的中国市场具有影响技术轨道和工业路径的可能性；而实现这种可能性的充分条件是在企业、工业和国家层次上的技术学习以及能够推动这种学习的战略和政策。中国 VCD/DVD 工业的经验充分证明了这个框架的有效性。

但这个工业迄今为止的经验仅仅说明了中国企业的早期技术学习的有效路径，尚不足以成为能够保证持续竞争力的模式。由于缺乏在较高技术层次上的知识产权，在世界市场上崭露头角的中国 DVD 企业遭到外国企业征收高额专利费的压制①。专利费的根源在于 DVD 的标准是由国际主导企业根据自己的专利技术制定的。要在世界市场上销售被称为 DVD 的产品，就必须遵循这些标准，同时也就必须使用这些专利技术。跻身于标准制定者之列的企业不仅必须具备较强的技术能力，还必须具备对市场的影响力（包括品牌知名度）。这种影响力是长期积累的，所以这些企业大多是录像机和 CD 播放机领域中的主导企业。这个事实说明技术和市场的演进具有路径依赖的特性（例如，CD 光盘的直径实际上就锁定了 VCD 和 DVD 光盘的直径），而发达国家的企业可以利用它们的优势地位构筑对后发国家企业的壁垒。

中国 DVD 工业遭受外国企业利用知识产权优势地位压制，是其发展的成功所致。事实上，中国企业对世界激光光盘及其播放机工业做出了无可辩驳的知识贡献。在以产品开发为导向的技术演进中，基础技术、核心元件技术和产品技术之间的关系是互动的。中国 VCD 企业在产品技术上的创新和改进使中

① 从 1999 年开始，拥有 DVD 专利的 6C 联盟（日本的东芝、松下、JVC、日立、三菱电机和美国的时代华纳）、3C 联盟（飞利浦、索尼和先锋公司）以及汤姆逊公司、MPEG-LA 专利收费公司和杜比公司不断提出专利费要求。根据中国电子音响工业协会代表中国企业与这些公司艰苦谈判后达成的协议，目前中国企业出口的每台 DVD 要缴纳 9 美元的专利费。外国企业对中国企业征收专利费的行动已经对中国 DVD 工业的成长产生明显的遏制作用。例如，新科原计划 2002 年生产 500 万台 DVD，由于缴纳专利费，导致低端产品已基本无利可图，所以新科当年被迫削减 100 万台的产量。

国成为世界上第一个成熟的激光视盘及其播放机市场。没有中国市场的影响，DVD在全世界的普及可能需要花费更长的时间和更高的成本。不仅如此，由中国企业所提供的知识、经验和市场也促进了外国企业的基础技术和核心元件技术的发展。但它们从终端产品市场做出的这种贡献却无法得到资本主义知识产权形式的承认。

外国公司征收高额专利费的目的在于以此抵消中国企业在终端产品市场上的竞争优势。专利费一方面是使技术研发得到回报的制度安排，但另一方面也可以成为企业用以钳制竞争对手的武器。外国企业对每台DVD征收15美元专利费的要求，是在DVD市场价格处于每台500美元的条件下测算的。但目前美国市场上DVD的较低价已跌到一台50美元，所以实际费率如此之高是世所罕见的。国际主导企业公然组成专门针对中国企业的专利和标准联盟，更是具有明显的垄断倾向[①]。

这种压制明白无误地说明，中国光信息工业如果能够最终走上自主发展道路，就必须以企业的能力成长为动力而在技术上继续爬升。但由于仍然面临着包括外国企业的压制在内的结构性制约，所以克服中国企业在成长过程中的瓶颈不仅需要它们自身的不懈努力，而且需要核心元件工业的发展、提供基础研究和人才训练的大学和科研机构的支持，以及中国政府的技术和工业政策[②]。

---

① 日本索尼、日立、松下、夏普，韩国三星、LG，美国先锋，荷兰飞利浦，法国汤姆逊，这9家国际主导企业（简称新9C）组成战略同盟，宣布将推出一种名为“蓝色光盘”的新一代光盘存储格式，以代替现有的DVD光盘标准。这个行动的主要目的就是继续提高技术门槛以遏制中国企业的成长。

② 政府的确做出了一些努力。1999年年底，信息产业部组织一些企业联合投资组建了北京阜国数字技术有限公司，并于2002年7月研制出了准备取代DVD的EVD高密度激光视盘系统（EVD：不仅仅是概念！．经济日报，2002－07－23）。同时，据报道，在国家重点基础研究（973）项目“超高密度超快速光信息存储与处理的基础研究”中，承担项目的清华大学独创多波长多阶存储技术，能够大幅度提高存储密度（我国光盘产业受制局面有望终结．经济日报，2002－11－29）。此外，受国家计委的委托，中国光盘工程研究中心正在推动光学头制造技术的发展。但EVD的推广很可能只局限于国内市场，而且在基础技术层次上仍然受制于DVD的知识产权。清华大学的光存储技术仍然处在CD级，还没有达到DVD级。

第四章 结论：中国的工业发展需要面向新世纪的技术政策

本文的结论可以直截了当地概括为三点。第一，中国工业的进一步发展离不开基于本土市场需求特点的创新。第二，工业竞争力的主要源泉是在组织层次上的技术学习和能力发展。第三，克服对中国工业的结构性制约需要政府技术政策和工业政策的支持。这三个结论互相联系，构成一种与“比较优势论”的政策主张截然相反的经济发展战略观。

迄今半个世纪的世界发展经验证明，由于后天形成的知识资产对于经济发展的作用越来越重要，所以单纯遵循“比较优势”的战略只会使落后的国家更加落后（Amsden，2001）。进入新千年之际，发达国家和发展中国家的差距正在扩大，而不是在缩小[①]。WTO条款对知识产权的苛刻要求和对政府扶植本国工业发展的限制表明，甚至连日本和韩国曾经走过的赶超之路都将被由发达国家所主导的国际贸易体系封死。虽然其所维护的是一种不平等的秩序，但这种秩序却企图在全球化的名义下限制赶超国家的政府在经济发展中发挥作用。但正如Gomory和Baumol（2000）所证明的，在现代经济的基础从农业和小企业转变为具有规模经济效应的工业后，国际贸易结构中的市场均衡是可以无限多的，而不同均衡之间的差别反映了国家之间的利益冲突。把这种职业经济学家的理论术语翻译成白话就是：纯粹的自由市场机制完全可能支持贫富国家两极极度分化的结构存在，而绝不可能自动改变穷国在世界经济结构中的位置。因

① 联合国发表的2003年《人类发展报告》指出，在全部列入统计的180多个国家中有54个国家变得比1990年的时候更穷，并说“这种人类生存状态的倒退是历史上少见的”（UNDP，2003：2）。

此，完全遵循比较优势原则可以置发展中国家于万劫不复之地。这个命题从反面说明，作为工业竞争力源泉的组织能力不可能由比较优势所自动带来，只能通过创新、学习及其相应的组织制度变化和战略决心而累积性地发展起来。

因此，面向新世纪的中国工业发展战略不能以比较优势为原则，而必须以技术学习和能力建设为重心。但由于发达国家对后进者形成了巨大的能力壁垒，中国工业仅仅跟随发达国家的工业和技术轨道是难以发展出竞争优势的，所以中国工业必须走出自己的发展路径。中国 VCD/DVD 工业的经验不仅提供了非线性技术发展的一个实例，而且展示了一条中国工业的崛起之路①。本文对这个工业的详细分析证明，给定中国的市场条件和已经具有的技术能力，本土创新不仅是可能的，而且是最有效的技术学习途径；只有在组织层次上具备了技术学习和能力发展的动力，劳动力成本较低的“比较优势”才能贡献于竞争力。

从落后者的地位出发，中国企业和工业的能力发展必定受到结构性制约，

---

① 中国 VCD/DVD 工业所展示的发展路径——通过创新和学习寻找在技术结构中的切入点，以自主产品概念定义本土市场价值网络所要求的产品性能特性，然后在赢得市场份额的基础上以掌握核心技术为导向，继续在技术上爬升——对于中国的工业发展具有普遍意义。第一，中国 VCD/DVD 工业的经验教训直接适用于其他一些组装工业。例如，尚未掌握“核心技术”的中国手机工业在短短几年中的迅速进步，显然是因为中国企业通过建构创新找到了产生优势的环节。中国企业从本土市场的需求特点出发，通过建构创新重新定义手机的性能特性（如外观、形状、结构和时尚要求等），由此而发掘出来的市场潜力甚至使产品的性质发生变化：手机不再仅仅是通信工具，而且成为与时尚有关的日用品。国际主导企业如诺基亚、摩托罗拉、爱立信等显然在适应这个变化上慢了一步。但这个工业也会在不远的将来遇到 VCD/DVD 工业所遇到的瓶颈，只有重视能力发展的企业才可能在手机市场的增长放缓后生存下来。而整个工业只有继续在技术上爬升，才能够保持竞争力。

第二，中国 VCD/DVD 工业所展示的发展路径对上游工业的发展战略也有启发。元件也是产品，同样可以分解为元件（即元件的元件）和建构知识。例如，作为汽车核心元件的发动机也包括自身的元件和建构。所以，Christensen 和 Rosenbloom（1995）把复杂产品看作“互相套入的层级结构”（nested hierarchies），由于终端产品构成元件的使用系统或价值网络，所以终端产品的性能特性可以影响到元件的性能特性。这个逻辑的意义在于，中国核心元件工业的发展同样可以而且应该走出独特的路径。例如，中国芯片工业的发展战略绝对不应该是正面赶超像英特尔公司这样的主导企业（那意味着将模仿先行者的路径——一种代价昂贵的方式），而应该牢牢把握住中国下游工业的需求特点进行创新。既然中国的下游工业能够走出独特的路径，那么，它们的发展不仅为上游工业提供了规模意义上的市场需求，而且也通过其需求结构的特点提供了找到切入点和独特路径的机会。

而克服这种制约需要超越个别企业的力量。这不仅是因为发达国家的企业和政府一定会通过各种技术和贸易壁垒对赶超者进行压制，而且也因为企业的技术进步同时依赖于一个包括研发基础结构和公共资源投入的国家创新体系的支持。因此，要使崛起于产品市场的中国工业的竞争力持续下去，就必须改变中国工业在技术结构中的较低位置，但实现这种结构变化不可能仅仅依靠自由放任的市场机制，也不可能依靠遵循“比较优势”原则的经济发展战略，而必须依靠中国的组织在各个层次上的技术学习和能力发展，依靠中国政府的技术政策和工业政策。为帮助中国企业和工业克服能力发展的瓶颈，中国政府至少应该把握三个政策原则。

第一，中国政府应该把知识产权看作经济全球化时代的重要竞争武器，看作在开放市场条件下不得不学会的游戏规则。知识和知识产权是两个不同的概念。由发达国家所主导的世界贸易体系在知识产权上的要求，反映的是发达国家的利益。新自由主义意识形态企图把知识产权道德化，用以掩盖知识产权同时所具有的非知识性质。但发达国家对发展中国家的进攻性知识产权政策越来越显示出它的竞争武器的性质。以中国 DVD 工业的专利费困境为例，当技术的回报是采取专利费形式时，自由市场机制并不能够在当事各方之间“公正”地分配经济收益。知识产权是一种法权，专利费征收者和被征收者之间的关系不是市场关系，而是在由政治权威所规定的权利义务体系中的权力关系。外国公司对中国生产的 DVD 每台是收 15 美元还是 3 美元并不是由市场决定的（因为不存在这种市场），也不是由它们的实际研发成本决定的，而是由权力决定的[①]。

---

① 导致中国 DVD 工业被征收如此高额专利费的部分原因是政府的无所作为。第一，在计划体制下形成的部门分割，使政府缺乏对知识产权纠纷这种新出现的战略问题进行协调的能力；第二，DVD 专利谈判发生在加入 WTO 的前夕，政府对外采取息事宁人的态度，回避对本国企业的支持。于是，在中国企业没有得到政府帮助的条件下，外国企业采取了以扼杀中国企业为目标的专利费政策，而且一旦得手便蜂拥而至，把中国企业当成了可以任意宰割的肥羊。因此，中国政府必须从这次失误中吸取教训。必须指出，外国企业组成专门针对中国 DVD 企业的专利联盟和标准联盟是尤其值得中国政府重视的事件。由于这些所谓“6C”“3C”等企业同时都把中国市场看作实现它们增长的关键，所以中国政府实际上拥有多种行政和法律手段对这些企业的垄断行为进行干预和管制。这是中国政府有义务采取行动的地方。

因此，中国知识产权政策的核心应该是鼓励和保护中国企业的创新、技术学习和能力发展。由于没有市场机制可以公正地分配技术知识的收益，所以中国政府必须超越那种以为知识产权政策仅仅是保证专利所有者能收取专利费、仅仅是防止假冒的思维。中国政府必须防止在开放市场条件下外国企业利用知识产权进行垄断的行为，并把这种管制与创造自主知识产权、制定有利于本土技术能力发展的标准等措施结合起来，瓦解任何阻遏中国企业技术学习和能力发展的企图和障碍。

第二，从培育本土技术能力的角度看，中国的市场是一项宝贵的战略资源。它的价值是既为中国企业和工业的技术能力和组织能力提供成长的空间，也为源于本土创新的新技术和新工业提供发展的可能性。中国政府必须学会运用这项资源，通过影响需求来拉动新技术和新工业的发展，为中国工业发展创造条件。保护市场环境的实质就是保障对本国产品和技术的需求，这应该成为中国政府技术和工业政策的重要内容。即使在加入 WTO 的条件下，中国政府也必须力求避免毫无管制的放任自流，使中国市场体系的培育在任何情况下都处于中国政府的行政、法律和政策框架之下。在中国政府能够直接影响采购决定的电信设备、软件系统以及其他重大装备领域，对中国企业产品的采购政策必须从保护和促进本土技术能力发展的意义上来考虑。

第三，推动中国的技术进步必须支持本土竞争性企业的成长。中国 VCD/DVD 工业的竞争力起源于产品市场，然后对世界光信息工业的技术轨道产生了重要影响，从而证明产品技术是不可替代的。从组织的意义上讲，这个事实意味着竞争性企业是国家创新系统不可替代的基本动力。中国计划体制下的创新系统在 20 年来改革开放的过程中经历了多年的错位：由于当时的经济转轨所造成的结构调整不得不依靠引进来获得新产品和新工业的技术来源，致使生产终端产品的企业丧失了对本国上游工业和研发的需求，导致中国上游工业和科研机构的灾难性萧条。但是，经过多年的经济转轨，竞争性企业在中国各个工业中越来越多地出现，它们的发展正在对上游基础技术和核心元件技术产生出日益增长的需求；外国政府对中国的技术封锁（如美、日政府的所作所为）和外国企业的进攻性知识产权政策更加剧了这种需求。因此，中国政府有理由、有义务以克服中国竞争性企业所遇到的技术瓶颈为导向，推动基础技术的研发和核心元件工业的发展，并以此为契机重塑中国的创新体系。

现代工业文明200年来的历史证明，技术进步是经济发展的发动机。但这个发动机的动力之源不仅包括市场竞争，而且包括无法通过市场机制自动产生的要素。正是由于在技术和组织变革以及知识生产基础结构等方面存在着由战略、政策和进取精神所决定的差异，所以世界上不仅长期存在着落后、停滞的市场经济国家（例如，在工业发展上发生倒退的一些拉美国家），而且也存在着国际工业领导权在发达市场经济国家之间的兴衰交替（例如，美国和德国工业对英国工业的超越以及日本工业的赶超）。尤其对于面临结构性制约的赶超国家而言，企业层次上的战略远见和国家层次上的政治决心对技术学习和能力发展具有决定性的作用。因此，鼓励、支持和保护中国企业的技术学习和能力成长，是建设和完善“社会主义市场经济体制”绝不能忽略的重要内容。这是中国VCD/DVD工业发展经验给予我们的教训。

结语：走向自主创新的历史意义

本书记录了在中国经济发展的一个特定阶段，自主开发企业在若干工业领域中崛起的轨迹，以及围绕着技术依赖和自主创新两条道路所发生的政策辩论。我们以有关创新的国际主流理论为框架，以中国的实践为经验证据，论证了为什么中国工业应该并且能够走自主创新的道路。今天，由于自主创新已经成为中国经济发展的大政方针，所以中国工业的发展正在走出本书所记录的这一阶段。在这个历史阶段的转换之际，我们评论一下走向自主创新的历史意义，作为本书的结语。

在中国工业于20世纪50年代奠定基础之后，由于中苏分裂和美国及其西方盟国的封锁，中国曾经在从50年代末直到70年代末的20年间，在技术进步和工业发展上走了一条以自力更生为主的道路。即使在我们范围有限的研究中，也存在充足的证据表明：今天中国工业的技术能力[①]更多的是起源于那个历史阶段。只要稍微观察一下中国的核能、航天、航空、发电和输变电设备、铁路装备、造船、卡车、机床、重型机械、大型计算机等工业，就会承认这个事实——它恰恰证明了自主开发对于技术能力发展的重要性。能够开发产品和工艺当然并不代表这些自主开发出来的产品和工艺一定具有很高的技术水平，但只能使用外国技术却必定意味着没有技术能力。从历史的角度看，“自力更生”阶段对于中国技术发展的意义在于，封锁造成的技术来源中断迫使中国工业在早期阶段就开始了广泛的自主开发，并通过这种超强度的技术学习而生成

---

① 技术能力指的是能够设计和开发产品与工艺的能力，而不仅仅是按照现成设计进行生产的能力。

和积累起宝贵的技术能力①。毫无疑问，在改革开放之前的30年间，中国技术进步的潜力遇到了阻碍，但这种阻碍主要来自“文化大革命”和计划体制僵化所导致的经济发展丧失活力，以及生产与研发分离的科技体制的低效率、企业缺乏持续技术改进的自主权和动力等因素，而不是来自在技术研发上的自力更生。

改革开放开始之后，中国因与发达国家的技术差距而产生了“技术引进”的巨大需求②。中国工业广泛地通过引进设备和产品设计（技术许可证）来改进生产手段和产品结构，并通过引进整套生产线和产品技术建立起一些过去被忽略的工业。直到80年代末，大规模引进都是以“技术改造”为目标，通过吸收和引进外国技术以改造中国工业。但进入90年代后，中国工业越来越多地滑向没有自主开发内容的技术引进（技术依赖）道路。导致这种转向的一个因

① “自力更生”阶段最具标志性的自主开发成果当然是“两弹一星”，但其实大大小小的例子不胜枚举。例如，本书中提到的“红旗”和“上海”牌轿车、运-10干线飞机、70年代的大型计算机研发项目等都是那个阶段的成果。此外，继60年代初制造成功万吨水压机之后，中国机械装备工业又于60年代中期到70年代初，开发成功业内著名的“九大设备”，包括：(1) 最大压力为3万吨的模锻水压机；(2) 最大压力为12 500吨的卧式挤压机；(3) 轧辊宽2 800毫米的热轧铝板轧机；(4) 轧辊宽2 800毫米的冷轧铝板轧机（以上4套设备生产的代表产品是制造大型飞机所用的模锻件、挤压件和铝合金板）；(5) 外径2～80毫米的冷轧合金钢管轧机；(6) 外径80～200毫米的冷轧合金钢管轧机；(7) 轧辊宽2 300毫米的冷轧合金钢板轧机；(8) 轧辊宽700毫米的20辊冷轧带钢轧机（以上4套设备生产的代表产品是军工所需的不锈钢或多种合金钢材料的、多种用途的、由大到很小很薄的冷轧板、管、带材）；(9) 压力为1 000吨的油压机，用来压制导弹弹头等零件。需要说明的是，上述“九大设备”只是以主机命名的，而它们实际上是成套的设备系统，包括的“主辅配”设备共810种和1 300台，总净重4.6万吨。因此，不仅这些设备成为中国装备工业的产品开发平台，而且它们的开发成功标志着中国工业技术能力的巨大提升，其意义是深远的。由于这些设备当时主要用于国防工业，所以其因保密而长期鲜为国人所知。近年来，美、日、德等国专家在参观西南铝加工厂时看到“九大设备”中的几套时，无不对中国在60年代就已经能够自行研制那样的设备并投入生产表示震撼和钦佩（中国机械工业联合会 等，2006）。

② 除了作为后进国家所难以避免的与先进国家的差距和缺乏持续改进所导致的差距，还存在结构性的技术差距：第一，表现在长期被忽略的耐用消费品工业领域（典型的如包括电冰箱、洗衣机、空调等在内的家用电器和包括电视机、录像机等在内的消费电子产品及轿车等）；第二，表现在一些新兴的工业领域，如信息技术（集成电路、软件、个人电脑）等。这种结构性差距是导致引进成套生产线和产品设计的主要原因。

素似乎是改造国有工业的艰难——深受历史包袱和体制束缚之累的国有企业不仅仍然无力在技术研发上进行投入，而且在市场化过程中滋生出来的短期行为，使其更倾向于通过购买外国技术来应付燃眉之急。另一个因素是外资的大量涌入，特别是在某些区域的集聚（如较早的珠江三角洲和后来的长江三角洲），不仅可以迅速拉动当地的GDP，而且推动了整个国民经济的出口贸易繁荣。自己干得艰难和依靠外资的"轻而易举"两相对比，很容易令一些人把政治波动和"命令经济"阻碍技术进步的责任归结于"自力更生"（把自主创新形容为"关起门来自己搞"是反对自主创新者最爱引用的言语之一）。在这种背景下，出于我们还无法完全澄清的原因，在政府中也产生了一种政策思维定式，认为中国工业只有先经历"引进外国先进技术"的阶段，才可能获得自主开发具有先进技术水平产品的能力，并由此导致了"以市场换技术"方针的形成。

但表面的经济繁荣却掩盖不了一个事实："技术引进"对于中国工业技术能力发展的贡献最多只能是间接的，而不是直接的。通过"技术引进"、合资组装外国产品以及外资设立劳动密集型的加工厂[①]，虽然可以在中国生产出看上去技术水平更高的产品，但中国工业的技术能力却越来越陷入停滞甚至萎缩的状态。问题不是出在学习外国技术的必要性上，而是出在放弃自主开发努力的行为上，这使"技术引进"成为没有技术学习内容的技术依赖。但是，正因为能力只能组织内生，而不可能从外部买来或引进，所以无论在多大程度上受益于"技术引进"，在那些今天仍然能够自主开发产品和工艺的工业领域（如核能、航天、发电和输变电设备、铁路装备、造船、卡车、机床、重型机械、大型计算机，等等），中国企业所具有的技术能力都不仅与改革开放之前的自主开发经验一脉相承，而且只能在保持自主开发传统的前提下成长。这个经验证据与本书所阐述的理论逻辑是高度一致的——技术能力只能来自自主开发的实践，而不可能来自仅仅使用外国技术的过程。

① 对于国内流行的所谓"国际产业转移"说法，只要稍加分析就会看出，其实那不是"产业"转移，而是产业链上的"终端产品组装环节"转移。

在改革开放时期，使中国工业不仅能够提高产品技术水平，而且技术能力显著成长的力量源泉，既不是“技术引进”，也不是外资的涌入，而是本书多处提到（并部分记录）的中国竞争性企业的崛起。值得注意的是，至少在技术密集型工业中，竞争性企业的崛起和自主开发企业的崛起几乎是同一个现象和同一个过程①。从组织形式来说，这种企业的萌芽可以追溯到80年代后半期，而它们在90年代中期之后的明显崛起则是自50年代工业化以来第一次出现的现象，标志着从计划到市场转变的一个实质性进展。但是，竞争性企业的技术能力源头却不是来自“技术引进”，而是深深地植根于已经消逝的“自力更生”阶段。如果稍微分析一下华为、中兴、奇瑞、振华港机这些标志性的自主创新企业，就会确定无疑地发现：第一，这些企业之中没有一个是从组装外国设计的产品开始的；第二，这些企业最初的研发团队都是来自具有技术研发经验的老企业或研究所②。还有什么证据比这个事实更能证明自主开发不是技术引进的结果？这些企业的自主开发过程当然伴随着对外国技术的大量学习，但与技术依赖模式不同，它们是通过自主开发来学习和吸收外国技术知识，而不是相反。

---

① 对于这个正在发展中的企业类型，现在进行正式定义仍嫌过早。但需要说明的是：第一，本书所说的竞争性企业不是在劳动密集型工业中主要依靠价格竞争的企业，而是在技术密集型和资本密集型工业中必须依靠产品和工艺开发进行竞争的企业；第二，这种企业指的是完全在市场竞争条件下发展的企业，所以区别于那些虽然具有相当的自主开发能力，但在体制上仍然没有彻底市场化的企业。因此，本书所谓的竞争性企业是具有技术研发能力和市场化的企业。

② 在其早期发展阶段，华为（1987年创立）从电信界的各企业和研究所“挖人”早就是业内出了名的；中兴（1985年创立）的创始人侯为贵自己原来就是航天部691厂的技术科长、工程师，是该厂半导体设计的带头人。此外，正如本书指出的，中国电信设备工业的崛起是从巨龙万门数字程控交换机（“04机”）的突破开始的，而它的开发团队（解放军信息工程学院）的技术能力来自参与70年代的大型计算机研发项目。奇瑞（1997年正式成立）创业团队的大多数人来自中国汽车工业中的其他企业，其中包括新中国第一代从事发动机和车身开发的老工程师。上海振华港机在国内的知名度不高，却是全球同业的领先企业。1992年，这个企业由时年59岁的管彤贤（曾是交通部的一个处长）带领十几个从上海港口机械厂出来的工程师在上海创立。虽然它的第一个产品是模仿的（却是自主开发的），但经过仅仅十几年的竞争，振华港机已经成为全球市场份额最大（2005年高达70%）、技术最领先的港口设备制造企业，其产品遍布全球各主要港口。

对于中国工业来说，竞争性企业的崛起既是革命性的，又是连续性的。革命性体现在新的组织形式上，连续性则体现在技术能力的源头上。如果没有改革开放，中国工业不会出现新的组织形式；而如果没有早期的工业化和技术研发上的自力更生，也不会具有竞争性企业能够从自主开发起步的技术能力基础。因此，在技术密集型工业领域产生竞争性企业的社会条件，其实是中国工业 50 多年的历史所孕育的①，而不可能在抛弃了计划体制仅仅几年之后就会具备。“比较优势论”者企图让人们相信，中国 50 年代的工业化及其后来的“自力更生”是一个不应该发生的历史错误；但从今天中国工业的实践来看，正是因为有付出巨大牺牲而建立起来的技术和工业基础，中国才有可能在一个经济全球化的年代成长起来技术密集型和资本密集型的竞争性企业，才使中国有可能在开放竞争条件下实现技术结构和产业结构的爬升。由此可见，中国需要的是对经济组织形式的改革，而不是放弃自主开发。因此，在中国工业技术能力的累积性成长过程中，“自力更生”和“自主创新”并非没有关系的历史断裂，而是回荡着同一个主题的不同历史篇章。

要理解竞争性企业崛起对于中国工业发展的意义，还需要回答一个问题：为什么在市场经济条件下出现的这些企业会自发地走上自主创新的道路？正如本书指出的，自主开发/竞争性企业的崛起，特别是它们对于中国技术进步的突出作用，对于政策制定者来说是一个“意外”。产生“意外”的根源不在于理解企业需要市场竞争的一面（因为这本来就是市场经济改革的目标之一），而在于政策思维的一种长期错误定式——自主的产品和工艺开发只能是技术引进的结果。但是，即使在政策框架不利于自主开发的条件下，竞争性企业仍然顽强地走上了这条道路。简单地概括本书给出的解释，其原因就是在开放市场条件下，要发展就要有竞争力，要有竞争力就要有能力，而获得能力的唯一途径是自主的学习、创新和管理变革。中国自主开发/竞争性企业的崛起轨迹证

---

① 如果没有一个足够规模的国家科学和工程教育体系，像华为、中兴这样目前各自拥有三四万名员工的高技术企业是无法成长的（华为曾经在 2000—2001 年一口气招收了 6 500 名左右的大学生）。能够产出如此数量的理工科大学毕业生的中国教育体系，当然是在 50 年代大规模工业化的背景下开始建立的。

明了市场竞争和自主开发之间的必然联系，即寻求竞争优势的努力必然导致自主创新。这个事实有力地粉碎了在“改革开放”与“技术依赖”之间画等号的荒谬逻辑。

竞争不仅发生在企业层次上，也发生在国家层次上，所以同样的机制也促成了自主创新社会意识的觉醒。在两个世纪之交，中国社会曾经洋溢着一种加入世界主流、“与国际接轨”的美好愿望。但在中国加入 WTO 后，发达国家对中国变本加厉地反倾销、挥舞知识产权大棒以及持续地进行技术封锁，这使中国社会普遍地认识到全球国家体系中的竞争关系、发达国家压制中国崛起的企图以及自主掌握技术的重要性。“核心技术是买不来的”这样一句缺乏严格定义却形象、感性的俗语，已经成为越来越深入人心的共识，比任何标语口号都更为有效地为自主创新打下了社会基础。于是，由改革开放所带来的全方位竞争反而使“自力更生”精神显示出了被忽略的历史价值。

以上述历史脉络为背景，自主创新作为经济发展的战略方针，其实质就是在开放和市场化的条件下，重新强调内生技术能力发展的转折。所谓“重新”的含义，指的是自主创新的动力本来就植根于中国自强的历史进程之中；所谓“转折”的含义，指的是应该摈弃曾经走过的一段技术依赖的弯路。产生这个转折的原因恰恰在于改革开放取得实质性进展：在开放市场条件下，自主创新决定着中国工业发展的命运，并因此而决定着国家的命运。自从冷战结束以来，在西方政界、媒体和学术界的讨论中，中国、印度、俄罗斯、巴西、南非和东欧等国家和地区通常被称为“新兴市场”。一些中国人也鹦鹉学舌地自称中国为“新兴市场”。但这是一个以西方为中心的概念，指的是这些国家的开放使西方的跨国公司可能获得更大的市场空间，所以西方商学院近年来的一个讨论热点是跨国公司如何在“新兴市场”中赚钱。但成为一个以西方为中心的“新兴市场”并不符合中国的利益，中国要做的是成为一个一百多年来无数志士仁人所梦寐以求的新兴工业国。若要在全球化条件下成为这样一个新兴工业国，而不是他人餐桌上的鱼肉，中国工业就必须通过自主创新发展出能够产生国际竞争力的能力。

走向自主创新的历史阶段才刚刚破晓，更多的问题等着我们去回答，政策辩论也会以不同的形式继续下去，而最大的挑战仍然是需要对政策体系和体制进行持续改革。从经济组织形式的角度看，改革开放针对的是计划经济体制的弊端；但从技术发展的角度看，走向自主创新同样需要针对在技术依赖过程中形成的政策和体制弊端，例如对中外企业的不平等税赋、为了“招商引资”而贱卖中国企业、垄断与依赖外国技术的奇特结合、重申报“成果”而轻应用的科技体制，等等，以及围绕着这些做法所形成的既得利益结构。因此，走向自主创新必将引发新一轮的体制改革。但其结果无非是把改革开放的初衷——中国自强——贯彻到底。

综上所述，走向自主创新不是一项权宜之计，也不是无源之水、无本之木，而是一场具有深刻历史渊源和深厚社会基础的“文艺复兴”，并将因为从改革开放中获得新的组织形式而更加辉煌。以这样一个战略转折为主题，本书所扮演的角色不可能是历史的终结者，而只能是历史的预言者。未来的问题和困难会层出不穷，但所有可能发生的曲折都不会影响本书最基本的预言：自主创新必将从涓涓细流变成中国工业发展的洪流——由于中国工业走向自主创新是中国崛起和实现民族伟大复兴动力的一个重要组成部分，所以这个趋势是不可逆转的。

参考文献

中文文献

程不时，2004. 天高歌长：我的飞机设计师生涯. 上海：上海人民出版社.

程不时，2002. 从航空史看大飞机的发展. 内部稿.

程不时，1994. 飞机设计中的系统分析和系统综合. 航空科学技术，(3)：6－10.

程昭武，沈美珍，孟鹊鸣，2002. 世界飞机 100 年. 北京：国防工业出版社.

国家统计局，1996. 中国统计摘要 1996. 北京：中国统计出版社.

金麟洙，1998. 从模仿到创新——韩国技术学习的动力. 刘小梅，刘鸿基，译. 北京：新华出版社.

克鲁格曼，2001. 克鲁格曼国际贸易新理论. 黄胜强，译. 北京：中国社会科学出版社.

李成智，李小宁，田大山，2004. 飞行之梦——航空航天发展史概论. 北京：北京航空航天大学出版社.

林毅夫，2002. 发展战略、自生能力和经济收敛. 经济学（季刊），1 (2)：269－300.

林毅夫，蔡昉，李周，1999. 比较优势与发展战略——对“东亚奇迹”的再解释. 中国社会科学，(5)：4－20.

刘大响，陈光，等，2003. 航空发动机——飞机的心脏. 北京：航空工业出版社.

路风，封凯栋，2005. 发展我国自主知识产权汽车工业的政策选择. 北京：北京大学出版社.

路风，慕玲，2003. 本土创新、能力发展和竞争优势——中国激光视盘播放机工业的发展及其对政府作用的政策含义. 管理世界，(12)：57－82.

路风，张宏音，王铁民，2002. 寻求加入WTO后中国企业竞争力的源泉——对宝钢在汽车板市场赢得竞争优势过程的分析. 管理世界，(2)：110－127.

路风，2000. 国有企业转变的三个命题. 中国社会科学，(5)：4－27.

陆吉安，1999. 先行一步：桑塔纳轿车国产化案例集. 上海：上海财经大学出版社.

莫里斯-铃木，2002. 日本的技术变革——从十七世纪到二十一世纪. 马春文，等译. 北京：中国经济出版社.（英文原版：MORRIS-SUZUKI T，1994. The technological transformation of Japan：from the seventeenth to the twenty-first century. Cambridge：Cambridge University Press.）

上海飞机制造厂，1989. MD－82工程管理的启迪. 北京：经济管理出版社.

孙玉红，1999. 风雨爱多：一个企业神话的兴衰始末. 南风窗，专刊.

吴立波，2004. 中国客机折翼运十. 瞭望东方周刊，2004年第14期（4月1日），总第20期：56－57.

夏皮罗，瓦里安，2000. 信息规则：网络经济的策略指导. 张帆，译. 北京：中国人民大学出版社.（英文原版：SHAPIRO C，VARIAN H，1999. Information rules：a strategic guide to the network economy，Boston：Harvard Business School Press.）

夏大慰，史东辉，张磊，2002. 汽车工业：技术进步与产业组织. 上海：上海财经大学出版社.

姚峻，1998. 中国航空史. 郑州：大象出版社.

周日新，等，1990. 中国航空工业四十年. 北京：航空工业出版社.

中国汽车技术研究中心，中国汽车工业协会，2003. 中国汽车工业年鉴

2003. 天津：《中国汽车工业年鉴》编辑部.

中国机械工业联合会，中国科学院，中国机械工程学会，等，2006. 沈鸿——纪念沈鸿同志诞辰100周年（1906—2006）（纪念册）. 北京乾元商广文化艺术有限公司设计制作，限量制作、未公开发行.

英文文献

ABBATE J，2000. Inventing the internet. Cambridge，MA：The MIT Press.

ABERNATHY W，UTTERBACK J，1978. Patterns of innovation. Technology review，June-July：40－47.

ABRAMOVITZ M，1956. Resource and output trends in the United States since 1870. American economic review，46（2）：5－23.

AMSDEN A，2001. The rise of "the rest"：challenges to the west from late industrializing economies. New York：Oxford University Press.

AMSDEN A，1989. Asia's next giant：South Korea and late industrialization. New York：Oxford University Press.

ARTHUR W B，1996. Increasing returns and the new world of business. Harvard Business Review，July-August.

ARTHUR W B，1989. Competing technologies，increasing returns，and lock-in by historical events. The economic journal，99（394）：116－131.

BARNEY J，1991. Firm resources and sustained competitive advantage. Journal of management，17（1）：99－120.

BELL M，PAVITT K，1993. Technological accumulation and industrial growth：contrasts between developed and developing countries. Industrial and corporate change，2（2）：157－210.

BEKKERS R，DUYSTERS G，VERSPAGEN B，2002. Intellectual property rights，strategic technology agreements and market structure：the case of

GSM. Research policy，31：1141－1161.

BEST M H，2001. The new competitive advantage：the renewal of American industry. New York：Oxford University Press.

CHANDLER A D，2001. Inventing the electronic century：the epic story of the consumer electronics and computer industries. New York：The Free Press.

CHANDLER A D，1990. Scale and scope：the dynamics of industrial capitalism. Cambridge，Mass.：The Belknap Press of Harvard University Press.（中译本：钱德勒．企业规模经济与范围经济：工业资本主义的原动力．张逸人，等译．北京：中国社会科学出版社，1999.）

CHANDLER A D，1977. The visible hand：the managerial revolution in American business. Cambridge，Mass.：The Belknap Press of Harvard University Press.（中译本：钱德勒．看得见的手：美国企业的管理革命．重武，译．北京：商务印书馆，1987.）

CHANDLER A D，1962. Strategy and structure：chapters in the history of the American industrial enterprise. Cambridge，Mass.：The MIT Press.

CHANDLER A，CORTADA J，2000. A nation transformed by information：how information has shaped the United States from colonial times to the present. New York：Oxford University.

CHRISTENSEN C，1997. The innovator's dilemma：when new technologies cause great firms to fail. Boston：Harvard Business School Press.（中译本：克里斯滕森．创新者的窘境．吴潜龙，译．南京：江苏人民出版社，2001.）

CHRISTENSEN C，ROSENBLOOM R，1995. Explaining the attacker's advantage：technological paradigms，organizational dynamics，and the value network. Research policy，24：233－257.

CLARK K，1985. The interaction of design hierarchies and market concepts in technological evolution. Research policy，14：235－251.

CLARK K，FUJIMOTO T，1991. Product development performance：strategy，organization，and management in the world auto industry. Boston：Harvard Business School Press.

COHEN W, LEVINTHAL D, 1990. Absorptive capacity: a new perspective on learning and innovation. Administrative science quarterly, 35: 128 - 152.

COHEN W, LEVINTHAL D, 1989. Innovation and learning: the two faces of R&D. The economic journal, 99: 569 - 596.

CUSUMANO M, 1985. The Japanese automobile industry. Cambridge, MA: Harvard University Press.

CUSUMANO M, MYLONADIS Y, ROSENBLOOM R, 1992. Strategic maneuvering and mass-market dynamics: the triumph of VHS over beta. Business history review, Spring.

CYERT R, MARCH J, 1963. A behavioral theory of the firm. Englewood Cliffs, NJ: Prentice-Hall, Inc.

DIERICKX I, COOL K, 1989. Asset stock accumulation and the sustainability of competitive advantage. Management science, 35 (12): 1504 - 1511.

DOSI G, 1988. The nature of the innovative process // GIOVANNI D, FREEMAN C, NELSON R, et al., Technical change and economic theory. London: Pinter Publishers: 221 - 238.

DOSI G, 1982. Technological paradigms and technological trajectories. Research policy, 11: 147 - 162.

ERNST D, 2002. Global production networks and the changing geography of innovation systems: implications for developing counties. Economics of innovation and new technologies, 11 (6): 497 - 523.

FAGERBERG J, 2005. Innovation: a guide to the literature // FAGERBERG J, et al.: 1 - 26.

FAGERBERG J, GODINHO M, 2005. Innovation and catching-up // FAGERBERG J, et al.: 514 - 542.

FAGERBERG J, MOWERY D, NELSON R, 2005. The Oxford handbook of innovation. New York：Oxford University Press.

FREEMAN C，1988. Japan：a new national system of innovation? //GIOVANNI D，FREEMAN C，NELSON R，et al.，Technical change and economic theory. London：Pinter Publishers：331－348.

FREEMAN C，LOUCĀ F，2001. As time goes by：from the industrial revolutions to the information revolution. New York：Oxford University Press.

FREEMAN C，SOETE L，1997. The economics of industrial innovation，3rd edn. Cambridge，MA：The MIT Press.

GERSCHENKRON A，1962. Economic backwardness in historical perspective. Cambridge，MA：The Belknap Press of Harvard University Press.

GLIMSTEDT H，2001. Competitive dynamics of technological standardization：the case of third generation cellular communications. Industry and innovation，8（1）：49－78.

GOMORY R，BAUMOL W，2000. Global trade and conflicting national interests. Cambridge，MA：The MIT Press.（中译本：戈莫里，鲍莫尔．全球贸易和国家利益冲突．文爽，乔羽，译．北京：中信出版社，2003.）

GOTO A，ODAGIRI H，2003. Building technological capabilities with or without inward direct investment：the case of Japan // LALL S，URATA S. Competitiveness，FDI and technological activity in East Asia. Cheltenham，UK：Edward Elgar：83－102.

HAMEL G，PRAHALAD C K，1989. Strategic intent. Harvard business review，May-June：63－76.

HELFAT C，RAUBITSCHEK R，2000. Product sequencing：co-evolution of knowledge，capabilities and products. Strategic management journal，special issue on the evolution of firm capabilities，21（10－11）：961－979.

HENDERSON R，CLARK K，1990. Architectural innovation：the reconfiguration of existing product technologies and the failure of established firms. Administrative science quarterly，35：9－30.

IANSITI M, 1998. Technology integration. Boston: Harvard Business School Press.

IANSITI M, WEST J, 1997. Technology integration: turning great research into great products. Harvard Business Review, May-June: 69 - 79.

KATZ M, SHAPIRO C, 1985. Network externalities, competition and compatibility. American economic review, 75 (3): 424 - 440.

KIM L, 2003. The dynamics of technology development: lessons from the Korea experience//LALL S, URATA S: 143 - 167.

KIM L, 1999. Building technological capability for industrialization: analytical frameworks and Korea's experience. Industrial and corporate change, 8 (1).

KIM L, 1997. Imitation to innovation: dynamics of Korea's technological learning. Boston: Harvard Business School Press.

KIM L, NELSON R, 2000. Technology, learning, and innovation: experiences of newly industrializing economics. New York: Cambridge University Press.

KLINE S, ROSENBERG N, 1986. An overview of innovation//LANDAU R, ROSENBERG N. The positive sum strategy: harnessing technology for economic growth. Washington, DC: National Academy Press: 275 - 305.

LALL S, 1992. Technological capabilities and industrialization. World development, 20 (2): 165 - 186.

LALL S, URATA S, 2003. Competitiveness, FDI and technological activity in East Asia. Cheltenham, UK: Edward Elgar.

LEONARD-BARTON D, 1992. Core capabilities and core rigidities: a paradox in managing new product development. Strategic management journal, 13: 111 - 125.

LEVIN R, KLEVORICK A, NELSON R, et al., 1987. Appropriating the returns from industrial research and development. Brookings papers on economic activity, 3: 783 - 820.

LIU X，WHITE S，2001. Comparing innovation systems：a framework and application to China's transitional context. Research policy，30：1091－1114.

LUNDVALL B-A，1988. Innovation as an interactive process：from user-producer interaction to the national system of innovation // GIOVANNI D，FREEMAN C，NELSON R，et al.，Technical change and economic theory. London：Pinter Publishers：349－369.

MAZZOLENI R，1999. Innovation in the machine tool industry：a historical perspective on the dynamics of comparative advantage// MOWERY D，NELSON R：169－276.

MORRIS C，FERGUSON C，1993. How architecture wins technology wars?. Harvard Business Review，March-April.

MOWERY D，NELSON R，1999. Sources of industrial leadership：studies of seven industries. New York：Cambridge University Press.

MOWERY D，ROSENBERG N，1998. Paths of innovation：technological change in 20th-century America. New York：Cambridge University Press.

MOWERY D，ROSENBERG N，1989. Technology and the pursuit of economic growth. New York：Cambridge University Press.

MOWERY D，ROSENBERG N，1979. The influence of market demand upon innovation：a critical review of some recent empirical studies. Research policy，8（April）：103－153.

NELSON R，1996. The sources of economic growth. Cambridge，MA：Harvard University Press.（中译本：纳尔森，2001. 经济增长的源泉．汤光华，等译．北京：中国经济出版社，2001.）

NELSON R，1993. National innovation systems：a comparative analysis. New York：Oxford University Press.

NELSON R，1992. What is "commercial" and what is "public" about technology，and what should be? // ROSENBERG N，LANDAU R，MOW-

ERY D. Technology and the wealth of nations. Stanford: Stanford University Press: 57－77.

NELSON R, 1991. Why do firms differ, and how does it matter?. Strategic management journal, 12 (Winter): 61－74.

NELSON R, 1990. Capitalism as an engine of progress. Research policy: 193－214.

NELSON R, 1982. The role of knowledge in R&D efficiency. The quarterly journal of economics, 97 (3): 453－470.

NELSON R, WRIGHT G, 1992. The rise and fall of American technological leadership: the postwar era in historical perspective. Journal of economic literature: 1931－1964.

NELSON R, PACK H, 1999. The Asian miracle and modern growth theory. The economic journal, 109 (July): 416－436.

NELSON R, ROSENBERG N, 1993. Technical innovation and national systems//NELSON R: 3－21.

NELSON R, WINTER S, 1982. An evolutionary theory of economic change. Cambridge, Mass.: The Belknap Press of Harvard University Press. (中译本：纳尔逊，温特．经济变迁的演化理论．胡世凯，译．北京：商务印书馆，1997.)

NOBLE D, 1986. Forces of production: a social history of industrial automation. New York: Oxford University Press.

NOLAN P, 2002. China and the global business revolution. Cambridge journal of economics, 26: 119－137.

NOLAN P, WANG X Q, 1999. Beyond privatization: industrial innovation and growth in China's large SOEs. World development, 27 (1): 169－200.

NOLAN P, ZHANG J, 2002. The challenge of globalization for large Chinese firms. World development, 30 (12): 2089－2107.

PACK H, WESTPHAL L, 1986. Industrial strategy and technological change:

theory versus reality. Journal of development economics，22（1）：87－128.

PAVITT K，1998. Technologies，products and organization in the innovating firm：what Adam Smith tells us and Joseph Schumpeter doesn't. Industrial and corporate Change，7（3）：433－452.

PENROSE E，1995/1959. The theory of the growth of the firm. New York：Oxford University Press.

PETERAF M，1993. The cornerstones of competitive advantage：a resource-based view. Strategic management journal，14：179－191.

PRAHALAD C K，1993. The role of core competencies in the corporation. Research/technology management，November-December：40－47.

PRAHALAD C K，HAMEL G，1990. The core competence of the corporation. Harvard business review，May-June：79－91.

REINERT E，1995. Competitiveness and its predecessors-a 500-year cross national perspective. Structural change and economic dynamics，6：23－42.

ROSENBERG N，1996. Uncertainty and technological change//RALPH L，TAYLOR T，WRIGHT G. The mosaic of economic growth. Stanford：Stanford University Press.

ROSENBERG N，1982. Inside the black box：technology and economics. New York：Cambridge University Press.

ROSENBERG N，1976. Perspectives on technology. New York：Cambridge University Press.

ROSENBERG N，NELSON R，1994. American universities and technological advance in industry. Research policy，23：323－348.

ROSENBLOOM R，CUSUMANO M，1987. Technological pioneering and competitive advantage：the birth of the VCR industry. California management review，29（4）：51－76.

SCHMOOKLER J，1962. Changes in industry-and-in-the-state-of-knowledge as determinants of industrial invention//NELSON R. The rate and direction of inventive activity，Princeton：NBER.

SCHUMPETER J，1975/1942. Capitalism，socialism and democracy. New York：Harper & Row.（中译本：熊彼特．资本主义、社会主义与民主．吴良健，译．北京：商务印书馆，1999.）

SELZNICK P，1957. Leadership in administration. New York：Harper & Row.

SOLOW R，1957. Technical change and the aggregate production function. Review of economics and statistics，39（August）：214－231.

SUAREZ F，2004. Battles for technological dominance：an integrative framework. Research policy，33：271－286.

TEECE D，1986. Profiting from technological innovation. Research policy，15：285－305.

TEECE D，1977. Technology transfer by multinational firms：the resource cost of transferring technological know-how. The economic journal，87（346）：242－261.

TEECE D，PISANO G，SHUEN A，1997. Dynamic capabilities and strategic management. Strategic management journal，18（7）：509－533.

TUSHMAN M，ANDERSON P，O'REILLY C，1997. Technology cycles，innovation streams，and ambidextrous organizations：organization renewal through innovation streams and strategic change // TUSHMAN M，ANDERSON P. Managing strategic innovation and change. New York：Oxford University Press：3－23.

TUSHMAN M，ANDERSON P，1986. Technological discontinuities and organizational environments. Administrative science quarterly，31：439－465.

UNDP（United Nations Development Programme），2003. Human development report 2003. New York：Oxford University Press.

UTTERBACK J，1994. Mastering the dynamics of innovation. Cambridge，MA：Harvard University Press.（中译本：阿特拜克．把握创新．高建，李明，

译．北京：清华大学出版社，1999.）

VON HIPPEL E，1998. “Sticky information” and the locus of problem solving：implications for innovation // CHANDLER A，HAGSTROM P，SOLVELL O. The dynamic firm. New York：Oxford University Press.

VON HIPPEL E，1988. The sources of innovation. New York：Oxford University Press.

WERNERFELT B，1984. A resource-based view of the firm. Strategic management journal，5：171－180.

WINTER S，2000. The satisficing principle in capability learning. Strategic management journal，special issue on the evolution of firm capabilities，21（10－11）：981－996.

WOMACK J，JONES D，ROOS D，1991. The machine that changed the world：the story of lean production. New York：Harper Colins Publishers.

ZIMAN J，2000. Technological innovation as an evolutionary process. Cambridge：Cambridge University Press.（中译本：齐曼．技术创新进化论．孙喜杰，曾国屏，译．上海：上海科技教育出版社，2002.）

ZOLLO M，WINTER S，2002. Deliberate learning and the evolution of dynamic capabilities. Organization science，13（3）：339－351.